Gutdeutsch
System der Unterhaltsberechnung

W0085120

System der Unterhaltsberechnung

von

Werner Gutdeutsch
Richter am Oberlandesgericht a.D.

2018

C.H.BECK

www.beck.de

ISBN 978 3 406 72884 6

© 2018 Verlag C.H. Beck oHG
Wilhelmstraße 9, 80801 München

Druck und Bindung: Nomos Verlagsgesellschaft
In den Lissen 12, 76547 Sinzheim

Satz: Textservice Zink
Neue Steige 33, 74869 Schwarzach

Umschlaggestaltung: Ralph Zimmermann – Bureau Parapluie

Gedruckt auf säurefreiem, alterungsbeständigem Papier
(hergestellt aus chlorfrei gebleichtem Zellstoff)

Vorwort

Als System der Unterhaltsberechnung verstehe ich Strukturen, die der Unterhaltsberechnung zu Grunde liegen. Die Gesetzgebung hat dazu Rahmenbedingungen aufgestellt, welche von der Rechtsprechung ausgefüllt wurden. In dem damit aufgespannten Raum schweben gewissermaßen diese Strukturen, die uns bei der Lösung noch unbekannter Einzelfälle helfen können. Es sind Rechenregeln für bestimmte Interessenlagen, deren Grundgedanken sich auch in anderen Zusammenhängen wiederfinden. Bei meinem Versuch, diese systematischen Zusammenhänge darzustellen, habe ich ein Problem: Die Zusammenhänge sind sehr abstrakt. Um sie verständlich zu machen, braucht man konkrete Beispiele. Diese Beispiele knüpfen an die konkrete Rechtslage an. Folglich müsste man für jedes dieser Systemzusammenhänge auch die konkrete Rechtslage schildern und entsprechende Beispiele liefern. Dann aber verliert man über der Fülle des Materials das eigentliche Ziel der Darstellung, nämlich die systematischen Zusammenhänge, aus dem Blick. Man müsste also dem Leser einen Wechsel der Perspektive ermöglichen: Er müsste das System auf der abstrakten Ebene erfassen und bei Bedarf zum besseren Verständnis auf eine konkretere Ebene wechseln können. Einen solchen Wechsel der Ebenen kennt man, wenn man die neuzeitliche Edition eines antiken Texts, z. B. der Historien des Herodot, liest. Um sie zu verstehen, muss man immer auf die Kommentierungen zurückgreifen, die sich aber im Anhang befinden. Diese Anmerkungen könnte man natürlich auch als Fußnoten ausgestalten. Die konkretisierten Regeln des Unterhalts aber werden mehrfach gebraucht, benötigen deshalb einen eigenen Platz. Ich habe versucht, das Problem dadurch zu lösen, dass ich die beiden Ebenen trenne und die Beispiele teils im System, teils bei den Einzelheiten einfüge und dann jeweils auf den anderen Teil verweise. Das macht den Umgang mit dem Buch zwar umständlich. Ich sehe aber keine bessere Lösung.

Ebersberg, im Mai 2018   *Werner Gutdeutsch*

Die meisten der in diesem Buch enthaltenen
Rechenbeispiele sind hinterlegt in dem
Berechnungsprogramm
WinFam – Familienrechtliche Berechnungen
und können dort nachvollzogen und mit eigenen
Werten neuberechnet werden.

Inhaltsverzeichnis

Inhaltsverzeichnis

Inhaltsverzeichnis

Inhaltsverzeichnis

Inhaltsverzeichnis

Einleitung

Wer nicht in der Lage ist, für sich selber aufzukommen, ist auf fremde Hilfe angewiesen. Nach dem Subsidiaritätsprinzip sind dafür in erster Linie die im Gesetz vorgesehenen Unterhaltspflichtigen verantwortlich.[1] Soweit der Unterhalt in Geld besteht, wird er meist berechnet.[2] Die hier dargestellte Unterhaltsberechnung betrifft grundsätzlich die Quantität, also die Höhe des Unterhalts und lässt die Fragen der logischen Qualität, also des Bestehens eines Unterhaltsanspruchs außer Betracht. Doch kommt es auch vor, dass trotz Bejahung der anderen Anspruchsvoraussetzungen erst die Unterhaltsberechnung dazu führt, dass doch kein Anspruch besteht, dann nämlich, wenn die Berechnung zu einem Unterhalt der Höhe Null führt. Die vorliegende Arbeit handelt fast ausschließlich von der Unterhaltshöhe.

Diese zweite Stufe der Bestimmung des Unterhalts hat im deutschen Recht große Bedeutung erlangt, obgleich der Gesetzgeber nur beim Kindesunterhalt mit der Einführung eines Mindestunterhalts konkrete Vorgaben zur Unterhaltshöhe geliefert und die Unterhaltshöhe im Übrigen mit unbestimmten Rechtsbegriffen, wie „nach den ehelichen Lebensverhältnissen",[3] „angemessener Lebensbedarf"[4] oder „Lebensstellung des Bedürftigen"[5] beschrieben hat. Da hätte es nahegelegen, den Bedarf in jedem Einzelfall individuell auf Grund einer umfassenden Würdigung aller Umstände des dem Gericht unterbreiteten Sachverhalts festzustellen und jede Berufung des Rechtsuchenden auf Vergleichsfälle mit dem Hinweis auf die Unvergleichbarkeit der individuell festgestellten Sachverhalte zurückzuweisen. Dieser Weg könnte allerdings bereits durch die Verpflichtung der Richter, ihre Entscheidungen individuell zu begründen, blockiert sein, denn man kann schwerlich alle konkreten Sachverhalte so vollständig beschreiben, dass Ähnlichkeiten des Sachverhalts bei abweichenden Ergebnissen vermieden werden könnten. Eine solche streng einzelfallbezogene Bestimmung der Unterhaltshöhe setzt sich auch leicht dem Vorwurf richterlicher Willkür aus.

Demgegenüber hat sich früh in der unterhaltrechtlichen Praxis die Überzeugung durchgesetzt, dass richterliche Entscheidungen auch in

---

[1] Wendl/Dose § 1 Rn. 1.
[2] Geschützt wird der Unterhalt durch Aufrechnungsverbot § 394 BGB, Abtretungsverbot § 400 BGB und bedingtes Pfändungsverbot § 850b ZPO.
[3] § 1578 Abs. 1 1 BGB, § 1578b Abs. 1 1 BGB.
[4] § 1578b Abs. 1 1 BGB.
[5] § 1610 Abs. 1 BGB.

Unterhaltssachen vorhersagbar sein sollten, weil nur so anwaltliche Beratung stattfinden und einen Prozess vermeiden könnte. Deshalb sind die Gerichte auch dazu übergegangen, die Grundlagen der Unterhaltsberechnung in Tabellen und Leitlinien zu beschreiben. Die Unterhaltsberechnung begann nach dem 2. Weltkrieg in der BRD mit Verteilungsschlüsseln. Im Vordergrund stand der „Zwickauer Schlüssel", der das Einkommen mit 4:2:1 auf Pflichtigen, Ehegatten und Kind verteilte. In seinem „Handbuch des Unterhaltsrechts" hat *Wolfgang Köhler* dann ab 1963[6] einkommensabhängige Tabellen für den Bedarf von Kindern und ihren Eltern veröffentlicht. Ab 1.1.1969 hat das LG Düsseldorf diese Tabellen angepasst und übernommen.[7] Seither führt die FamRZ im Inhaltsverzeichnis das Stichwort „Düsseldorfer Tabelle", das auf deren überregionale Bedeutung hinweist. Von den Bedarfsbeträgen für Ehegatten und Pflichtigen hat sich das LG Düsseldorf dann in der Folge getrennt und die Tabelle ab 1.1.1973 ohne Tabellensätze für den Bedarf der Eltern und stattdessen einer Teilungsregel für das Resteinkommen: 2 : 3 bei Erwerbstätigkeit, 3:4 bei Renteneinkommen veröffentlicht.[8] Die Tabelle in dieser Form hatte sich zur Zeit des Inkrafttretens des 1. Eherechtsreformgesetzes weitgehend durchgesetzt und wurde dann vom OLG Düsseldorf fortgeführt.[9] **Rechentechnisch** ermöglicht die durch klare Stufungen sehr übersichtliche Tabelle in der überwiegenden Zahl der Fälle der Tabelle den Kindesunterhalt zu entnehmen, in einem einfachen Rechenweg vom Einkommen des Pflichtigen **abzuziehen** und nur den **Restbetrag zu quotieren** und damit auch dem Teilhabeanspruch des Ehegatten gerecht zu werden.

Seit 1980 wurde die Verteilungsquote geändert auf 3 : 4 bei Erwerbstätigkeit und 1 : 1 bei Rentnern. Alle Oberlandesgerichte außer dem OLG Nürnberg sind dem im Wesentlichen gefolgt. Das OLG Nürnberg folgte (bis zur Übernahme der Bayerischen Leitlinien 1998) der von *Mager* nach dem Vorbild von *Köhler* aber mit größerer Konsistenz entwickelten Nürnberger Tabelle.[10]

Inzwischen haben alle Oberlandesgerichte eigene Leitlinien entwickelt – die süddeutschen Oberlandesgerichte die gemeinsamen Süddeutschen Leitlinien – welche die Regelungen der vom OLG Düsseldorf im Einvernehmen mit den anderen Oberlandesgerichten fortgeführte Düsseldorfer Tabelle ergänzen und seit dem Jahr 2003 einer einheitlichen an die Süddeutschen Leit-

---

[6] Handbuch des Unterhaltsrechts, München 1963.

[7] DAVorm 1969, 29.

[8] DAVorm 1973, 36.

[9] FamRZ 1978, 854.

[10] DAVorm 1979, 251, seit 1981 als eigenes Druckwerk im Ela-Verlag, Nürnberg, herausgegeben, später BBZ-Verlags-GmbH Nürnberg, letzte Auflage 1996. Der BGH hat die zugrunde gelegten Selbstbehalte missbilligt: BGH FamRZ 1989, 272; die Tabelle wurde dementsprechend angepasst.

linien angelehnten Leitlinien-Struktur[11] folgen. Der BGH hat diese Praxis gebilligt[12] Allerdings wird durch diese Leitlinien die Unterhaltsberechnung nur für gewisse Grundkonstellationen bestimmt. Im Übrigen werden vor allem die Eckdaten festgelegt, von denen die Berechnung ausgeht. Neben dem Unterhalt der Kernfamilie haben auch weitere Unterhaltskonstellationen an Bedeutung gewonnen. Das beginnt mit dem Unterhalt volljähriger Kinder, der seit dem 1.7.1998 in zwei Varianten vorkommt, nämlich der Unterhalt der nach § 1603 Abs. 2 S. 2 BGB privilegierten und der nicht privilegierten Kinder, dann der Unterhalt weiterer Ehegatten (obgleich deren Bedeutung mit der steigenden Berufstätigkeit der Frauen und mit den Begrenzungsmöglichen des § 1578b BGB wieder abnimmt), in wachsendem Umfang der Unterhaltsanspruch Kinder betreuender, nicht verheirateter Partner nach § 1615l BGB, die Ansprüche von pflegebedürftigen Eltern gegen ihre Kinder und endlich auch die der Enkel gegen ihre Großeltern. Für alle diese Ansprüche wurden inzwischen in den Leitlinien der Oberlandesgerichte Hinweise veröffentlicht.[13]

Sie kommen aber auch alle kombiniert miteinander vor. So werden gerade Ehegatten- und Kindesunterhalt oft im gleichen Verfahren geltend gemacht. Auch bei der Berechnung der Fähigkeit, Elternunterhalt zu leisten, müssen die vorrangigen Unterhaltspflichten gegenüber dem Ehegatten und den Kindern vorab berechnet werden. Insgesamt hat das zu einer hohen Komplexität des Unterhaltsrechts und auch der Unterhaltsberechnung geführt, die für den Gesetzgeber Anlass war, Vereinfachungsmöglichkeiten zu suchen.[14] Auch die neuere Rechtsprechung des BGH sucht einfache Lösungen nach einheitlichen Prinzipien für dieses komplexe Feld zu gewinnen und die Praxis mit griffigen Formeln zu leiten.[15]

Die vorliegende Arbeit versucht, Grundsätze zu ermitteln, welche die Unterhaltsberechnung bestimmen und für die Lösung komplexer Fälle nützlich sein können. Sie entwickelt hierfür zuerst die allgemeinen Prinzipien, um diese dann für die einzelnen Unterhaltsverhältnisse nutzbar zu machen, wobei dann umgekehrt auf die angewandten Prinzipien Bezug genommen wird.

---

[11] Vgl. Puls, Bundeseinheitliche Struktur für unterhaltsrechtliche Leitlinien, FamRZ 2003, 909.
[12] BGH NJW 2000, 3140, 3141; FamRZ 1995, 221, 222; FamRZ 1987, 257, 258.
[13] Da alle Oberlandesgerichte außer den sechs in den Süddeutschen Leitlinien zusammengefassten süddeutschen Oberlandesgerichten eigene inhaltlich oft recht ähnliche Leitlinien veröffentlicht haben, werden diese nicht mehr in den laufenden Publikationen veröffentlicht, sondern nur noch in Sonderbeilagen (zuletzt NJW Heft 10/2018, NZFam Heft 5/2018) und im Internet veröffentlicht.
[14] BT-Drucks. 16/1830 S. 14.
[15] Auch die vom BVerfG missbilligte (BVerfG FamRZ 2011, 437) Bedarfsberechnung nach der Drittelmethode war durch dieses Streben nach Vereinfachung motiviert.

A. Grundlagen

I. Allgemeine Grundsätze

1. Grenzen der Regelbildung

Die Unterhaltsberechnung soll es ermöglichen, vergleichbare Fälle gleich zu entscheiden. Wenn Fallkonstellationen besonders häufig vorkommen, wird viel verglichen und das Bedürfnis nach einheitlichen Regeln (auch für geringe Unterschiede) wird stark empfunden. Daher gibt es in diesen Bereichen auch viele oft sehr ins Einzelne gehende Rechenregeln. Für seltenere Konstellationen begnügt man sich gerne mit gröberen Methoden, welche den Rechenaufwand vermindern, oder man vermeidet überhaupt Verallgemeinerungen und stellt auf die individuelle – und damit letztlich nicht vergleichbare – Fallgestaltung ab.

Für die Praxis gilt generell, dass einfache Lösungen bevorzugt werden, wobei man die Möglichkeit, relevante Werte in einer **Tabelle** zu finden, als nützlich empfindet, weil sie uns in einem Sprung der Lösung näherbringt.

Manche Rechenregeln können in Einzelfällen zu **paradoxen** Ergebnissen führen, die mit einer „Kontrollberechnung" verhindert werden müssen: Keiner muss deshalb mehr zahlen, weil auch ein anderer unterhaltsverpflichtet ist[16] und keiner erhält deshalb mehr, weil der Unterhaltspflichtige noch einem anderen Unterhalt schuldet.[17]

Schließlich wird **immer** eine **Schlusskorrektur** angemahnt: Das Ergebnis ist immer auf seine Angemessenheit zu prüfen. Es ist wertend zu ändern, wenn Umstände bei der Berechnung nicht hinreichend berücksichtigt wurden. Hier ist das „Bauchgefühl" gefragt, also die intuitive Wertung, die rationalisiert werden muss, indem die nicht ausreichend gewürdigten Umstände gesucht und benannt werden. Eine solche Korrektur kann sogar die **rechnerische Erschließung ersetzen**: Bei der Verteilung des Unterhalts von Internatskindern auf die Eltern (s.u. D.I.1.f) und für die Verteilung des Unterhalts für behinderte volljährige Kinder (s.u. D.I.3.a.cc) wird empfohlen, zuerst die Leistungsfähigkeit der Elternteile zu ermitteln und dann den daraus resultierenden Verteilungsschlüssel unter Berücksichtigung der „Restbetreuung" oder überhaupt des Betreuungsaufwands „wertend zu verändern".

---

[16] S.u. C.II.5, und C.III.3.c.
[17] S.u. A.VII.3.d.

2. Maßeinheit: monatliche Geldbeträge

Unterhaltszahlungen sind nach § 1612 Abs. 3 S. 1 BGB monatlich im Voraus in Geld zu leisten.[18] Soll solcher Unterhalt berechnet werden, dann müssen die Berechnungsgrundlagen ebenfalls monatliche Geldbeträge sein, nötigenfalls müssen sie in solche umgerechnet werden.[19] Demgemäß werden Bedarf und Leistungsfähigkeit – die Grundlagen der Unterhaltsberechnung – ebenfalls als monatliche Geldbeträge bestimmt. Wenn Einkommen in größeren Abständen gezahlt wird oder wenn Bedarf in geringeren oder größeren Abständen anfällt, werden diese Werte in Monatsbeträge umgerechnet. Das gelingt allerdings nur dann problemlos, wenn Bedarf oder Einkommen regelmäßig anfallen.

Für unregelmäßig anfallenden Bedarf (und damit Unterhalt) hat der Gesetzgeber eine Regelung getroffen: Ist der Betrag nicht allzu groß, dann wird er durch den regelmäßigen Unterhalt miterfasst. Wenn er aber außergewöhnlich hoch ist, dann kann er als Sonderbedarf nach § 1613 Abs. 2 S. 1 Nr. 1 BGB neben dem monatlichen Unterhalt geltend gemacht werden (s. u. III.8.).

Damit gehört zum System der Unterhaltsberechnung neben dem monatlichen Unterhalt auch der einmalige **Sonderbedarf** (s. u. III.8). Ein praktisches Bedürfnis, diesen in Leitlinien zu regeln oder sonstige Rechenregeln aufzustellen, ist allerdings bisher nicht aufgetreten.

Für unregelmäßig anfallendes Einkommen hat die Praxis hingegen Regelungen geschaffen: wenn das Einkommen schwankt, ist ein mehrjähriges Mittel zu bilden.[20] Sonstige Änderungen der Vermögenslage wie Lottogewinne und Erbschaften werden demgegenüber nicht unmittelbar als Einkommen behandelt, sondern dem davon verschiedenen **Vermögensbereich** zugeordnet (s. u. IV.14), welcher aber ebenfalls die Leistungsfähigkeit beeinflusst. Insbesondere für den Kapitalausgleich für den Verlust einer Einkommensquelle (Abfindungen) hat die Rechtsprechung besondere Regeln entwickelt.[21] Sonderbedarf und Vermögensverwertung sind aber Sonderfälle. Unterhaltsberechnung im engeren Sinn befasst sich nur mit monatlichem Bedarf und monatlichem Einkommen.

---

[18] Vgl. Johannsen/Henrich/Graba 2010, Vorbemerkungen zu § 1601 BGB Rn. 46. Aus praktischen Gründen verlangt das OLG Koblenz (NJW-RR 2009, 1153) die Zahlung des Mehrbedarfs für Studiengebühren zweimal im Jahr.

[19] Dieses Verfahren der Unterhaltberechnung ist alt und hat sich bisher bewährt. Der Versuch, beim Versorgungsausgleich im Monatsbetrag der gesetzlichen Rente eine ähnlich verlässliche Rechnungsgrundlage zu finden, ist bekanntlich gescheitert.

[20] Leitlinien 1.5.

[21] Dose in Wendl/Dose § 1 Rn. 29.

II. Aufbau des Unterhaltsanspruchs

1. Grundbegriffe

Das Unterhaltsrecht konstruiert den Unterhaltsanspruch mit den Begriffen

Bedarf,
Eigeneinkommen,
Bedürftigkeit,
(des Berechtigten)
Eigenbedarf,
Einkommen,
Leistungsfähigkeit,
(des Pflichtigen)
voller Unterhalt,
Mangelunterhalt,
Absoluter Mangelfall,
Relativer Mangelfall.

In diesem Bereich erfolgt die Unterhaltsbestimmung weitgehend rechnerisch.[22]

Das Unterhaltsrecht modifiziert diesen Anspruch noch durch Härteregelungen (grobe Unbilligkeit, § 1579 BGB, 1611 BGB) und die Billigkeitsbeschränkung des Ehegattenunterhalts nach § 1578b BGB. Diese Modifizierungen erfolgen aber bisher nicht nach Rechenmodellen, obgleich solche z.T. vorgeschlagen wurden.[23] Eine Ausnahme bildet insofern der Begriff des **angemessenen Unterhalts nach § 1578b BGB**, soweit er an das frühere Einkommen des unterhaltsberechtigten Ehegatten anknüpft.

2. Bedarf, Bedürftigkeit, Eigeneinkommen, voller Unterhalt

Die fundamentalen gesetzlichen Definitionen lauten:

Unterhalt umfasst den ganzen Lebensbedarf § 1610 Abs. 2, § 1578 Abs. 2 BGB).

Sein Maß bestimmt sich nach der Lebensstellung (§ 1610 Abs. 1 BGB), bzw. – beim Ehegattenunterhalt – nach den ehelichen Lebensverhältnissen (§ 1578 Abs. 2 BGB).

---

[22] Nur selten wird der nach dem Gesetz (§ 1581 BGB) billigkeitsbestimmte Mangelunterhalt nicht rechnerisch bestimmt.
[23] Dethloff/Gutdeutsch/Kremer FamRZ 2010, 1708.

A. Grundlagen

Den Lebensbedarf bestimmt die Praxis in Fällen der sog. konkreten Bedarfsbemessung (s. u. III.2) nach den Konsumgütern, welche zur Deckung dieses Bedarfs erforderlich sind. z. b.: Wohnkosten, Haushalt, Kleidung, Körperpflege, Kultur, Sport/Fitness, Telefon, Restaurant, PKW, Urlaub.

Man spricht hier von einem „konkret bestimmten" Lebensbedarf.

Unterhalt sind die Mittel, mit deren Hilfe der Lebensbedarf gedeckt wird, vor allem Geld, aber auch bezahlbare[24] Leistungen „in Natur", wenn etwa der Wohnbedarf durch ein Wohnrecht gedeckt wird oder Betreuungsbedarf eines Kindes durch die Betreuungsleistungen des betreuenden Elternteils.[25] Bedarf kann aber auf unterschiedlichem Niveau gedeckt werden. Daher anerkennt das Gesetz ein bestimmtes

Maß des Unterhalts (Bedarf): Dieses Maß hat sich an der Lebensstellung des Unterhaltsberechtigten zu orientieren, bei Ehegatten an den ehelichen Lebensverhältnissen. Die Messgröße ist das Geld. Das Maß, welches das Gesetz einem Unterhaltsberechtigten zubilligt, bezeichnet die Praxis als seinen rechnerischen Bedarf. Damit ist der Bedarf immer normativ. Ein Unterhaltsanspruch besteht aber nur dann, wenn auch Bedürftigkeit besteht.

Bedürftigkeit besteht, wenn der Unterhaltsberechtigte seinen Bedarf nicht mit eigenen Mitteln decken kann (§ 1602 Abs. 1, § 1577 Abs. 1 BGB).

Eigeneinkommen des Berechtigten vermindert die Bedürftigkeit, denn dann bedarf er der Unterhaltsleistungen nur für den dadurch nicht gedeckten Restbedarf.

Verbrauch eines etwa vorhandenen **Vermögens** (des „Vermögensstammes") kann ebenfalls die Bedürftigkeit beseitigen. Ein solcher Vermögensstamm hat jedoch auch den Zweck, zukünftige Mangellagen zu verhindern. Außerdem muss es oft noch in Geld umgewandelt werden, damit es Unterhaltszwecken dienen kann. Deshalb schränkt das Gesetz die Berücksichtigung der Möglichkeit, ein Vermögen zur Beseitigung der Bedürftigkeit zu verbrauchen, ein (§ 1602 Abs. 2, § 1577 Abs. 3 BGB, vgl. VIII.14. Vermögensverwertung). Soweit aber der Verbrauch dem Berechtigten zuzumuten ist, wird er rechnerisch wie Einkommen, somit als Eigeneinkommen des Berechtigten behandelt. Der Vermögensstamm wird also in ein Einkommen umgerechnet.

---

[24] Oder nicht bezahlbare.

[25] Wax in Göppinger/Wax (9. Aufl. Rn. 0.1) meint demgegenüber, der Gesetzgeber verwende den Begriff „Unterhalt" in § 1603 BGB auch für den Lebensbedarf selbst. Das erscheint nicht zwingend, die Vorschrift verlangt, dass dem Pflichtigen die Mittel zur Deckung des Eigenbedarfs bleiben (s. u. 3), damit handelt es sich auch hier um die Mittel zur Befriedigung der Bedürfnisse.

II. Aufbau des Unterhaltsanspruchs

Voller Unterhalt: Wenn der Unterhaltsanspruch die Höhe der rechnerischen Bedürftigkeit hat und damit die Mangellage beseitigt, wird er – zur Unterscheidung vom „Mangelunterhalt" (s.u.) – der „volle Unterhalt" genannt. Dieser deckt also den gesamten (Rest-)Bedarf. Der „volle Unterhalt" ist nicht der gesamte Bedarf, sondern nur ein Anspruch, der bei Berücksichtigung des Eigeneinkommens zur Deckung des vollen Bedarfs führt. Somit gilt:

> **Bedürftigkeit = Bedarf – Eigeneinkommen.**

und auch

> **voller Unterhalt = Bedarf – Eigeneinkommen**

(**Geschützt** wird der Unterhalt durch Aufrechnungsverbot § 394 BGB, Abtretungsverbot § 400 BGB und bedingtes Pfändungsverbot § 850b ZPO.)

3. Leistungsfähigkeit, Eigenbedarf, Selbstbehalt und Mangelfall

Die **Leistungsfähigkeit**[26] des Unterhaltspflichtigen begrenzt nach § 1603, § 1581 BGB seine Unterhaltsverpflichtung. Nur wenn das Einkommen ausreicht, um sowohl den Eigenbedarf des Unterhaltspflichtigen als auch den vollen Unterhalt des Unterhaltsberechtigten zu decken, ist die Leistungsfähigkeit in voller Höhe gegeben. Der volle Unterhalt ist zu leisten.

Das Einkommen des Pflichtigen ist somit die Grundlage seiner Leistungsfähigkeit. Auch hier kommen Geld und Naturaleinkünfte in Betracht, wobei Naturaleinkünfte nur insoweit von Bedeutung sein können, als sie den Eigenbedarf decken und dadurch Geldmittel ersparen. Ebenso wie die Bedürftigkeit des Berechtigten kann auch die Leistungsfähigkeit des Unterhaltspflichtigen durch die Möglichkeit, **vorhandenes Vermögen** zu verbrauchen, beeinflusst werden. Da Vermögen aber auch dazu bestimmt ist, zukünftigen Bedarf zu decken und u.U. erst in Geld umgewandelt werden muss, bevor es Unterhaltszwecken dienen kann, kann es nur dann unbedenklich für Unterhaltsleistungen herangezogen werden, wenn es sowohl liquide ist als auch für einen späteren Bedarf nicht benötigt wird. In diesen Fällen erhöht sich das einsetzbare Einkommen um die Beträge, die dem Vermögensstamm entnommen werden können.

---

[26] So die Überschrift der Vorschriften.

A. Grundlagen

Der Eigenbedarf des Unterhaltspflichtigen muss gesichert sein, wenn dem Unterhaltsberechtigten der volle Unterhalt gezahlt werden soll (§ 1603 Abs. 1, § 1581 BGB). Dieser Eigenbedarf ist das Maß seines eigenen Unterhalts – sein angemessener Unterhalt (§ 1603 Abs. 1, § 1610 Abs. 1 BGB) und bestimmt sich grundsätzlich in gleicher Weise wie der Bedarf des Unterhaltsberechtigten (2.). Können aus den Mitteln des Unterhaltpflichtigen (seinem Einkommen einschließlich unbedenklicher Vermögensentnahmen) nicht zugleich Eigenbedarf und voller Unterhalt (des Unterhaltsberechtigten) gedeckt werden, dann liegt ein **Mangelfall** vor und der Anspruch des Unterhaltsberechtigten beschränkt sich auf einen

Mangelunterhalt. Der Berechtigte kann nicht mehr den vollen Unterhalt verlangen. Damit ist jedoch noch nicht gesagt, ob dem Pflichtigen sein Eigenbedarf in vollem Umfang gesichert wird. Hier unterscheiden sich **Ehegattenunterhalt** und **Verwandtenunterhalt:** Beim Verwandtenunterhalt wird nach § 1603 Abs. 1 BGB im Prinzip der Eigenbedarf des Pflichtigen in vollem Umfang geschützt. Soweit er gefährdet ist, entfällt die Unterhaltspflicht. Damit ist der Eigenbedarf zugleich auch der Selbstbehalt des Pflichtigen und zwar sein

absoluter Selbstbehalt: Der Mangelfall führt beim **Verwandtenunterhalt** zur Herabsetzung des Unterhaltsanspruchs auf den Mangelunterhalt. Der Eigenbedarf nach § 1603 Abs. 1 BGB wird als absoluter Selbstbehalt gewahrt. Es liegt dann ein **absoluter Mangelfall** vor. Wenn jedoch im Mangelfall auch der Eigenbedarf des Unterhaltspflichtigen gekürzt werden kann, dann handelt es sich dabei um einen

relativen Selbstbehalt: Nach § 1581 BGB sind im Mangelfall die verfügbaren Mittel nach Billigkeit zwischen den **Eheleuten** zu teilen. Dieser Mangelfall, der nur zur Verteilung der verfügbaren Mittel führt, wird auch als relativer Mangelfall bezeichnet. Jedoch hat die Kürzung des Eigenbedarfs eine Grenze in dem

Mindestselbstbehalt, der dem Unterhaltspflichtigen in jedem Fall bleiben muss und der deshalb zugleich ein absoluter Selbstbehalt ist und deshalb zu einem absoluten Mangelfall führt.

Leistungsfähigkeit = Einkommen – Eigenbedarf

Ist die Leistungsfähigkeit größer oder gleich dem vollen Unterhalt, ist voller Unterhalt geschuldet, sonst nur ein Mangelunterhalt, der durch die Art des Mangelfalls bestimmt wird: den absoluten Mangelfall oder den relativen Mangelfall.

4. Absoluter und relativer Mangelfall

Im absoluten Mangelfall erhält der Berechtigte als Mangelunterhalt die Differenz zwischen dem Einkommen des Unterhaltpflichtigen und seinem absoluten Selbstbehalt, also

**Mangelunterhalt (absolut) =
Einkommen – absoluter Selbstbehalt (Mindestselbstbehalt)**

Wenn nur ein relativer Mangelfall vorliegt, ist der Mangel (das Defizit) zwischen dem Unterhaltsberechtigten und dem Unterhaltspflichtigen angemessen zu verteilen. Allerdings kommt das nur für das Einkommen in Betracht, welches den Mindestselbstbehalt des Unterhaltspflichtigen übersteigt. Für die Billigkeitsverteilung nach § 1581 BGB kommen dagegen mehrere Lösungen in Betracht. Ziel ist es, beide Seiten gleich zu belasten. Im Übrigen sei auf B.V.9.b verwiesen.

5. Voller Unterhalt – Mangelunterhalt

Wenn die **Leistungsfähigkeit** des Pflichtigen (Einkommen – Selbstbehalt) geringer ist als die Bedürftigkeit des Unterhaltsberechtigten (Bedarf – Eigeneinkommen) dann beschränkt sich der Unterhaltsanspruch auf die Leistungsfähigkeit des Pflichtigen und heißt dann **Mangelunterhalt,** sonst ist der **volle Unterhalt** geschuldet:
- Mangelunterhalt = Einkommen – Selbstbehalt
- Voller Unterhalt = Bedarf – Eigeneinkommen

Werden beide Rechenwerte mathematisch verglichen, so ist der **geringere** geschuldet. Unterhaltberechnungen im Mangelfall sind allgemein Alternativberechnungen, die dann den geschuldeten Unterhalt liefern, wenn sie einen geringeren Wert liefern, als die normale Unterhaltsberechnung. Die Praxis prüft den Mangelfall aber anders: Sie berechnet den vollen Unterhalt und prüft, ob dem Pflichtigen nach Abzug des Unterhalts sein Selbstbehalt bleibt.

Resteinkommen = Einkommen – Voller Unterhalt
Wenn: Resteinkommen < Selbstbehalt
Dann liegt der Mangelfall vor. Geschuldet ist
Mangelunterhalt = Einkommen – Selbstbehalt

Wenn ein **relativer Selbstbehalt** geprüft wird, welcher notwendig **über** dem Mindestselbstbehalt gegenüber dem Berechtigten (absoluten Selbstbehalt) liegt, dann bestimmt er sich nach einer Quote des verteilbaren Einkommens (s.u. B.V.9.b).

6. Geldunterhalt – Naturalunterhalt

Der Unterhaltsberechtigte bedarf bestimmter Güter, nämlich Essen, Kleiden, Wohnen, u.a.m. Bei Kindern, Kranken und Alten kommt ein Betreuungsbedarf hinzu. Wird dieser Bedarf vom Unterhaltspflichtigen unmittelbar gedeckt, so spricht man von "Leistung von Naturalunterhalt". Diese Güter können aber auch erworben werden. Deshalb richten sich die meisten Unterhaltsansprüche auf Geldleistungen (§ 1612 Abs. 1 S. 1 BGB). Aus wichtigem Grund kann der Pflichtige aber verlangen, den Unterhalt in anderer Weise zu leisten zu dürfen (§ 1612 Abs. 1 S. 2 BGB). Ihren – unverheirateten – Kindern gegenüber haben Eltern auch ein (eingeschränktes) Recht, die Art der Unterhaltsgewährung selbst zu bestimmen. Nach Trennung oder Scheidung der Eltern erfüllt der betreuende Elternteil seine Unterhaltspflicht durch Pflege und Erziehung (§ 1606 Abs. 3 S. 2 BGB, s.u. D.I.1.d und e). Diese Leistungen müssen auch bewertet werden, wenn sie im Zusammenhang mit anderen Unterhaltsansprüchen bedeutsam werden. Wenn z.b. Großeltern für ihre minderjährigen Enkel Naturalunterhalt einschließlich der Pflege und Erziehung leisten, die Eltern oder ein Elternteil aber diesen Unterhalt selbst leisten könnte, geht der Anspruch des Kindes für den Naturalunterhalt wie auch auf Betreuungsunterhalt auf die Großeltern über (§ 1610 Abs. 2 BGB), wobei sich auch der Betreuungsunterhalt in einen Geldanspruch verwandelt (s.u. B.I.1.c).[27]

III. Bedarf

1. Allgemeines

Bedarf (s.o. II.2.) in monatlichen Geldbeträgen ist das, was zum Leben gebraucht wird und mit Geld beschafft werden kann. Bedarf ist aber zugleich normativ (s.o. II.1.). Er gründet auf rechtlicher Wertung. Was jemand wünscht, wird von ihm nicht immer gebraucht, was er braucht, wünscht er sich nicht immer.

Neben der individuellen Wertung, welche bei der konkreten Bedarfsbemessung im Vordergrund steht, finden sich generelle Wertungen:

Der Mindestbedarf wächst mit Alter und Unabhängigkeit:

- § 1612a Abs. 1 BGB ordnet die Minderjährigen drei Altersgruppen zu mit einen mit dem Alter wachsenden Mindestbedarf. Die Düsseldorfer Tabelle fügt dem noch die 4. Stufe der noch zu Hause lebenden volljährigen Kinder hinzu mit erhöhten Bedarfswerten.

---

[27] BGH FamRZ 2006, 1597.

- Studierenden und sonst in der Ausbildung Befindlichen mit eigenem Hausstand ordnet die Düsseldorfer Tabelle[28] einen höheren Bedarf zu, der nach überwiegender Meinung die höchste Bedarfsstufe der Düsseldorfer Tabelle übersteigen sollte, das aber nicht immer tut.
- Der Mindestbedarf von Berechtigten, welche sich **nicht mehr in der Ausbildung** befinden, entspricht dem notwendigen Selbstbehalt und übersteigt damit den Mindestbedarf eines Studenten.[29] (Bis zur ersten Anstellung wird das aber wohl nicht gelten können.)

Der Bedarf wächst mit dem Einkommen, soweit er an die Verhältnisse in einer Lebensgemeinschaft anknüpft wie bei Ehegatten an die eheliche Lebensgemeinschaft (§ 1578 BGB) oder Kindern im Haushalt eines Elternteils § 1610 Abs. 1 BGB).

Der Bedarf wächst[30] mit dem früheren Einkommen, soweit der Unterhalt die Entschädigung für verlorenes Einkommen ist (§ 1578b Abs. 1, § 1615l Abs. 3 S. 1, § 1610 Abs. 1 BGB).

Unberücksichtigt bleiben andere persönliche Unterschiede wie etwa das Körpergewicht, obgleich dieses bei Übergröße erhebliche Auswirkungen auf den Nahrungs- und wohl auch Wohnbedarf hat. Krankheit und Alter wirken sich nur zuweilen durch die Zubilligung eines konkreten Mehrbedarfs aus (s. u. III.2.c)

Das Unterhaltrecht kennt **drei Verfahren,** einen Bedarf in Geld zu bestimmen, den konkret bestimmten Bedarf (s. u. III.2.), den Mindestbedarf als festen Betrag (s. u. III.3. und 4.) und den einkommensbezogenen Bedarf (s. u. III.5.):

2. Konkreter Bedarf

Bei diesem Verfahren werden die Konsumwünsche[31] aufgelistet und in richterlicher Einzelwertung auf ihre Berechtigung geprüft. Sind sie unberechtigt, so werden sie gestrichen oder – so die Regel – auf einen geringeren Betrag herabgesetzt. Die Summe der **als berechtigt anerkannten Bedarfsposten** ergibt dann den Bedarf.

Eine solche Liste kann wie folgt aussehen:
- Wohnkosten
- Haushalt
- Kleidung
- Körperpflege
- Kultur

---

[28] DT A. Anm. 7, Leitlinien 13.1.2.
[29] Düsseldorfer Tabelle B.V., Leitlinien.
[30] D.h. er ist proportional zur Höhe des früheren Einkommens.
[31] Nur die Konsumwünsche des Unterhaltsberechtigten, die des Verpflichteten interessieren nicht, weil das Verfahren nur bei uneingeschränkter Leistungsfähigkeit angewandt wird.

- Sport/Fitness
- Telefon/Telekommunikation
- Restaurant
- PKW, andere Fahrtkosten
- Urlaub.

Der Anspruchssteller ordnet diesen Posten Geldbeträge zu, die der Richter übernimmt oder kürzt– mit mehr oder weniger Begründungsaufwand. Dieses Verfahren hat den Nachteil, dass die Entscheidung über die Berechtigung der Einzelposten und ihrer Höhe schwer überzeugend zu begründen ist und oft als willkürlich erscheint. Außerdem muss das Gericht hier das Konsumverhalten des Berechtigten werten und insofern in seine persönlichen Verhältnisse eingreifen. Das widerspricht der Tendenz der Rechtsprechung, den Unterhaltsparteien nicht vorzuschreiben, wie sie die ihnen zugewiesenen Mittel verwenden sollen.[32]

a) Konkrete Bedarfsermittlung beim Ehegattenunterhalt

Deshalb beschränkt sich diese Art der Bedarfsermittlung beim Ehegattenunterhalt auf die Fälle unstreitig uneingeschränkter Leistungsfähigkeit des Unterhaltspflichtigen.[33] Die Oberlandesgerichte Frankfurt, Jena und Koblenz verlangen die konkrete Bedarfsberechnung darüber hinaus auch in Fällen, bei denen der errechnete Quotenunterhalt eine angenommene „Sättigungsgrenze" (z.z. meist 2500 €) überschreitet, das OLG Hamm, wenn das gemeinsame Resteinkommen die Obergrenze der Düsseldorfer Tabelle (z.z. 5100 €) übersteigt.[34] Diese Lösung hat auch der BGH gebilligt und den Rahmen der Quotenberechnung auf ein Gesamteinkommen in Höhe der doppelten Einkommensgrenze der Düsseldorfer Tabelle erweitert.[35]

Verwendet wird die konkrete Bedarfsbemessung auch bei der Mediation, weil diese gerade darauf beruht, dass Verständnis für die Bedürfnisse des anderen geweckt wird.

b) Konkreter Bedarf in anderen Fällen

Der Elternunterhalt wird demgegenüber überwiegend durch eine konkrete Bedarfsermittlung bestimmt, weil ein Mangelfall meist erst im Pflegefall eintritt, für den die Sozialhilfe ergänzend eintreten muss, welche wiederum die Kinder in Regress nimmt. Der Bedarf besteht dann regel-

---

[32] Vgl. BGH FamRZ 2006, 1664, FamRZ 2004, 370, FamRZ 2004, 186 zur Freiheit, den Aufwand für Wohnkosten selbst zu bestimmen.
[33] Leitlinien 15.3.
[34] Leitlinien 15.3 dieser Oberlandesgerichte.
[35] BGH FamRZ 2018, 260 (mAnm Seiler) = NZFam 2018, 130 (mAnm Schwamb); FamRZ 2010, 1637.

mäßig in den Heimkosten, ergänzt um das vom Heim generell bereitgestellte Taschengeld.

Beim Kindesunterhalt besteht ein vergleichbarer Bedarf im Falle einer Heimunterbringung. Jedoch besteht in diesen Fällen regelmäßig ein Anspruch des Kindes auf Jugendhilfeleistungen nach SGB VIII, welche den Zusatzbedarf decken.[36] In Internatsfällen wiederum werden die Zusatzkosten als rechnerischer Mehrbedarf behandelt (s. u.).

c) Konkreter Mehrbedarf (Zusatzbedarf)

aa) Mehrbedarf und Regelsätze. Die Unterhaltspraxis kennt aber auch Mischberechnungen. Da die Unterhaltsbestimmung nach Regelsätzen normale Verhältnisse voraussetzt, wird die Abweichung eines Sachverhalts vom Normalfall vielfach durch die Zubilligung eines konkreten Mehrbedarfs über den nach dem Regelsatz ermittelten Bedarf hinaus berücksichtigt. Ein solcher unausweichlicher Mehrbedarf ergibt sich vor allem durch krankheitsbedingten und altersbedingten Mehraufwand, sodass etwa die Kosten für besondere Medikamente oder für Haushalts- und Pflegehilfen als Mehrbedarf zu berücksichtigen sein können.[37] Aber auch Kindergartenkosten[38] und Internatskosten[39] sind im angemessenen Umfang als Mehrbedarf (des Kindes) zu berücksichtigen. Auch ein Krankheitsvorsorgebedarf, der von einer privaten Krankenversicherung gedeckt wird, begründet einen konkreten Mehrbedarf, der durch die Betragshöhe bestimmt wird. Dagegen ist die Vorsorge in der ges. Krankenkasse einkommensbezogen (s. u. III.5.).

bb) Mehrbedarf und Halbteilung. Soweit der Unterhalt durch die Halbteilung[40] begründet (Ehegattenunterhalt, s. u. 5.c.aa) oder begrenzt (Betreuungsunterhalt nach § 1615 Abs. 2 BGB, s. u. B.VIII.5; sonstige Verwandte s. u. 4.g und h)) wird, gilt die **Halbteilung** dann als gewahrt,[41] wenn der Mehrbedarf von dem der Halbteilung unterliegenden Einkommen **vorweg** abgezogen wird.

---

[36] BGH FamRZ 2007, 377; Wendl/Klinkhammer § 2 Rn. 465.
[37] BGH FamRZ 1984, 141, FamRZ 1986, 661 (663).
[38] BGH FamRZ 2009, 962.
[39] Vgl. Wendl/Klinkhammer § 2 Rn. 451.
[40] Als Anspruch auf Teilhabe gründet sich die Halbteilung nach Auffassung des BVerfG auf Art. 3 Abs. 2 GG (so mehrfach zum Versorgungsausgleich ausgesprochen, zuletzt FamRZ 2006, 1000). Im Gegensatz zum Versorgungsausgleich gründet der Unterhaltsanspruch nur teilweise auf dem Anspruch auf Teilhabe, daneben auch auf dem Vertrauensschutz (ehebedingte Nachteile und erdiente nacheheliche Solidarität).
[41] Sogar die Quotenverschiebung durch den Erwerbstätigenbonus wird so im Rahmen der Halbteilung gerechtfertigt.

3. Mindestbedarfssätze

Während die individuelle Bestimmung eines konkreten Bedarfs keine Gleichbehandlung sichern kann, besteht die einfachste generelle Regelung in der Festlegung eines festen Mindestbedarfs. Inzwischen hat der BGH inzwischen für alle Unterhaltsrechtsverhältnisse ein Existenzminimum als Mindestbedarf für Berechtigte und Verpflichtete anerkannt.

a) Mindestbedarf minderjähriger Kinder

Eine gesetzliche Grundlage besteht insoweit nur für den Kindesunterhalt. § 1612a Abs. 1 S. 1 BGB bestimmt ausdrücklich das steuerfrei zu stellende sächliche Existenzminimum als Mindestunterhalt eines minderjährigen Kindes.[42] Bis zur Vollendung des 6. Lebensjahrs haben die Kinder einen gesetzlichen Mindestbedarf in Höhe von 87% des doppelten[43] Freibetrags, dann bis zur Vollendung des 12. Lebensjahr in Höhe von 100% des doppelten Freibetrags und bis zur Vollendung des 18. Lebensjahr in Höhe von 117% des doppelten Freibetrags. Das Bundesministerium für Justiz und Verbraucherschutz legt diese Beträge alle zwei Jahre in der MindestunterhaltsVO verbindlich fest (§ 1612a Abs. 4 BGB). Sie sind dann die Grundlage auch der (am Einkommen des Pflichtigen orientierten) Kindesunterhaltsbeträge nach der Düsseldorfer Tabelle (s.u. III.5.b).[44]

b) Mindestbedarf anderer Berechtigter (mit eigener Lebensstellung)

Für andere Unterhaltsberechtigte hat der BGH inzwischen ebenfalls Mindestbedarfsbeträge in Höhe des Existenzminimums anerkannt, wobei als Bedarf der notwendige Selbstbehalt eines nicht erwerbstätigen Unterhaltspflichtigen (s.u. 4.b) zugrunde gelegt wurde: Diese Beträge gelten für

- bedürftige geschiedene oder getrenntlebende Ehegatten[45] (nachdem der BGH vorher die Anerkennung eines Mindestbedarfs jahrzehntelang kategorisch abgelehnt hatte),[46]
- für gem. § 1615l BGB Partner,[47] die ein nichteheliches Kind betreuen,

---

[42] Vom 1.1.2008 bis zum 31.12.2015 knüpfte sie dabei an den steuerlichen Kinderfreibetrag des § 32 Abs. 6 S. 1 EStG an, nun an das steuerfrei zu stellende sächliche Existenzminimum, weil der Freibetrag vom Gesetzgeber oft viel zu spät angepasst wurde.

[43] Je ein Freibetrag für jeden Elternteil.

[44] Düsseldorfer Tabelle A. Anm. 2.

[45] BGH 2010, 629.

[46] Zuletzt ausführlich BGH FamRZ 2003, 363.

[47] BGH FamRZ 2011, 97; FamRZ 2010, 357.

III. Bedarf

- für den Anspruch bedürftiger Elternteile gegen ihre Kinder[48] sowie auch für
- Kinder, die ihre Ausbildung abgeschlossen und bereits eine eigene Lebensstellung erlangt hatten[49] und diese dann verloren haben.

Besonders für Kinder betreuende Elternteile ist eine Erhöhung dieses Mindestbedarfs durch einen Zuschlag nach Maßgabe der Sozialrechts wiederholt gefordert worden.[50] Vielleicht sollte man dabei auch bedenken, dass für einen Elternteil, der ein Kind betreut, auch der angemessene Selbstbehalt auf einen Betrag über dem üblichen von 1300 € zu erhöhen ist (s. u. 4.j).

c) Regelbedarf von Studenten und Auszubildenden mit eigenem Hausstand

Studenten und Auszubildenden mit eigenem Hausstand wird schon seit langem ein Mindestbedarf zugebilligt, der sich am Bafög-Satz orientiert und geringfügig darüber liegen soll. Er wurde schon bei Inkrafttreten des 1. Eherechtreformgesetzes in der Düsseldorfer Tabelle veröffentlicht und wird auch nach deren Übernahme durch das OLG Düsseldorf weiterhin veröffentlicht. Er liegt ebenso wie der Bafög-Satz deutlich niedriger als der notwendige Selbstbehalt: z.z. beträgt er 735 €, worin Wohnkosten von 300 € enthalten sind.[51]

d) Vorrang des Mindestbedarfs im zweiten Rang

Als der Gesetzgeber den Gleichrang von Ehegatten und minderjährigen Kindern abschaffte, hat er in den Motiven[52] betont, dass bei der Mangelverteilung minderjährigen Kindern nicht mehr als ihr Mindestbedarf zugebilligt werden solle, solange der Mindestbedarf der nun nachrangigen Ehegatten nicht gedeckt sei.

e) Gespiegelter Mindestbedarf des Ehegatten

Schon lange billigen die Leitlinien dem bei einem Unterhaltpflichtigen lebenden Ehegatten einen Mindestbedarf zu, den der Unterhaltpflichtige einem nachrangigen Unterhaltsberechtigten gegenüber als Teil seines Selbstbehalts (s.u. A.III.4) geltend machen kann,[53] wobei der beiderseitige Vorteil des Zusammenlebens von Bedarf des Gatten abgezogen wird.

---

[48] BGH FamRZ 2011, 97; FamRZ 2010, 357.
[49] Wendl/Klinkhammer § 2 Rn. 535.
[50] Empfehlungen des 19. Familiengerichtstags FamRZ 2011, 1921 A.I.2.b); Christl FamRZ 2017, 685.
[51] Düsseldorfer Tabelle A.7.
[52] BT-Drucks. 16/1830 S. 24.
[53] Leitlinien 22.

Dieser Mindestbedarf wird vom jeweiligen Selbstbehalt des Pflichtigen abgeleitet, also gewissermaßen „gespiegelt": Gegenüber nachrangigen Ehegatten beträgt dieser vorrangige Bedarf 1200 – 20 % = 960 €, gegenüber volljährigen Kindern 1300 – 20 % = 1080 €, gegenüber Eltern und Enkeln 1800 – 20 % = 1440 €. Inzwischen wird ein entsprechender vorrangiger Mindestbedarf auch für Getrenntlebende und Geschiedene anerkannt: 1200 € gegenüber nachrangigen Ehegatten und 1300 € gegenüber nachrangigen Kindern und 1800 € Eltern und Enkeln.[54] Weiteres s. u. A.VI.5.

4. Mindestbedarfssätze: der Selbstbehalt des Pflichtigen

Nach der Festlegung des Kindesunterhalts wurde ein Bedürfnis nach einheitlicher Festlegung im Interesse der Rechtsgleichheit am frühesten bei dem **Eigenbedarf des Verpflichteten** verspürt. Dieser baut in den verschiedenen Unterhaltsrechtsverhältnissen zwar auch auf dem Existenzminimum als unterster Grenze auf, hat aber weitere Anknüpfungen im Begriff des angemessenen (§ 1603 Abs. 1 BGB) und des eheangemessenen (§ 1581 BGB) Selbstbehalts, welche eine Mehrzahl von Selbstbehaltssätzen hervorgebracht haben, welche in den Leitlinien betragsmäßig festgelegt sind.

a) Allgemeines

Das Gesetz kennt nur eine Regelung, welche eine feste Grenze der Inanspruchnahme rechtfertigt: Nach § 1603 Abs. 1 i. V. m. § 1610 Abs. 1 BGB besteht nämlich dann kein Anspruch, wenn der angemessene Unterhalt des Pflichtigen gefährdet wäre. Daraus hat die Rechtsprechung den **angemessenen Selbstbehalt** (s. u. III.4.e)) hergeleitet, welchen die Hammer Leitlinien 1980[55] (erste der späteren unterhaltsrechtlichen Leitlinien der Oberlandesgerichte[56]) im Interesse der Gleichbehandlung aller Schuldner als Selbstbehalt gegenüber volljährigen Kindern ausweisen. In der Düsseldorfer Tabelle ist er ab Stand 1982[57] zu finden. Da allerdings die Vorschrift selbst auf den persönlichen Bedarf verweist, der von Person zu Person verschieden ist, kann diese Pauschalierung nur bedeuten, dass die Gerichte diesen Betrag zugrunde legen, wenn nicht vorgetragen wird, inwiefern sich der Sachverhalt vom Regelfall unterscheidet.[58] Ein solcher Vortrag ist nicht leicht, weil der maßgebliche Regelfall nicht ge-

---

[54] Leitlinien 23.
[55] HL80 FamRZ 1980, 21.
[56] Neben den wesentlich kürzeren Entschließungen der Familiensenate des OLG Köln FamRZ 1980, 27.
[57] DT82 FamRZ 1981, 1207.
[58] Lipp, Selbstbehalt zwischen Verfassung, Gesetz, Richtlinien und Einzelfall, FamRZ 2012, 1.

nauer beschrieben wird. Die Rechtsprechung ihrerseits löst sich in solchen Fällen auch nicht vom festen Selbstbehalt, sondern modifiziert ihn nur, indem sie einen im Regelbetrag nicht erfassten Mehrbedarf (s. u. III.4.k.) anerkennt.

Im Verhältnis zu Ehegatten und minderjährigen Kindern hat der Gesetzgeber eine derartige Vorlage jedoch nicht geliefert: Wenn der angemessene Unterhalt eines unterhaltpflichtigen Ehegatten durch die Leistung des vollen Unterhalts (s. o. II.5) an den geschiedenen Ehepartner gefährdet wäre, entfällt der Anspruch erst einmal nicht. Vielmehr braucht der Pflichtige nach § 1581 BGB nur so viel zu leisten, als der Billigkeit entspricht, muss auch ggf. auch eine Minderung seines Eigenbedarfs hinnehmen. Einen Selbstbehalt gegenüber einem minderjährigen Kind lehnt das Gesetz in § 1603 Abs. 2 S. 1 BGB sogar ausdrücklich ab, indem es den Elternteil verpflichtet, alle verfügbaren Mittel mit dem Kind zu teilen. In diesem natürlichen Sinn würde die (vorkonstitutionelle) Vorschrift allerdings gegen Art. 1 GG verstoßen.[59] Deshalb hat bereits die Düsseldorfer Tabelle Stand 1980 gegenüber minderjährigen Kindern und Ehegatten einen **„notwendigen Selbstbehalt"** als untere Grenze jeder Inanspruchnahme anerkannt[60] und damit die Vorschrift verfassungskonform ausgelegt. Der BGH hat diese Auslegung gebilligt.[61] Dabei hat er auf das Erfordernis, die Grenze der Inanspruchnahme generalisierend festzulegen, abgestellt. Das OLG Nürnberg hat den notwendigen Selbstbehalt dann auch im Verhältnis zu volljährigen Kindern angewandt, für welche § 1603 Abs. 2 S. 1 BGB nicht gilt. Dem ist der BGH bald entgegengetreten[62] und hat damit die Unterscheidung zwischen dem angemessenen und notwendigen Selbstbehalt, welche dann auch als „großer" und „kleiner Selbstbehalt" bezeichnet wurden, abgesichert, welche als Selbstbehalt gegenüber volljährigen und minderjährigen Kindern bis heute Bestand hat.

Die Entwicklung der Rechtsprechung zum Selbstbehalt gegenüber einem Ehegatten war komplizierter: Die Düsseldorfer Tabelle hatte 1980 auch gegenüber dem Anspruch eines Ehegatten dem Unterhaltspflichtigen nur den notwendigen Selbstbehalt zugestanden. Die Hammer Leitlinien 1980[63] beschränkten demgegenüber die Anwendung des notwendigen Selbstbehalts auf Fälle, in denen zugleich Minderjährigen-Unterhalt geschuldet wurde, während sonst ein sog. „billiger Selbstbehalt" zwischen dem „großen" und dem „kleinen" Selbstbehalt vorgeschlagen wird. Der BGH neigte anfangs dazu, den großen (angemessenen) Selbstbehalt als Opfergrenze gegenüber dem für den Ehe-

---

[59] Lipp, aaO.
[60] FamRZ 1980, 19, 20.
[61] BGH FamRZ 1982, 365, 366.
[62] BGH FamRZ 1989, 272.
[63] HL80 Nr. 33 FamRZ 1980, 21, 26.

gattenunterhalt[64] oder als Grenze für den Einstieg in die Billigkeitsabwägung nach § 1581 BGB anzusehen.[65] Mit Grundsatzentscheidung vom 18.10.1989[66] hat er dann den sog. „eheangemessenen Selbstbehalt" (III.3.c.bb) als Spiegelbild des eheangemessenen Bedarfs nach § 1578 Abs. 1 BGB als Quote definiert und als Einstieg in eine Billigkeitsprüfung nach § 1581 BGB. Zugleich wurde der notwendige Selbstbehalt als Untergrenze für diese Billigkeitsabwägung bestimmt. Mit Grundsatzentscheidung vom 15.3.2006 ist er davon aber wieder abgerückt und hat den eheangemessenen Selbstbehalt vollständig der Bedarfsbemessung zugewiesen und sich auf einen sog. Ehegattenselbstbehalt beschränkt, den er – wie früher das OLG Hamm – zwischen „großem" und „kleinem" Selbstbehalt ansiedelte und den die Leitlinien dann einheitlich mit 1000 €, seit 1.1.2011 mit 1050 € bestimmten. Durch die Entscheidung des BVerfG vom 25.1.2011[67] entfiel jedoch die Voraussetzung dieser Entscheidung, dass nämlich der eheangemessene Eigenbedarf nicht mehr erforderlich sei, sodass jetzt auch der eheangemessene Selbstbehalt wieder gebraucht wird (s. u. III.5.c.bb).

Auch der **angemessene** Selbstbehalt nach § 1603 Abs. 1, § 1610 Abs. 1 BGB wurde weiterentwickelt. Als der Elternunterhalt und auch der Enkelunterhalt an Bedeutung gewannen, erschien der „große Selbstbehalt" für diese Unterhaltsfälle nicht mehr geeignet. Seit den Leitlinien Stand 1998 haben die Oberlandesgerichte für den Elternunterhalt und dann auch den Enkelunterhalt vom großen Selbstbehalt abweichende (höhere) Werte ausgewiesen (s. u. B.IX.3).[68] Diese höheren Selbstbehalte hat der BGH gebilligt.[69]

b) Notwendiger Selbstbehalt

Gegenüber Unterhaltsansprüchen minderjähriger Kinder gilt deshalb der notwendige Selbstbehalt.[70] Diesen bemisst die Rechtsprechung (seit

---

[64] BGH FamRZ 1987, 916, FamRZ 1988, 705.

[65] BGH FamRZ 1988, 265.

[66] BGH FamRZ 1990, 260.

[67] FamRZ 2011, 437.

[68] Z.B. die Bayerischen Leitlinien 1998 Nr. 22.d, FamRZ 1998, 603.

[69] BGH FamRZ 2007, 375; FamRZ 2006, 1099; FamRZ 2006, 26; FamRZ 2002, 1698.

[70] Die Düsseldorfer Tabelle verwendet für den Selbstbehalt gegenüber minderjährigen Kindern seit ihrer ersten Veröffentlichung in der jetzigen Form (FamRZ 1980, 19) den Begriff „notwendiger Selbstbehalt". Das entspricht bereits der Vorstellung eines Existenzminimums, welches trotz der in § 1603 Abs. 12 S. 1 BGB normierten Pflicht, alles mit den Kindern zu teilen, doch gewahrt werden muss. Diese Bezeichnung hat sich eingebürgert; der früher daneben verwendete Begriff „kleiner Selbstbehalt" ist unüblich geworden, seit es neben dem Selbstbehalt gegenüber volljährigen Kindern (s. u. III.4.c) auch einen besonderen Selbstbehalt gegenüber Ehegatten (s. u. III.4.b) und Eltern (s. u. III.4 e) gibt.

III. Bedarf

1.1.2016) mit 1080 € für erwerbstätige Unterhaltsschuldner und 880 € für nichterwerbstätige.[71] Er knüpft an den Begriff des Existenzminimums an,[72] welcher der Sozialhilfe zugrunde liegt und soll mäßig darüber liegen. Existenzminimum ist hiernach der notwendige Selbstbehalt eines nicht Erwerbstätigen. Die Differenz der beiden Selbstbehalte (1080 – 880 = 200 €) wird als Erwerbstätigenbonus bezeichnet[73] (nicht zu verwechseln mit dem Erwerbstätigenbonus, durch welchen die Halbteilung bei Ehegattenunterhalt modifiziert wird (vgl. III.5.c.cc). Er soll helfen, den erwerbstätigen Unterhaltsschuldner davon abzuhalten, seine Arbeit aufzugeben und gewährt ihm deshalb einen über dem Existenzminimum liegenden Selbstbehalt. Wenn nur eine Teilzeiterwerbstätigkeit ausgeführt wird, ist der Erwerbsbonus herabzusetzen und ein Zwischenwert zugrunde zu legen.[74]

Bei Arbeitslosigkeit und Arbeitssuche entsprechender Intensität ist jedoch der volle Erwerbstätigenbonus zugrunde gelegt worden, ähnlich bei Fortbildung und ähnlichen erwerbsähnlichen Tätigkeiten.[75]

Der notwendige Selbstbehalt gilt auch im Verhältnis zu den nach § 1603 Abs. 2 S. 2 BGB privilegierten volljährigen Kindern, welche noch nicht 21 Jahre alt sind, eine allgemeinbildende Schule besuchen und noch mit einem Elternteil zusammenleben.

c) Ehegattenselbstbehalt[76]

Gegenüber Unterhaltsansprüchen von Ehegatten und nichtehelichen Müttern (Vätern) gilt nach Leitlinien 21.4 ein Mindestselbstbehalt von 1200 €, darin enthalten ist eine Warmmiete von ca. 430 € (zwischen 380 € für den notwendigen und 480 € für den angemessenen Selbstbehalt). Dabei geht der BGH von dem Mittelwert zwischen dem angemessenen Selbstbehalt (damals 1100 €, jetzt 1300 €) und dem notwendigen Selbstbehalt (damals 770 €, jetzt 880 €, bei Erwerbstätigen damals 900, jetzt 1080) aus: damals (1100 + 900) ÷ 2 = 1000 €. Konsequent hat er dann den Ehegattenselbstbehalt für einen Nichterwerbstätigen mit (1100 + 770)

---

[71] Oberlandesgerichte Leitlinien 21.2.
[72] So die Düsseldorfer Tabelle 2008 Abschnitt B.V. ; BGH FamRZ 2008, 594.
[73] Wendl/Gerhardt § 4 Rn. 781.
[74] BGH FamRZ 2008, 594, 597.
[75] Wendl/Klinkhammer § 2 Rn. 389 mwN.
[76] Der Begriff „Ehegattenselbstbehalt" ist relativ neu. Früher war nur von Selbstbehalt gegenüber den Ehegatten die Rede, aber auch in Anlehnung an § 1581 BGB vom „billigen Selbstbehalt", der schon damals oft zwischen dem „angemessenen" und dem „notwendigen Selbstbehalt" lag, später in Anlehnung an BGH FamRZ 1990, 260 als (variabler) „eheangemessener Selbstbehalt". Erst nach der Abschaffung des eheangemessenen Selbstbehalts durch BGH 2006, 683 bürgerte sich allmählich der in dieser Entscheidung verwendete Ausdruck „Ehegattenselbstbehalt" ein.

÷ 2 = 935 € vorgeschlagen,[77] was nach Erhöhung der Selbstbehalte ab 1.1.2016 jetzt einem Betrag von (1300 + 880) ÷ 2 = 1090 € entspricht. Der Ehegattenselbstbehalt steht neben dem eheangemessenen Selbstbehalt (relativer Selbstbehalt s. u. III.4.d)) und stellt dessen Untergrenze dar. Man kann ihn deshalb auch als **Ehegattenmindestselbstbehalt** oder Partnermindestselbstbehalt bezeichnen.

Diesen Mindestselbstbehalt in Höhe des Mittelwerts zwischen großem und kleinem Selbstbehalt erkennt die Rechtsprechung gegenüber Ansprüchen von Ehegatten an, gleichgültig ob sie Kinder betreuen oder nicht. Jedoch sind nach § 1609 Nr. 2, 3 BGB wegen Kindesbetreuung unterhaltsberechtigte Ehegatten und sonst betreuende Elternteile anderen Ehegatten gegenüber vorrangig berechtigt. Nach Auffassung des Gesetzgebers soll gegenüber kinderbetreuenden Ehegatten der Selbstbehalt sogar bis auf den notwendigen Selbstbehalt herabgesetzt werden können.[78] Rechtsprechung zu diesem **verminderten Ehegattenmindestselbstbehalt** ist zwar nicht bekannt. Dennoch ist fraglich, ob der Ehegattenmindestselbstbehalt in Höhe des Mittelwerts auch kinderbetreuenden Ehegatten gegenüber regelmäßig geltend gemacht werden kann.[79]

d) Besonderheit: Der relative Selbstbehalt gegenüber Ehegatten und Partnern

aa) Gleichteilung bei Ehegatten. Gerade für den Mangelfall zwischen Ehegatten hat der Gesetzgeber keine feste Grenze vorgesehen.[80] Nach § 1581 BGB soll dann, wenn das Einkommen des Pflichtigen nicht ausreicht, neben seinen sonstigen Verpflichtungen und seinem Eigenbedarf den vollen Unterhalt des Ehegatten zu bezahlen, der Unterhalt nach Billigkeit gekürzt werden. Das bedeutet, dass auch sein Selbstbehalt sich im Mangelfall vermindert, soweit das die Billigkeit erfordert. Der Betrag (s. o. III.4.c) kann daher nur ein Mindestselbstbehalt sein. Wann aber tritt der Mangelfall bereits vorher ein? Aus der Gleichberechtigung nach Art 3 Abs. 2 S. 2 GG wird die Forderung auf gleiche Teilhabe am gemeinsam Erwirtschafteten hergeleitet.[81] Hiernach steht jedem Ehegatten die Hälfte des während der Ehe gemeinsam Verbrauchten als Bedarf zu. Steht nun weniger zur Verfügung, bewirkt der Anspruch auf gleiche Teilhabe, dass jedenfalls im Prinzip sich beide den Mangel teilen müssen. Das soll zwar nach dem Gesetz im Rahmen einer umfassenden Billigkeitsprüfung geschehen. Die Praxis hat es für die Massenverfahren aber als in der Regel

[77] BGH FamRZ 2009, 307 (310).
[78] So wird man die BT-Drucks. 16/1830 S. 30 lesen dürfen.
[79] Kritisch insofern Lipp, FamRZ 2012, 1 (6): Im Gesetz sei eine feste Grenze nicht vorgesehen.
[80] Vgl. Lipp aaO.
[81] BT-Drs. 16/1830, S. 18; BVerfG FamRZ 2011, 437; BGH FamRZ 2012, 281.

billig angesehen, wenn beide Seiten sich den Mangel hälftig teilen, dass also der verfügbare Betrag hälftig zwischen ihnen aufgeteilt wird. Ein Erwerbstätigenbonus (s. o. III.5.c.cc) ist dafür nicht gerechtfertigt.[82] Darauf baut das System der Unterhaltberechnung auf. Diese Aufteilung ist allerdings nach unten begrenzt durch den Mindestselbstbehalt des Ehegatten (den Ehegattenselbstbehalt, s. o. III.4.c)).

bb) Gleichteilung bei Ansprüchen nach § 1615l Abs. 2 BGB. Nun gilt als Höchstmaß des Unterhalts auch eines **nichtehelichen Partners**, welcher wegen Betreuung eines Kindes unterhaltsberechtigt ist, die Hälfte des gemeinsamen Einkommens.[83] Richtigerweise ist das als eine Beschränkung des Anspruchs auf einen Mangelunterhalt analog § 1581 BGB zu betrachten.

Der BGH hat diese Schranke als eine Begrenzung des Bedarfs und nicht der Leistungsfähigkeit angesehen.[84] Das erscheint nicht mehr gesichert. Der BGH hatte vor dem Eingreifen des BVerfG[85] nämlich dem Einkommen des Pflichtigen eine stärkere bedarfsprägende Wirkung zugebilligt und daraus die Drittelmethode auf der Ebene des Bedarfs entwickelt,[86] welche dann aber vom Bundesverfassungsgericht verworfen wurde.[87] Der BGH hat danach hinsichtlich der Ehegatten seine Rechtsprechung zur bedarfsprägenden Wirkung des Einkommens korrigiert.[88] Er hat zugleich die Bedeutung des Erwerbstätigenbonus' stark eingeschränkt, indem er ihn für den Mangelfall nach § 1581 BGB abgeschafft hat. Ob er an der Auffassung, die Begrenzung des Anspruchs nach § 1615l Abs. 2 BGB auf die Hälfte betreffe den Bedarf des unterhaltsberechtigten Mitelternteils, festhält, hat der BGH bisher nicht entschieden.

Die Frage, ob die die Begrenzung auf die Halbteilung als Begrenzung des Bedarfs oder der Leistungsfähigkeit ansieht, hat vor allem Folgen für die Frage, wie der Unterhalt bei mehreren nach § 1615l Abs. 2 BGB Unterhaltspflichtigen zu verteilen ist. Deshalb wird die Frage dort erörtert (s. u. B.VIII.5, s. auch A.VII.3.h, und D.V.). Doch sei vorweggenommen, dass man mit einer Anpassung der Rechtsprechung des BGH dahingehend rechnen kann, dass die Halbteilung als Anspruchsbegrenzung bei nichtehelicher Elternschaft als Mangelfolge analog § 1581 BGB zu qualifizieren ist.

cc) Gleichteilung bei mehreren Partnern. Damit ist bei Zusammentreffen des Unterhaltsanspruchs mehrerer ehelicher oder nichtehelicher Partner die gleiche Kürzungsregel anzuwenden. Im Verhältnis zu beiden Partnern darf dem Pflichtigen nicht weniger bleiben als dem jeweiligen Partner. Wenn ihm also nach Abzug des jeweiligen vollen Unterhalts weniger bleibt, als auch nur einem der Partner, dann ist der Unterhalt so zu kürzen, dass ihm dieser Betrag bleibt. Rechnerisch bedeutet das, dass

---

[82] BGH FamRZ 2014, 1183; FamRZ 2013, 1366.
[83] BGH FamRZ 2007, 1303; FamRZ 2005, 442.
[84] BGH FamRZ 2007, 1303; FamRZ 2005, 442.
[85] BVerfG FamRZ 2011, 437.
[86] BGH FamRZ 2006, 683.
[87] BVerfG FamRZ 2011, 437.
[88] BGH FamRZ 2012, 281.

das verfügbare Einkommen des Pflichtigen (EP) und die Einkommen der beiden (oder noch mehr) Partner (EB1, EB2 ...) in drei (oder mehr) Teile geteilt werden. Jedem steht dann der gleiche Betrag zu. Somit besteht der **relative Selbstbehalt** (RSB) des Unterhaltspflichtigen in dem Durchschnitt der Einkommen des Pflichtigen und ggf. mehrerer (n) Berechtigen:

> RSB = (EP + EB1 + EB2 + ...) ÷ (n + 1)
>
> Wenn dann dem Pflichtigen der RSB bleibt
> erhalten die Berechtigten durch die Gleichteilung
> Unterhalt Partner1 = RSB – EB1
> Unterhalt Partner2 = RSB – EB2
> ...

Vgl. Beispiele C.III.4

Wenn allerdings der Unterhaltspflichtige mit einem der Berechtigten zusammenlebt, ist die Aufteilung des Gesamtbetrags nach Kopfteilen nicht mehr angemessen. Dem Unterhaltspflichtigen und seinem Partner ist dann ein um die Vorteile des Zusammenlebens verminderter Bedarf zuzuordnen (s.u. III.4.k.bb)). Dieser wird üblicherweise durch Abzug von 10% des regelmäßigen Bedarfs berücksichtigt.[89] Im Interesse der rechnerischen Vereinfachung ordnen die Leitlinien die Ersparnis des Pflichtigen und seines bei ihm lebenden Partners ausschließlich dem Pflichtigen zu.[90]

An die Stelle der einfachen Teilung des Pflichtigen-Einkommens (EP) und der Einkommen der Berechtigten (EB0, EB1 ...) nach Köpfen (Zahl weiterer Berechtigter: ZwB) tritt dann eine Verhältnisrechnung, welcher die Mindestbedarfsbeträge, welche mit dem absoluten Ehegattenselbstbehalt (ESB, z.Z. 1200 €) übereinstimmen, zugrunde gelegt werden.

> RSB = (EP + EB0 + EB1 + EB2 + ...) × ESB ÷ (ESB + ESB × 0.8 + ZwB × ESB)
>
> oder verkürzt
>
> RSB = (EP + EB0 + EB1 + EB2 + ...) ÷ (1.8 + ZwB)
>
> Wenn dann dem Pflichtigen RSB bleibt
> erhalten die Berechtigten durch die Gleichteilung
> Unterhalt Partner1 = RSB – EB1
> Unterhalt Partner2 = RSB – EB2
> ...

---

[89] BGH FamRZ 2010, 1535.
[90] Leitlinien 22.

III. Bedarf

Konsequent muss die Ersparnis des Zusammenlebens auch berücksichtigt werden, wenn der Berechtigte mit seiner Mutter oder seinem Bruder oder einer anderen Person zusammenlebt und dadurch Vorteile hat. Auch dann dürfte sein Bedarf nur mit 90 % angesetzt werden.

e) Angemessener Selbstbehalt

Den angemessenen Selbstbehalt gegenüber volljährigen Kindern, welche **nicht nach § 1603 Abs. 2 S. 2 BGB privilegiert** sind (älter als 20 Jahre oder nicht mehr bei einem Elternteil oder nicht mehr in allgemeiner Schulbildung), setzen die Leitlinien 21.3 übereinstimmend mit 1300 € an.[91] Darin sind in der Regel 480 € Warmmiete enthalten, abweichend nur SüdL und OLG Dresden: 450 €, (s. u. III.4.i).

f) Bedingter angemessener Selbstbehalt des barunterhaltspflichtigen Elternteils

Statt des notwendigen Selbstbehalts (s. o. III.4.b) kann nach § 1603 Abs. 2 S. 3 BGB ein barunterhaltspflichtiger Elternteil den angemessenen Selbstbehalt von 1300 € (s. o. III.4.c) verteidigen, **falls ein anderer leistungsfähiger Verwandter vorhanden ist**, der anstelle des Unterhaltspflichtigen ohne Beeinträchtigung des für ihn geltenden angemessenen Selbstbehalts den Unterhalt leisten kann. In Frage kommt eine Ersatzhaftung des **betreuenden Elternteils** (III.4.j) oder der **Großeltern** (III.4.h).

g) Gleitender Selbstbehalt gegenüber Eltern

Gegenüber Eltern legen die Leitlinien 21.3. einen Selbstbehalt von 1800 € zugrunde, darin sind 480 € für Warmmiete enthalten Außerdem ist **nur die Hälfte** des diese Grenze übersteigenden Einkommens für den Verwandtenunterhalt verfügbar oder, was dasselbe ist, der Selbstbehalt erhöht sich um die Hälfte des diesen Betrag übersteigenden Einkommens.

> **Beispiel:**
> Einkommen des Pflichtigen 3000 €.
> Leistungsfähigkeit: 3000 − 1800 − (3000 − 1800) ÷ 2 = 600 €

Weil dieser Selbstbehalt keinen Festbetrag darstellt, sondern sich um die Höhe des den Sockelbetrag übersteigenden Mehreinkommens erhöht, heißt er auch ein „gleitender Selbstbehalt".

---

[91] OLG Braunschweig kennt bei Nichterwerbstätigen einen herabgesetzten Selbstbehalt von 980 € (Leitlinien 21.3.1).

h) Gleitender Selbstbehalt gegenüber Enkeln

Der Enkelunterhalt hat als letzter in den Leitlinien eine Regelung gefunden. Die Leitlinien 21.3 billigen den unterhaltspflichtigen Großeltern den gleichen Selbstbehalt wie den Kindern gegenüber ihren Eltern (s. o. III.4.e) zu. Die Höhe des Sockelselbstbehalts von früher 1400 € (jetzt 1800 €) wurde auch vom BGH gebilligt.[92] Unsicherheit besteht aber derzeit noch darüber, ob oder inwieweit der Sockelselbstbehalt noch um die Hälfte des Mehreinkommens zu erhöhen ist. Die SüdL erwähnen die Erhöhung überhaupt nicht. Insoweit besteht offenbar keine Einigkeit. Brandenburg, Braunschweig und Saarbrücken erwähnen den Enkelunterhalt nicht, Celle ordnet die Erhöhung nur für den Elternunterhalt an und die übrigen zwölf Oberlandesgerichte empfehlen die Erhöhung für Elternunterhalt und für Enkelunterhalt.

Beispiel:

Einkommen des Pflichtigen 2200 €.

Leistungsfähigkeit gegenüber minderjährigen
(oder ihnen nach § 1603 Abs. 2 S 2 BGB gleichgestellten volljährigen) Enkeln: 2200 − 1800 = 400 €

gegenüber nicht privilegierten
volljährigen Enkeln: 2200 − 1800 − (2200 − 1800) ÷ 2 = 200 €

---

i) Selbstbehalt gegenüber volljährigen Kindern nach der Ausbildung

Die **Leitlinien unterschieden** beim Selbstbehalt gegenüber Ansprüchen volljähriger Kinder bisher **nicht** danach, ob sie ihre Ausbildung abgeschlossen haben oder nicht. Der angemessene Selbstbehalt von nur 1300 € war aber nicht mehr gerechtfertigt, wenn die Eltern dem Kind bereits eine angemessene Ausbildung verschafft haben und trotzdem später eine Bedürftigkeit eintritt, mit der nicht mehr gerechnet werden musste, etwa wegen unfall- oder krankheitsbedingter Arbeitsunfähigkeit. In diesen Fällen wird in der Praxis derselbe Selbstbehalt wie gegenüber Eltern und volljährigen Enkeln (s. o. III.4.e, III.4.f) angewandt.[93]

j) Angemessener Selbstbehalt des betreuenden Elternteils

Der betreuende Elternteil erfüllt im Zweifel seine Unterhaltspflicht gegenüber einem minderjährigen Kind durch Pflege und Erziehung (§ 1606 Abs. 3 S. 2 BGB). Das vereinfacht die Unterhaltsberechnung sehr, weil wenigstens im Grundsatz nur das Einkommen des nicht betreuenden El-

---

[92] BGH FamRZ 2007, 375, FamRZ 2006, 26, FamRZ 2006, 1099.
[93] OLG Karlsruhe NJW 1999, 2680; OLG Koblenz FamRZ 2004, 484.

ternteils ermittelt werden muss. Anderes gilt nur im Mangelfall: Soweit nämlich der allein Barunterhaltspflichtige seinen angemessenen Selbstbehalt von 1300 € bei Leistung des vollen Unterhalts nicht wahren kann, dann haftet an seiner Stelle der Betreuende gem. § 1607 Abs. 1 BGB – vorausgesetzt, dass er selber leistungsfähig ist, dass also sein eigener angemessener Selbstbehalt nach § 1603 Abs. 1 BGB dabei gewahrt bleibt.[94] Über die Höhe dieses, die Ersatzhaftung nach § 1607 Abs. 1 BGB auslösenden Selbstbehalts besteht allerdings noch keine Einigkeit. Er muss höher sein als der angemessene Selbstbehalt von 1300 €, weil sonst die Entlastungshaftung nach § 1607 Abs. 1 BGB zu einer Nivellierung der Einkommensverhältnisse führen und § 1606 Abs. 3 S. 2 BGB, nach welchem der betreuende Elternteil im Zweifel seine Unterhaltspflicht durch die Betreuung leistet, leerlaufen würde.[95] Nun hat dieser Selbstbehalt aber auch Bedeutung für die Frage, welches Einkommen des Betreuenden gefährdet sein muss, um die entlastende Ersatzhaftung eines Großelternteils (s. u. D.IV.1) auszulösen. Beide Beträge müssen auch **gleich hoch** sein, um Widersprüche zu vermeiden.[96] Für den angemessenen Selbstbehalt des Betreuenden gibt es keine einheitlichen Sätze. Solche sind wohl auch nicht erforderlich. Die Bemessung sollte im Einzelfall abhängig von Zahl und Betreuungsbedürfnis der betreuten Kinder erfolgen.[97] Da dieser angemessene Selbstbehalt auch für die etwaige Entlastung des Betreuenden durch die Großeltern gelten muss, ist die Obergrenze der Sockelselbstbehalt der Großeltern von 1800 €, Untergrenze der allgemeine angemessene Selbstbehalt von 1300 €.

Nun kann es sein, dass der betreuende Elternteil zugleich für ein volljähriges Kind, das noch bei einem Elternteil lebt und in eine allgemeinbildende Schule geht, unterhaltspflichtig ist. Für die Unterhaltpflicht gegenüber diesem Kind gilt nicht der erhöhte Betreuerselbstbehalt, sondern der angemessene Selbstbehalt von 1300 €. Bei gleichem Rang gelten hier verschiedene Selbstbehalte. Dieser Konflikt lässt sich nur durch eine zweistufige Berechnung lösen (s. u. A.VI.11).

k) Erhöhung und Herabsetzung von generellen Mindestselbstbehalten

Die generalisierenden Regeln für Selbstbehalte sollen zwar nur Anhaltspunkte bilden und einer individuellen Bestimmung des Eigenbedarfs nicht im Wege stehen; doch haben sich für typische Abweichungen vom

---

[94] BGH FamRZ 2011, 454.

[95] Wendl/Klinkhammer § 2 Rn. 398.

[96] Göppinger/Wax/Kodal 9. Aufl. Rn. 1653; ausführlich Gutdeutsch, Entlastende Ersatzhaftung der Großeltern und angemessener Selbstbehalt des betreuenden Elternteils, FamRZ 2018, 5.

[97] Vgl. Gutdeutsch aaO.

Durchschnittsfall eigene Regeln für die Anpassung des Selbstbehalts herausgebildet, die den Regeln über die Anerkennung von Mehrbedarf (s.o. III.2.c) ähnlich, aber wegen der größeren Anwendungsdichte wesentlich stärker differenziert sind.

aa) Wohnkosten. Am wichtigsten sind die Anpassungen wegen erhöhter Wohnkosten. Diese erfolgen in der Weise, dass in den Selbstbehalten der darin enthaltene Wohnkostenanteil ausgewiesen wird. Überschreiten die realen Wohnkosten diesen Betrag, dann führt das zur Erhöhung des Selbstbehalts (wenn man von dem Unterhaltspflichtigen wegen gesteigerter Erwerbsobliegenheit nicht eine billigere Wohnung zumuten muss, s.u.).

Im **notwendigen** Selbstbehalt (III.4.b) sind Wohnkosten (Warmmiete) in Höhe von **380 €** enthalten[98] (vgl. Beispiel B.I.3.a). Überschreiten die realen Kosten diesen Betrag, so kann das die Erhöhung des Selbstbehalts um den Differenzbetrag rechtfertigen, wenn die Überschreitung der Grenze unvermeidlich ist; denn gegenüber minderjährigen oder ihnen gleichstehenden volljährigen Kindern besteht nach § 1603 Abs. 2 S. 2 BGB eine verschärfte Unterhaltspflicht. Auch eine Herabsetzung des Selbstbehalts wegen geringerer Wohnkosten kommt in Betracht. Jedoch verlangt der BGH hier, dass das Selbstbestimmungsrecht des Unterhaltspflichtigen zu beachten ist, welcher seinen Wohnbedarf einschränken darf, um andere Bedürfnisse besser erfüllen zu können.[99] Nur wenn die verminderten Wohnkosten nicht auf einer Einschränkung der Pflichtigen, sondern auf einem besonderen Glücksfall oder auf besonderen örtlichen Verhältnissen (niedriges Mietniveau) beruhen, können sie ausnahmsweise auch eine Herabsetzung des Selbstbehalts rechtfertigen.[100]

Im **angemessenen Selbstbehalt** sind nach den Leitlinien Wohnkosten (Warmmiete) von **480 €** enthalten.[101] Das gilt für alle Formen des angemessenen Selbstbehalts, also für **Enkelunterhalt, Elternunterhalt** und den Unterhalt **nicht privilegierter volljähriger** Kinder. Wenn die wirklichen Wohnkosten diesen Betrag übersteigen, erhöht sich der Selbstbehalt entsprechend. Auch hier wäre es ausnahmsweise möglich, die Erhöhung als unverhältnismäßig zu verweigern, doch hat diese Möglichkeit keine praktische Bedeutung.

Im **Ehegattenselbstbehalt** wird meist ein Betrag von 430 €[102] zugrunde gelegt. Abweichungen nach oben rechtfertigen die Erhöhung des Selbstbehalts.

---

[98] Leitlinien 21, abweichend nur Schleswig: 400 € einheitlich für notwendigen und angemessenen Selbstbehalt.
[99] BGH FamRZ 2006, 1664; FamRZ 2004, 186 (189).
[100] Wendl/Gutdeutsch § 5 Rn. 22.
[101] Düsseldorfer Tabelle A.5, Leitlinien 21.3.1.
[102] SüdL 21.3.2.

bb) Herabsetzung des Selbstbehalts wegen Zusammenlebens.
Die Selbstbehaltssätze beziehen sich grundsätzlich auf alleinlebende Unterhaltspflichtige. Leben sie mit einem anderen[103] im gleichen Haushalt, dann ergeben sich nach der Rechtsprechung Ersparnisse, die sich auf den Selbstbehalt auswirken müssen.[104] Der BGH[105] hat im Anschluss an das BVerfG[106] und die Regelungen des Sozialrechts (§ 20 Abs. 2 S. 2 SGB II) einen Abzug von 10 % empfohlen. Die Oberlandesgerichte sind dem in ihren Leitlinien gefolgt. Allerdings hat nur das Kammergericht diesen Abzug unmittelbar in seine Leitlinien aufgenommen.[107] Die anderen haben nur den vorrangigen Bedarf eines mit dem Unterhaltspflichtigen zusammenlebenden Ehegatten festgelegt[108] für den Fall, dass ein dem Ehegatten gegenüber nachrangiger Berechtigter Unterhalt verlangt. Diesen Bedarf haben sie in Höhe des für den Unterhaltspflichtigen geltenden Eigenbedarfs, vermindert um die beiderseitigen Ersparnisse durch Zusammenleben, also 10 + 10 = 20 %, festgelegt. Gegenüber einem nachrangigen Ehegattenunterhalt (Eigenbedarf 1200 €) sind das 1200 × 80 % = 960 €, gegenüber einem volljährigen Kind (Eigenbedarf 1300 €) sind das 1060 €, gegenüber Eltern oder Enkeln (Eigenbedarf mindestens 1800 €) sind das mindestens 1440 €.[109]

Da der Ansatz von 10 % geringer ist als die von den Oberlandesgerichten früher verwendeten Beträge,[110] wird empfohlen, bei eindeutig höherer Ersparnis diese im Wege der Schätzung anzusetzen.[111] Die Begrenzung auf 10 % stellt aber wohl auch eine Privilegierung von Paaren dar, welche sich dadurch rechtfertigt, dass die Vorteile des Zusammenlebens im Mangelfall nicht vollständig an die Unterhaltsberechtigten weiterge-

---

[103] Das kann auch ein volljähriges Kind sein, s. in diesem Abschnitt a. E.
[104] BGH FamRZ 2008, 594, FamRZ 2008, 968, FamRZ 2004, 24, FamRZ 2002, 742; Gutdeutsch FamRZ 2008, 2240.
[105] BGH FamRZ 2010, 1535 zum variablen Anteil des Selbstbehalts gegenüber dem Elternunterhalt, s. a. BGH FamRZ 2013, 868.
[106] BVerfG NJW 2010, 505 = FamRZ 2010, 429, 435.
[107] KG Leitlinien 21.5,.
[108] Leitlinien 22.
[109] Die Höhe der Ersparnis von 10 % ist nicht zweifelsfrei, weil sie sich von Erhebungen der Sozialhilfe zum Bedarf ohne Wohnbedarf herleitet (BVerfG, NJW 2010, 505 = FamRZ 2010, 429 [435]) und bei den Wohnkosten die Ersparnis oft wesentlich höher ist. Jedoch sprechen praktische Vorteile für diese Lösung, welche rechnerisch besonders einfach ist (im Dezimalsystem wird ein um eine Stelle verschobene Zahl subtrahiert) und von BGH und BVerfG unterstützt wird.
[110] Die DT setzte bei einem notwendigen Selbstbehalt von 900 € für Erwerbstätige und 770 € für Nichterwerbstätige den Bedarf des mit ihm zusammenlebenden Ehegatten bei Erwerbstätigkeit mit 650 €, bei Erwerbslosigkeit mit 560 € fest (FamRZ 2007, 1369), also 27 % bis 28 % weniger gegenüber 10 + 10 = 20 % für die Ersparnis nach den Leitlinien 22.
[111] Gerhardt/Gutdeutsch FamRZ 2011, 597, 599.

geben werden sollten, sondern – als Anreiz – teilweise bei dem Paar verbleiben müssen.

Die Herabsetzung des Selbstbehalts um 10 % setzt allerdings voraus, dass dem Pflichtigen diese Ersparnis wirklich zugutekommt, also nur dann, wenn der Partner auch über ein ausreichendes Einkommen verfügt.[112] Wenn das Einkommen des Partners so gering ist, dass die Ersparnis schon für dessen Unterhalt gebraucht wird, zieht der Unterhaltspflichtige aus dem Zusammenleben keine Vorteile. Wenn der Partner aber mindestens so viel verdient, wie seinem um die Ersparnis verminderter Bedarf entspricht, dann kommt auch dem Pflichtigen seine eigene Ersparnis zugute. Der Selbstbehalt ist um 10 % zu senken. Verdient der Partner weniger, vermindert sich die dem Pflichtigen zugekommende Ersparnis um den Fehlbetrag[113] (vgl. Beispiel B.I.3a).

Eine Ersparnis entsteht unabhängig davon, ob die Zusammenlebenden ein Paar bilden. Auch das **Zusammenleben mit einem volljährigen und wirtschaftlich unabhängigen Kind** führt zu einer Ersparnis durch Zusammenleben, weil es auf das Bestehen einer Liebesbeziehung nicht ankommt.

cc) Herabsetzung des Selbstbehalts wegen Anspruchs auf Familienunterhalt gegenüber vorrangigen Unterhaltsansprüchen.[114] Ist der

Pflichtige mit einem leistungsfähigen Partner, mit dem er zusammenlebt, auch verheiratet, dann hat er nicht nur die Vorteile aus dem Zusammenleben. Zusätzlich kommt dann auch ein Anspruch auf Familienunterhalt nach § 1360 S. 1 BGB in Betracht, welcher ebenfalls seine Leistungsfähigkeit erhöhen kann. Familienunterhalt ist der Naturalunterhalt (s.o. A.II.6), den die Eheleute einander leisten. Dessen Geldwert wird mit dem halben Einkommen des anderen Ehegatten angesetzt. Während ein Anspruch auf **Barunterhalt** das Geldeinkommen erhöht, kann der in Natur zu leistende und deshalb nicht bar zur Verfügung stehende **Familienunterhalt** (s.u. B.VII) die Leistungsfähigkeit eines Ehegatten zur Zahlung von Kindesunterhalt dadurch erhöhen, dass er seinen **Selbstbehalt vermindert**, denn ein auskömmlicher Familienunterhalt kann den Eigenbedarf decken.[115]

Die Praxis hat den Gedanken der Anrechnung des Familienunterhalts auf den Selbstbehalt schon lange bei der **Hausmannrechtsprechung**[116] angewandt. Diese regelt folgenden Sachverhalt:

---

[112] BGH FamRZ 2008, 968.
[113] Vgl. Gutdeutsch FamRZ 2008, 2240.
[114] Das Thema wird bereits an dieser Stelle ausführlich behandelt, weil hier Vorrang, Nachrang und Gleichrang verglichen werden müssen, s.u.
[115] Weil der Familienunterhalt ein Naturaleinkommen ist, kann er – als Einkommen – auch Einfluss auf die Bedarfsbestimmung haben (s.u. III.5).
[116] Wendl/Dose § 1 Rn. 722, Wendl/Klinkhammer § 2 Rn. 275.

III. Bedarf

> Eine Ehe mit traditioneller Arbeitsteilung wird geschieden. Das Kind bleibt bei der Frau, der Mann muss an Frau und Kind Unterhalt zahlen. Nun heiratet er wieder. Seine neue Frau bekommt mit ihm ein Kind und es kommt zum Rollentausch: er betreut das Kind und kann deshalb nicht arbeiten, die neue Frau verdient.

Die rechtlichen Konsequenzen nach der Hausmannrechtsprechung sind folgende:

Wenn die neue Familie durch den Rollentausch keine finanziellen Vorteile hat, wird dem Unterhaltspflichtigen **fiktiv das alte Einkommen** zugerechnet, weil der Pflichtige seine Erwerbsobliegenheit verletzt hat. Wenn aber die neue Frau tatsächlich mehr verdient als der Pflichtige, dann muss der Rollentausch anerkannt werden. Trotzdem ist der Pflichtige gegenüber seinem Kind aus erster Ehe leistungsfähig. Seine neue Ehefrau ist nämlich verpflichtet, ihn insoweit **von der Kindesbetreuung frei zu stellen**, dass er durch eine Nebentätigkeit genug für den Barunterhalt des Kindes aus erster Ehe verdienen kann. Einen Selbstbehalt kann er nicht geltend machen, wenn er bereits **durch den Familienunterhalt sein Auskommen** hat.[117] Ob das der Fall ist, hängt wieder von der Leistungsfähigkeit des neuen Partners ab.

> **Beispiel 1:**
> A ist dem Kind K1 (16 Jahre) aus erster Ehe – welches von seiner geschiedenen Frau G betreut wird – barunterhaltpflichtig, und er betreut selbst das Kind B (1 Jahr) aus zweiter Ehe sowie den Haushalt, während seine zweite Frau F erwerbstätig ist und 2500 € verdient. Wenn A seine Berufstätigkeit fortsetzen würde, beliefe sich sein Verdienst auf 3000 €.
> Der Rollentausch ist ungerechtfertigt. Deshalb ist fiktiv so zu rechnen, als wenn A weiter berufstätig wäre und ein Einkommen von 3000 € bezöge.
> Bedarf von K1 nach DT 2/3
> (abgruppiert um 2):   491 – 97 (Kindergeld) = 394 €
> Bedarf von B nach DT 2/1:   366 – 97 (Kindergeld) = 269 €
> Da F gegenüber K1 nachrangig ist, kommt es hier auf deren Unterhaltsanspruch nicht an.

> **Beispiel 2:**
> A ist dem Kind K1 (16 Jahre) aus erster Ehe, welches von seiner geschiedenen Frau G betreut wird, unterhaltpflichtig und betreut selbst das Kind B (1 Jahr) aus zweiter Ehe und den Haushalt, während seine zweite Frau F erwerbstätig ist und 3500 € verdient. Wenn A seine Berufstätigkeit fortsetzen würde, beliefe sich sein Verdienst auf 2500 €.

---

[117] Z.B. BGH FamRZ 2006, 1827; ausführlich: Wendl/Klinkhammer § 2 Rn. 275 ff.

Der Rollentausch ist gerechtfertigt und der Berechnung zugrunde zu legen. Jedoch ist A wegen des Gleichrangs der Kinder zuzumuten, neben der Kindesbetreuung noch eine Nebentätigkeit auszuüben, welche den Kindesunterhalt deckt (400 €). Insoweit muss F den A von der Kindesbetreuung freistellen.

Bedarf von K1 nach DT 1/3:   460 – 97 (Kindergeld) = 363 €

Bedarf von B nach DT 4/1:   394 – 97 (Kindergeld) = 297 €

A ist leistungsfähig, auch wenn er einen Selbstbehalt von 1080 € verteidigen kann. Der Familienunterhalt, den A erhält beträgt nämlich: (3000 + 400 – 363 – 297) × 90 % ÷ 2 = 1233 €. Dieser ist auf den Selbstbehalt anzurechnen Der Selbstbehalt von A in Höhe von 1080 € vermindert sich wegen Zusammenlebens um 10 % auf 972 €. Nach Anrechnung des Familienunterhalts bleibt kein Selbstbehalt übrig (Selbstbehalt = 0). Das Einkommen des A von 400 € ist daher nicht um einen Selbstbehalt zu vermindern und steht voll für den Unterhalt zur Verfügung.

Bei der Heranziehung des Familienunterhalts muss allerdings auch der **Ehegattenmindestselbstbehalt des neuen Ehepartners**[118] (s. u. III.3.b) berücksichtigt werden: Der Familienunterhalt wird ja aus dem Einkommen des anderen Partners geleistet und dieser ist zur Unterhaltsleistung nur soweit verpflichtet, als dadurch sein eigener Selbstbehalt nicht unterschritten wird. Der ihm gegenüber zu wahrende Ehegattenselbstbehalt ist aber höher als der notwendige Selbstbehalt, sodass der Fall eintreten kann, dass er den bedarfsdeckenden Familienunterhalt begrenzt. Der Familienunterhalt darf daher nicht so weitgehend auf den notwendigen Selbstbehalt angerechnet werden, dass beim neuen Ehegatten der Ehegattenselbstbehalt unterschritten wird.

Beispiel 2a:

Im Beispiel 2 betrage das Einkommen von F nur 2000 €, das fiktive Einkommen von A 1800, sodann der Rollentausch trotzdem anzuerkennen ist. A könnte aber nur 300 EU als Nebenverdienst erzielen.

Bedarf von K1 nach DT 1/3:   460 – 96 (Kindergeld) = 364 €

Bedarf von B nach DT 3/1:3   77 – 96 (Kindergeld) = 281 €

A könnte aber keinesfalls 364 € sondern höchsten 300 € Unterhalt an K1 leisten. Doch muss in diesem Fall auch ein Selbstbehalt berücksichtigt werden. Der rechnerische Familienunterhalt betrüge nämlich zwar (2000 + 300 – 300 – 264) ÷ 2 = 868 € und würde deshalb den notwendigen Selbstbehalt von A 880 – 88 = 792 € decken. Jedoch verbliebe auch seinem Ehegatten F nur 868 € und damit weniger als ihr Ehegattenselbstbehalt, auch wenn dieser wegen der Vorteile des Zusammenlebens sich auf 1200 – 120 = 1080 € vermindert. Es entsteht bei F ein Defizit von 1080 – 868 = 212 €, welches den Familienunterhalt von A auf 868 – 212 = 656 € vermindert. Das

---

[118] Wendl/Klinkhammer § 2 Rn. 288 reserviert dem neuen Ehegatten sogar – analog § 1603 Abs. 1 BGB – einen angemessenen Selbstbehalt von 1150 €. Er beachtet dabei auch nicht die Ersparnis aus Zusammenleben.

III. Bedarf

aber ist weniger als der Selbstbehalt von 792 €. Nach Abzug des Familienunterhalts bleibt somit in diesem Fall ein Selbstbehalt von A in Höhe von 792 − 656 = 136 € welcher vom fiktiven Einkommen von 300 € abzuziehen ist, sodass bei ihm nur eine Leistungsfähigkeit in Höhe von 300 − 136 = 164 € übrig bleibt.

Wenn man den Familienunterhalt beim Selbstbehalt berücksichtigt, muss aber auch dessen **Gegenseitigkeit** beachten: Auch der weniger verdienende Ehegatte hat nämlich mit seinem Einkommen zum Familienunterhalt beizutragen. Jedoch muss hier das **Rangverhältnis** wichtig: Der Unterhalt eines minderjährigen oder ihm nach § 1603 Abs. 2 S. 2 gleichgestellten Kindes ist gegenüber dem Familienunterhalt vorrangig. Deshalb kann er ohne Berücksichtigung der anteiligen Verpflichtung zum Familienunterhalt berechnet werden. Anders steht es beim Elternunterhalt, welcher dem Familienunterhalt gegenüber nachrangig ist.

dd) Herabsetzung des Selbstbehalts wegen Anspruchs auf Familienunterhalt bei Nachrang des Unterhaltsanspruchs. Der Unterhaltspflichtige muss seinen Beitrag zum Familienunterhalt leisten, bevor eine Unterhaltsleistung an einen – nachrangigen – Elternteil in Betracht kommt. Nach der Rechtsprechung des BGH entspricht dieser Beitrag dem anteilig auf den Pflichtigen nach seinem Einkommen entfallenden Teil des gemeinsamen Selbstbehalts, sodass seine Leistungsfähigkeit seinem einkommensproportionalen Anteil an der gemeinsamen Leistungsfähigkeit entspricht.[119]

Beispiel:
A verdient 3000 €, F verdient 1000 €, VM (Vater von A) und VF (Vater von F) verlangen beide Elternunterhalt. Der gemeinsame Selbstbehalt von A und F ergibt sich durch Abzug ihres gemeinsamen Sockelselbstbehalts von 1800 + 1440 = 3240 vom gemeinsamen Einkommen, sodass 3000 + 1000 − 3260 = 840 € bleiben. Der Selbstbehalt erhöht sich um die Hälfte des Mehreinkommens von 840 ÷ 2 = 420 €, welcher jedoch wegen der Vorteile des Zusammenlebens um 10 % auf 378 € vermindert wird. Damit bleibt ein gemeinsamer Selbstbehalt von 3240 + 378 = 3618 € und eine gemeinsame Leistungsfähigkeit von 3000 + 1000 − 3618 = 382€. Hiervon entfallen 382 ÷ 4 = 96 € auf F und 382 × 3/4 = 286 € auf A. VM kann deshalb 286 € erhalten und VF 96 €.

Dasselbe muss für den Selbstbehalt gegenüber einem nicht privilegierten volljährigen Kind[120] oder einem nachrangigen Ehegatten gegenüber gelten.

---

[119] Die Berechnung nach BGH FamRZ 2010, 1535 entspricht genau diesem Modell.
[120] Gutdeutsch FamRZ 2011, 77.

33

ee) Herabsetzung des Selbstbehalts wegen Anspruchs auf Familienunterhalt bei Gleichrang des Unterhaltsanspruchs mit dem Anspruch des Partners. Bei Gleichrang (also beim Unterhaltsanspruch eines gleichrangigen Ehegatten) hat keine der beiden Grundsätze, aus denen die jeweiligen Rechenwege hergeleitet wurden, Gültigkeit. Die Berücksichtigung des Familienunterhalts bei der Bestimmung der Leistungsfähigkeit lässt sich dann aus dem Rang nicht unmittelbar herleiten. Immerhin lässt sich aber feststellen, dass die Leistungsfähigkeit nicht höher sein kann, als die für den Fall des Vorrangs errechnete und nicht geringer als die für den Fall des Nachrangs errechnete. Das Ergebnis muss also zwischen diesen beiden Werten liegen. Bis zur Entwicklung einer besseren Lösung kann die Leistungsfähigkeit in diesen Fällen geschätzt werden, indem man die Leistungsfähigkeit bei Nachrang und die Leistungsfähigkeit bei Vorrang errechnet und daraus den Mittelwert bildet.

Beispiel:
A verdient 1000 € und lässt sich von der einkommenslosen und ihm gegenüber unterhaltsberechtigten F1 scheiden. Er heiratet F2, welche 3000 € verdient.
Weil keine Kinder zu betreuen sind und keine der beiden Ehen lang ist, besteht **Gleichrang** zwischen dem Anspruch von F1 auf Geschiedenen-Unterhalt und von F2 auf Familienunterhalt. Der Bedarf von F1 entspricht dem Mindestbedarf von 880 €, weil der Halbteilungsbedarf jedenfalls geringer wäre.
1. Berechnung: Bei **Vorrang** von F1 könnte A den vollen Mindestunterhalt von 880 € leisten weil ihm ein Familienunterhalt (1000 + 3000) ÷ 2 – 1000 = 1000 € zustünde und ihm deshalb insgesamt 2000 € zu Verfügung stünden. Wird Familienunterhalt auf den Selbstbehalt (ermäßigt um 10 % wegen Zusammenlebens) angerechnet, bleiben 1200 × 90 % – 1000 = 80 € Selbstbehalt, der die Leistungsfähigkeit von A auf 1000 – 80 = 920 € vermindert und damit noch die Unterhaltsleistung in Höhe von 880 € ermöglicht.[121]

[121] Hier ließe sich fragen, ob für M der Selbstbehalt von 80 € ausreicht und ihm nicht ein Mindestselbstbehalt in Höhe des halben Taschengeldanspruchs (BGH FamRZ 2004, 366, 369) zuzubilligen wäre: Der BGH hatte die Leistungsfähigkeit eines einkommenslosen Ehegatten im Verhältnis zu seinen Eltern in Höhe des halben Taschengeldanspruchs von 5 % bis 7 % des gemeinsamen Einkommens der Ehegatten angenommen. Daraus kann umgekehrt geschlossen werden, dass der Selbstbehalt nach Anrechnung des Familienunterhalts nicht geringer als der halbe Taschengeldanspruch, nämlich etwa 3 % des gemeinsamen Nettoeinkommens, sein kann. Allerdings kann ein Taschengeldanspruch nur anerkannt werden, wenn das Existenzminimum aller Beteiligten gedeckt ist. Im Falle der eigentlichen Hausmannrechtsprechung käme er deshalb nicht in Betracht, weil bei beengten Lebensverhältnissen kein Taschengeldanspruch besteht. Auch im Falle des Ehegattenunterhalts kommt ein Taschengeldanspruch des Pflichtigen nur in Betracht, wenn das Existenzminimum

2. Berechnung: Bei **Nachrang** von F1 entspricht die Leistungsfähigkeit von A seinem Anteil an der gemeinsamen Leistungsfähigkeit. Der gemeinsame Selbstbehalt beträgt 1200 + 960 = 2160 €, die gemeinsame Leistungsfähigkeit 3000 + 1000 − 2160 = 1840 €. Davon entfallen 1840 × 1000 ÷ (1000 + 3000) = 260 € auf A. Bei Nachrang kann A also nur 260 € an F1 leisten.

3. Die mittlere Leistungsfähigkeit − bei Gleichrang − beträgt also (920 + 260) ÷ 2 = 590 €.

ff) Heraufsetzung des Selbstbehalts wegen Umgangskosten. Bei der Berechnung des für den Kindesunterhalt verfügbaren Einkommens wurden die Kosten des Umgangs mit dem Kind, das beim anderen Elternteil lebt (z. B. die Fahrtkosten), in der Regel nicht berücksichtigt. Hier ging man davon aus, dass diese Kosten aus der dem Pflichtigen verbleibenden Kindergeldhälfte gedeckt werden können. Weil seit 1.7.1998 durch Wegfall der Kindergeldanrechnung im Mangelfall (§ 1612b Abs. 5 BGB aF) dem Pflichtigen seine Kindergeldhälfte nicht verblieb, entstand eine Tendenz, die Kosten des Umgangs wenigstens durch eine Erhöhung des Selbstbehalts zu berücksichtigen, üblicherweise in Höhe des halben Kindergelds, also 97 €.[122]

gg) Selbstbehalt in Auslandsfällen. Lebt der Unterhaltspflichtige im Ausland, dann können die allgemeinen Regeln für die Bemessung des Selbstbehalts nicht unverändert gelten, wie sie auf Bedürfnislagen im Inland abstellen. Vielmehr muss ein abweichendes Preisniveau berücksichtigt werden. Mit Hilfe der Kaufkraftparitäten[123] lassen sich die Selbstbehalte umrechnen. Wenn z. B. die Kaufkraftparität von Dänemark 79 % beträgt,[124] man also mit einem Selbstbehalt von 1080 € in Dänemark nur Bedarfsgüter im Wert von 1080 × 79 % = 853 € erwerben kann, so ist einem in Dänemark lebenden erwerbstätigen Unterhaltspflichtigen ein notwendiger Selbstbehalt (III.3.b) von 1080 ÷ 79 % = 1367 € zuzubilligen.[125]

hh) Anpassung des dynamischen Selbstbehalts. Der Selbstbehalt gegenüber Eltern setzt sich aus Sockelselbstbehalt von 1800 € und dem halben Mehreinkommen zusammen. Er wird deshalb auch als „dyna-

---

des Unterhaltsberechtigten gesichert ist. Ein Fall, in dem einerseits der Bedarf des geschiedenen Ehegatten das Existenzminimum übersteigt, andererseits aber die Leistungsfähigkeit des Pflichtigen vom Familienunterhalt abhängt, lässt sich aber nur schwer konstruieren.

[122] BGH FamRZ 2005, 706, 708; FamRZ 2008, 594; Wendl/Klinkhammer § 2 Rn. 271.
[123] FamRZ 2010, 98; Wendl/Dose § 9 Rn. 38 f.
[124] FamRZ 2009, 17.
[125] Vgl. OLG Hamm FamRZ 2008, 1937.

misch" bezeichnet. Die Erhöhungen und Verminderungen des Selbstbehalts beziehen sich in diesem Fall regelmäßig auf den Sockelbetrag. Weil sich das Mehreinkommen dadurch vermindert, wirkt sich eine solche Erhöhung am Ende nur mit dem halben Betrag aus. Nur die **Ersparnis wegen Zusammenlebens** wird vom BGH als einkommensabhängig betrachtet, sodass sich der Eigenbedarfsanteil vom Mehreinkommen von 50 % auf 45 % vermindert und sich die Leistungsfähigkeit von 50 % des anteiligen Mehreinkommens auf 55 % des anteiligen Mehreinkommens erhöht.[126]

5. Einkommensbezogener Bedarf

Die Bedarfsbemessung nach dem Einkommen ist der **Regelfall der unterhaltsrechtlichen Praxis.**[127] Sie beruht darauf, dass der Bedarf durch die Lebensstellung bestimmt ist (§ 1610 Abs. 1 BGB) und diese im Prinzip vom verfügbaren Einkommen geprägt wird.

Die Praxis kennt drei Formen des Einkommensbezugs: Das Unterhaltsrecht schützt:

* die **selbst erworbene** Lebensstellung aus dem **eigenen früheren Einkommen** oder
* die **abgeleitete** Lebensstellung nach dem **Einkommen des Unterhaltspflichtigen** oder
* die **gemeinsam erworbene** Lebensstellung nach dem **Einkommen beider Partner.**

Der einkommensbezogene Bedarf ist ein **Kernproblem unsres Unterhaltsrechts.** Wenn der Bedarf vom Einkommen abhängt und das Einkommen auch die die Leistungsfähigkeit bestimmt, dann ist die Trennung von Bedarf und Leistungsfähigkeit künstlich, um nicht zu sagen gekünstelt. Real geht es in diesen Fällen nur um die Verteilung des Einkommens. In unserem Recht dürfen wir aber Einkommen nur dann **verteilen,** wenn der Sachverhalt unter den Begriff des Mangels subsumiert wird (§ 1603 BGB). Im Übrigen muss man versuchen, die Verteilung im Nichtmangelfall von der Verteilung im Mangelfall zu unterscheiden. Das tut man manchmal dadurch, dass man die Bedarfsbestimmung im Verhältnis zur Bestimmung der Leistungsfähigkeit vergröbert, also gewissermaßen den Bedarf an Hand des Einkommens nur „grob abschätzt", um dann die Leistungsfähigkeit genau zu berechnen,[128] oder dass man das Einkommen aufteilt in solches, das die Leistungsfähigkeit und solches das den Bedarf

---

[126] BGH FamRZ 2010, 1535.
[127] Das liegt daran, dass die meisten Unterhaltsfälle den engsten Familienkreis betreffen, dessen Mitglieder in denselben bedarfsbestimmenden Verhältnissen leben.
[128] s.u. A.III.b.

III. Bedarf

bestimmt.[129] Das macht unser Unterhaltsrecht sehr kompliziert. Dieser vom Gesetzgeber geförderte Versuch des BGH, das Recht zu vereinfachen, ist allerdings am BVerfG gescheitert.

a) Bedarf nach früherem (oder fiktivem[130]) Einkommen

Dient ein Unterhaltsanspruch dem Nachteilsausgleich, dann richtet sich der anzuerkennende Bedarf nach dem Einkommen, das der Berechtigte bezog, bevor das den Anspruch auslösende Ereignis eintrat.

– Maßgebend für den Bedarf der nichtehelichen Mutter/des Vaters nach § 1615l BGB ist deshalb das eigene frühere Einkommen des Berechtigten. Es kommt hier darauf an, ob die Mutter/der Vater ein so sicheres Einkommen bezogen hat, dass davon ihre/seine Lebensstellung geprägt wurde.[131] Ein solches gesichertes Einkommen kann auf einer früheren Berufstätigkeit beruhen, aber auch in einem Anspruch auf Unterhalt nach Maßgabe der ehelichen Lebensverhältnisse, wenn der Anspruch entstand, als die Lebensverhältnisse noch durch die Ehe geprägt waren.[132] Sonst kommt es auf das Einkommen an, das die Mutter (der Vater) verloren hat, weil sie/er die Kindesbetreuung übernommen hat.

– Für den Ehegattenunterhalt liefert das frühere Einkommen nur dann den Maßstab, wenn nach § 1578b Abs. 1 BGB der eheangemessene Unterhalt gem. § 1578 Abs. 1 BGB auf den angemessenen Unterhalt nach § 1610 Abs. 1 BGB herabgesetzt wird. Da nur eine Herabsetzung vorgesehen ist, kommt eine Heraufsetzung nicht in Frage. Damit begrenzt beim Ehegattenunterhalt der Bedarf nach dem gemeinsamen Einkommen (den ehelichen Lebensverhältnissen) den aus einem früheren Einkommen abgeleiteten Bedarf, d.h. es ist der geringere der beiden Beträge zugrunde zu legen. Die gleiche doppelte Begrenzung wurde auch bei dem Bedarf nach § 1615l BGB angenommen: Der aus den früheren Lebensverhältnissen abgeleitete Bedarf der ne. Mutter/des ne. Vaters durfte nicht den Bedarf überschreiten, der sich bei Halbteilung der beiderseitigen Einkommen ergäbe. Nun sprechen allerdings stärkere Gründe dafür, diese Begrenzung der Leistungsfähigkeit zuzuordnen (vgl. B.VIII.5).

– Weil die Anknüpfung an das frühere Einkommen einen Nachteilsausgleich darstellt, – das frühere Einkommen hätte vermutlich weiterhin erworben werden können, wenn der den Anspruch auslösende Tatbestand (Kindesbetreuung oder Ehe) nicht eingetreten wäre – muss dieses

---

[129] s. u. A.III.c.
[130] Ein fiktives Einkommen ist maßgebend, wenn anzunehmen ist, dass ohne die Eheschließung oder die Kindesbetreuung sich das Einkommen erhöht hätte (fiktive Einkommensentwicklung). Dann gehört auch das Ausbleiben der Erhöhung zum auszugleichenden Nachteil.
[131] BGH FamRZ 2010, 357.
[132] BGH FamRZ 2010, 357.

Einkommen gegebenenfalls auch auf einen Gegenwartswert **hochge-rechnet** werden, wenn sich – gerade auch im Hinblick auf die Geldentwertung – das frühere Einkommen inzwischen erhöht hätte. Wenn sich die zwischenzeitliche fiktive Erhöhung des Einkommens nicht ermitteln lässt, kann in solchen Fällen die Hochrechnung auch nach dem Preisindex der Lebenshaltungskosten erfolgen.[133]

b) Bedarf nach Einkommen des Unterhaltsverpflichteten

Das Einkommen des Unterhaltpflichtigen ist der typische Maßstab zur Bemessung von Kindesunterhalt, solange Kinder noch im Haushalt der Eltern leben; denn dann partizipieren sie an den Lebensverhältnissen der Eltern, welche von deren Einkommen geprägt sind. Diese praktisch wichtigste Unterhaltsberechnung wird durch die Düsseldorfer Tabelle strukturiert. Diese kommt den Bedürfnissen des Praktikers dadurch entgegen, dass sie fertige Ergebnisse tabelliert liefert. Man muss gewissermaßen nur „zugreifen". Sie liefert gestuft nach zehn Einkommensgruppen und vier Altersgruppen Kindesbedarfsbeträge. Um diese Leistung zu perfektionieren, werden zusammen mit der Tabelle auch die Ergebnisse nach Abzug des halben bzw. ganzen (bei Volljährigen) Kindergelds angegeben, sodass das Ergebnis direkt abgelesen werden kann. Das Fundament liefert der gesetzliche Mindestbedarf minderjähriger Kinder (s. o. 3.a), welcher sich bei steigendem Einkommen um bis zu 60% erhöht. Außerdem wurde für Volljährige im Haushalt ihrer Eltern eine vierte Altersstufe hinzugefügt, welche die Erhöhung von der zweiten zur dritten Stufe mit gleicher Stufengröße fortsetzte, ab 1.1.2018 aber nicht mehr erhöht wurde.

aa) Barbedarf volljähriger Kinder. Der Barbedarf volljähriger Kinder im Haushalt eines Elternteils leitet sich somit als abgeleiteter Bedarf vom Einkommen beider barunterhaltspflichtigen Elternteile[134] ab. Hierzu wird der Bedarf aus der für Volljährige vorgesehenen vierten Spalte der Düsseldorfer Tabelle ausgelesen und zwar aus der Zeile, welche der **Summe der beiderseitigen Einkünfte** zugeordnet ist. Dieser Betrag wird als Bedarf des Kindes zugrunde gelegt.[135]

bb) Barbedarf minderjähriger Kinder. Bei minderjährigen Kindern erfüllt der Elternteil, bei dem das Kind lebt, seine Unterhaltspflicht bereits durch Pflege und Erziehung (§ 1606 Abs. 3 S. 2 BGB). Barunterhaltspflichtig ist darum allein der andere Elternteil, von dessen Einkommen sich deshalb auch der Barbedarf des Kindes herleitet.[136] Dem trägt

---

[133] Vgl. auch BGH NJW-RR 1987, 488 für den Fall des Karrieresprungs.
[134] BGH FamRZ 1994, 696, 698; Wendl/Klinkhammer § 2 Rn. 214.
[135] Düsseldorfer Tabelle A.Anm. 7, Leitlinien 13.1.1.
[136] vgl. BGH FamRZ 2007, 707, 708, Wendl/Klinkhammer § 2 Rn. 206.

III. Bedarf

die Düsseldorfer Tabelle[137] (s.u. 4.a) Rechnung, indem sie, nach Einkommensgruppen gestuft, alters- (vgl. III.1.a) und einkommensabhängig (nach dem Einkommen des **Barunterhaltspflichtigen**) unterschiedliche Beträge für den Kindesbedarf auswirft. Allerdings handelt es sich hier nur um eine praktikable Vereinfachung: Wenn auch der betreuende Elternteil ein Einkommen hat, dann beeinflusst den wirklichen Bedarf das Einkommen **beider Eltern**, denn das Einkommen des betreuenden Elternteils bestimmt dessen Lebensverhältnisse, an denen das Kind natürlicherweise partizipiert.[138] Jedoch beschränkt sich der Anspruch gegen den allein barunterhaltspflichtigen auf den Teil des Lebensstandards, der sich allein aus dessen eigenen Einkommen herleiten lässt: Es geht nämlich nicht an, dass der Barunterhaltspflichtige deshalb mehr Unterhalt zahlen müsste, weil der betreuende Elternteil gut verdient.[139] Im Verhältnis zum allein Barunterhaltspflichtigen wird daher ein Bedarf nur in der Höhe anerkannt, welche seinem Einkommen entspricht.

Eine andere Frage ist die, wieweit eigene Unterhaltsansprüche des Barunterhaltspflichtigen den Bedarf des Kindes beeinflussen. Soweit es sich um Barunterhalt handelt, liegt zweifelsfrei ein Einkommen vor, das die Lebensstellung des Barunterhaltspflichtigen und damit den Bedarf des Kindes beeinflusst. Das ist eine Frage der Einkommensqualität von Unterhalt („Unterhalt aus Unterhalt") und wird unter dem Titel „Einkommen" (IV.2) behandelt.

---

[137] LG Düsseldorf:
Veröffentlichung (nach Köhler, Festschrift für Rebmann S. 576):
1.3.1962: DRiZ 1962, 250; 1.3.1965: DRiZ 1965, 212; 1.1.1968: DRiZ 1969, 25; 1.7.1971: DRiZ 1971,242; 1.1.1973: DRiZ 1973, 99; 1.1.1975: MinBlNRW 1975, 46; 1.1.1977: MinBlNRW 1976, 283.
OLG Düsseldorf:
Veröffentlichung (nach Wendl/Klinkhammer 8. Aufl. § 2 Rn. 315 Fn. 24, ergänzt):
1.7.1979: FamRZ 1978, 854; 1.1.1980: FamRZ 1980, 19; 1.1.1982: FamRZ 1981, 1207; 1.1.1985: FamRZ 1984, 961; 1.1.1989: FamRZ 1988, 911; 1.7.1992: FamRZ 1992, 398; 1.1.1996: FamRZ 1995, 1223; 1.7.1998: FamRZ 1998, 534; 1.7.1999: FamRZ 1999, 766; 1.7.2001: FamRZ 2001, 806; 1.1.2002: FamRZ 2001, 810, 1512; 1.7.2003: FamRZ 2003, 903; 1.7.2005: FamRZ 2005, 1300; 1.7.2007: FamRZ 2007, 1367; 1.1.2008: FamRZ 2008, 211; 1.1.2009: FamRZ 2009, 180; 1.1.2010: FamRZ 2010, 173; 1.1.2011: FamRZ 2010, 1960; 1.1.2013: FamRZ 2013, 96; 1.1.2015: FamRZ 2015, 102; 1.8.2015: FamRZ 2015, 1354; 1.1.2016: FamRZ 2016, 101; 1.1.2017: FamRZ 2017, 176; 1.1.2018: FamRZ 2017, 1906.
[138] Wendl/Klinkhammer § 2 Rn. 20; Gutdeutsch, Unterhaltsberechnung bei Patchworkfamilien, FamRZ 2006, 1724, 1727; Scholz, Die Beteiligung des betreuenden Elternteils am Barunterhalt FamRZ 2006, 1728; dazu auch Göppinger/Wax/Kodal 9. Aufl Rn. 1650; nun auch BGH FamRZ 2017, 711.
[139] AA Wendl/Klinkhammer § 2 Rn. 206, welcher eine Einschränkung auf der Ebene der Leistungsfähigkeit annimmt.

cc) Umgruppierung. Die Düsseldorfer Tabelle bestimmt den Unterhalt von Kindern in Abhängigkeit von Einkommen des Pflichtigen, bevor es durch Abzug eben dieses Kindesunterhalts vermindert. wird. Die wirklichen Lebensverhältnisse des Unterhaltspflichtigen werden aber nicht von dem Einkommen vor, sondern nach Abzug des Kindesunterhalts und ggf. auch des Ehegattenunterhalts und auch anderer Unterhaltspflichten, etwa des Elternunterhalts, bestimmt. Die gegenseitige Abhängigkeit von Kindesunterhalt und Resteinkommen könnte nur durch wiederholte Berechnungen berücksichtigt werden.

Um diese zu vermeiden, berücksichtigt die Düsseldorfer Tabelle in den Tabellenwerten vorab pauschal die Belastung mit zwei Unterhaltspflichten und passt bei mehr oder weniger Unterhaltspflichten das Ergebnis dadurch an, dass das Ergebnis aus einer höheren (bei weniger Unterhaltspflichten) oder aus einer niedrigeren Einkommensgruppe (bei mehr Unterhaltspflichten) entnommen wird. Die Einkommensgruppen sind so geschnitten, dass eine **Umgruppierung** um **eine Gruppe** für **jede Unterhaltspflicht** mehr oder weniger als der Regelfall im Durchschnitt zu angemessenen Ergebnissen führt. Es werden also die Anzahl der Unterhaltspflichten vorweg abgezählt. Ergibt sich später, dass wegen eines Mangelfalls eine nachrangige Unterhaltsverpflichtung wegfällt, muss neu gerechnet werden. Das lässt sich aber meist schon vorher absehen. So kann man dem gleich zu Anfang durch eine passende Umgruppierung Rechnung tragen.

Bei der Bemessung des Unterhalts eines **Volljährigen,** der noch im Haushalt eines Elternteils lebt, werden jedoch nur selten Aufschläge wegen geringer Zahl der Unterhaltspflichten gemacht. Abschläge sind zwar grundsätzlich anerkannt, jedoch sind keine Regeln dazu veröffentlicht, welche Anzahl von Berechtigten bei einem oder beiden Pflichtigen überschritten sein muss, damit es zu einer Abgruppierung kommt.[140] Man kommt dem Umgruppierungsschema wohl am nächsten, wenn man darauf abstellt, ob ein Elternteil für mehr als zwei Berechtigte aufzukommen hat und dann abgruppiert. Trifft das für beide Elternteile zu, dann addieren sich diese Stufen.

Damit ist allerdings nicht gewährleistet, dass der Kindesunterhalt wirklich in einem angemessenen Verhältnis zu dem Einkommensrest des Unterhaltsschuldners steht, denn die nur abgezählten aber nicht in ihrer genauen Höhe erfassten Unterhaltspflichten können im Ergebnis höher oder niedriger als der Durchschnitt sein.

dd) Bedarfskontrollbeträge. Um ein angemessenes Verhältnis zwischen Höhe des Kindesunterhalts und Resteinkommen wirklich zu ge-

---

[140] Am ausführlichsten insoweit Wendl/Klinkhammer § 2 Rn. 523, vgl. auch Luthin/Koch/Schürmann 11. Aufl. Rn. 4312.

währleisten, weist die Düsseldorfer Tabelle seit 1980 die **Bedarfskontroll-beträge** (vgl. A.VI.6 und 7) aus: mit diesen soll am Ende der Berechnung das Resteinkommen des Pflichtigen verglichen werden. Unterschreitet das Resteinkommen den Bedarfskontrollbetrag, dann soll die Unterhaltsberechnung mit einer niedrigeren Einkommensgruppe wiederholt werden, deren Bedarfskontrollbetrag das Resteinkommen dann nicht unterschreitet. Der Bedarfskontrollbetrag trägt also der gegenseitigen Abhängigkeit von Kindesbedarf und Resteinkommen des Unterhaltspflichtigen Rechnung. Die durch die schematisch zählende Umgruppierung erreichte Vereinfachung wird durch die Notwendigkeit der Neuberechnung jedoch weitgehend wieder zunichtegemacht. Deshalb lehnt das Oberlandesgericht Braunschweig die Bedarfskontrollbeträge ab.[141] Ihre Beachtung fordern nur die Oberlandesgerichte Bremen, Düsseldorf, Hamm. Die andern empfehlen sie oder stellen ihre Anwendung frei.[142]

Auch ist nicht unstrittig, ob die Bedarfskontrollbeträge der Bedarfsbestimmung dienen. *Maurer*[143] betrachtet sie als Mangelverteilung nach Art des relativen Mangelfalls (vgl. VI.8.).[144]

Als die Bedarfskontrollbeträge im Jahr 1980 eingeführt wurden, steckte die Dogmatik des Ehegattenunterhalts noch in den Anfängen. Bei der Umgruppierung war auch der Ehegattenunterhalt zu berücksichtigen. Dessen Schwankungsbreite zwischen vollem Unterhalt und Aufstockungsunterhalt war aber wesentlich größer als diejenige des Kindesunterhalts bei mehreren Kindern. Um dieser Ungleichheit bei der Umgruppierung zu steuern, wurden die Bedarfskontrollbeträge eingeführt. Weil die Ehegattenquote zum Bedarf gehört, blieb man dabei im Bereich der Bedarfsbestimmung,[145] zumal damals minderjährige Kinder mit dem betreuenden Elternteil gleichrangig unterhaltsberechtigt waren. Diese Fixierung auf den „Bedarfsbereich" führte dann aber dazu, dass in Fällen eines nachrangigen Unterhalts, insbesondere des Unterhaltsanspruchs eines Studenten an einem andren Studienort, der Kindesunterhalt über die Bedarfskontrollbeträge bis auf den Mindestbedarf herabgruppiert werden musste.[146] Das aber konnte nicht überzeugen, weil es dem Nachrang des Volljährigen gegenüber dem Minderjährigen nicht gerecht wurde und auch nicht dem Umstand, dass der, inzwischen ebenfalls nachrangige, Ehegattenunterhalt den Mindestbedarf überstieg. Sicherlich

---

[141] Leitlinien 11.2. Der Vorzug der **Zählung** gegenüber der **Gewichtung** hat bereits den Siegeszug der von den Lydern im 7. Jahrhundert vor unserer Zeitrechnung erstmals zweiseitig geprägten Münzen erwirkt.

[142] Leitlinien 11.2.

[143] Maurer FamRZ 2008, 975 (Anm. zu BGH FamRZ 2008, 968).

[144] Vgl. dazu auch Wendl/Gutdeutsch § 5 Rn. 19.

[145] Genau das wurde dann von Maurer bestritten: FamRZ 2008, 975.

[146] Vgl. FAFamR/Seiler, 10. Aufl. Rn. 333.

hat diese Unstimmigkeit dazu beigetragen, dass die Bedarfskontrollbeträge meist unberücksichtigt blieben.

Wenn man aber anerkennt, dass die Lebensverhältnisse des Unterhaltspflichtigen, an denen das Kind partizipiert, auch im Mangelfall (wenn die Leistungsfähigkeit für ein nachrangiges Kind nicht mehr ausreicht) durch sein Resteinkommen bestimmt wird, und dass dann die minderjährigen Kinder ihren Bedarf nur von diesem Resteinkommen ableiten können, darf die Abgruppierung nur bis zu der Einkommensgruppe erfolgen, deren Bedarfskontrollbetrag den jeweiligen Selbstbehalt des Unterhaltspflichtigen nicht übersteigt. Die unterschiedliche Höhe der Selbstbehalte gegenüber Unterhaltsgläubigern verschiedenen Ranges führt dazu, dass der Mangelfall gegenüber einem nachrangigen Berechtigten nicht zugleich auch zu einem Mangelfall im Verhältnis zu einem Bevorrechtigten ist. Deshalb kann die Auswirkung dieses Mangelfalls durchaus den Bedarf eines vorrangig Berechtigten beeinflussen!

Für den **Volljährigenunterhalt** – der sich ebenfalls nach der Düsseldorfer Tabelle richtet, wenn das Kind noch mit einem Elternteil zusammenlebt (s. u. B.II, III) – haben die Bedarfskontrollbeträge keine Bedeutung. Die Einkommensgruppe aus beiderseitigem Einkommen eignet sich schlecht für einen Vergleich mit dem Bedarfskontrollbetrag. Dessen Anwendung auf den Fall der beiderseitigen Barunterhaltpflicht wurde – soweit bekannt – bisher nicht vorgeschlagen, wäre allerdings mit Modifizierungen durchaus sinnvoll (s. u. B.II.1).

ee) Unterhalt kein bedarfsbestimmendes Einkommen. Auch Unterhaltszahlungen sind Einkommen des Unterhaltsberechtigten. Sie haben aber i. d. R. keinen Einfluss auf den Bedarf von Kindern, die nur von dem Berechtigten – und nicht dem Verpflichteten – abstammen (vgl. IV.1.d)).

c) Bedarf nach der gemeinsam erworbenen Lebensstellung

aa) Ehegattenunterhalt. Der Ehegattenunterhalt ist Folge des Zerbrechens der Ehe, mit dem die Beteiligten nicht haben rechnen müssen, weil die Ehe auf Lebenszeit geschlossen wurde. Er schützt das Vertrauen in den Fortbestand der Ehe. Deshalb wird ein Bedarf anerkannt, welcher die Ehe gedanklich fortsetzt und sich deshalb nach den ehelichen Lebensverhältnissen gem. § 1578 Abs. 1 BGB bemisst. Das BVerfG hat als Gebot des Art. 3 Abs. 2 GG die Gleichwertigkeit von Familienarbeit und Erwerbstätigkeit und daraus folgend einen Anspruch der Eheleute auf gleiche Teilhabe am gemeinsam Erwirtschafteten anerkannt.[147] Wenn die Eheleute zusammenleben und zusammen wirtschaften, folgt daraus, dass

---

[147] BVerfG FamRZ 2002, 527, 529, FamRZ 2011, 437 (Nr. 46).

sie in gleicher Höhe am Konsum teilhaben. Bis zu einem gemeinsamen Einkommen in Höhe der verdoppelten Obergrenze der Düsseldorfer Tabelle geht der BGH davon aus, dass als Ersparnis nur eine angemessene Vorsorge anzuerkennen sei[148] und das Einkommen im Übrigen der Lebensgestaltung diene.[149] In diesem Bereich wird der Bedarf nach den ehelichen Lebensverhältnissen beiden Eheleuten je zur Hälfte zugewiesen (Grundsatz der Halbteilung). Nun ist es schwierig, den Bedarf des Berechtigten von der Leistungsfähigkeit des Pflichtigen zu unterscheiden, wenn das Einkommen im Wesentlichen verbraucht wird, letztlich also nur das vorhandene Einkommen zu verteilen ist: Dann ist nämlich der Bedarf des einen im Grundsatz gleich der Leistungsfähigkeit des anderen. Beim nachehelichen Unterhalt gelingt die – vom BVerfG geforderte[150] – Unterscheidung dadurch, dass man bei den Einkünften und den Abzügen unterscheidet zwischen denen, die hinreichenden Bezug zur Ehe haben und solchen, denen dieser Bezug fehlt. Es wird damit unterschieden zwischen dem – den Bedarf bestimmenden – „eheprägenden" Einkommen und dem die Leistungsfähigkeit bestimmenden: Diese leiten sich aus den Einkommen beider Ehegatten her (womit im Grenzfall auch der Fall des einkommenslosen Ehegatten erfasst ist). Die Bedarfsbemessung erfolgt durch **Halbteilung**[151] des ggf. um einen Erwerbstätigenbonus verminderten Einkommens beider Eheleute (im Einzelnen s. u. B. II.). Allerdings kann in Einzelfällen der Ehegattenunterhalt auch noch lange Zeit nach der Scheidung geschuldet sein. In der Zwischenzeit können sich die Verhältnisse verändern, insbesondere das beiderseitige Einkommen, aber auch etwa die Belastung durch Unterhaltspflichten. Diesen Veränderungen hatte der BGH ursprünglich nur dann einen Einfluss auf den Bedarf nach den ehelichen Lebensverhältnissen zugebilligt, wenn sie bei Ehezeitende erwartet werden konnten und deshalb die Dispositionen der Eheleute beeinflussen konnten. Später kam er zu der Erkenntnis, dass mancherlei negative Änderungen der Einkommenslage auch dann der Berechtigte zu tragen hätte, wenn die Ehe Bestand gehabt hätte. Das führte zu der Tendenz, in wachsendem Maße allen negativen Veränderungen der wirtschaftlichen Lage des Unterhaltspflichtigen Einfluss auf den Bedarf zuzubilligen, wodurch für viele Fälle die Anerkennung einer Mangellage trotz einigermaßen normaler Verhältnisse vermieden wurde.

Die Abgrenzung wurde damit jedoch immer komplizierter und darum weniger überzeugend, bis der BGH den gordischen Knoten dadurch zerschlug, dass er die **Bindung an den Stichtag** Ehezeitende, die jeweils komplizierte Erwägungen herausforderte, aufgab und das Verhältnis von

---

[148] Diese ist bei der Einkommensberechnung vorweg abzuziehen: s. u. IV. 6.
[149] BGH neue Entscheidung.
[150] BVerfG FamRZ 2011, 437.
[151] Vgl. BVerfG FamRZ 2011, 437.

Regel und Ausnahme umkehrte: Nun hatten **alle nachehelichen Änderungen** von Einkommen und Belastung einen Einfluss auf den Bedarf nach den ehelichen Lebensverhältnissen gem. § 1578 Abs. 1 S. 1 BGB.[152] Ausgenommen[153] hiervon war nur jede negative Veränderung, die auf einer **Verletzung der Erwerbsobliegenheit** beruhte. Bei den positiven Einkommensentwicklungen blieb der sog. „Karrieresprung" unberücksichtigt. Damit ist jede günstige Einkommensentwicklung nach der Scheidung gemeint, welche bei Ehezeitende nicht erwartet werden konnte und auf die deshalb der geschiedene Ehegatte keinen Anspruch auf Teilhabe geltend machen kann.[154] Nur wenn dadurch eine negative Veränderung, etwa durch eine neue Unterhaltpflicht kompensiert wird, bleibt sie zu berücksichtigen.[155] Wenn die spätere Einkommensentwicklung keinen Bezug zur Ehe mehr hat und auch keine hypothetische Entwicklung ohne Berücksichtigung dieser Änderung anzunehmen ist, kann der Bedarf zur Vereinfachung nach dem Preisindex der Lebenshaltung hochgerechnet werden.[156]

Das Bundesverfassungsgericht hat diese Rechtsprechung des BGH insoweit missbilligt, als sie auch der Unterhaltsverpflichtung aus einer späteren Ehe Einfluss auf den Bedarf des früheren Ehegatten und damit auf dessen ehelichen Lebensverhältnisse im Wege der Drittelmethode zugebilligt hatte.[157] Dadurch ist eine **dritte Ausnahme** zur Berücksichtigung aller späteren Änderungen hinzugetreten, nämlich

– eine Unterhaltsbelastung, die ohne die Scheidung nicht hätte entstehen können.

Bei der obengenannten Entscheidung des BVerfG geht es allerdings nur um die Unterhaltpflicht aus einer neuen Ehe. Die Verpflichtung gegenüber später geborenen Kindern und auch gegenüber einem kinderbetreuenden nichtehelichen Elternteil nach § 1615l BGB hätte auch ohne die Ehescheidung entstehen können. Der BGH hat jedoch die Konsequenz gezogen, dass auch alle nach Rechtskraft der Scheidung entstandenen Unterhaltsverpflichtungen keinen Einfluss auf den Bedarf nach den ehelichen Lebensverhältnissen mehr haben können.[158]

bb) Eigenbedarf des Unterhaltspflichtigen. Nicht nur der Bedarf des geschiedenen Ehegatten, sondern auch der Eigenbedarf, den der **Unterhaltspflichtige** dem Ehegatten nach § 1581 BGB entgegenhalten kann, muss sich nach der gemeinsam erlangten Lebensstellung, also nach

[152] BGH FamRZ 2006, 683.
[153] BGH FamRZ 2008, 968.
[154] BGH FamRZ 2008, 968; FamRZ 1982, 576, 578.
[155] BGH FamRZ 2009, 411.
[156] BGH NJW-RR 1987, 488.
[157] BVerfG FamRZ 2011, 437.
[158] BGH FamRZ 2012, 281.

III. Bedarf

den ehelichen Lebensverhältnissen richten und bildet damit ein Spiegelbild zu den ehelichen Lebensverhältnissen nach § 1578 Abs. 1 BGB. Dem Pflichtige kann nämlich – außer in Fällen eines Mehrbedarfs (s.o.III.2.c) – kein geringerer Bedarf zugebilligt werden als dem Unterhaltsberechtigten. Der BGH hatte das früher auch anerkannt.[159]

Weil alle negativen Änderungen bei der Bemessung des Bedarfs des geschiedenen Ehegatten zu berücksichtigen waren, führte bereits die Bemessung des Bedarfs des früheren Ehegatten dazu, dass die Halbteilung zulasten des Pflichtigen nicht verletzt wurde. Insbesondere die Drittelmethode bei der Bedarfsbemessung bewirkte, dass die Halbteilung gegenüber dem Unterhaltspflichtigen immer gewahrt blieb:

Beispiel 1:

Einkommen des Pflichtigen 3000, des ersten Ehegatten 1000 und des zweiten Ehegatten 500. Der Bedarf eines jeden nach der Drittelmethode betrug (3000 + 1000 + 500) ÷ 3 = 1500 €.

F1 erhielt dann 1500 – 1000 = 500,

F2 erhielt 1500 – 500 = 1000,

A blieb 3000 – 500 – 1500 = 1500 wie jedem der beiden Ehegatten.

Als er aber allen späteren Einkommensminderungen Einfluss schon auf den Bedarf zugebilligt hatte, wurde dieser Selbstbehalt nicht mehr gebraucht und deshalb vom BGH aufgegeben.[160] Lediglich eine Untergrenze der Inanspruchnahme, Ehegattenselbstbehalt von damals 1000 €, nun 1200 € erschien erforderlich (s.o. III.4.c).[161] Das hat sich durch die Entscheidung des BVerfG zur Ablehnung der Drittelmethode[162] geändert: Weil seither der Bedarf des ersten Ehegatten sich nicht mehr durch die Wiederverheiratung des Unterhaltspflichtigen vermindert, kann er durchaus das dem Unterhaltspflichtigen verbleibende Resteinkommen übersteigen.

Da der Bedarf des zweiten Ehegatten den des ersten nicht mehr beeinflusst rechnete sich das Beispiel 1 (ohne Bonus) nun:

Bedarf eines jeden nach der Halbteilung (3000 + 1000) ÷ 2 = 2000 €.

Voller Unterhalt von F1: 2000 – 1000 = 1000,

Bliebe A somit nur der Rest von 3000 – 1000 = 2000, so wäre der Bedarf von

F2: (2000 + 500) ÷ 2 = 1250 und ihr Unterhalt 1250 – 500 = 750, sodass A nur 2000 – 750 = 1250 bliebe, während F1 1000 + 1000 = 2000 hätte: ein mas-

---

[159] BGH FamRZ 1990, 260.
[160] BGH FamRZ 2006, 683.
[161] BGH FamRZ 1006, 683.
[162] BVerfG FamRZ 2011, 437.

> siver Verstoß gegen die Halbteilung. Deshalb muss dem Pflichtigen gegen-
> über F1 wieder nach § 1581 BGB ein spiegelbildlicher Eigenbedarf von
> 2000 zugebilligt werden, welcher die Herabsetzung des Unterhalts von F1
> nach § 1581 BGB rechtfertigt.
> F2 erhielt 1500 – 500 = 1000
> A blieb 3000 – 500 – 1500 = 1500 wie jedem der beiden Ehegatten.

Damit muss diesem wieder der spiegelbildliche **eheangemessene Eigenbedarf** (Selbstbehalt) nach § 1581 BGB zugebilligt werden, welcher
ebenso wie der Bedarf nach den ehelichen Lebensverhältnissen gem.
§ 1578 Abs. 1 BGB sich auf der gemeinsam erworbenen Lebensstellung
gründet und sich nach dem beiderseitigen Einkommen bemisst (III.3.a,
c).[163] Die Unterschreitung dieses Bedarfs löst nämlich den **Mangelfall**
nach § 1581 BGB aus.

cc) Erwerbstätigenbonus (s. u. B.III.b.bb). Die Halbteilung des gemeinsamen Einkommens entsprechend den ehelichen Lebensverhältnissen wird modifiziert durch einen Vorteil, den die Rechtsprechung dem
Erwerbstätigen zubilligt: den Erwerbstätigenbonus. Ursprünglich war
jedem Unterhaltspflichtigen ein höherer Anteil an dem gemeinsamen
Einkommen eingeräumt worden als dem Berechtigten, weil Berechtigter
und Pflichtiger nicht gleichbehandelt werden könnten. Demgemäß hatte
die Düsseldorfer Tabelle von 1979 noch bei Erwerbstätigkeit des Pflichtigen eine Ehegattenquote von 2/5, ohne Erwerbstätigkeit von 3/7 ausgewiesen.[164] Seit 1980 empfiehlt die Düsseldorfer Tabelle für Nichterwerbseinkommen die Halbteilung, für Erwerbseinkommen die 3/7-Quote.[165]
Der BGH hat bald danach einen allgemeinen „Pflichtigenbonus" auch
für Renteneinkommen missbilligt.[166] Der Erwerbstätigenbonus ist nach
ständiger Rechtsprechung des BGH Teil des Bedarfs des Erwerbstätigen.
Er rechtfertigt sich als pauschale Berücksichtigung eines (nicht quantifizierbaren) erhöhten Aufwands des Erwerbstätigen – er hat weniger Zeit,
sich günstige Angebote zu suchen, insofern ist Zeit auch Geld – und soll
zugleich einen Arbeitsanreiz bieten.[167]
  Die **Höhe des Bonus** bestimmen die Süddeutschen Leitlinien und der
3. Familiensenat der OLG Brandenburg mit 10%, die übrigen Oberlandesgerichte mit 1/7.[168]

---

[163] Wohl allgemeine Meinung, z.B. Borth FamRZ 2011, 445; Brudermüller/Götz
     NJW 2011, 801; Gutdeutsch FamRZ 2011, 523; Schwamb FamRB 2011, 120.
[164] FamRZ 1978, 854.
[165] Düsseldorfer Tabelle FamRZ 1980, 19.
[166] BGH FamRZ 1982, 894.
[167] BGH FamRZ 1982, 894.
[168] Leitlinien 15.2.

Streitig ist, ob er zum Bedarf zu rechnen sei.[169] Die Additionsmethode, welche sich für kompliziertere Berechnungen allgemein durchgesetzt hat, zieht den Bonus vorweg ab und rechnet ihn mithin technisch nicht zum Bedarf, obgleich der BGH[170] den Bonus ausdrücklich dem Bedarf zurechnet. Rechnerisch kommt sie zum gleichen Ergebnis. Nur im Mangelfall könnte ein Unterschied auftreten. Nach der Rechtsprechung des BGH[171] entfällt der Bonus aber im Mangelfall (s. u. ff.). Seither bestehen gegen die Additionsmethode keine Bedenken.

dd) Bedarf und Eigenbedarf nach der Additionsmethode. Die Additionsmethode ermittelt den Bedarf durch Teilung der Summe der beiderseitigen bonusbereinigten Einkommen durch zwei. Die Bereinigung um den Bonus erfolgt dabei durch Multiplikation mit dem Reduktionsfaktor (R). Dieser beträgt 6/7 bei einem Bonus von 1/7 und 90 % bei einem Bonus von 10 %.

Unterhaltsbedarf des Berechtigten = Eigenbedarf des Pflichtigen
= (EM × R + NEM + EF × R + NEF) ÷ 2

EM: Erwerbseinkommen von M
NEM: Nichterwerbseinkommen von M
EF: Erwerbseinkommen von F
NEF: Nichterwerbseinkommen von F
R: Reduktionsfaktor für Erwerbseinkommen: 6/7 für Bonus 1/7,
90 % für Bonus 10 % oder abgekürzt:

Unterhaltsbedarf des Berechtigten = Eigenbedarf des Pflichtigen
= (BEM + BEF) ÷ 2

BEM: bonusbereinigtes Einkommen von M = EM × R + NEM
BEF: bonusbereinigtes Einkommen von F= EF × R + NEF

ee) Berechnung des Erwerbstätigenbonus: Erwerbseinkommen und Nichterwerbseinkommen. Die Unterscheidung von Erwerbseinkommen und Nichterwerbseinkommen wird von Lehre und Rechtsprechung nicht thematisiert, macht also offenkundig keine Probleme. Die Einkunftsarten nach § 2 Abs1. Nr. 2–4 EStG sind Erwerbseinkommen, alle anderen Einkünfte sind das nicht.[172] Jedoch ist das Einkommen von vielerlei Abzügen zu bereinigen, etwa von Vorsorgeaufwendungen, Steuern, Schuldendiensten und auch um den Kindesunterhalt (s. u. C.II.2) Viele dieser Aufwendungen sind so eng mit bestimmten Einkünften ver-

---

[169] Scholz FamRZ 1990, 1088 rechnet es zum Bedarf, Wendl/Gerhardt 8. Aufl. § 4 Rn. 773 bestimmt den Bedarf nach Vorabzug des Erwerbstätigenbonus.
[170] BGH FamRZ 1988, 265.
[171] BGH FamRZ 2013, 1366, FamRZ 2014, 1183; vgl. Gutdeutsch, FamRZ 2015, 96.
[172] Wendl/Dose § 1 Rn. 55.

knüpft, dass sie bereits von diesen und nicht erst von der Summe aller Einkünfte abgezogen werden müssen (z.B. bei berufsbedingten Aufwendungen). Bei anderen ist das aber nicht der Fall. Insbesondere Kindesunterhalt (s.u. C.II.2) hat keinen Bezug zu einer bestimmten Einkommensart. Solche Fälle hätte die Praxis durch freihändige Veränderung des Bonus lösen können. Die übliche Additionsmethode aber zwingt uns zu der Entscheidung, in welcher Höhe in solchen Fällen das Erwerbseinkommen anzusetzen ist, welche Einkommensart also durch den Abzug vermindert wird. Da in den meisten Fällen nur Erwerbseinkommen vorhanden ist, schlägt *Gerhardt* den vorrangigen Abzug vom Erwerbseinkommen vor,[173] nach *Graba* und *Gutdeutsch* fordert jedoch der Zweck des Erwerbstätigenbonus, ihn nur dann zu beschränken, wenn das Resteinkommen nach Bereinigung um den Kindesunterhalt (und Schulden) geringer ist als das Erwerbseinkommen.[174] *Scholz* schlägt als Kompromiss eine Quotierung vor.[175] Die einfachste Lösung ist die von *Graba/Gutdeutsch*, weil sie nur die Prüfung verlangt, ob Resteinkommen oder Erwerbseinkommen kleiner sind und der Bonus dann aus dem kleineren Wert genommen wird. Diese Lösung scheint auch in der Praxis zu überwiegen.[176]

Beispiel:

A verdient 2000 und bezieht zusätzlich eine Rente von 1000. Er schuldet Kindesunterhalt von 500 und Ehegattenunterhalt.

Das Erwerbseinkommen beträgt 2000 €, das Resteinkommen 2000 + 1000 – 500 = 2500 €. Folglich ist das Erwerbseinkommen geringer. Der Bonus ist daraus zu berechnen. Bei einem Bonus von 10 % sind das 2000 + 10 % = 200 €. Bonusbereinigtes Einkommen von A also 2500 – 400 = 2100 €. Betrüge die Rente nur 300 €, dann wäre das Resteinkommen 2000 + 300 – 500 = 1800 €, der Bonus wäre aus diesem Betrag zu berechnen, betrüge also bei 10 % 180 €, das bonusbereinigte Einkommen betrüge 1800 – 180 = 1620 €.

---

ff) Kein Erwerbstätigenbonus im Mangelfall. Der Erwerbstätigenbonus ist ein empfindlicher Teil des Bedarfs: Wenn der volle Bedarf nicht gedeckt werden kann, also im sog. Mangelfall, entfällt er als erstes.[177]

---

[173] Gerhardt FamRZ 1994, 1158.
[174] Graba NJW 1993, 445, 448; Gutdeutsch FamRZ 1994, 346, FamRZ 1994, 1161.
[175] Scholz FamRZ 1993, 127, 143.
[176] Entscheidungen zu diesem Thema sind nicht bekannt. RiOLG Tourneur hat als Verantwortlicher für die Einstellungen des Gutdeutsch-Programms (Computerprogramm: Familienrechtliche Berechnungen, erschienen bei C.H.Beck) für die meisten OLG-Bezirke das Programm auf die Vergleichsmethode Graba/Gutdeutsch eingestellt. Sein Nachfolger, RiOLG Wagner ist dem gefolgt. Daraus kann der Schluss gezogen werden, dass überwiegend so gerechnet wird. Vereinzelte mündliche Anfragen haben für mich dasselbe ergeben.
[177] BGH FamRZ 2014, 1183; FamRZ 2013, 1366.

gg) Kritik am Erwerbstätigenbonus. Die Abschaffung des Bonus könnte viele Probleme beseitigen. Der Bonus wird zu Recht kritisiert, weil der Ansatz nicht quantifizierbaren Aufwands und eines Anreizes für die Erwerbstätigkeit bei sinkender Bedeutung der Hausfrauen-Ehe und sinkender mittlerer Unterhaltshöhe und Unterhaltsdauer nicht mehr erforderlich ist und das Unterhaltsrecht unnötig verkompliziert.[178] Zur Verdeutlichung eines Rechenwegs wird häufig die Berechnung ohne Bonus dargestellt.[179]

hh) Pauschalierter Mehrbedarf: Der Vorsorgeunterhalt. Indirekt einkommensabhängig ist auch der Altersvorsorgeunterhalt, weil er vom Elementarunterhalt abgeleitet wird. Da Vorsorgeaufwendungen bereits bei der Einkommensermittlung abgezogen werden (s. u. IV.5 und 6), wird bei der Halbteilung zwar der vollständige Vorsorgebedarf des Unterhaltspflichtigen berücksichtigt, der des unterhaltsberechtigten Ehegatten jedoch nur insoweit, als er durch sein eigenes Einkommen (das um entsprechende Beträge gekürzt wurde) abgedeckt ist. Der Gesetzgeber hat deshalb in § 1361 Abs. 1 S. 2, 1578 Abs. 2 und 3 BGB den Vorsorgebedarf als Teil des Lebensbedarfs besonders hervorgehoben, und die Rechtsprechung hat ihn im Verhältnis zu dem der Halbteilung unterliegenden „Elementarunterhalt" als Mehrbedarf ausgestaltet.[180] Der Altersvorsorgeunterhalt wird mit Hilfe der Bremer Tabelle aus dem Elementarunterhalt errechnet, während sich der Krankheitsvorsorgeunterhalt nach den tatsächlichen Aufwendungen richtet. Im Falle der freiwilligen Mitgliedschaft in der gesetzlichen Krankenversicherung sind das die Einkünfte incl. Unterhaltszahlungen. In diesen Fällen ist also auch der Krankheitsvorsorgeunterhalt einkommensbezogen. Im Einzelnen s. u. B.V.6).

6. Kombination: Dynamischer Eigenbedarf gegenüber Eltern und Enkeln

Eine Kombination von einkommensbezogenem Bedarf und festem Selbstbehalt stellt der dynamische Eigenbedarf von Kindern gegenüber ihren Eltern oder von Großeltern gegenüber ihren volljährigen Enkeln dar: In diesen Fällen entfernterer Unterhaltspflichten billigt die Rechtsprechung als Eigenbedarf nicht nur einen festen Sockelbetrag, sondern auch die Hälfte des Mehreinkommens zu (s. o. A.III.4.e und f).

---

[178] Spangenberg FamRZ 2011, 701; Wendl/Gerhardt § 4 Rn. 781.
[179] Z.B. BGH FamRZ 2008, 1911.
[180] Darauf läuft die Berechnung nach BGH/FamRZ 2007, 117, FamRZ 1981, 864 hinaus.

7. Wertende Schätzung des Bedarfs

Nur in seltenen Fällen greift die Rechtsprechung auf das Verfahren einer umfassenden Billigkeitsabwägung zurück, bei welchem alle zu berücksichtigenden vergangenen und gegenwärtigen Umstände angesprochen und wie bei der Strafzumessung in einem einheitlichen Akt der Wertung zur Grundlage einer Bedarfsschätzung gemacht werden. Dies Verfahren stellt eine Analogie dar zur Abwägung im Mangelfall nach § 1581 BGB, soweit dabei keine Belastungen berücksichtigt werden, welche den ehelichen Lebensverhältnissen nicht zugeordnet werden können. Die Düsseldorfer Tabelle schreibt eine Wertung im Einzelfall vor, wenn die Einkommensobergrenze der Düsseldorfer Tabelle überschritten ist. Diese umfassend wertende Schätzung ist deshalb eine **Alternative zur Unterhaltsberechnung**.

8. Sonderbedarf

Unterhalt ist grundsätzlich als **Monatsrente** zu leisten (§ 1612 Abs. 1 S. 1 BGB). weil er den regelmäßigen Lebensunterhalt decken soll. Wegen der Vielfältigkeit des menschlichen Lebens ist aber keine Rechtsregel ohne **Ausnahme**:

a) Verwandtenunterhalt[181]

Sonderbedarf ist nach § 1613 Abs. 2 Nr. 1 BGB ein Bedarf, der so unregelmäßig anfällt, dass er nicht beim laufenden Unterhalt berücksichtigt werden kann, und ungewöhnlich hoch ist, so dass es nicht zumutbar ist, denselben aus dem laufenden Unterhalt abzudecken. Nach dem Grundmodell des Verwandtenunterhalts verfügt der Unterhaltsberechtigte über kein liquidierbares Vermögen. Sonst wäre er nicht unterhaltsberechtigt. Deshalb kann der Sonderbedarf auch zusätzlich zum laufenden Unterhalt verlangt werden, vorausgesetzt, dass der Unterhaltspflichtige leistungsfähig ist. Das setzt wegen der besonderen Höhe des Bedarfs liquidierbares Vermögen beim Unterhaltspflichtigen voraus. Allerdings kann das auch auf dem Kreditweg beschafft werden, wenn das Einkommen den Selbstbehalt wesentlich übersteigt. Sonst fehlt es an der nötigen Leistungsfähigkeit.

b) Gattenunterhalt

aa) Eigenes Vermögen des Berechtigten. Für den Gattenunterhalt ist kein Sonderbedarf geregelt. Nach dem Grundsatz der Halbteilung kann der Unterhaltsberechtigte über Vermögen, dessen Verwertung nicht un-

---

[181] Vgl. Wendl/Klinkhammer § 6 Rn. 1 ff.

III. Bedarf

wirtschaftlich ist, (liquidierbares Vermögen) verfügen und dennoch nach § 1577 Abs. 3 BGB Unterhalt beziehen, weil der Verbrauch des Vermögens im Hinblick auf das dem Unterhaltspflichtigen verbleibende Vermögen unbillig wäre. Dann aber kann der Unterhaltsberechtigte den Sonderbedarf auch aus seinem eigenen Vermögen decken. In diesem Fall entspräche das auch der Billigkeit, weil jeder seine Lebensrisiken nach Möglichkeit selbst tragen sollte.

bb) Vermögen des Pflichtigen. Wenn allerdings der Berechtigte über kein liquidierbares Vermögen verfügt, kann es gerechtfertigt sein, etwa vorhandenes liquidierbares Vermögen des Unterhaltspflichtigen heranzuziehen. § 1612 Abs. 1 S. 1 BGB steht nicht entgegen, weil diese Vorschrift unmittelbar nur für den Verwandtenunterhalt gilt. Allerdings dürfte ein solcher Anspruch nur bis zur Scheidung in Frage kommen, weil auch der Prozesskostenvorschuss auf die Zeit bis zur Scheidung begrenzt ist.

cc) Leistungsfähigkeit des vermögenslosen Pflichtigen. Hat aber auch dieser über einen Notgroschen hinaus kein liquidierbares Vermögen, müsste er sich zur Deckung des Sonderbedarfs verschulden. Das ist ihm nicht zuzumuten, wenn er sein Einkommen mit dem Unterhaltsberechtigten teilt.

dd) Karrieresprung. Wird allerdings nicht das volle Einkommen verteilt, weil nach der Trennung erhebliches Einkommen aus einem Karrieresprung hinzukam, welches nicht mit dem Berechtigten zu teilen ist, kann es der Billigkeit entsprechen, dass das Vermögen des Pflichtigen i.S. seiner Kreditfähigkeit für den Sonderbedarf des Berechtigten herangezogen wird, § 1581 BGB.

c) Prozesskostenvorschuss[182]

Eine Sonderform des Sonderbedarfs sind etwaige Prozesskosten. Wegen des Zusammenhangs mit etwaigen Trennungskonflikten der Eheleute ist er bei Eheleuten als eigener Unterhaltsanspruch ausgestaltet, welcher bis zur Scheidung besteht (§ 1360 Abs. 4, § 1361 BGB). Aus der Begrenzung des Prozesskostenvorschusses auf die Zeit bis zur Scheidung lässt sich schließen, dass auch anderer Mehrbedarf nach der der Scheidung nicht mehr gelten gemacht werden kann.

d) Kindesunterhalt neben Gattenunterhalt

Wenn der Unterhaltspflichtige Kindesunterhalt und Gattenunterhalt leistet, dann kann die Halbteilung beim Gattenunterhalt dazu führen,

---

[182] Wendl/Klinkhammer § 6 Rn. 20 ff.

dass auch der **Sonderbedarf** eines Kindes vom Barunterhaltspflichtigen nicht allein getragen werden muss. Hier gilt das vorher Dargestellte entsprechend. In den Fällen b) und d) dürfte die alleinige Übernahme des Sonderbedarfs durch den Barunterhaltspflichtigen der Billigkeit entsprechen. In den anderen Fällen müssen sich die Eltern den Sonderbedarf entsprechend der Gattenquote teilen.[183] Das bedeutet, dass **in diesem Punkt** der Grundsatz „erst Kindesunterhalt, dann Gattenunterhalt"[184] nicht gelten kann, denn erst die Regelung des laufenden Ehegattenunterhalts schafft die Grundlage, auf welcher die Zumutbarkeit zur Abdeckung eines Sonderbedarfs beurteilt werden kann. Folglich muss sich die Regelung des Sonderbedarfs an die Bestimmung des laufenden Kindes- und Ehegattenunterhalts anschließen.

9. Zusammenfassung

Die Bedarfsberechnung kennt allgemein bestimmte Festbeträge (Mindestbedarfe, Selbstbehalte) und einkommensabhängige Beträge, teils in Tabellenform (Düsseldorfer Tabelle), teils als Quote (Ehegattenquote), welche durch Anerkennung von Mehrbedarfen im Einzelfall modifiziert werden. Dazu gibt es bei den Vorsorgeaufwendungen komplizierte **Überschneidungen mit der Einkommensberechnung**: Diese Vorsorgeaufwendungen werden z.T. bei der Einkommensberechnung, z.T. beim Bedarf berücksichtigt. Krankheitsvorsorge gehört zu dem allgemeinen Bedarf, wird aber meist über Pflichtbeiträge gedeckt und deshalb regelmäßig bereits beim Einkommen abgezogen. Nur wenn dieser Bedarf bei Berechtigten nicht gedeckt ist, wird er als er Mehrbedarf dem Bedarf hinzugerechnet und bei Berechnung der Ehegattenquote vom Einkommen vorweg abgezogen. Die Altersvorsorge wiederum betrifft zukünftigen Bedarf, der nur bei Unterhaltspflichtigen und Ehegatten zu berücksichtigen ist, und bei Pflichtigen dem Einkommensbereich (als Abzug) zugeordnet wird, beim Berechtigten aber dem Bedarfsbereich, wo er wie Mehrbedarf vor der Bestimmung des Quotenunterhalts vom Einkommen abgezogen wird. Schließlich gibt es noch den Sonderbedarf als Ausnahme gegenüber dem monatlichen Unterhaltsbedarf, der allerdings für das auf die Monatsrechnung gestützte System der Unterhaltsberechnung ohne Bedeutung ist. Er schließt sich ggf. an die monatlich bezogene Unterhaltsberechnung an.

---

[183] Wendl/Scholz 7. Aufl. § 6 Rn. 10. Die Verteilung nach der angewandten Gattenquote berücksichtigt, dass dem Unterhaltspflichtigen der Quotenvorteil nur wegen des unter den Ehegatten verteilbaren Einkommens zusteht.

[184] Gutdeutsch NJW 2009, 945; Gutdeutsch FamRZ 2009, 1022.

IV. Einkommen

1. Grundriss

a) Allgemeines

Die Bestimmung des unterhaltsrechtlichen Einkommens der Unterhalts-pflichtigen und Unterhaltsberechtigten (in €) ist die wichtigste Schnitt-stelle zwischen der Lebenswirklichkeit und dem Kunstgebäude der **Un-terhaltsberechnung** (welche zu den ausgeurteilten oder vereinbarten Unterhaltsbeträgen führt). Für das Unterhaltsrecht ist Einkommen **alles, was geeignet ist, den in Monatsbeträgen bezifferten Bedarf (Unter-haltsbedarf oder Eigenbedarf) zu decken.** Ebenso wie der Bedarf ist das Einkommen kein empirischer, sondern ein normativer Begriff. Die Lehre von der Bestimmung des Einkommens ist deshalb durch eine Vielfalt von einzelnen Regeln bestimmt. Die Leitlinien widmen ihnen etwa 1/3 ihres Umfangs.

b) System der Einkommensberechnung

Ausgangspunkt der unterhaltsrechtlichen Einkommenslehre ist das Geldeinkommen. Grundsätzlich sind alle regelmäßigen Geldeinkommen zu berücksichtigen,[185] unregelmäßige ggf. umgerechnet (s. u. A.IV.2). Das Geldeinkommen ist um Abzüge zu bereinigen. Als Konsequenz aus dem umfassenden Einkommensbegriff müssen zuerst die Einkünfte ausge-schieden werden, die auf Grund besonderer Regeln nicht anzurechnen sind (s. u. A.IV.3). Sodann sind die zur Erzielung eben dieser Einkünfte erforderlichen Aufwendungen abzuziehen (s. u. A.IV.4), dann die ges. So-zialabgaben (s. u. A.IV.5), freiwillige Vorsorgeaufwendungen, soweit sie angemessen sind (s. u. A.IV.6) und die Steuern (s. u. A.IV.7). Schließlich ist das Einkommen um anerkennungsfähige Schulden zu bereinigen (s. u. A.IV.8), möglicherweise auch um Umgangskosten (s. u. A.IV.9), jeden-falls aber vorrangige Unterhaltsverpflichtungen (s. u. A.IV.10). Hinzuzu-rechnen sind Naturaleinkünfte, z. B. der Wohnwert eigengenutzter Im-mobilien und der Familienunterhalt (s. u. A.IV.11), fiktive Einkünfte (s. u. A.IV.12) sowie die Möglichkeit einer Vermögensverwertung (s. u. A.IV.14).

Das Unterhaltsrecht schließt sich dabei eng an das Recht der Einkom-mensteuer, „des Unterhaltsanspruchs des Staates gegen den Bürger", an und unterscheidet auch dieselben Einkunftsarten wie § 2 Abs. 1 EStG.

---

[185] BGH FamRZ 1981, 541, FamRZ 1982, 250; FamRZ 1986, 780.

c) Einkommen des Berechtigten und des Verpflichteten

Der Begriff des Einkommens als Möglichkeit der Bedarfsdeckung unterscheidet im Grundsatz nicht zwischen Berechtigten und Verpflichteten. Das gilt allerdings uneingeschränkt nur für die tatsächlichen Einnahmen (s. u. A.IV.2). Soweit Einnahmen fingiert werden (s. u. A.IV.12) oder wegen unzumutbarer Erwerbsbemühungen ganz oder teilweise unberücksichtigt gelassen werden (s. u. A.IV.3.c) oder Ausgaben auf die Einnahmen angerechnet werden (s. u. A.IV.4 bis 10), sind vielfach Wertungen erforderlich. Nur beim Ehegattenunterhalt werden nach dem Grundsatz der materiellen Gleichbehandlung der Geschlechter[186] die für Verpflichtete und Berechtigte geltenden Maßstäbe weitgehend aneinander angeglichen. Bei anderen Unterhaltsrechtsverhältnissen führen diese Wertungen zu voneinander unabhängigen Bestimmungen. Allerdings können aus den Rangregeln Regeln abgeleitet werden, durch welche sich die anzulegenden Wertmaßstäbe ordnen lassen.

d) Bedarfsbestimmendes Einkommen

Das gegenwärtige Einkommen begründet nicht nur die Leistungsfähigkeit, sondern in manchen Fällen auch den Bedarf. Bei der Bestimmung eines die **ehelichen Lebensverhältnisse** bestimmenden Einkommens ist der Teil auszuscheiden, welcher erst nach der Rechtskraft der Scheidung hinzuerworben wurde. Bei der **Bedarfsbestimmung eines Kindes** nach der Düsseldorfer Tabelle ist Unterhalt, den sein Elternteil bezieht, nicht zu berücksichtigen. Die bedarfsbestimmende Wirkung von Einkommen ist auf das Unterhaltrechtsverhältnis beschränkt und kann nicht weitergereicht werden. Wenn also der Bedarf eines bedürftigen Ehegatten auch durch das Einkommen seines leistungsfähigen Partners bestimmt wird, so hat das daraus resultierende Einkommen aus Unterhaltszahlungen keinen Einfluss auf den Bedarf eines Kindes des Bedürftigen, welches erst nach der Scheidung geboren wurde und deshalb die ehelichen Lebensverhältnisse nicht geprägt hat.[187]

2. Die Geldeinnahmen

Ausgangspunkt der Einkommensberechnung ist das Geldeinkommen (s. o. A.IV.1.b), wobei bei Einkünften aus dem Vermögen auf die Unterscheidung zwischen Vermögensertrag = Einkommen und Vermögensverbrauch = Vermögensverwertung (s. u. A.IV.14) zu achten ist, weil die Ver-

---

[186] Art 3 Abs. 2 GG.
[187] BGH FamRZ 2012, 281; Gutdeutsch NJW 2009, 945; Gutdeutsch FamRZ 2009, 1022: Die Schwangerschaft ist noch nicht eheprägend!

mögensverwertung besonderen Regeln folgt. Davon werden (wie bei dem Recht der Einkommensteuer, des „Unterhaltsanspruchs des Staates") im Grundsatz alle Einkommen erfasst („weiter Einkommensbegriff"). Allerdings eignen sich für die Bedarfsdeckung vor allem regelmäßige Einkünfte, die problemlos auf den monatlichen Bedarf verrechnet werden können.

– Unregelmäßige oder schwankende Einkünfte werden aber ebenfalls in die Unterhaltsberechnung einbezogen.[188] Es ist üblich, aus ihnen Dreijahresdurchschnitte zu bilden. Jährlich anfallende Vermögenseinkünfte werden einfach auf den Monat umgelegt.[189]

– Einmalige Geldzuflüsse werden – wenn sie anzurechnen sind (s.u. IV.3.f und g)) – meist auf eine passende Zeit verteilt. Insbesondere Abfindungen bei Ausscheiden aus einer Anstellung werden so verteilt, dass der Einkommensverlust durch den Verlust des Arbeitsplatzes für eine gewisse Zeit ausgeglichen und damit vermieden wird:[190] der monatliche Einkommensverlust durch dem Verlust des Arbeitsplatzes bleibt deshalb solange unberücksichtigt, bis die Abfindung aufgebraucht ist. Bleibt nach Wiederlangen eines Arbeitsplatzes ein Rest, dann mehrt er als Ersparnis das Vermögen.

3. Ausnahmen: Die anrechnungsfreien Geldeinkommen

Das Unterhaltsrecht stellt jedoch manche tatsächlichen Einkommensbeträge von der Anrechnung frei:

a) Elterngeld, Betreuungsgeld

Elterngeld (§ 1, 2 BEEG) oder Betreuungsgeld (Art. 1, 2 BayBtGG) bleiben, soweit sie 300 € nicht übersteigen, unberücksichtigt, soweit kein verschärfter Mangelfall vorliegt (§ 11 S. 4 BEEG).

b) Kindergeldhälfte bei Minderjährigen

Seit dem 1.1.2008 ist nach § 1612b BGB das Kindergeld[191] eines volljährigen Kindes **ganz**, das eines minderjährigen Kindes **zur Hälfte** für das Kind bedarfsdeckend zu verwenden. Somit wird es als anrechnungspflichtiges Einkommen des Kindes behandelt, mit Ausnahme der **zweiten Hälfte** des Kindergelds eines minderjährigen Kindes. Dieses verbleibt dem betreuenden Elternteil anrechnungsfrei, wird also weder auf

---

[188] Leitlinien 1.5.
[189] Wendl/Dose § 1 Rn. 600 ff.
[190] Leitlinien 1.2. Beispiel: Arbeitseinkommen 3000 EUR,.
[191] Seit 1.1.2010 beträgt das Kindergeld für das erste und zweite Kind je 194 €, für das dritte 200 € und für das vierte Kind 225 € (§ 66 EStG, § 6 BKGG).

den Bedarf des Kindes noch auf den des betreuenden Elternteils angerechnet.[192] Ebenso behandelt wie das staatliche Kindergeld werden Kinderzulagen der Sozialversicherung sowie Auslandskindergeld, die nach § 4 Abs. 1 BKGG an einen Elternteil geleistet werden und den Bezug des Kindergelds ausschließen.

c) Einkünfte aus unzumutbarer Erwerbstätigkeit

Ist eine tatsächlich bestehende Erwerbstätigkeit nicht durch die Erwerbsobliegenheit des Unterhaltspflichtigen oder des Unterhaltsberechtigten geboten, so kann sie jederzeit aufgegeben werden, ohne dass es zu einer Anrechnung von fiktivem Einkommen (s. u. IV.12) kommen würde. Wird sie fortgesetzt, gilt sie in der Regel als „Einkommen aus unzumutbarer Erwerbstätigkeit". Das bedeutet jedoch nicht, dass es als nicht vorhanden behandelt wird. Nur soweit bei dem Ehegattenunterhalt eine Unterhaltskürzung mangels Leistungsfähigkeit ausgeglichen wird, ist die Anrechnung untersagt (§ 1577 Abs. 2. S. 1 BGB, anrechnungsfreies Defizit, s. u.). Sonst ist „nach Billigkeit" anzurechnen: Es ist also das Ergebnis zu betrachten und zu prüfen, ob es – im Ergebnis – befriedigt. Diese Anrechnung des aus unzumutbarem Erwerb resultierenden Einkommens nach Billigkeit wird von § 1577 Abs. 2 S. 2 BGB nur für den Geschiedenen-Unterhalt angeordnet. Die Rechtsprechung hat diesen Grundsatz jedoch auch für andere Unterhaltsrechtsverhältnisse, insbesondere den Kindesunterhalt,[193] analog angewandt. Die Billigkeitsabwägung betrifft nur die Frage, in welcher Höhe das Einkommen bei der Unterhaltsberechnung berücksichtigt werden soll. Wenn ein Einkommen sowohl die Höhe eines Bedarfs bestimmt als auch die Leistungsfähigkeit bzw. Bedürftigkeit – z. B. beim Ehegattenunterhalt, dann ist bei der Billigkeitsabwägung nicht zwischen dem Einkommen als bedarfsbestimmender Maßstab und dem Einkommen als Mittel der Bedarfsdeckung zu unterscheiden.[194] Soweit Erwerbseinkommen auf einer **unzumutbaren Erwerbstätigkeit** beruht, etwa weil ein noch nicht drei Jahre altes Kind zu betreuen ist[195] oder weil der Erwerbstätige die Altersgrenze überschritten hat,[196] ist

---

[192] Nach BVerfG FamRZ 2009, 2065 dürften dagegen keine verfassungsmäßigen Bedenken bestehen, weil das Geld für das Kind zu verwenden sei.

[193] BGH FamRZ 1995, 475.

[194] Anders die frühere Rechtsprechung des BGH zu § 1577 BGB (BGH FamRZ 1983, 146), welche mit Urteil vom 13.4.2005 – FamRZ 2005, 1154 aber aufgegeben wurde: Hiernach hatte Einkommen aus unzumutbarer Erwerbstätigkeit keinen Einfluss auf den Bedarf. Deshalb mussten Bedarf und Leistungsfähigkeit mehreren Rechengängen berechnet werden. Die neue Lösung des BGH stellt deshalb eine bedeutende Vereinfachung dar.

[195] Vgl. Wendl/Dose § 1 Rn. 1058 f.

[196] BGH FamRZ 2006, 683.

es demnach in die Unterhaltsberechnung nur insoweit einzubeziehen, wie es **der Billigkeit entspricht.**[197] Ein Sonderfall des Erwerbseinkommens aus unzumutbarer Erwerbstätigkeit ist das „**anrechnungsfreie Defizit**" bei der Berechnung des Ehegattenunterhalts nach § 1577 Abs. 2 S. 1 BGB. Die Vorschrift besagt, dass **Einkommen** des Berechtigten **nicht anzurechnen** ist, soweit der Pflichtige nicht den vollen Unterhalt leistet. Die Rechtsprechung des BGH zu den wandelbaren ehelichen Lebensverhältnissen hatte für diese Vorschrift keinen Anwendungsbereich gelassen, weil jede zu berücksichtigende Minderung des Einkommens des Pflichtigen auch den Bedarf des Unterhaltsberechtigten minderte. Das BVerfG hat diese Rechtsprechung insoweit für verfassungswidrig erklärt, als sie auch einer späteren Verpflichtung zum Ehegattenunterhalt Einfluss auch die ehelichen Verhältnisse der früheren Ehe zubilligte.[198] Dadurch ist sich der Anwendungsbereich des anrechnungsfreien Defizits größer geworden: Dann, wenn der Unterhaltpflichtige wegen der Unterhaltsverpflichtung aus einer späteren Ehe nicht mehr den vollen Unterhalt zahlen kann und der frühere Ehegatte ein Einkommen aus unzumutbarer Erwerbstätigkeit bezieht, muss ermittelt werden, in welcher Höhe eine Anrechnung auf den Bedarf nicht erfolgen darf.

Beispiel:

A verdient nach Abzug von Kindesunterhalt 3000 € und schuldet Unterhalt der geschiedenen F1, welche – aus unzumutbarer Erwerbstätigkeit – 1000 € verdient und das zweijährige Kind K1 betreut, sowie seiner einkommenslosen neuen Frau F2, mit der er zusammenlebt und die das neugeborene gemeinsame Kind K2 betreut. Nach LSt-Klasse 1 würde er 2600 € verdienen. Dieses Einkommen ist der Bedarfsberechnung für F1 zugrunde zu legen. (Bonus 10 %):
Der volle Bedarf von F1 beträgt dann 2600 × 90 % ÷ 2 = 1170 €. (Voller Unterhalt ohne unzumutbares Einkommen). Wegen der Unterhaltspflicht gegenüber F2 entsteht ein Mangelfall nach § 1581 BGB, welcher eine Kürzung des Unterhalts von F1 zu Folge hat. Um die Ehegatten gleich zu behandeln, erfolgt die Kürzung nach der (wegen Zusammenlebens modifizierten) Drittelmethode: 3000 × 1200 ÷ (1200 × 2 + 1200 × 80 %) = 1071 €. Auf A entfällt ebenso viel und damit weniger als der Ehegattenselbstbehalt von 1200 €. Deshalb ist nur der verfügbare Betrag von 3000 – 1200 = 1800 zwischen den Ehegatten zu verteilen. Der Anteil von F1 beträgt 1800 × 1200 ÷ (1200 + 1200 × 80 %) = 1000 €. Das „anrechnungsfreie Defizit" beträgt: 1170 – 1000 = 170 €. Nach Billigkeit anzurechnen ist nur der Restbetrag von: 1000 – 170 = 830 €. Nach „Billigkeit" werde eine „Halbanrechnung" gewählt. Dann sind 830 € in die Berechnung des vollen

[197] Die Auslegung des BGH zu § 1577 Abs. 2 BGB betreffend den Gattenunterhalt wurde im Wege der Analogie auch auf andere Unterhaltsbeziehungen ausgedehnt, Wendl/Gerhardt § 1 Rn. 800, 830 ff.
[198] BVerfG FamRZ 2011, 437.

Unterhalts einzubeziehen. Der volle Unterhalt von F1 unter Berücksichtigung ihres Eigeneinkommens beträgt dann (2600 × 90 % + 830 × 90 %) ÷ 2 – 830 × 90 % = 797 €. Der Drittelanteil von F1 beträgt dann: (3000 + 830) × 1200 ÷ (1200 × 2 + 1200 × 80 %) = 1368 € und damit mehr als der volle Unterhalt von 797 €. Dieser ist deshalb von A geschuldet.

F1 bleibt dann 1000 + 797 = 1797 €

A und F2 bleiben zusammen 3000 – 797 = 2203 €

d) Subsidiäre Sozialleistungen

Subsidiäre Sozialleistungen, also solche, welche nur wegen konkreter Bedürftigkeit und deshalb erfolgen, weil Unterhaltsansprüche den Bedarf nicht abdecken, (Hartz IV, Sozialhilfe) bleiben generell anrechnungsfrei, soweit sie durch Regressansprüche des Leistungsträgers kompensiert werden.[199] Nur in Ausnahmefällen (insbesondere wenn aus besonderen Gründen ein Regress ausscheidet) kommt eine Berücksichtigung als Einkommen in Betracht.[200]

e) Sozialleistungen für Körper- oder Gesundheitsschäden

Für Sozialleistungen, die für Körper- oder Gesundheitsschäden in Anspruch genommen werden, wie etwa das Pflegegeld nach § 37 SGB XI (als Einkommen des Betreuten) oder das Blindengeld nach § 72 SGB XII, gilt nach § 1610a BGB die Vermutung, dass sie lediglich Mehrbedarf abdecken. Damit scheiden sie in der Regel aus der Unterhaltsberechnung aus. Doch ist der Gegenbeweis, dass der Mehrbedarf geringer ist, zulässig.

f) Freiwillige Leistungen Dritter

Freiwillige Leistungen Dritter sind nur dann zu berücksichtigen, wenn das der Willensrichtung des Zuwendenden entspricht.[201]

g) Erbschaften

Erbschaften werden dagegen im Allgemeinen dem Vermögensbereich zugeordnet, denn sie sind – solange nicht realisiert – latentes und nach dem Erbfall reales Vermögen. Nur die daraus fließenden Kapitaleinkünfte werden deshalb erfasst– es sein denn, es besteht Anlass, das Vermögen zu verwerten (s.u. IV.14).[202]

---

[199] BGH FamRZ 1993, 417, Wendl/Dose § 1 Rn. 664; Leitlinien 2.2.
[200] BGH FamRZ 1999, 843; FamRZ 2001, 619; Wendl/Dose § 1 Rn. 727; Leitlinien 2.2.
[201] BGH FamRZ 2005, 967, FamRZ 1993, 417; Wendl/Dose § 1 Rn. 708, Leitlinien 7.
[202] BGH FamRZ 2005, 967, FamRZ 1993, 417; Wendl/Dose § 1 Rn. 708, Leitlinien 7.

4. Abzug von zur Einkommenserzielung erforderlichen Aufwendungen

Soweit zur Erzielung des Einkommens Geldmittel aufgewandt werden müssen, steht nur der verbleibende Rest zur Bedarfsdeckung zur Verfügung. Deshalb sind die **berufsbedingten Aufwendungen** vom Nettoeinkommen abzuziehen.[203] Solche Aufwendungen müssen von der Bedarfsdeckung abgegrenzt und unterschieden werden. Allerdings genügt die steuerliche Anerkennung von berufsbedingten Aufwendungen nicht für eine auch unterhaltsrechtliche Anerkennung, denn dem Steuerrecht genügt die betriebliche Veranlassung der Aufwendungen, während das Unterhaltsrecht auch die Angemessenheit der Aufwendung prüft.[204]

Für Fahrtkosten im eigenen Pkw (wenn keine billigere Möglichkeit den Arbeitsplatz zu erreichen, zumutbar ist) erlaubt die Rechtsprechung[205] überwiegend einen pauschalierenden Ansatz, z.B. von 0,30 € je Fahrkilometer, bei langen Fahrstrecken (ab 30 Entfernungskilometern) für die Mehrkilometer nur 0,20 €.[206]

Zur Vereinfachung der Unterhaltsberechnung gestatten viele Oberlandesgerichte einen **pauschalen Abzug berufsbedingter Aufwendungen**, insbesondere die SüdL und Celle 10.2.1 in Höhe von 5% ohne weitere Begrenzung, während andere Oberlandesgerichte diesen pauschalen Abzug der Höhe nach begrenzen auf mindestens 50 €, höchsten 150 € (KG, Braunschweig, Düsseldorf, Dresden).[207] Nur wenn höhere Aufwendungen geltend gemacht werden, müssen diese konkretisiert und nötigenfalls bewiesen belegt werden.

Von **Ausbildungsvergütungen** können ohne Nachweis **ausbildungsbedingte Aufwendungen** von 100 € abgezogen werden.[208]

5. Abzug von Sozialabgaben

Sozialabgaben sind Schuldverpflichtungen, welche zugleich Vorsorgeaufwendungen darstellen. Auch sie werden bereits bei der Nettolohnberechnung erfasst. Weil sie unausweichlich sind, müssen sie immer vom Einkommen abgezogen werden. Jedoch erübrigen sich in dieser Höhe freiwillige Vorsorgeaufwendungen, deren Abzug dann nicht mehr gerechtfertigt ist (s.u. IV.6.).

---

[203] Leitlinien 10.2.
[204] Zu den Einzelheiten vgl. Wendl/Spieker § 1 Rn. 330 ff.
[205] Leitlinien 10.2.2.
[206] SüdL 10.2.2.
[207] Leitlinien 10.2.1.
[208] Leitlinien 10.2.3.

6. Abzug von freiwilligen Vorsorgeaufwendungen

An sich handelt es sich bei den **vorsorgenden Aufwendungen** für den Krankheitsfall und für das Alter und den Fall der Invalidität um **Bedarfsposten,** die auf der Bedarfsseite anzusetzen wären ebenso wie Wohnbedarf und Verpflegung. Jedoch sind diese Aufwendungen vielfach durch Pflichtversicherungen festgelegt und gehören dann zu den Verpflichtungen. Das rechtfertigt es, im Interesse einer einheitlichen Berechnung, alle gerechtfertigten Vorsorgeaufwendungen bereits bei der Berechnung des Einkommens zu berücksichtigen, also abzuziehen und – soweit ein Anspruch besteht – beim Berechtigten als Mehrbedarf zu berücksichtigen.

Vorsorge für den Fall der **Krankheit und Pflegebedürftigkeit** gehört zum Lebensbedarf aller Unterhaltspflichtigen und aller Unterhaltsberechtigten. Deshalb wird lediglich Angemessenheit der Aufwendungen gefordert, dass sich also die Aufwendungen am sonstigen Lebenszuschnitt orientieren und ihn nicht übersteigen. Wenn bereits eine Pflichtversicherung besteht, dann kommt eine freiwillige Krankenversicherung als Abzugsbetrag nicht in Betracht. Doch kann nach den Lebensverhältnissen eine Zusatzkrankenversicherung angemessen sein.

Freiwillige **Vorsorge für den Fall des Alters und der Invalidität,** also für zukünftigen Bedarf, billigt das Unterhaltsrecht nur

- den Unterhaltspflichtigen selbst, (außer bei verschärfter Unterhaltspflicht nach § 1603 Abs. 2 S. 1 BGB, welche der Deckung zukünftigen Bedarfs entgegensteht) aber auch – wegen Art. 3 Abs. 2 GG
- den geschiedenen Ehegatten sowie
- den getrennt lebenden Ehegatten nach der Zustellung des Scheidungsantrags

zu, **nicht** aber unterhaltsberechtigten Verwandten, seien es Kinder, Enkel, Eltern oder Großeltern.

Für **Unterhaltspflichtige** hat die Rechtsprechung auch Maßstäbe für eine dem Einkommen angemessene Aufwendung für die Altersversorgung entwickelt. Bei Sozialversicherungspflicht: 5 % des „Bruttolohns" bei Unterhaltspflicht gegenüber Eltern (oder Enkeln) und 4 % bei Unterhaltspflicht gegenüber Kindern (soweit keine verschärfte Unterhaltspflicht nach § 1603 Abs. 2 S. 1 BGB besteht) und gegenüber Ehegatten. Soweit keine Versicherungspflicht besteht oder die Beitragsbemessungsgrenze überschritten ist, dürfen zusätzlich 20 % des Einkommens für die Altersvorsorge zurückgelegt und dann vom unterhaltsrechtlich relevanten Einkommen abgezogen werden.[209] Voraussetzung ist allerdings, dass die Altersvorsorge tatsächlich erfolgt, wobei alle Formen der üblichen Altersvorsorge anerkannt werden, also vor allem Lebensversicherungen,

---

[209] BGH FamRZ 2010, 1535.

aber auch andere geeignete Vermögensanlagen. In welchem Umfang und in welcher Form ein unterhaltsberechtigter Ehegatte Vorsorgeaufwendungen für Alter und Invalidität vom auf seinen Bedarf anzurechnenden Einkommen verrechnen darf, ist bisher nicht Gegenstand der Rechtsprechung gewesen. Doch dürften hier die für den Unterhaltspflichtigen geltenden Regeln heranzuziehen sein. Früher hatte die Rechtsprechung bei Ehegattenunterhalt – in eingeschränktem Umfang – auch die Fortsetzung von Aufwendungen des Unterhaltspflichtigen zur Vermögensbildung als Abzugsposten[210] anerkannt. Das hat der BGH inzwischen für den nachehelichen Unterhalt abgelehnt und stattdessen den Abzug für tatsächliche Vermögensbildung in angemessener Höhe als (zusätzliche) **Altersvorsorge** gebilligt.[211]

Diese Vorabzüge bewirken, dass auch bei der Bedarfsberechnung aus dem Einkommen (Quotenbedarf) in dem errechneten Bedarf Vorsorgeaufwendungen nicht enthalten sind. Die entsprechenden Bedarfsposten auf Seiten des Berechtigten sind deshalb bei dem der Halbteilung folgenden Ehegattenunterhalt als ein Mehrbedarf in Form des **Altersvorsorgeunterhalts,** welcher zusätzlich zum Quotenunterhalt geschuldet wird, ausgestaltet (s. o. III.5.c.hh).

Bei **verschärfter Unterhaltspflicht** nach § 1603 Abs. 2 S. 1 BGB, wenn also der Mindestunterhalt eines minderjährigen oder ihm gleichgestellten Kindes gefährdet ist, ist auch dem Unterhaltspflichtigen eine freiwillige Altersvorsorge versagt, weil hier zeitlich beschränkt das Kindeswohl Vorrang hat.

7. Abzug von Steuern

Der Bedarfsdeckung stehen auch die Beträge nicht zur Verfügung, welche für Steuerzahlungen benötigt werden. Deshalb sind Steuern stets vom Geldeinkommen abzuziehen. Bei der Nettolohnberechnung erfolgt dieser Abzug bereits beim Arbeitgeber. Während die Lohnsteuer, die Gewerbesteuer, die Umsatzsteuer, die Abgeltungssteuer, die Grundsteuer und die Körperschaftssteuer von den jeweiligen Einkünften abzuziehen sind, ist die Einkommensteuer vom Gesamteinkommen abzuziehen. Lohnsteuer und Einkommensteuer überschneiden sich, weil Lohnsteuer eine Erhebungsform der Einkommensteuer ist. Hier ist pragmatisch zu verfahren: Die Lohnsteuer mindert das Erwerbseinkommen, während Einkommensteuererstattungen Zusatzeinkommen darstellen und Nachforderungen Zusatzbelastungen, die jeweils dem Gesamteinkommen zuzuordnen sind. Bei der Bonusberechnung (s. o.

---

[210] Z.B. BGH FamRZ 1984, 358.
[211] BGH FamRZ 2008, 963; Wendl/Dose § 1 Rn. 1134 f.; Leitlinien 10.1.

III.5.c.cc) hat das für den Vergleich zwischen Erwerbseinkommen und Resteinkommen Bedeutung.[212]

8. Abzug von Schulden

„Berücksichtigung von Schulden"[213] nennt die Einkommenslehre die Restklasse der konkurrierenden Verpflichtungen. Hier fehlen allgemeine Grundsätze. Es muss im Einzelfall die Wertung getroffen werden, ob sie im Rahmen eines vernünftigen Tilgungsplans berücksichtigungswürdig sind oder nicht. Die Entscheidung kann für Kindesunterhalt und Ehegattenunterhalt verschieden ausfallen. Zu den Einzelheiten gibt es eine umfangreiche Literatur und Rechtsprechung, die aber zum System nichts beiträgt und daher hier nicht ausgeführt wird.[214]

9. Abzug von Umgangskosten?

Die durch die Ausübung des Umgangsrechts entstehenden Kosten konnten früher nur in Ausnahmefällen vom Einkommen abgezogen werden.[215] Nun sind sie grundsätzlich zu berücksichtigen.[216] Sie wurden früher durch den Kindergeldanteil des Umgangsberechtigten gedeckt.[217] Hier kann bedeutsam sein, dass der Wegzug des betreuenden Elternteils zu besonders hohen Umgangskosten führt. Dann kann nach Billigkeit ein Teil der Umgangskosten Einkommen mindernd berücksichtigt werden.[218] Da die Umgangskosten aber zum Bedarf zählen, sind sie korrekt durch eine Erhöhung des Selbstbehalts zu berücksichtigen (A.III.4.k.ff).

10. Abzug von Unterhaltsverpflichtungen

Vorrangige Unterhaltpflichten sind im Prinzip ein Gegenstand der Konkurrenz von Unterhaltsansprüchen. Der Vorrang bewirkt allerdings, dass auch insoweit rechnerisch das Einkommen eines *Unterhaltpflichtigen* – nicht aber eines *Unterhaltsberechtigten* – um diese Abzugsposten zu „bereinigen" ist, wenn ein nachrangiger Unterhalt berechnet werden soll.

Über den Begriff der „ehelichen Lebensverhältnisse" nach § 1578 Abs. 1 BGB können aber auch Unterhaltsverpflichtungen, welche nicht vorrangig sind, vom Einkommen des *Unterhaltpflichtigen* und auch des

---

[212] Leitlinien 10.1.
[213] Wendl/Gerhardt § 1 Rn. 1072 ff.
[214] Vgl. Wendl/Gerhardt § 1 Rn. 1072 ff.; Göppinger/Wax/Macco Rn. 388 ff.; Hoppenz/Hülsmann § 1581 Rn. 36 ff. u.a.m.
[215] BGH FamRZ 1995, 215; 2002, 1099; Wendl/Staudigl/Gerhardt 7. Aufl. § 1 Rn. 624.
[216] BGH FamRZ 2005, 706; Wendl/Klinkhammer § 2 Rn. 271.
[217] BGH FamRZ 1995, 215,.
[218] BGH FamRZ 2009, 1391.

Unterhaltsberechtigten abzuziehen sein, allerdings nur dann, wenn kein Mangelfall das Rangverhältnis aktualisiert. Werden Unterhaltspflichten vom Einkommen eines Unterhaltsberechtigten abgezogen, dann beschwert sich oft der Unterhaltspflichtige, dass er mittelbar mit einem weiteren Unterhalt belastet werde, den er gar nicht schuldet. Der Begriff der mittelbaren Unterhaltspflicht allerdings nicht eindeutig. Allein die Tatsache, dass ein Unterhaltsberechtigter zugleich unterhaltspflichtig ist, würde die mittelbare Unterhaltspflicht nicht begründen. Nur wenn sich ein Unterhaltsanspruch dadurch erhöht, dass der Berechtigte zugleich unterhaltsverpflichtet ist, liegt letztlich eine mittelbare Unterhaltspflicht vor. Es muss dann ein besonderer Grund vorhanden sein, der diese Erhöhung rechtfertigt. Der BGH sieht in der gemeinsamen Elternschaft einen ausreichenden Grund dafür, dass ein Anspruch auf Ehegattenunterhalt sich dadurch erhöht – oder sogar nur deshalb entsteht – weil der Unterhaltsberechtigte einem gemeinsamen Kind Barunterhalt leistet.[219] Eine Rechtfertigung kann nach § 1578 Abs. 1 BGB auch die Bedarfsbemessung nach den ehelichen Lebensverhältnissen liefern. Wenn die Unterhaltspflicht bereits während des Zusammenlebens der Eheleute dessen Einkommen verbraucht hat, dann kann die Bedarfsbestimmung nach den ehelichen Lebensverhältnissen diese Belastungen nicht unbeachtet lassen. Schwieriger ist die Beurteilung späterer Veränderungen, also von Erhöhungen oder Verminderungen der Unterhaltslast. Die Verminderung einer prägenden Unterhaltslast vermindert die Bedürftigkeit.

Zu den Abzügen können rechnerisch auch die Unterhaltsbeträge gezählt werden, die je nach dem Zweck der Einkommensberechnung – Ermittlung der Leistungsfähigkeit oder Ermittlung des Bedarfs – bei der Unterhaltsberechnung vom Einkommen vorab abgezogen werden müssen (s.u. C.II). Insbesondere der Kindesunterhalt ist bei der Berechnung des Ehegattenunterhalts vom Einkommen vorweg abzuziehen. Allerdings muss die Abzugsfähigkeit nach den Regeln der Rangordnung (§ 1619 BGB) gesondert geprüft werden. Nachrangige Unterhaltspflichten dürfen bei der Berechnung der *Leistungsfähigkeit* nicht vorweg abgezogen werden. Aber bei der Berechnung eines einkommensabhängigen *Bedarfs* sind sie vorweg abzuziehen, wenn sie die ehelichen Lebensverhältnisse geprägt haben (s.u. C.II.).

11. Hinzurechnung von Naturaleinkommen

Tatsächlich vorhandenes Geldeinkommen kann den in € bemessenen Bedarf (III. 1) immer decken und die Leistung von Unterhalt ermöglichen, mag es sich um Erwerbseinkommen, Vermögenseinkünfte oder um Renteneinkünfte handeln. Vorteile, welche nicht in Geld bestehen, eignen

---

[219] BGH FamRZ 2016, 199.

sich demgegenüber als solche nicht zur Unterhaltsleistung, soweit sie in als Geldleistung geschuldet ist. Sie können aber beim Berechtigten den Unterhaltsbedarf teilweise decken und damit seine Bedürftigkeit mindern (s. o. II.2.). Beim Unterhaltspflichtigen können sie den Eigenbedarf decken und dadurch Geldmittel für die Unterhaltszahlungen freisetzen, also seine Leistungsfähigkeit erhöhen. In diesem Fall haben sie für die Unterhaltsberechnung dieselbe Bedeutung wie ein Geldeinkommen. Deshalb werden geldwerte Vorteile, welche bewirken, dass für die Bedarfsdeckung nötige Geldmittel eingespart werden, rechnerisch ebenfalls als Einkommen behandelt.[220]

Tritt die Ersparnis jedoch tatsächlich nur eingeschränkt ein, weil der Wert des Vorteils den entsprechenden Bedarf übersteigt, dann fehlt es in Wirklichkeit an einer Einkommensqualität. Doch gewinnt die Obliegenheit, sich durch Umdisponieren, z. b. das für den Eigenbedarf zu große Haus zu vermieten, ein Einkommen zu verschaffen, an Bedeutung[221] und kann zur Zumessung eines **fiktiven Geldeinkommens** führen (s. u. IV.12.)).[222] Solange die Möglichkeit des Umdisponierens besteht, ist daher eine reale Leistungsfähigkeit gegeben bzw. fehlt es insoweit die Bedürftigkeit. Für die Vergangenheit kann man zwar nicht mehr umdisponieren, also nicht mehr nachträglich vermieten, es ergibt sich aber evtl. deshalb ein fiktives Einkommen, wenn die Erfüllung der Obliegenheit, sich das Einkommen zu verschaffen, also z. b. ein Haus zu vermieten, fingiert wird, weil die Erwerbsobliegenheit verletzt wurde. Regelmäßig wird daher als Wohnwert der **objektive Mietwert** solch einer Immobilie zugrunde gelegt – soweit nicht ausnahmsweise ein Umdisponieren nicht möglich oder – im Trennungsjahr – nicht zumutbar war.

Der Bedarf kann aber auch durch „Naturaleinkommen" teilweise gedeckt sein (s. o. II.6.). Der Bedarf vermindert sich nämlich, wenn jemand im eigenen Haus wohnt und deshalb keine Miete zahlen muss (Wohnwert),[223] und auch dann, wenn ihm vom Arbeitgeber ein Pkw unentgeltlich zur Verfügung gestellt wird (Nutzung eines Kraftfahrzeugs) oder

---

[220] Soweit der Vorteil nur in der der Ersparnis liegt, also ein die die Ersparnis übersteigender Nutzwert nicht zu berücksichtigen ist, könnte wie bei dem Familienunterhalt (A.III.4.i.cc) an eine Anrechnung auf den Selbstbehalt gedacht werden. Damit entfiele oder der Einfluss dieses Naturaleinkommens auf die Bedarfsbestimmung, die bei dem Familienunterhalt nicht bedeutsam ist, wohl aber bei den anderen Formen des Naturaleinkommens.

[221] Anders beim Familienunterhalt, bei dem dieser Gesichtspunkt naturgemäß keine Bedeutung hat.

[222] Von der Fiktion eines Geldeinkommens wiederum ist zu unterscheiden die Fiktion des Einkommens selbst. Diese setzt voraus, dass Leistungsfähigkeit tatsächlich fehlt bzw. in Wirklichkeit eine Bedürftigkeit besteht, der Betroffene sich jedoch aus Rechtsgründen (§§ 242, 1579 BGB) darauf nicht berufen kann (s. u. IV.12).

[223] Leitlinien 5.

wenn er – wie in der Gastronomie – an der Arbeitsstelle kostenfrei verpflegt wird (Verpflegung).[224] Für die Unterhaltsberechnung muss (ebenso wie bei der Einkommenssteuer) solches Naturaleinkommen in einen Geldwert umgerechnet werden. Dabei ist grundsätzlich von den **ersparten Aufwendungen** auszugehen. Denn ein darüber hinaus gehender Nutzen ändert nichts an der bestehenden Bedürftigkeit oder Leistungsfähigkeit.

Jedoch kann der über die ersparten Aufwendungen hinausgehende und damit ins Leere gehende Nutzen möglicherweise durch Umdispositionen nutzbar gemacht werden. Ein zu großes Haus kann z.B. vermietet oder verkauft werden. Ist das zumutbar, dann wird anstelle der ersparten Aufwendungen der Marktwert als (fiktives, s.u.) Einkommen zugrunde gelegt.[225]

Das „Einkommen aus **Haushaltsführung für einen neuen Partner**"[226] ist neben dem Wohnvorteil die praktisch wichtigste Form des Naturaleinkommens. Hier wird eine den Leistungen angemessene Vergütung angesetzt.[227] Die Leitlinien gebe hierfür Richtwerte zwischen 200 und 550 € an.[228]

Naturaleinkommen vermindert nicht nur die Bedürftigkeit bzw. erhöht – z.B. als Wohnvorteil – die Leistungsfähigkeit. Sie kann auch Einfluss auf den Bedarf haben. Die Haushaltsführung für einen neuen Partner ist z.B. als Surrogat der Haushaltsführung in der Ehe anerkannt worden und erhöht damit den Bedarf nach den ehelichen Lebensverhältnissen.[229]

12. Hinzurechnung fiktiven Einkommens

Ebenso wie wirklich vorhandenes Einkommen aufgrund rechtlicher Wertung unberücksichtigt bleiben kann (vgl. oben IV.3.c), kann nicht vorhandenes Einkommen für die Unterhaltsberechnung rechtlich fingiert werden. Hier muss unterschieden werden zwischen der Fiktion, dass der Unterhaltspflichtige oder Berechtigte eine ihm mögliche Disposition trifft, etwa eine ihm mögliche Arbeit aufnimmt, und der Fiktion, dass er eine solche Disposition, die ihm ein Einkommen verschafft hätte können, getroffen habe, obgleich er sie nicht mehr treffen kann. In diesem Fall kommt es darauf an, ob er die Unmöglichkeit zu vertreten hat: Er kann sich nicht auf die Unmöglichkeit berufen, wenn er treuwidrig

---

[224] Leitlinien 4.
[225] Leitlinien 5. Abs. 3; Wendl/Gerhardt § 1 Rn. 473 ff.
[226] Vgl. Wendl/Dose § 1 Rn. 713, Wendl/Siebert § 4 Rn. 595.
[227] Vgl. Wendl/Dose § 1 Rn. 713 f.
[228] Leitlinien 6.
[229] BGH FamRZ 2004, 1170.

gehandelt, etwa seine sichere Arbeitsstelle grundlos oder in der Absicht den Unterhaltsberechtigten zu schädigen, aufgegeben hat.

a) Reale Leistungsfähigkeit/Bedürftigkeit

Wenn eine Unterhaltsverpflichtung oder -berechtigung besteht, dann entsteht für den Unterhaltspflichtigen und den Unterhaltsberechtigten eine Erwerbsobliegenheit, deren Verletzung die Fiktion, sie sei erfüllt, zur Folge hat.[230] Das setzt allerdings voraus, dass die Obliegenheit noch erfüllt werden kann, dass also etwa eine reale Beschäftigungschance besteht. Ist die Obliegenheit nicht erfüllbar, dann besteht reale Leistungsunfähigkeit (s. u. IV.12.c).[231]

b) Stärke der Erwerbsobliegenheit

Die Fiktion wegen Verletzung der Erwerbsobliegenheit als solche ist wertungsabhängig. Ausgangspunkt ist hier die Stärke der jeweiligen Erwerbsobliegenheit, ihre Zumutbarkeit, welche in den verschiedenen Rechtsverhältnissen unterschiedlich ist. Am stärksten ist die Erwerbsobliegenheit eines Elternteils gegenüber seinem minderjährigen Kind, mit dem er gem. § 1603 Abs. 2 S. 1 BGB alle verfügbaren Mittel zu teilen hat. Das bedeutet, dass der Verpflichtete grundsätzlich jede Beschäftigungschance wahrzunehmen hat und gegebenenfalls sein unzureichendes Einkommen sogar durch eine Nebenbeschäftigung aufbessern muss, um seine Unterhaltspflicht erfüllen zu können.[232] Als ebenso stark wird die Selbsterhaltungsobliegenheit eines gesunden volljährigen Kindes nach Abschluss der Ausbildung angesehen.[233] Dasselbe wird für andere erwachsene unterhaltsberechtigte Verwandte (Enkel, Eltern und Voreltern) gelten müssen. Umgekehrt ist für unterhaltspflichtige Kinder und Großeltern sowie für Eltern von Kindern nach deren Verselbständigung die Erwerbsobliegenheit von nur geringer Bedeutung. Man wird sie aber vielleicht annehmen können, wenn bei Geltendmachung des Unterhaltsanspruchs grundlos eine Erwerbstätigkeit aufgegeben wird.

Das **Erreichen der Altersgrenze** in der gesetzlichen Rentenversicherung führt zu einer Verschiebung: Bei Ehegattenunterhalt endet die Erwerbsobliegenheit des Unterhaltspflichtigen mit dem Erreichen der Altersgrenze zumindest dann, wenn für ihn eine auskömmliche Alters-

---

[230] BGH FamRZ 1986, 1085; Wendl/Dose § 1 Rn. 934 ff.; Leitlinien 7.

[231] Für die Vergangenheit ist eine Obliegenheit nie erfüllbar. Wenn der Unterhaltsanspruch jedoch – in der Vergangenheit – bereits entstanden war, kann er nicht dadurch entfallen, dass die Obliegenheit nicht mehr nachträglich erfüllt werden kann.

[232] Das setzt allerdings voraus, dass die Hauptbeschäftigung eine solche Nebentätigkeit zulässt.

[233] Wendl/Dose § 1 Rn. 740.

versorgung besteht.[234] Auch sonst wird man eine Verminderung der Erwerbsobliegenheit anzunehmen haben, obgleich dazu keine Rechtsprechung bekannt ist. Unterhaltsberechtigten ist dann weder jede Erwerbstätigkeit zuzumuten, noch die Erwerbsobliegenheit wegen Überschreitens der Altersgrenze auszuschließen, sondern auf eine nach den konkreten Umständen angemessene Erwerbstätigkeit zu beschränken, soweit die Unterhaltspflicht für den Pflichtigen besonders belastend ist. Wenn die Unterhaltspflicht den Pflichtigen nicht wesentlich belastet, wird man auch bei einem entfernteren unterhaltsberechtigten Verwandten nach dem Überschreiten der Altersgrenze eine Erwerbsobliegenheit nicht mehr annehmen können.

Im Übrigen liefert § 1574 BGB den Maßstab für die Erwerbsobliegenheit des unterhaltsberechtigten Ehegatten: Er braucht nur eine angemessene Erwerbstätigkeit auszuüben, wobei aus Gründen der Billigkeit auch die ehelichen Lebensverhältnisse als Maßstab herangezogen werden können – die möglicherweise eine sonst angemessene Erwerbstätigkeit unzumutbar machen können. Mehr kann aber auch vom unterhaltspflichtigen Ehegatten nicht verlangt werden: Der Grundsatz der Gleichbehandlung, welcher bei Versorgungsausgleich, Zugewinnausgleich und Unterhalt jeweils zur Halbteilung führt, erzwingt auch bei der Erwerbsobliegenheit gleiche Maßstäbe bei unterhaltsberechtigtem und unterhaltspflichtigem Ehegatten.

Minderjährige Kinder haben keine Erwerbsobliegenheit. Dasselbe gilt für volljährige Kinder, welche Ausbildungsunterhalt beanspruchen können.

Wenn ein Unterhaltspflichtiger mehreren Unterhaltsberechtigten unterschiedlichen Ranges gegenübersteht, kann es erforderlich sein, für die verschiedenen Ansprüche unterschiedliche fiktive Einkommen zugrunde zu legen, weil den einzelnen Unterhaltsberechtigten gegenüber unterschiedliche Erwerbsobliegenheiten bestehen.

c) Reale Leistungsunfähigkeit

Bei realer Leistungsunfähigkeit jedoch ist einem Unterhaltsberechtigten ein fiktives Einkommen nur dann zuzurechnen, wenn er seine Bedürftigkeit mutwillig herbeigeführt hat. Das ist für Ehegatten im Gesetz ausdrücklich geregelt (§ 1579 Nr. 4 BGB). Vergleichbare Regeln gelten nach § 1611 Abs. 1 BGB im Verwandtenunterhalt (nur nicht bei minderjährigen Kindern, denen wird ein Verschulden nicht zugerechnet). Die Unterhaltsverwirkungsregeln des § 1579 BGB und des § 1611 Abs. 1 BGB sind

---

[234] Der BGH FamRZ 2011, 454 hat beim Ehegattenunterhalt eine Erwerbstätigkeit nach der Altersgrenze als unzumutbar angesehen und das daraus resultierende Einkommen gem. § 1577 Abs. 3 BGB nur eingeschränkt berücksichtigt.

unterschiedlich gefasst. Der Verwirkungstatbestand des § 1611 Abs. 1 BGB ist schärfer als der des § 1579 BGB, weil er für eine Herabsetzung des Unterhalts die selbstverschuldete Bedürftigkeit genügen lässt und nur für den gänzlichen Ausschluss des Unterhalts eine Billigkeitsabwägung fordert. Spiegelbildlich wird nach der Rechtsprechung gem. §§ 162, 242 BGB auch einem Unterhaltspflichtigen, der seine Leistungsunfähigkeit mutwillig verschuldet hat,[235] ein Einkommen fiktiv zugerechnet. Für die Einkommenszurechnung trotz fehlender Leistungsfähigkeit des Unterhaltspflichtigen gilt in jedem Fall nur § 242 BGB (wohl i.V.m. § 12 BGB).[236] Die Maßstäbe für das Verschulden, welche Vorsatz oder bewusste Fahrlässigkeit voraussetzen, sind in allen Rechtsverhältnissen gleich.

d) Berücksichtigung fiktiven Einkommens bei der Unterhaltsberechnung

Für die Unterhaltsberechnung steht das fiktive Einkommen im Verhältnis zwischen Unterhaltspflichtigem und Unterhaltsberechtigtem realem Einkommen gleich.

Bestehen aber **mehrere Unterhaltsrechtsverhältnisse**, dann kann bei realer Leistungsunfähigkeit die Wertung unterschiedlich ausfallen, je nachdem, ob zur Zeit der Verletzung der Erwerbsobliegenheit bereits das Unterhaltsrechtsverhältnis bestand: Für das eine Rechtsverhältnis (z.B. Gattenunterhalt) kann ein Einkommen zu fingieren sein, für das andere (z.B. Kindesunterhalt) aber nicht.[237]

e) Umschichtung des Vermögens

Ertragsloses oder ertragsarmes Vermögen ist grundsätzlich in ertragreiches umzuwandeln, soweit das zumutbar ist.[238] In Zeiten der Nullzinspolitik hat dieser Gesichtspunkt zwar weniger Bedeutung, kann aber bei Rückkehr zu normalen Verhältnissen wieder relevanter werden.

13. Bedarfsbestimmende Einkommen und Belastungen

Neben der Fiktion des Bestehens oder Nichtbestehens von Einkommen kennt das Recht beim Ehegattenunterhalt auch die Unterscheidung von solchem Einkommen, welches nach Beendigung der Ehe *den Bedarf nach den ehelichen Lebensverhältnissen „geprägt"* hat und solchem Einkommen, für die das nicht zutrifft, welches deshalb auch keinen Einfluss auf die Bedarfsbestimmung beim Ehegattenunterhalt hat. Maßgebend ist hier

---

[235] Näheres bei Wendl/Dose § 1 Rn. 735 ff.
[236] BGH FamRZ 2000, 815.
[237] BGH FamRZ 2008, 2104.
[238] Wendl/Dose § 1 Rn. 629 ff.

die Überlegung, ob die Einkommensentwicklung auch bei Fortbestand der Ehe sich ergeben hätte und ob sie auch objektiv voraussehbar war. Wegen der Einzelheiten sei auf die Literatur[239] hingewiesen.

Bei den Einkommensminderungen hatte der BGH im Zusammenhang mit seiner Rechtsprechung zu den variablen ehelichen Lebensverhältnissen den Grundsatz aufgestellt, dass Einkommensminderungen, welche nicht durch eine Einkommensfiktion (s.o. IV.12) kompensiert werden, immer den Bedarf nach den ehelichen Lebensverhältnissen beeinflussen.[240] Nachdem das BVerfG[241] diese Rechtsprechung missbilligt hatte, hat der BGH[242] sie hinsichtlich der nachehelichen Einkommensminderungen insoweit korrigiert, dass nach der Scheidung entstandene Unterhaltsansprüche keinen Einfluss mehr auf die ehelichen Lebensverhältnisse haben sollen. Den Grundsatz, dass unverschuldete nacheheliche Einkommensminderungen sich auch auf den *Bedarf nach den ehelichen Lebensverhältnissen* auswirken, hat er aber nicht aufgegeben und damit die praktische Arbeit sehr erleichtert: Es ist ja sehr leicht, später entstandene Unterhaltsverpflichtungen unberücksichtigt zu lassen. Bei anderen Einkommensänderungen kann es aber sehr schwierig sein, solche, die zu berücksichtigen sind, von solchen zu unterscheiden, die unbeachtlich sind. Wenn eine Einkommensminderung (durch neue Unterhaltspflichten) bei der Bedarfsbemessung nicht berücksichtigt wird, dann übersteigt in der Regel der Bedarf die Leistungsfähigkeit und es entsteht ein Mangelfall. Nach der neuen Rechtsprechung kann das dann der Fall sein, wenn später Unterhaltspflichten hinzugekommen sind, nicht aber dadurch, dass sich das Einkommen auf andere Weise vermindert hat, ohne dass dem Unterhaltspflichtigen eine Verletzung der Erwerbsobliegenheit vorzuwerfen gewesen wäre, denn in diesem Fall würde sich gleichlaufend der Bedarf vermindern.

14. Vermögensverwertung

a) Grundsätze

Mit vorhandenem Vermögen lässt sich Bedarf – Eigenbedarf oder Bedarf des Berechtigten – immer decken, soweit es „liquide" ist oder wenigstens in Geld umgesetzt werden kann. Da sich dabei das Vermögen aber vermindert, muss die Verwertung zumutbar sein, um für die Unterhaltsleistung herangezogen werden zu können.

Für die Zumutbarkeit gelten unterschiedliche Maßstäbe:

---

[239] Wendl/Siebert § 4 Rn. 550 ff.
[240] BGH FamRZ 2008, 968.
[241] BVerfG FamRZ 2011, 437.
[242] BGH FamRZ 2012, 281.

aa) Minderjährige Kinder. Am besten ist das Vermögen minderjähriger Kinder geschützt: Es darf nach § 1602 Abs. 2 BGB nur mit seinen Erträgnissen zum Unterhalt des Kindes herangezogen werden. Nur wenn die Eltern außerstande sind, ohne Gefährdung ihres angemessenen Eigenbedarfs den Kindesunterhalt zu leisten (c.), darf nach § 1603 Abs. 2 S 3 BGB der Vermögensstamm für den Unterhalt des Kindes verwertet werden.

bb) Ehegatten. Nach § 1577 Abs. 3 BGB braucht der Unterhaltsberechtigte Ehegatte sein Vermögen nicht zu verwerten, wenn die Verwertung unwirtschaftlich oder unter Berücksichtigung der beiderseitigen wirtschaftlichen Verhältnisse unbillig wäre. Mit den gleichen Worten regelt § 1581 BGB die Frage der Vermögensverwertung des unterhaltspflichtigen Ehegatten. Es gilt insoweit eine Gleichbehandlung von Unterhaltsberechtigten und Unterhaltspflichtigen. Das bedeutet aber nicht, dass sich aus dem Grundsatz der Selbsterhaltungspflicht nicht doch ein Unterschied in der Zumutbarkeit der Vermögensverwertung nach Billigkeit zwischen dem Unterhaltsberechtigten und dem Unterhaltspflichtigen ergibt.

cc) Sonstige Verwandte. Sonst ist die Obliegenheit, das Vermögen zu verwerten, nur durch allgemeine Billigkeitserwägungen nach § 242 BGB eingeschränkt. Das gilt auch für den Anspruch nach § 1615l BGB, weil für ihn nach Abs. 2 die Regeln des Verwandtenunterhalts gelten. Eine – zeitweilige – Unwirtschaftlichkeit der Verwertung wird man wohl gegen die Verwertungsobliegenheit ins Feld führen können. Liquides Vermögen muss aber immer eingesetzt werden.

dd) Vorsorgevermögen. Jedoch ist bei Ehegatten und bei unterhaltspflichtigen sonstigen Verwandten ein angemessenes **Vorsorgevermögen** wie ein **angemessener Selbstbehalt** geschützt. Dessen Höhe bemisst der BGH nach dem Einkommen. Dabei wird fingiert, dass seit Beginn der Erwerbstätigkeit 4 % des Bruttolohns (beim Elternunterhalt: 5 %) monatlich gespart und mit 4 % verzinst wurde. Bei Selbstständigen kommen als Ersatz für die Versicherungspflicht noch 20 % zu den 4 % bzw. 5 % hinzu (s. o. IV.6).

b) Verwertungsmöglichkeit

Vermögen kann anstelle des Einkommens den Bedarf decken, wenn es aus Geld besteht, das unmittelbar zur Beschaffung der bedarfsdeckenden Güter eingesetzt werden kann. Andere Vermögensgegenstände, wie Forderungen, Grundstücke oder Unternehmensbeteiligungen müssen erst in Geld verwandelt werden, also im engeren Sinne „verwertet", also zu ihrem Wert gemacht werden. Das verursacht regelmäßig Kosten oder anderen Aufwand. Dieser Aufwand kann die Verwertung „unwirtschaftlich" machen, nämlich dann, wenn der Verfassungsgrundsatz der Verhältnismäßigkeit gestört ist. Die Wirtschaftlichkeit in Prozent (W) kann man messen als Verhältnis zwischen Erlös (E) und wahrem Wert (wW), wobei der Erlös der Differenz von Wert und Transaktionskosten (T) entspricht:

$$E = wW - T$$
$$W = E \div wW$$

Beträgt der Wert eines Vermögensgegenstands 100.000 € und der Erlös nur 90.000 €, so beträgt die Wirtschaftlichkeit 90.000 ÷ 100.000 = 90 %. Maßgebend kommt es hier auf den Begriff des „wahren Werts" an. Der Marktmechanismus soll eigentlich den wahren Wert ermitteln. Die Marktschwankungen, verursacht durch Überhang der Käufer- oder Verkäuferseite, führen aber zu Abweichungen von dem Wert, der bei ausgeglichenem Markt – hypothetisch – zu erwarten wäre. So führt die „Verlustaversion" bei sinkenden Grundstückspreisen zu einem Überhang an Verkaufsangeboten zu überhöhten Preisen. Besteht dann aber Verkaufsdruck, dann kann ein Kaufinteressent den Preis unverhältnismäßig drücken.

c) Verwertungshindernisse[243]

Als „unwirtschaftlich" betrachtet die Rechtsprechung auch eine Verwertung, welche den Verwertenden von bedarfsdeckenden Nutzungsmöglichkeiten abschneidet, etwa den Verkauf eines dem Gewerbe dienenden Pkws oder einem dem Gewerbe oder dem angemessenen Wohnbedarf dienenden Grundstücks.

– Beim *Ehegattenunterhalt* wird die Pflicht des Unterhaltsberechtigten, sein Vermögen zu verwerten, durch eine Billigkeitsklausel eingeschränkt: § 1577 Abs. 3 BGB. Bei erheblich besseren Vermögensverhältnissen des Unterhaltspflichtigen kann deshalb die Verwertung des Vermögens des unterhaltsberechtigten Ehegatten auch mit der Begründung unterbleiben, dass der Pflichtige den Unterhalt leicht zahlen kann und das ihm sein Vermögen bleibt.

– Für den *Anspruch nach § 1615l BGB* und die eines *volljährigen Kindes* gilt diese Vorschrift zwar nicht unmittelbar. Sie ist aber nach der Interessenlage analog anwendbar.[244]

– Vermögen *eines minderjährigen* oder nach § 1613 Abs. 2 S. 3 BGB *privilegierten volljährigen Kindes* darf nur verwertet werden, wenn sonst der Unterhalt des ihm unterhaltspflichtigen Verwandten gefährdet wäre, § 1602 Abs. 2, § 1606 Abs. 2 S. 3 BGB.

---

[243] Vgl. Dose in Wendl/Dose § 1 Rn. 609 mwN.
[244] Wendl/Bömelburg § 7 Rn. 138.

– Allgemein wird dem Pflichtigen und dem Berechtigten ein „Notgroschen" für Fälle plötzlich auftretenden (Sonder-)Bedarfs als Schonvermögen zugebilligt, wie es auch das Sozialrecht kennt.[245] Dafür werden 150 € für jedes Lebensjahr, mindestens aber 3100 €, empfohlen.[246] Allerdings wird dem Berechtigten ein solcher Notgroschen dann nicht zuzubilligen sein, wenn der Pflichtige über einen solchen nicht verfügt.[247]

d) Insbesondere Vorsorgevermögen

Vorsorgevermögen ist bei Unterhaltsberechtigten nicht geschützt.

– Eine Ausnahme bilden unterhaltsberechtigte Ehegatten, weil diese grundsätzlich einen Anspruch auf Altersvorsorgeunterhalt haben und die angemessene Altersvorsorge deshalb nicht vereitelt werden darf. Das dürfte entsprechend für Ansprüche nach § 1615l BGB gelten.[248]

Bei Unterhaltsverpflichteten ist Vorsorgevermögen immer geschützt

– Ausnahme: verschärfte Unterhaltspflicht nach § 1603 Abs. 2 S. 1, 2 BGB gegenüber minderjährigen oder privilegiert volljährigen Kindern, weil bei dieser die zeitlich begrenzte Deckung des Existenzminimums des Kindes Vorrang vor der zukünftigen Bedarfsdeckung des Elternteils im Alter hat.

Soweit vorhandenes Vorsorgevermögen (S) geschützt ist, berechnet es sich aus dem Bruttoerwerbseinkommen (B) wie folgt:

Beim zum Elternunterhalt verpflichteten versicherungspflichtig Tätigen.

$$S = B \times 5\% \times 12 \times 1{,}02 \times (1{,}04^{\text{Jahre}} - 1) \div 0{,}04$$

Bei Ehegatten- oder Kindesunterhalt tritt an die Stelle der Sparquote von 5% eine solche von 4%.

Besteht keine gesetzliche Rentenversicherung und auch keine andere Grundsicherung, dann tritt an die Stelle der Sparquote von 5% eine solche von 25% und an die Stelle der Sparquote von 4% eine solche von 24%. Dieser Maßstab ist nach der Rechtsprechung des BGH vor allem dann anzulegen, wenn kein sonstiges Vermögen, etwa in Immobilien, vorhanden ist.[249]

Wenn das Einkommen aus abhängiger Tätigkeit die Beitragsbemessungsgrenze übersteigt, dann ist für den Teil bis zur Beitragsbemessungsgrenze mit 5% bzw. 4% und für den die Beitragsbemessungsgrenze übersteigenden Teil mit 25% bzw. 24% zu rechnen.

[245] BGH FamRZ 1998, 367, 369; OLG Köln NJWE-FER 1999, 176, 177.
[246] Wendl/Scholz 7. Aufl. § 2 Rn. 107.
[247] Wendl/Dose 7. Aufl. § 1 Rn. 4.
[248] Wendl/Bömelburg § 7 Rn. 138.
[249] BGH FamRZ 2006, 1511, 1516.

e) Pflichtiger und Berechtigter

Wenn Vermögen des Berechtigten zur Verfügung steht, der Verwertung also kein Hindernis entgegensteht, dann entfällt die Bedürftigkeit, selbst wenn der Pflichtige den Unterhalt aus seinem Einkommen – ohne Zugriff auf das Vermögen – zahlen könnte. Folglich ist zuerst das Vermögen des Berechtigten und dann das des Verpflichteten zu verwerten.

– Ausnahme: In Fällen des § 1603 Abs. 2 S. 1, 2 BGB (verschärfte Unterhaltspflicht) ist der Stamm des Vermögens des Berechtigten nur dann heranzuziehen, wenn der angemessene Selbstbehalt des unterhaltspflichtigen Elternteils gefährdet wäre.

f) Zeitliche Verteilung

Ist Vermögen (V) zu verwerten, so kann es für eine bestimmte Zeit (D) den ungedeckten Bedarf (B) decken, Befindet sich das Vermögen beim Berechtigen, dann entfällt für diese Zeit der Unterhaltsanspruch:

$$D = V \div B$$

Für diese Zeit aber ist ein vermögender Pflichtiger leistungsfähig, ein vermögender Berechtigter ist nicht bedürftig.

Besteht das Vermögen in einer **Abfindung**[250] für den Verlust einer Arbeitsstelle, dann ersetzt diese befristet ein weggefallenes Einkommen und wird in Höhe dieses Einkommens verwertet, bis es verbraucht ist. Dieser Vermögensteil unterliegt dann also einer Zweckbestimmung und darf nicht für andere Zwecke verwendet werden. Wenn der Pflichtige/Berechtigte aber vor Ablauf dieser Zeit wieder Arbeit findet und der Einkommensverlust dadurch ausgeglichen wird, dann entfällt diese Zweckbestimmung und das Vermögen ist für den Pflichtigen/Berechtigten frei verfügbar. Es gelten wieder die allgemeinen Regeln für die Vermögensverwertung.

Ist jedoch ein Unterhaltsbedarf von Anfang von Anfang an **zeitlich begrenzt**,etwa auf die Dauer einer Ausbildung, dann kann es der Billigkeit entsprechen, den Vermögensverbrauch auf diese begrenzte Zeit zu verteilen, sodass nach Verrechnung des Vermögensverbrauchs auf den Unterhalt ein monatlicher Restunterhaltsanspruch verbleibt:[251]

Vermögensverbrauch = Vermögen ÷ Dauer der Bedürftigkeit

---

[250] Wendl/Dose § 1 Rn. 29, 93.
[251] BGH FamRZ 1998, 367.

Während der Dauer gilt dann

Unterhaltsanspruch = Bedarf – Vermögensverbrauch

g) Doppelverwertungsverbot bei Zugewinnausgleich und Unterhalt

Soweit Vermögenspositionen für gewisse Zeit dem Unterhalt als Einkommen zugeordnet sind, kann eine Konkurrenz zwischen der Verwertung des Vermögens für den Unterhalt und seiner Aufteilung beim Zugewinnausgleich auftreten. Der Konflikt tritt vor allem deshalb auf, weil zwischen dem Stichtag für die Berechnung des Zugewinnausgleichs und der Erfüllung des Ausgleichsanspruchs eine erhebliche Zeit verstreichen kann und die Vermögensposition in der Zwischenzeit nicht eindeutig dem einen oder anderen Bereich zugeordnet ist. Die Lösung besteht im Grundsatz darin, dass bei der Entscheidung über den Zugewinnausgleich die zwischenzeitlichen Unterhaltsleistungen berücksichtigt werden müssen. Dadurch, dass beim Zugewinnausgleich derjenige, der Anteil an dem doppelvalenten Vermögen verlangen kann, auf dessen Berücksichtigung im Zugewinnausgleich verzichtet, kann er gegebenenfalls eine Abänderung der Unterhaltsregelung vermeiden. Im Einzelnen sei auf die Ausführung von *Balzer/Gutdeutsch* (FamRZ 2010, 341) und die dortigen Beispiele verwiesen.

15. Unterhalt aus Unterhalt (Unterhalt als Einkommen)[252]

Die Einkommensqualität von Unterhaltszahlungen gilt im Hinblick auf seine Zweckbindung für die Bedarfsdeckung als eingeschränkt.[253] Grundsätzlich sei ein gleich hoher Bedarf anzuerkennen. Von diesem Grundsatz sei nur in besonderen Fällen eine Ausnahme anzuerkennen. Hier wird die Meinung vertreten, dass die Besonderheiten eines Ausnahmefalls das allgemeine Prinzip verdeckt haben und dass Unterhaltszah-

---

[252] Dazu Gutdeutsch, Zur gegenseitigen Abhängigkeit vom Kindesunterhalt und Gattenunterhalt, FamRZ 2009, 1022. Dass die abgeleitete Lebensstellung nicht „weiter gereicht" werden kann, ist ein schönes Argument. Es ist allerdings nicht zwingend. Vor allem vermeidet es eine gegenseitige Abhängigkeit von Ehegattenunterhalt und Kindesunterhalt und folgt damit einer Tendenz des Unterhaltsrechts zu Praktikabilität und Vereinfachung. Gegenseitige Abhängigkeit bedeutet: Wiederholung der Berechnung mit verbesserten Werten solange, bis das Ergebnis stimmt. Bei automatisierter Berechnung macht das keine Probleme. Solange man das Ergebnis auch „zu Fuß" will berechnen können, muss man diese „Iteration" auf das Unvermeidliche beschränken.

[253] Wendl/Dose § 1 Rn. 721 ff.; Schulz/Hauß/Pauling 2. Aufl. BGB § 1603 Rn. 30, 42; Göppinger/Wax/Macco 9. Aufl. Rn. 334, 417 f.; BeckOK BGB/Reinken Ed. 42 1.2.2017 § 1603 Rn. 9.

lungen immer Einkommen sind.[254] Es gelten dabei folgende Einschränkungen:

a) Unterhalt begründet immer Leistungsfähigkeit, nur ausnahmsweise abgeleiteten Bedarf

Unterhaltszahlungen beeinflussen immer die Leistungsfähigkeit des Empfängers. Wenn aber der Bedarf des Empfängers bereits vom Einkommen des Pflichtigen abgeleitet ist, kann er diesen Bedarf nicht an ein nicht gemeinschaftliches Kind „weiterreichen", weil eine abgeleitete Lebensstellung nicht weiterreicht als das Unterhaltsrechtsverhältnis.[255] Das ergibt sich m. E. daraus, dass mittelbare Unterhaltspflichten zu vermeiden sind: Wenn ein Ehegatte einem vorehelichen Kind gegenüber barunterhaltspflichtig ist, dann prägt diese Zahlungspflicht die Lebensverhältnisse in einer folgenden Ehe, weil es das verfügbare Einkommen des barunterhaltspflichtigen Ehepartners vermindert. Nähme das Kind aber nun an der durch die neue Ehe verursachten Besserstellung teil, dann würde diese Unterhaltserhöhung wiederum die ehelichen Lebensverhältnisse beeinflussen und damit eine mittelbare Unterhaltspflicht darstellen. Deshalb wird man wohl auch einem späteren außerehelichen Kind keinen durch die Unterhaltsberechtigung des Elternteils erhöhten Bedarf zubilligen können – ein abgeleiteter Bedarf kann nicht weitergegeben werden. Anders der Bedarf eines betreuenden Elternteils nach § 1615l BGB: Der auf dem eigenen früheren Einkommen des betreuenden Elternteils beruhende Unterhalt vermittelt dem Berechtigten seine eigene Lebensstellung, die er auch an sein Kind weitergibt. Ebenso könnte die Lebensstellung eines nicht gemeinschaftlichen Kindes eines unterhaltsberechtigten Ehegatten aus dem ihm zustehenden *angemessenen Unterhalt* nach § 1578b Abs. 1 BGB, der ebenfalls aus dem früheren eigenen Einkommen abgeleitet wird, geprägt sein.

b) Gemeinsamen Kindern gegenüber deckt Gattenunterhalt immer nur den eigenen Bedarf

Eine Besonderheit gilt für den Unterhalt gemeinsamer Kinder: Hier konkurrieren Kindesunterhalt und Gattenunterhalt, wobei der unterhaltsberechtigte Ehegatte zugleich Kindesunterhalt schuldet. Die Verteilung sollte grundsätzlich so erfolgen, dass vorab der Kindesunterhalt berechnet wird und anschließend unter Berücksichtigung des Kindesunterhalts der Gattenunterhalt. Dieser folgt dem Grundsatz der Halbteilung und gleicht deshalb die Belastung mit Kindesunterhaltszahlungen aus. Damit

---

[254] Ein allgemeiner Grundsatz, welcher jede „mittelbare Unterhaltspflicht" verbietet, kann nicht anerkannt werden.
[255] Ebenso wohl Göppinger/Wax/Macco Rn. 334, 417 f.

schafft der Ehegattenunterhalt (soweit er geleistet wird) immer auch einen angemessenen Ausgleich zwischen den Ehegatten hinsichtlich des Kindesunterhalts. Deshalb muss der als Ehegattenunterhalt ermittelte Bedarf des Unterhaltsberechtigten im Verhältnis zu den **gemeinschaftlichen** Kindern als Eigenbedarf anerkannt werden,[256] der nicht zu Erhöhung ihrer Unterhaltspflicht führt. Darum ist grundsätzlich **Kindesunterhalt vor dem Ehegattenunterhalt** zu berechnen.

– Die Zahlung von Kindesunterhalt kann nämlich dazu führen, dass der mehrverdienende Ehegatte durch die Belastung mit Kindesunterhaltszahlungen **unterhaltsberechtigt** wird.[257]

– Für **nicht gemeinsame** Kinder muss nach der Berechnung des Ehegattenunterhalts der Kindesunterhalt (bei erhöhter Leistungsfähigkeit) korrigiert werden.

Diese Grundsätze gelten uneingeschränkt allerdings nur für den vorrangigen Kindesunterhalt. Für den nachrangigen Unterhalt nicht privilegierter volljähriger Kinder gelten wegen der – hier unvermeidlichen – **zirkulären Abhängigkeit im Mangelfall** Besonderheiten (vgl. A.VI.5 und C.II.5)

c) Insbesondere der Taschengeldanspruch

Bei intakter Ehe muss beachtet werden, dass dem Unterhaltpflichtigen im Verhältnis zu seinem Ehepartner auch ein **Anspruch auf die Zahlung von Taschengeld** (s. u. B.VII.2) zustehen kann, wenn sein eigenes Einkommen nicht ausreicht – der Eigenverdienst ist auf diesen Anspruch anzurechnen. Er wird üblicherweise mit 5 % bis 7 % des Familieneinkommens bemessen, im Mittel also auf 6 %, wovon wiederum die Hälfte, also 3 %, dem (gegenüber einem Elternteil) Unterhaltsverpflichteten verbleiben muss.[258] Das Taschengeld muss im Gegensatz zu anderem Einkommen, nicht für den Familienunterhalt verwendet werden. In Höhe des halben Taschengeldanspruchs besteht deshalb auch dann eine Leistungsfähigkeit, wenn der Anteil des Unterhaltspflichtigen an der gemeinsamen Leistungsfähigkeit diesen Betrag nicht erreicht. Umgekehrt vermindert ein den Einkommensanteil übersteigender Taschengeldanspruch die Leistungsfähigkeit des taschengeldpflichtigen Mehrverdienenden.

---

[256] Dose in Wendl/Dose § 1 Rn. 721.
[257] BGH FamRZ 2016, 199.
[258] BGH FamRZ 2014, 538; FamRZ 2013, 993; FamRZ 2013, 363; FamRZ 2003, 266; FamRZ 1998, 608.

Beispiel:

A verdient 7000 € und ist verheiratet mit F. Diese verdient 200 € und schuldet V Elternunterhalt.

Der Taschengeldanspruch von F beträgt (7000 + 200) × 6 % = 432 €, nach Abzug des Eigeneinkommens also 432 − 200 = 232 €. In Höhe der Hälfte des Gesamtbetrags, also (232 + 200) ÷ 2 = 216 € ist F leistungsfähig. Die anteilige Leistungsfähigkeit nur aus ihrem Eigeneinkommen betrüge dagegen nur (7000 + 200 − 1800 − 1440) × 55 % × 200 ÷ (7000 + 200) = 60 €

Kein Taschengeldanspruch besteht bei beengten wirtschaftlichen Verhältnissen, sodass er entfällt, wenn der Ehegattenselbstbehalt nicht gewahrt werden kann.[259]

16. Kindergeld

Kindergeld[260] ist insofern Einkommen, als es geeignet ist, den Bedarf zu decken. Doch ist seine Anrechnung auf den Bedarf vom Gesetz abschließend geregelt: Nach § 1612b Abs. 1 S. 1 Nr. 1 BGB ist das Kindergeld zur Hälfte auf den Bedarf des Kindes anzurechnen, wenn ein Elternteil seine Unterhaltpflicht gem. § 1606 Abs. 3 S. 2 BGB durch Pflege und Erziehung erfüllt (s. u. B.I.2.c), in anderen Fällen in voller Höhe (s. u. B.II.2, B.III.2). Die Halbanrechnung auf den Barbedarf gilt nach der Rechtsprechung des BGH auch dann, wenn beim sog. Wechselmodell (s. u. D.I.1.a) beide Eltern sich die Betreuung teilen. Im Fall der Halbanrechnung steht die andere Kindergeldhälfte anrechnungsfrei dem betreuenden Elternteil oder den betreuenden Elternteilen zu, die es für das Kind zu verwenden haben.[261] Für andere kindbezogene Leistungen, die das Kindergeld ersetzen und deshalb auch den Kindergeldbezug ausschließen (ausländisches Kindergeld), gelten diese Regelungen entsprechend (§ 1612c BGB). Kindergeld steht den Eltern zu, ist aber für das Kind bestimmt. Leistet der Empfänger an ein volljähriges Kind keinen Unterhalt, dann hat er das Kindergeld an ihn herauszugeben – selbst wenn die Kindergeldkasse die Auszahlung an das volljährige Kind nach § 74 Abs. 1 EStG wegen Einwendungen des Elternteils abgelehnt hat.[262]

---

[259] BGH FamRZ 1998, 608, 609: „Ein Taschengeldanspruch scheidet aus, wenn das Familieneinkommen nur zur Deckung des notwendigen Bedarfs der Familienmitglieder ausreicht."

[260] EStG §§ 62 ff. und Bundeskindergeldgesetz.

[261] Ausführlich: Dose in Wendl/Dose § 1 Rn. 677 ff.

[262] Dazu BGH FamRZ 2006, 99, FamRZ 2007, 542 und die Anm. von Schürmann. Der Anspruch ist ebenso geschützt wie ein Unterhaltsanspruch, s. o. A.II.2 aE.

17. Zusammenfassung

Einkommen und Vermögen dienen der Bedarfsdeckung. Alle Geldeinnahmen sind zu berücksichtigen mit Ausnahme derer, die als solche gesondert aufgelistet sind. Diese Geldeinnahmen sind um berufsbedingte Aufwendungen, Steuern, Sozialabgaben, angemessenen Vorsorgeleistungen, und Schulden, soweit sie anzuerkennen sind, sowie u.U. Kosten des Umgangs zu bereinigen. Hinzuzurechnen sind Naturaleinkommen und fiktiv zuzurechnende Einkünfte. Speziell bei Ehegattenunterhalt kommt eine weitere Unterscheidung hinzu: die nach eheprägendem und nichtprägendem Einkommen. Neben diesen Nettoeinkommen kommt aber auch die Verwertung etwa vorhandenen Vermögens in Betracht, wobei die Stärke der jeweiligen Unterhaltsverpflichtung von Bedeutung ist. Schließlich sind Besonderheiten zu beachten, wenn das Einkommen in Unterhaltsleistungen besteht. Die Anrechnung des staatlichen Kindergelds auf den Bedarf ist ausführlich gesetzlich geregelt.

V. Mehrheit: Zu Unterhaltsgründen und Rangfolgen

Bevor über das Zusammentreffen mehrerer Unterhaltsansprüche geredet werden kann, muss bekannt sein zwischen welchen Personen Unterhaltsansprüche bestehen können, also gewissermaßen dem Grunde nach Unterhaltsansprüche vorhanden sind. Darüber ist nicht viel zu sagen: Es gibt **drei Gründe:**
(1.) Verwandte in aufsteigender und absteigender Linie, sind nach § 1603 BGB einander unterhaltsverpflichtet und zugleich unterhaltsberechtigt, also jeder im Verhältnis zu seinen Urgroßeltern, Großeltern, Eltern, Kindern, Enkeln, Urenkeln u.s.w.
(2.) Auf ehelicher Mitverantwortung für den anderen Ehepartner beruhen gegenseitige Ansprüche auf Familienunterhalt nach § 1360 S. 1 BGB, auf Unterhalt während des Getrenntlebens nach § 1361 BGB und auf Unterhalt nach Scheidung nach §§ 1569 ff. BGB.
(3.) Auf gemeinsamer Elternverantwortung beruht der Anspruch des ein gemeinsames Kind betreuenden Elternteils gegen den Anderen nach § 1615l Abs. 2 BGB.
Viele dieser Ansprüche können bei einem Verpflichteten (Berechtigtenkonkurrenz) oder bei einem Berechtigten (Pflichtigenkonkurrenz) zusammentreffen. Dann regelt das Gesetz ihr Verhältnis mit Rangfolge-Regeln. Rangfolge bedeutet: Reihenfolge in der Berechnung. Ein vorrangiger Anspruch ist vor der nachrangigen zu berechnen und eine vorrangige Verpflichtung vor der nachrangigen und das Ergebnis der Berechnung für den vorrangigen ist Voraussetzung und Ausgangspunkt für die Berechnung des Nachrangigen. Soweit die Ansprüche unterschiedli-

chen Ranges sind, besteht somit eine klare Regelung. Anders beim Gleichrang: Hier muss man versuchen, Gleichbehandlung zu gewährleisten. Dabei kommen aber die verschiedensten Dimensionen, nach denen die Gleichheit gemessen werden kann, in Betracht. Früher hatte der Gesetzgeber es z. b. mit der Aufteilung nach Kopfteilen[263] oder nach Erbteilen[264] versucht. Diese Teilungsmethoden haben sich allerdings als ungeeignet erwiesen. Beim Gleichrang von Berechtigten ist nun die Bedürftigkeit als Verhältnismaß anerkannt, hilfsweise der Bedarf. Für den Gleichrang von Unterhaltspflichtigen aber gilt die gesetzliche Regelung des § 1606 Abs. 3 BGB.

VI. Mehrheit von Unterhaltsberechtigten

Hat der Unterhaltspflichtige mit mehreren Unterhaltsansprüchen zu tun, dann hängt es von seinem Einkommen ab, ob er alle Ansprüche befriedigen kann. In erster Linie stellt sich in diesen Fällen die Frage, ob die Leistungsfähigkeit des Unterhaltspflichtigen zur Deckung des vollen Unterhalts aller Berechtigten genügt. In der Kernfamilie (Vater, Mutter, Kind) hängt aber auch der Bedarf vom Einkommen ab, sodass in diesen Konkurrenzfällen auch der Bedarf zu überprüfen ist (s. o. III.5.b.cc, s. u. VI.7). Daher können in Zweifelsfällen Lösungsansätze über die *Leistungsfähigkeit* mit Lösungsansätzen über den *Bedarf* miteinander konkurrieren (vgl. VIII.2.). Wenn die einzelnen Unterhaltspflichten zu verschiedener Zeit entstehen, können sich einige bereits verfestigt haben, weil sie Gegenstand eines Vergleichs, eines sonstigen Vertrags oder eines Urteils wurden. Grundsätzlich ist dann davon auszugehen, dass der später entstandene Anspruch zu einer Abänderung dieser Regelung führt und dass diese Abänderung in der neuen Unterhaltsbestimmung vorwegzunehmen ist.[265] Folglich ist in der Regel so zu entscheiden, als ob diese alte Bindung nicht bestehe. In Ausnahmefällen wird man aber die Titulierung zu berücksichtigen haben, wenn eine Abänderung im konkreten Fall nicht möglich ist.

1. Leistungsfähigkeit

Ein Mangelfall liegt vor, wenn nach Abzug aller Unterhaltsbeträge vom Einkommen des Unterhaltspflichtigen sein Selbstbehalt unterschritten wird:

---

[263] Vgl. BT-Drs. V/2370 S. 39.
[264] § 1606 Abs. 1 S. 2 BGB Fassung vom 18.8.1896.
[265] BGH FamRZ 2003, 363.

Mangelfall, wenn

Selbstbehalt größer als Einkommen – Unterhalt1 – Unterhalt2 – Unterhalt3

...

Bei mehreren Unterhaltsverpflichtungen können die Selbstbehalte gegenüber den verschiedenen Unterhaltsberechtigten verschieden sein. Bestehen z.b. Ansprüche eines Elternteils, der die Kosten des Pflegeheims nicht bezahlen kann, und eines auswärts studierenden volljährigen Kindes, dann gilt gegenüber dem Kind der *angemessene Selbstbehalt* von 1300 € (s.o. III.4.e)) und gegenüber dem Elternteil der *erhöhte angemessene Selbstbehalt* von 1800 € zuzüglich der Hälfte des Mehreinkommens (s.o. III.4.g)). Bei der Frage, ob ein Mangelfall vorliegt, kommt es zuerst auf den Selbstbehalt gegenüber dem Anspruch des letzten Rangs an. Die Rangfolge der Unterhaltsberechtigten hat der Gesetzgeber in § 1609 BGB geregelt:

2. Rangfolge der Berechtigten

Nach § 1609 BGB sind konkurrierende Unterhaltsansprüche in folgender Reihenfolge zu befriedigen, wobei den Berechtigten der folgenden Rangstufe nur dann etwas zukommt, wenn die vorhergehenden voll befriedigt sind:
(1.) Der Unterhalt minderjähriger und ihnen nach § 1603 Abs. 2 S. 2 BGB gleichgestellter volljähriger Kinder,
(2.) Kindesbetreuungsunterhalt sowie Ehegattenunterhalt bei Ehen langer Dauer,
(3.) sonstiger Ehegattenunterhalt,
(4.) sonstiger Kindesunterhalt,
(5.) sonstiger Deszendentenunterhalt (v.a. Enkelunterhalt),
(6.) Elternunterhalt,
(7.) sonstiger Aszendentenunterhalt (v.a. Großelternunterhalt).
Wird ein Mangelfall festgestellt, weil einer der geltenden Selbstbehalte nach Abzug aller Unterhaltsbeträge nicht gewahrt wird, muss ermittelt werden, welche der festgestellten Ansprüche fortfallen und welche zu kürzen sind. Am einfachsten geschieht das so, dass stufenweise nacheinander die Unterhaltsansprüche aller Berechtigten vom Einkommen des Pflichtigen abgezogen werden, zuerst die im höchsten Rang, danach die im jeweils späteren Rang. Jedes Mal muss geprüft werden, ob der für eben diesen Anspruch geltende Selbstbehalt durch den Abzug unterschritten wird. Ist das der Fall, dann wird der zuletzt abgezogene Unterhalt so gekürzt, dass genau dieser Selbstbehalt gewahrt bleibt.

Resteinkommen1 = Einkommen – Unterhalt1
Resteinkommen1 <kleiner als> Selbstbehalt1?
 Wenn ja
 Mangelunterhalt1 = Einkommen – Selbstbehalt1, kein weiterer Unter-
 halt <Ende>
 Wenn nein: Unterhalt1 unverändert.
Resteinkommen2 = Resteinkommen1 – Unterhalt2
Resteinkommen2 <kleiner als> Selbstbehalt2?
 Wenn ja
 Mangelunterhalt2 = Resteinkommen1 – Selbstbehalt2, kein weiterer
 Unterhalt <Ende>
 Wenn nein: Unterhalt2 unverändert.
Resteinkommen3 = Resteinkommen2 – Unterhalt3
usw.

3. Verteilung bei Gleichrang

Wenn mehrere Berechtigte **dieselbe Rangstufe** einnehmen, dann muss bei dem oben genannten Verfahren (s. o. VI.2.) der Unterhalt aller gleichrangig Berechtigten auf der gleichen Stufe abgezogen werden. Wird dadurch der auf dieser Stufe geltende Selbstbehalt des Pflichtigen unterschritten, dann sind die gleichrangigen Ansprüche zu kürzen.

Das Gesetz regelt lediglich die Verteilung bei Vor- und Nachrang. Wie bei Gleichrang der Berechtigten der verfügbare Betrag zwischen ihnen zu verteilen ist, wird nicht ausdrücklich gesagt. Die Verteilung muss daher nach Billigkeit erfolgen:

a) Leitlinien

In der **Rechtspraxis** werden aber äußerst selten spezielle Billigkeitsgründe vorgetragen, und noch seltener werden sie berücksichtigt. Vielmehr verteilt die Rechtspraxis das verfügbare Einkommen meist im Verhältnis der jeweiligen *Bedürftigkeit* (s. o. A.II.2), weil deren Beträge bereits errechnet waren, als die Mangellage festgestellt wurde. Insbesondere für die Konkurrenz von minderjährigen Kindern um einen unzureichenden Unterhalt haben die Düsseldorfer Tabelle[266] und einige Oberlandesgerichte in ihren Leitlinien Modellrechnungen aufgestellt.[267] (Nur aus triftigen Gründen sollte von dieser proportionalen Verteilung abgewichen werden.[268])

Die Formel lautet:

---

[266] DT C, Mangelfälle.
[267] SüdL Anhang 2, HL Anhang III.
[268] Vgl. Wendl/Gutdeutsch § 5 Rn. 158.

Mangelunterhalt = Voller Unterhalt × Leistungsfähigkeit ÷ Summe der Beträge des vollen Unterhalts gleichrangig Berechtigter

z.B.: SüdL Anhang 2.2:

Der unterhaltspflichtige Vater V hat ein bereinigtes Nettoeinkommen von 1700 €. Unterhaltsberechtigt sind ein 18-jähriges Kind K1, das bei der Mutter M lebt und aufs Gymnasium geht, und die beiden minderjährigen Kinder K2 (14 Jahre) und K3 (10 Jahre), die von der Mutter betreut werden. Das Kindergeld von 582 € wird an die Mutter ausbezahlt, deren sonstiges Einkommen unter 1080 € liegt.

Unterhaltsberechnung gemäß Nr. 23.1:

Mangels Leistungsfähigkeit der Mutter alleinige Barunterhaltspflicht von V für alle Kinder.

Bedarf K1: 527 € (DüssTab Gruppe 1, 4. Altersstufe) – 192 € Kindergeld ergibt einen ungedeckten Bedarf = Einsatzbetrag von 335 €
Bedarf K2: 460 € (DüssTab Gruppe 1, 3. Altersstufe) – 96 € 1/2 Kindergeld ergibt einen ungedeckten Bedarf = Einsatzbetrag von 364 €
Bedarf K3: 393 € (DüssTab Gruppe 1, 2. Altersstufe) – 99 € 1/2 Kindergeld ergibt einen ungedeckten Bedarf = Einsatzbetrag von 294 €
Summe der Einsatzbeträge: 335 + 364 + 294 = 993 €

Verteilungsmasse:
Einkommen 1700 € –Selbstbehalt 1080 € = 620 €

Prozentuale Kürzung:
620 ÷ 993 × 100 = 62,44 %

Berechnung der gekürzten Unterhaltsansprüche:
K1: 335 € × 62,44 % = 209 €; zum Leben verfügbar also 209 + 192 = 401 €;
K2: 364 € × 62,44 % = 227 €; zum Leben verfügbar also 227 + 96 = 323 €;
K3: 294 € × 62,44 % = 184 €; zum Leben verfügbar also 184 + 99 = 283 €.

b) Verteilung nach Bedürftigkeit oder Bedarf

Prinzipiell ist nicht nur eine schematische Verteilung entsprechend der jeweiligen **Bedürftigkeit**, sondern auch eine solche nach dem jeweiligen **Bedarf** möglich (zu den Begriffen: II.2). Dann wird nicht einfach der beim Pflichtigen verfügbare Betrag verteilt, sondern der verfügbare Betrag und das jeweilige Eigeneinkommen werden gleichmäßig auf alle Bedürftigen nach dem Maße ihres Bedarfs verteilt. Dann müssen sich im Mangelfall alle im gleichen Maße einschränken, während bei Verteilung nach Bedürftigkeit sich die Empfänger von Eigeneinkommen weniger einschränken müssen. Im Prinzip wird man annehmen können, dass bei verschärfter Not ein höheres Maß an Solidarität zu fordern wäre (so sollen die Mongolen, die sich in der Wüste treffen, nach dem Gesetz des Dschingis Khan alles miteinander teilen). Soweit man sich allerdings auch selbst helfen kann, ist die Verteilung nach Bedürftigkeit angemessener, weil sie Eigeninitiative belohnt. Weil die größte Not durch das Sozialsystem abgefedert wird, erscheint auch unter den Voraussetzungen des § 1603 Abs. 2 S. 1 BGB (notwendiger Selbstbehalt) die Verteilung nach Maßgabe der Bedürftigkeit, wie die Leitlinien sie vorschlagen, gerechtfertigt.

Eine Verteilung nach dem **Bedarf** ist aber dann unvermeidlich, wenn der Mangel nicht nur unter den Bedürftigen verteilt wird, sondern wenn auch der Unterhaltspflichtige nach § 1581 BGB seinen Bedarf einschränken muss, nämlich bei Unterschreitung des **relativen Selbstbehalts** gegenüber Ansprüchen nach § 1615l Abs. 2 BGB und Ansprüchen auf Ehegattenunterhalt (s. u. VI.8.). s. u. Beispiel zu VI.8.

Sobald man jedoch bei Anwendung des § 1581 BGB bei verschärftem Mangel in den Bereich des **absoluten Selbstbehalts kommt,** wo der Mangel nur noch zwischen gleichrangigen Unterhaltsberechtigten zu verteilen ist, muss die Verteilung wieder nach **Bedürftigkeit** erfolgen, weil sich dann Änderungen beim Eigeneinkommen, vorrangig auf den Unterhalt dessen auswirken, der das Einkommen erhält. Vgl. math. Ableitungen im Anhang.

c) Wertung im Einzelfall

– Ist ein **Teil des Gesamtbedarfs** anderweitig **vollständig** gedeckt (z. B. durch Arbeitseinkommen), dann können nach der Quotierung die verbleibenden **Bedarfslücken** errechnet und miteinander verglichen werden. Eine nachträgliche Änderung der Verteilung könnte die **Unterschiede zwischen den Bedarfslücken vermindern.**

Beispiel:

A verdient 2500 € – Seine Kinder K1 und K2 (je 17 Jahre, bei verschiedenen Müttern) haben nach Abzug des Kindergelds je einen Bedarf nach DT 1/3 von je einen Nettobedarf von 467 – 97 = 370 €. K1 verdient jedoch nach Abzug ausbildungsbedingter Aufwendungen 200 €, sein Restbedarf beträgt nach Halbanrechnung des Einkommens nur 370 – 200 ÷ 2 = 270 €. Insgesamt werden also 270 + 370 = 640 € für beide Kinder benötigt. Die Leistungsfähigkeit des Barunterhaltspflichtigen beträgt jedoch nur 1500 – 1080 = 420 €. Nach der Verhältnisrechnung entfällt davon auf

K1: 270 × 420 ÷ (370 + 270) = 177 €,

K2: 370 × 420 ÷ (370 + 270) = 243 €,

Incl. Kindergeld haben jetzt K1: 97 + 200 + 177 = 474 €, K2 nur 97 + 243 = 340 € bei grundsätzlich gleichem Gesamtbedarf nach DT 1/3 von 426 €. Weil man das Einkommen von K1 nur hälftig anrechnet, besteht bei ihm eine Bedarfslücke von 467 – 100 – 97 – 177 = 93 und bei K2 von 467 – 97 – 177 = 193 €. Der Unterschied von 100 € kann nach Billigkeit teilweise ausgeglichen werden durch eine Erhöhung des Unterhalts von K2 um 50 € und Ermäßigung des Unterhalts von K1 um 50 €.

– Ein Berechtigter hat bei erhöhten Anstrengungen die Möglichkeit, den **Bedarf** (z.B. durch eine Nebentätigkeit) **selbst zu decken**. Dann kann man seinen Anteil zugunsten anderer entsprechend herabsetzen.

– Einem Berechtigen ist eher zuzumuten, sich in seinem **Bedarf einzuschränken**. **Da wird** gegenläufig argumentiert: „weil er besonders knappe Verhältnisse gewohnt ist" oder „weil er gegenüber dem anderen schon viele Vorzüge genossen hat". Auch das kann eine Verminderung seines Anteils zugunsten der anderen rechtfertigen.

– Es kann darauf abgestellt werden, in welcher Weise **das Existenzminimum der Beteiligten** gedeckt werden kann.[269]

4. Grenzen der Berechnung nur nach Vor- und Nachrang

Nur mit den Regeln für Vor-, Nach- und Gleichrang kommt man in der Praxis nicht weit. Die ausschließliche Geltung dieser Regeln beschränkt sich auf Fälle, in denen nur Eltern, Enkel oder volljährige Kinder außerhalb des Haushalts unterhaltsberechtigt sind. Hinzu kommt eine weitere Regel für die Mangelfallberechnung, die man wie folgt formulieren kann:

Kein Berechtigter kann mehr erhalten, als dem Pflichtigen bleibt.

Diese Regel schützt den Pflichtigen in Gestalt des **relativen Selbstbehalts** (s.o. III.4.d)) oberhalb des absoluten Ehegattenselbstbehalts gegen Ansprüche von Ehegatten und Ansprüche nach § 1615l Abs. 2 BGB. Gegenüber Eltern ist er gewährleistet durch die Halbanrechnung des Mehreinkommens beim gleitenden Mehrbedarf. Gegenüber Kindern und Enkeln besteht wegen der relativ geringen Höhe des anzuerkennenden Bedarfs keine Gefahr, dass der Grundsatz verletzt werden könnte.[270] Die Mangelfallberechnung allein mit dem relativen Selbstbehalt wurde oben (III.4.d) bereits dargestellt.

Einen noch bedeutenderen Einfluss auf die Unterhaltsberechnung bei mehreren Berechtigten hat die

Einkommensabhängigkeit des Bedarfs

Wenn der Bedarf der Unterhaltsberechtigten vom Einkommen des Pflichtigen abhängt (vgl. oben III.5), also bei Kindern ohne eigene Lebensstellung und bei Ehegatten, dann entsteht ein zirkulärer Zusammenhang: Weil es letztlich auf die Lebensstellung des Pflichtigen und damit das ihm verbleibende Einkommen ankommt, bestimmt dieses Resteinkommen den Bedarf und damit auch die Bedürftigkeit der Berechtigten und diese wieder beeinflusst die Höhe des dem Pflichtigen verbleibenden Einkommens usw. „Die Katze beißt sich in den Schwanz". Der einfachste

---

[269] BT-Drucks. 16/1830 S. 24.
[270] Auf diesen Grundsatz als allgemeinen Grundsatz wurde, soweit ersichtlich, noch keine Entscheidung gestützt.

Weg, diesem Problem zu begegnen, besteht darin, dass man im Bereich dieses Zusammenhangs, wo also Kindes- und Ehegattenunterhalt einkommensabhängig sind, die Trennung zwischen Bedarf und Leistungsfähigkeit aufgibt. Diesen Weg ist das österreichische Unterhaltsrecht gegangen, indem es mit der Prozentwertmethode für diesen Bereich ein fein ausgewogenes System von prozentualen Beteiligungen am Einkommen des Pflichtigen geschaffen hat.[271] Mit den „wandelbaren ehelichen Lebensverhältnissen" hatte der BGH für den Ehegattenunterhalt den gleichen Weg eingeschlagen.[272] Obgleich er damit nur einfaches Recht sachgerecht ausgelegt hatte, hat das BVerfG diesen Weg aber als Verfassungsverstoß beanstandet.[273] Der BGH hat daraufhin seine Rechtsprechung geändert und hält nun wieder an der Unterscheidung zwischen Bedarf und Leistungsfähigkeit auch dort fest, wo nur die Verteilung des Einkommens in Frage steht.[274]

5. Der einkommensabhängige vorrangige Unterhaltsbedarf des Ehegatten

Wenn bei Zahlung des **vollen geschuldeten Unterhalts** dem Pflichtigen nicht sein Selbstbehalt gegenüber dem im letzten Rang Berechtigten bleibt, dann müssen die nachrangigen Unterhaltsansprüche gekürzt werden, während die vorrangigen im Grundsatz vollständig zu erfüllen sind. Jedoch hängt die Höhe vorrangiger Ansprüche, insbesondere derjenigen von Ehegatten und von minderjährigen Kindern, auch davon ab, wie viel dem Unterhaltspflichtigen letztlich selbst verbleibt, denn beide teilen die Lebensstellung des Verpflichteten. Wenn der Pflichtige im Mangelfall noch eine nachrangige Unterhaltspflicht teilweise erfüllt, dann bleibt ihm genau sein **Selbstbehalt** gegenüber dem **nachrangig Berechtigten**, jedenfalls dann, wenn dessen Unterhalt nur gekürzt wird, aber nicht wegfällt. Da aber nun nach dem Grundsatz der Halbteilung (III.5.c.aa) im Prinzip der Bedarf des **Ehegatten** so hoch ist, wie das **Resteinkommen** des Pflichtigen (nach Abzug dieses nachrangigen gekürzten Unterhalts), dann bleibt auch dem Ehegatten genau dieser Selbstbehalt:

> Also: vorausgesetzt, der Unterhalt des letzten Rangs entfällt nicht, sondern wird nur gekürzt, dann gilt
>
> Resteinkommen des Pflichtigen = Selbstbehalt des letzten Ranges

---

[271] Vgl. Gitschthaler, Unterhaltsrecht, 2. Aufl. Wien 2015, Rn. 57, 538, 550, 696, 1287, 1424, 1470.
[272] BGH FamRZ 2006, 683.
[273] BVerfG 2011, 437.
[274] BGH FamRZ 2012, 281.

> Es gilt aber nach dem Grundsatz der Halbteilung auch
>
> Resteinkommen des Pflichtigen = Bedarf des Berechtigten
>
> Folglich:
>
> Selbstbehalt des letzten Ranges = Bedarf des Berechtigten
>
> Denn:
>
> Sind zwei Größen einer dritten gleich, sind sie auch untereinander gleich.

Nur wenn der nachrangige Unterhalt ganz wegfällt, kann dem Unterhaltspflichtigen auch **weniger** als dieser Selbstbehalt des letzten Ranges bleiben. Sonst „**spiegelt**" der **vorrangige Bedarf** eines berechtigten Ehegatten gewissermaßen den **Selbstbehalt** des Pflichtigen gegenüber dem nachrangig Berechtigten (s. o. A.III.3.e).

> **Beispiel:**
> A hat ein Einkommen von 3000 €, das gemeinsame Kind S als Student hat einen Bedarf von 735 – 192 = 543 Zur Berechnung des Ehegattenunterhalts muss der Unterhalt von S vorweg abgezogen werden: (3000 – 543) ÷ 2 = 1228 €. A bleiben dann 3000 – 543 – 1228 = 1229 €, also weniger als sein Selbstbehalt gegenüber S von 1300 €, sodass der Unterhalt von S um 1300 – 1227 = 73 € auf 543 – 73 = 470 € zu kürzen ist. Aber auch F steht auf Grund ihres Vorrangs im Mangelfall nicht nur ihre Quote aus dem Resteinkommen zu. Wegen des Grundsatzes der Halbteilung steht ihr als Spiegelbild des Selbstbehalts ein vorrangiger Bedarf in gleicher Höhe zu, also ebenfalls 1300 € (so Düsseldorfer Tabelle 2011 B.VI.1). Für S bleibt dann 3000 – 1300 – 1300 = 400 €.
> Rechnet man mit dem Erwerbstätigenbonus von 1/7 (vgl. A.III.5.c.cc), ist zu beachten, dass F nicht mehr erhalten kann als den Betrag, den sie ohne die Unterhaltsberechtigung von S erhielte. Das wäre bei einem Bonus von 10 % mehr (3000 × 45 % = 1350 €), nach der 3/7-Quote aber weniger (3000 × 3/7 = 1286 €). Für S bleibt dann bei Bonus 10 %: 3000 – 1300 – 1300 = 400 €, bei einem Bonus von 1/7: 3000 – 1286 – 1300 = 3000 – 1300 – 1286 = 414 €.

Diese **Spiegelung** des Selbstbehalts ist auch der Grund, warum die Oberlandesgerichte den vorrangigen Bedarf der Ehegatten, insbesondere beim Zusammenleben,[275] mit dem Selbstbehalt entsprechenden Ranges des Pflichtigen bemessen.

---

[275] Leitlinien 22., der Anspruch auf Familienunterhalt in intakter Ehe muss nie bestimmt werden. Er wird nur zur Bestimmung eines anderen Unterhalts einkalkuliert.

6. Einkommensabhängiger vorrangiger Kindesunterhaltsbedarf nach der Düsseldorfer Tabelle

Beim **Kindesunterhalt** ist zwar die Abhängigkeit des Bedarfs des Kindes von der Lebensstellung des Unterhaltspflichtigen anerkannt. Jedoch wird dieser rechnerisch nur pauschal durch Umgruppierung in der Düsseldorfer Tabelle berücksichtigt. Mittelbar beeinflussen nachrangige Unterhaltsansprüche die Unterhaltshöhe aber über die **Bedarfskontrollbeträge** (s.o. A.III.5.b.dd), die ja ihrerseits zu einer Neubewertung des Kindesbedarfs führen.

Diese sind zwar **nicht** allgemein **anerkannt**. Deshalb hat die Meinung, die Höhe des Kindesunterhalts sei ggf. herabzusetzen, wenn nachrangiger Unterhalt zu kürzen sei, heftigen Widerspruch gefunden.[276] Dieser Widerspruch verabsolutiert aber mit seinem Bestehen auf „**Vorrang ist Vorrang**" zu Unrecht die Düsseldorfer Tabelle und berücksichtigt nicht, dass sie lediglich ein Mittel ist, auf einfache und praktikable Weise den Kindern einen Bedarf nach der Lebensstellung des Barunterhaltspflichtigen zuzuweisen. Mit Hilfe der Umgruppierung erfasst sie vorweg pauschal die Abhängigkeit von weiteren Unterhaltspflichten und sichert das angemessene Ergebnis nachträglich, wenn sie die Beachtung der Bedarfskontrollbeträge vorschreibt. Wenn viele Gerichte die Bedarfskontrollbeträge ablehnen, dann verlassen sie sich darauf, dass beim freihändigen Umgruppieren der passende Wert gefunden wird. Die Autorität der Düsseldorfer Tabelle als Maßstab für den Kindesbedarf wird in dieser Weise genutzt, um Richter von Rechenarbeit zu entlasten. Doch hat der BGH die Bedarfskontrollbeträge, (also das Maß des Resteinkommens des Pflichtigen) als Maßstab für den vorrangigen Bedarf empfohlen.[277] Während der Ehegattenbedarf wegen der Halbteilung ebenso hoch ist wie das Resteinkommen, bilden die Bedarfskontrollbeträge nur den Maßstab, nach welchem sich die die Einkommensgruppe bestimmt, der wiederum der – viel geringere – Kindesunterhalt zu entnehmen ist. Ebenso wie der Gattenunterhalt in der Höhe dem letzten Selbstbehalt entspricht (s.o.), ist beim Kindesunterhalt diejenige Einkommensgruppe zu wählen, deren Bedarfskontrollbetrag den Selbstbehalt eines nachrangigen Unterhaltsberechtigten nicht überschreitet.

Die Rechtfertigung der Bedarfskontrollbeträge ergibt sich daraus, dass dadurch ein ausgewogenes Verhältnis zwischen Bedarf des Kindes und dem Resteinkommen des Pflichtigen, das seine Lebensstellung bestimmt, geschaffen wird.[278] Im Mangelfall entspricht das Resteinkommen aber

---

[276] Schürmann FamRZ 2008, 313, 321: „Vorrang ist Vorrang"; ebenso Vossenkämper FamRZ 2008, 201.
[277] BGH FamRZ 2008, 968.
[278] BGH FamRZ 2008, 968.

dem jeweils maßgebenden Selbstbehalt. Die Düsseldorfer Tabelle betont zwar, dass die Bedarfskontrollbeträge mit dem Selbstbehalt nicht zu tun hätten. Die Anwender gehen deshalb auch oft davon aus, dass die Umgruppierung immer zu erfolgen habe, **bevor** die Unterschreitung des Selbstbehalts zu prüfen sei. Das führt aber dazu, dass im Mangelfall weiter abgruppiert wird, als es dem Selbstbehalt entspräche, dass vor allem in einem Mangelfall, der zur Kürzung des Unterhalts eines Studenten führt, der Unterhalt der minderjährigen Geschwister regelmäßig auf den Mindestbedarf abzugruppieren ist.[279]

Der Grundsatz, vor der Abgruppierung dürfe die Unterhaltskürzung nach dem Selbstbehalt nicht berücksichtigt werden, weil der Bedarf vor der Leistungsfähigkeit zu prüfen sei, ist in dieser allgemeinen Form zweifellos falsch. Sie würde dazu führen, dass ggf. der volle – durch Pflegebedürftigkeit erhöhte – Unterhalt eines bedürftigen Elternteils des Unterhaltspflichtigen von dessen Einkommen abzuziehen wäre und zur Abgruppierung des Kindesunterhalts auf den Mindestunterhalt führen würde, obgleich am Ende die hohen Selbstbehaltsbeträge gegenüber einem Elternteil dessen Unterhalt ausfallen lassen.

Wenn allerdings ein **Mangelfall** bereits in der **zweiten Stufe** (§ 1609 Nr. 2 BGB) vorliegt, die vorrangigen Kinder also mit Kinder betreuenden (oder lang verheirateten) Ehegatten konkurrieren, dann ist nach Auffassung des Gesetzgebers zusätzlich darauf zu achten, dass nicht ohne Not einer der Beteiligten der Sozialhilfe anheimfällt.[280] Der BGH hat deshalb für die Konkurrenz mit nach § 1609 Nr. 2 BGB privilegierten Ehegatten entschieden, dass der Vorrang minderjähriger Kinder sich nur auf ihren Mindestbedarf bezieht.[281]

Entsprechend den Stufen der Selbstbehalte (*notwendiger Selbstbehalt, Ehegattenselbstbehalt, angemessener Selbstbehalt, erhöhter angemessener Selbstbehalt*) kann man vier Maßstäbe für die Höhe des vorrangigen Unterhalts unterscheiden, s. u. 7.

7. Vorrangiger Unterhaltsbedarf

Wenn bei Zahlung des vollen geschuldeten Unterhalts dem Pflichtigen nicht sein Selbstbehalt gegenüber dem im letzten Rang Berechtigten bleibt, dann kommt es zur Kürzung nachrangiger Unterhaltsansprüche, während die vorrangigen Ansprüche im Grundsatz vollständig zu erfüllen sind. Nun hängt aber die Höhe einiger vorrangiger Ansprüche, nämlich derjenigen der Ehegatten, der minderjährigen Kindern und auch anderer Kinder, die noch im Haushalt der Eltern (oder eines Elternteils)

---

[279] Z.B. FA-FamR/Seiler § 6 Rn. 199, 276.
[280] BT-Drs. 16/1830 S. 24.
[281] Ohne weitere Begründung BGH FamRZ 2008, 2189, 2191.

leben, aber auch *die ehelichen Lebensverhältnisse,* nach denen sich der Ehegattenunterhalt richtet, von den Lebensverhältnissen des **Unterhaltspflichtigen** ab, also davon, womit er **nach** Erfüllung dieser seiner Unterhaltspflichten seinen **eigenen Lebensunterhalt** bestreiten kann. Das aber ist der **Rest,** der ihm nach Erfüllung seiner Unterhaltspflichten bleibt. Nur damit kann er nämlich sein eigenes Leben gestalten. Einen solchen Rest soll dem Unterhaltspflichtigen der **Selbstbehalt** sichern, der ihm gegen den verschiedenen Unterhaltsberechtigten zusteht. Dieser Selbstbehalt ist in vier Stufen geordnet und umso größer, je schwächer der jeweilige Unterhaltsanspruch ausgestaltet ist, bei nachrangigen also meist geringer als bei vorrangigen. Da nun der dem Unterhaltspflichtigen verbleibende Betrag seine Lebensverhältnisse bestimmt und der Bedarf der Kinder und des Ehegatten sich ebenfalls nach diesen Lebensverhältnissen richten soll – dazu dienen die Bedarfskontrollbeträge (s. o. A.III.5.b.dd, A.VI.6) und dazu dient auch die Halbteilung unter Ehegatten – haben die Selbstbehalte Rückwirkung auf den Bedarf der im Haushalt eines Elternteils lebenden Kinder und des/der Ehegatten. Je weniger nämlich dem Unterhaltspflichtigen bleibt, desto geringer ist auch der Bedarf der Kinder und (soweit dabei diese weiteren Unterhaltspflichten zu berücksichtigen sind) auch des Ehegatten anzusetzen. Dieser Zusammenhang zwischen Selbstbehalt und Bedarf hat allerdings keine unmittelbaren rechnerischen Konsequenzen und wird deshalb hier nicht weiterverfolgt. Jedoch sollte die Rechtsprechung sich bei der Abgruppierung in Zukunft an dem Betrag orientieren, der dem Unterhaltspflichtigen bleibt, wenn der Unterhalt des nachrangigen Gläubigers gekürzt wurde, nicht an dem Restunterhalt vor der Mangelkürzung!

Beispiel:

A verdient 2750 €. Er ist unterhaltspflichtig gegenüber der von ihm geschiedenen F, welche 700 € verdient, dem gemeinsame Kind T, 17 Jahre, das bei F lebt, sowie dem Kind S, das auswärts studiert und eine Bedarf von 735 € hat.

Unterhalt

von S: 735 – 194 Kindergeld = 541 €

von T: nach DT 4/3 (Einkommen 2700 – 3100) wegen drei Berechtigter abgruppiert auf DT 3/3: 514 – 97(halbes Kindergeld) = 417 €

von F: nach Additionsmethode ((2800 – 541 – 417) × 6/7 + 700 × 6/7) ÷ 2 – 700 × 6/7 = 468 €

Dem liegt allerdings der Vorabzug desnachrangigen Unterhalts von S zugrunde. Billigt man F stattdessen den gespiegelten Selbstbehalt von A zu, dass beträgt ihr Unterhalt 1300 – 700 = 600 €. A bleibt 2800 – 541 – 417 – 600 = 1192 €, somit weniger als der Bedarfskontrollbetrag der Gruppe 3 von 1300 €.

Abgruppierung nach Gruppe 2 liefert für T nach DT 2/3 den Unterhalt 491 – 97 = 394 €

A bleibt dann: 2800 – 541 – 394 – 600 = 1215 €, somit weniger als der Bedarfskontrollbetrag der Gruppe 2 von 1200 €, sodass wieder herabgruppiert werden muss: auf den Mindestunterhalt Gruppe 1. T erhält dann nach DT 1/3: 467 – 97 = 370
A bleibt dann: 2800 – 541 – 370 – 600 = 1239 €.

Nach DT wäre jetzt erst der Unterhalt des von S wegen Unterschreiten des Selbstbehalts um 1300 – 1239 = 61 € auf 541 – 61 = 480 € zu kürzen, sodass A 2800 – 480 – 370 – 600 = 1300 € bleibt.

Wenn man aber anerkennt, dass für den Kindesbedarf das **Resteinkommen** des Pflichtigen maßgebend ist, dann ergibt sich auch eine **Vereinfachung der Berechnung im Mangelfall:**
Weil der Selbstbehalt gegenüber dem Volljährigen 1300 € beträgt und der Bedarfskontrollbetrag der Einkommensgruppe 3 der Düsseldorfer Tabelle ebenfalls 1300 € kann im Mangelfall für S der Minderjährigen-Unterhalt der Gruppe 3 entnommen werden.
Wenn also der Mangelfall festgestellt wurde, kann

- der Kindesunterhalt der Einkommensgruppe 3 entnommen,
- der Gattenunterhalt nach dem Mindestunterhalt bestimmt
- und der Rest dem Volljährigen zugewiesen werden.

Fortsetzung des Beispiels:

– Unterhalt von T nach Gruppe 3:	514 – 97	= 417 €
– vorrangige Unterhalt von F:	1300 – 700	= 600 €
– Unterhalt von S:	2750 – 417 – 600 – 1300	= 433 €

8. Relativer Selbstbehalt und Halbteilung

Nicht nur die Einkommensabhängigkeit des Bedarfs, sondern auch der **Halbteilungsgrundsatz** führt zu einer Modifikation des einfachen Vorrang-Nachrang-Schemas. Im Verhältnis zwischen zwei unterhaltsberechtigten Ehegatten besteht zwar ein Verhältnis von Vorrang und Nachrang, wenn der eine wegen langer Ehe den Rang § 1609 Nr. 2 BGB innehat, der andere nur den Rang § 1609 Nr. 3 BGB. Aber nur wenn der **spätere Ehegatte nachrangig** ist, hat sein Unterhalt keinerlei Einfluss auf den Unterhalt des früheren vorrangigen Ehegatten.[282] Sonst wirkt sich der Vorrang nur im *absoluten Mangelfall* aus, dann nämlich, wenn der *Ehegattenselbstbehalt* von 1200 € nicht gewahrt werden kann (vgl. II.4.). Dann bleibt dem Pflichtigen 1200 €, dem vorrangigen Gatten 1200 € und der Rest fällt an den nachrangigen Gatten.

---

[282] BGH FamRZ 2012, 281.

VI. Mehrheit von Unterhaltsberechtigten

Anders beim **relativen Selbstbehalt** (Näheres: III.4.d). Dieser führt zur Halbteilung, wenn nur ein Partner unterhaltsberechtigt ist. Bei mehreren Berechtigten gilt im Verhältnis zu jedem die Halbteilung, wenn sein voller Unterhalt nicht gedeckt werden kann. Halbteilung gegenüber mehreren unterhaltsberechtigten Ehegatten oder nach § 1615l Abs. 2 BGB Berechtigten bedeutet aber **Gleichteilung**, also gleichmäßige Verteilung des gesamten verfügbaren Einkommens des Verpflichteten und aller Berechtigten auf alle Beteiligten, nämlich auf den Verpflichteten und auf die Berechtigten zu gleichen Teilen! Auch der Mangel wird gleichmäßig auf die Berechtigten und den Verpflichteten verteilt.[283] Dieser relative Mangelfall – mit der Folge, dass bei allen nivellierend gekürzt wird – ist immer dann gegeben, wenn das **Resteinkommen** des Verpflichteten den (etwaige Vorteile des Zusammenlebens berücksichtigenden) **Durchschnitt** der in diesen Vergleich einbezogenen Einkommen zuzüglich Unterhalt unterschreitet.

Die Unterhaltsbeträge müssen dann neu berechnet werden, sodass jeder Beteiligte zusammen mit seinem Eigeneinkommen dieses Durchschnittseinkommen erhält.

Beispiel:

V verdient 3000, F nach langer Ehe von ihm geschieden, verdient 1000, V hat mit der A das einjährige Kind K. Vor der Geburt des Kindes verdiente A 2000.

Voller Unterhalt von F nach Additionsmethode (s. u. B.V.5)

(3000 × 90 % + 1000 × 90 %) ÷ 2 – 1000 × 90 %	900,00 €

Kindesunterhalt nach der Düsseldorfer Tabelle
Gruppe 4: 2701–3100, BKB: 1500, abgruppiert nach
Gruppe 1 –1900, BKB: 1200 DT 1/1 (s. o. VI.7.c.aa)

Unterhalt von K:	348,00 – 97,00 =	251,00 €
Voller Unterhalt von A:		2000,00 €

Kontrolle nach § 1581 BGB

Zu verteilendes: 3000 – 251 + 1000	3749,00 €
Kontrollquote: 3749 × 1200 ÷ (3 × 1200)	1249,67 €
Unterhalt von A nach Kontrollquote:	1249,67 €
Unterhalt von F nach Kontrollquote: 1238 – 1000	249,67 €
V bleibt 3000 – 249,67 – 1249,67 – 251 =	1249,67 €

V bleibt ebenso viel wie A und F, gegenüber beiden ist damit die Halbteilung verwirklicht, zwischen allen dreien erfolgt deshalb Gleichteilung, d. h. ihr Bedarf wird in gleicher Höhe gedeckt.

---

[283] Falls der Bedarf des Pflichtigen allerdings durch Mehrbedarf erhöht ist (vgl. III.4.k), kann Gleichteilung nur erfolgen, wenn das Durchschnittseinkommen diesen Wert übersteigt. Sonst erfolgt eine Mangelkürzung.

A. Grundlagen

Es können aber drei Gründe vorliegen, warum die Gleichteilung nicht den wirklich zu leistenden Unterhalt liefert.

a) Der volle Unterhalt ist geringer als der Unterhalt nach Gleichteilung. Dann erhält der Berechtigte stattdessen seinen vollen Unterhalt. Im Verhältnis zu ihm besteht kein Mangel. Wegen der nach Abzug seines vollen Unterhalts von der nach seinem Ausscheiden verbleibenden Einkommenssumme erfolgt die Gleichteilung zwischen den Übrigen. Deren Anteil erhöht sich.

Beispiel zu a)

Wie Beispiel oben, S. 91, aber das frühere Einkommen (also der Bedarf) von A beträgt nicht 2000 sondern nur 1100.

Nach der DT wird nur abgruppiert nach Gruppe 2, weil V mehr als 1300 bleiben (s. u.)

Unterhalt von K:	366,00 – 97,00 =	269,00 €
Voller Unterhalt von A:		1100,00 €
Zu verteilendes Einkommen: 3000 – 269 + 1000		3731,00 €
Kontrollquote: 3731 × 1200 ÷ (3 × 1200)		1243,67 €
Unterhalt von A nach Kontrollquote:		1243,67 €

Der volle Unterhalt von A in Höhe von 1100,00 € unterschreitet den Unterhalt nach Kontrollquote und ist durch Vorwegabzug zu berücksichtigen.

Zu verteilendes Einkommen: 3000 – 269 + 1000 – 1100	2631,00 €
Unterhalt von F nach Kontrollquote: 1315,50 – 1000	315,50 €
V bleibt 3000 – 269 – 1100 – 315,50 =	1315,50 €

---

b) Nach Abzug des Eigeneinkommens bleibt kein Unterhalt für den Berechtigten.

Dann fällt dieser Berechtigte bei der Unterhaltsverteilung aus. Dann scheidet er ebenfalls aus. Die Gleichteilung erfolgt nach der Summe der Einkommen der Übrigen. Deren Anteil vermindert sich.

Beispiel zu b)

Wie Beispiel oben S. 91, aber Einkommen von F nicht 1000, sondern 1500 DT nur abgruppiert nach Gruppe 2, weil V mehr als 1300 bleiben (s. u.)

Unterhalt von K:	366,00 – 97,00 =	269,00 €
Voller Unterhalt von F:		
(3000 × 90 % + 1500 × 90 %) ÷ 2 – 1500 × 90 %		675,00 €
Voller Unterhalt von A: 2000 – 0		2000,00 €
Zu verteilendes Einkommen: 3000 – 269 + 1500		4231,00 €
Kontrollquote: 4231 × 1200 ÷ (3 × 1200)		1410,33 €
Unterhalt von A nach Kontrollquote:		1410,33 €

Die Kontrollquote überschreitet nicht das Einkommen von F. Deshalb entfällt ein Unterhaltsanspruch.

Kontrollquote nun: (3000 – 269) ÷ 2	1365,50 €
Unterhalt von A nach Kontrollquote:	1365,50 €
V bleibt Kontrollquote:	1365,50 €

c) Die Kontrollquote unterschreitet den Ehegattenselbstbehalt des Unterhaltspflichtigen. Dann liegt ein absoluter Mangelfall vor, Das den Selbstbehalt übersteigende Einkommen des Pflichtigen ist im Verhältnis der zuletzt errechneten Beträge der Bedürftigkeit auf die gleichrangigen Berechtigten zu verteilen (siehe auch unten 9.).

Beispiel zu c)

Wie Beispiel oben (S. 91), Einkommen von V aber nicht 3000, sondern nur 2500

Gruppe 4: 2701–3100, BKB: 1500, abgruppiert nach
Gruppe 1 –1900, BKB: 1200 DT 1/1 (s.o. VI.7.c.aa)

Unterhalt von K:	348,00 – 97,00 =	251,00 €
Voller Unterhalt von F: nach Additionsmethode (s.u. B.V.5)		
Voller Unterhalt von F:		
(2500 × 90% + 1000 × 90%) ÷ 2 – 1000 × 90%		675,00 €
Voller Unterhalt von A: 2000 – 0		2000,00 €
Zu verteilendes Einkommen: 2500 – 251 + 1000		3249,00 €
Kontrollquote: 3249 × 1200 ÷ (3 × 1200)		1083,00 €
Unterhalt von A nach Kontrollquote: 1083,00		1083,00 €
Unterhalt von F nach Kontrollquote: 1083 – 100 0		83,00 €

Die Kontrollquote unterschreitet den Selbstbehalt von V in Höhe von 1200. Deshalb wird der nach Vorabzug des Selbstbehalts verfügbare Betrag nach der durch Gleichteilung ermittelten Bedürftigkeit und nach Rangfolge verteilt.

Leistungsfähigkeit von V: 2500 – 251 – 1200	1049,00 €
Gesamtbetrag der Bedürftigkeit	1166,00 €
Mangelquote: 1049 ÷ 1166	89,97%
Mangelunterhalt von A: 1083 × 89,97%	974,38 €
Mangelunterhalt von F: 83 × 89,97%	74,68 €
V bleibt 2500 – 251 – 974,38 – 74,68 =	1199,94 €

---

9. Übergang vom relativen zum absoluten Mangelfall

Bei der Berechnung kann sich zeigen, dass kein relativer Mangelfall, sondern ein absoluter vorliegt, dann nämlich, wenn der errechnete relative Selbstbehalt den Ehegattenselbstbehalt des Unterhaltspflichtigen (z.Z. 1200 €)[284] unterschreitet (s.o. VI.8. Beispiel c). Dann aber gelten die Re-

---

[284] Und evtl. Mehrbedarf!

geln von **Vorrang, Nachrang und Gleichrang** (s. o. VI.2., 3.) und auch die Verteilung nach der **Bedürftigkeit** statt nach dem **Bedarf** (s. o. VI.3.b)). Erst im absoluten Mangelfall muss nämlich beachtet werden, dass die vorrangigen Ehegatten und kinderbetreuenden Partner nach § 1609 Nr. 2 BGB gegenüber anderen Ehegatten – mit dem Rang nach § 1609 Nr. 3 BGB – vorrangig sind. Im Rahmen des relativen Mangelfalls hatte dieser Unterschied keine Bedeutung, das verfügbare Einkommen war im Wege der *erweiterten Halbteilung* auf Vorrangige und Nachrangige gleichermaßen zu verteilen.

Wenn man aber vom Bedarf zur Bedürftigkeit als Verteilungsmaßstab wechselt, entsteht die andere Frage, **welche Beträge der Bedürftigkeit** der Aufteilung zugrunde gelegt werden sollen. Es läge am nächsten, hier die ursprünglich errechneten Beträge des *vollen Unterhalts* heranzuziehen. Das hätte aber die unliebsame Folge, dass an der Grenze des relativen zum absoluten Mangelfall sich die Unterhaltsbeträge sprunghaft ändern, weil plötzlich gänzlich anders gerechnet werden müsste. Außerdem würde bei einem *gemischten Mangelfall* – wenn also der Bedarf des späteren Ehegatten vom gekürzten Unterhalt des früheren abhängt (s. u. C.III.1.c) – der Bedarf eines der Berechtigten noch gar nicht bestimmt sein. Man kann deshalb nur von derjenigen Bedürftigkeit ausgehen, welche auf der Stufe des *relativen Selbstbehalts* errechnet wurde, aber wegen der Unterschreitung des *absoluten Selbstbehalts* des Pflichtigen nicht bedient werden kann. Im Verhältnis zwischen den Berechtigten bleibt es dadurch bis zur Höhe des Durchschnittseinkommens der Beteiligten (der Kontrollquote) bei der Gleichteilung (der Verteilung nach dem Bedarf) und nur das verbleibende Defizit wird nach Bedürftigkeit – und auch nach Rang – verteilt.

Beispiel:

C verdient 2500 und ist nach kurzer Ehe seiner geschiedenen Frau B, welche 1000 verdient, sowie seinem Kind K, Alter 1 Jahr, das nach der Scheidung geboren wurde und von dessen Mutter A betreut wird, und schließlich gegenüber A, welche früher 2000 verdiente, nun aber einkommenslos ist, unterhaltspflichtig. Höhe der jeweiligen Unterhaltsverpflichtung von C?

Der Kindesunterhalt ist nicht prägend für den Ehegattenunterhalt. Letzterer ist nachrangig.

Voller Unterhalt von B:

(2500 × 90 % + 1000 × 90 %) ÷ 2 – 1000 × 90 %	675,00 €

Gruppe 3: 2301–2700, BKB: 1400,
abgruppiert Gruppe 1 (s. o. VI.7.c.aa) –1900, BKB: 1200

Unterhalt K: DT 1/1	348,00 – 97,00	251,00 €
Voller Unterhalt von A:		2000,00 €
Zu verteilendes Einkommen: 2500 – 251 + 1000		3249,00 €
Kontrollquote: 3249 × 1200 ÷ (3 × 1200)		1083,00 €

Unterhalt von A nach Kontrollquote: 1083	1083,00 €
Unterhalt von B nach Kontrollquote: 1083 – 1000	83,00 €

Die Kontrollquote unterschreitet den Selbstbehalt von C in Höhe von 1200. Deshalb wird der nach Vorabzug des Selbstbehalts verfügbare Betrag nach der durch Gleichteilung ermittelten *Bedürftigkeit* und nach Rangfolge verteilt.

Leistungsfähigkeit von C: 2500 – 251 – 1200	1049,00 €
Gesamtbetrag der Bedürftigkeit	1166,00 €
Mangelquote: 1049 ÷ 1166	89,97 %
Mangelunterhalt von A: 1083 × 89,97 %	974,38 €
Mangelunterhalt von B: 83 × 89,97 %	74,68 €
Defizit bei A: 1200 – 1083 – 0	117,00 €
Auffüllung vorrangigen Unterhalts möglich: 74,68 ÷ 117	63,83 %
Kürzung nachrangigen Unterhalts ist nötig auf:	0 %
vorrangiger Unterhalt von A: 974,38 + 117 × 63,83 %	1049,06 €
nachrangiger Unterhalt von B: 74,68 × 0 %	0,00 €
C bleibt 2500 – 251 – 1049,06 =	1199,94 €

10. Gleitender Selbstbehalt gegenüber nachrangigen Unterhaltberechtigten

Eltern, Großeltern und Enkeln gegenüber können die Unterhaltspflichtigen den *besonders großen Selbstbehalt* von 1800 € geltend machen und zusätzlich noch die Hälfte des darüber hinaus gehenden Mehreinkommens. Diese Halbanrechnung des Mehrbetrags stellt auch sicher, dass dem Pflichtigen mehr als die Hälfte seines Einkommens verbleibt.

Zur Bestimmung der Leistungsfähigkeit sind vorrangige Unterhaltsansprüche vom Einkommen vorweg abzuziehen und danach der Sockelselbstbehalt, bevor der Rest zur Ermittlung der Leistungsfähigkeit halbiert wird:

Beispiel:

A verdient 3000 € und schuldet seinem auswärts studierenden Sohn S 735 – 194 = 541 € Unterhalt und ist dann seinem Vater in Höhe von (3000 – 1800 – 541) ÷ 2 = 330 € leistungsfähig.

11. Gleicher Rang, verschiedener Selbstbehalt[285]

Normalerweise gilt bei gleichem Rang auch der gleiche Selbstbehalt, sodass das diesen Selbstbehalt übersteigende Einkommen auf die gleichran-

---

[285] Vgl. Gutdeutsch, Volljährige Kinder vor und nach der Verselbstständigung: gleicher Rang, aber verschiedener Selbstbehalt, FamRZ 2012, 1779.

gigen Unterhaltsberechtigten nach Maßgabe ihres Unterhaltsbedarfs verteilt werden kann. Sind bei gleichem Rang die Selbstbehalte aber verschieden, versagt diese Berechnung. Dann muss zweistufig gerechnet werden: Zuerst ist das den höheren Selbstbehalt übersteigende Einkommen auf alle gleichrangig Unterhaltsberechtigten verteilt werden, danach muss der Unterhalt der durch einen geringeren Selbstbehalt Begünstigten mit der Differenz zwischen beiden Selbstbehalten aufgefüllt werden

---

Beispiel:

A verdient 3000 und ist dem Sohn S, der im Alter von 40 wieder bedürftig wurde und einen Bedarf von 880 hat, sowie der auswärts studierenden Tochter T (22 Jahre) mit Bedarf 735 – 194 = 541 unterhaltspflichtig. Der Unterhalt vom S berechnet sich mit einer Leistungsfähigkeit (s. o. A.III.4.i) von (3000 – 1800) ÷ 2 = 600. Bei Verteilung dieses Betrags unter die Gleichrangigen entfällt auf

S: 600 × 880 ÷ (880 + 541) = 371 €

Die Leistungsfähigkeit gegenüber T beträgt 3000 – 371 – 1300 = 1329 € und deckt damit den vollen Unterhalt von T in Höhe von 541 ab.

A bleibt: 3000 – 371 – 541 = 2088 € und damit weniger als der Selbstbehalt von 1800 + (3000 – 1800) ÷ 2 = 2400 €. S erhält trotzdem Unterhalt wegen seines Gleichrangs mit T. Gäbe es T nämlich nicht, dann erhielte er 600 € Unterhalt!

---

12. Zusammenfassung

Stehen mehrere Berechtigte demselben Unterhaltspflichtigen gegenüber, dann entstehen solange keine Probleme, als der Pflichtige alle Ansprüche befriedigen kann, ohne dass der Selbstbehalt gegenüber einem der Berechtigten gefährdet würde. Wenn aber der Bedarf eines der näheren Berechtigten (Kinder oder Ehegatten) davon abhängt, was dem Pflichtigen als sein Einkommen verbleibt, muss neu gerechnet werden, wenn man durch die Unterhaltsberechnung diesen (verbleibenden) Betrag ermittelt hat. Die Düsseldorfer Tabelle sieht dafür die Bedarfskontrollbeträge vor, mit deren Hilfe die für den Kindesunterhalt passende Einkommensgruppe gewählt werden kann. Der Ehegattenunterhalt verteilt grundsätzlich nach der Ehegattenquote und berücksichtigt den Kindesunterhalt durch Vorabzug. Wenn aber die Berechnung des Bedarfs nach den ehelichen Lebensverhältnissen wegen zusätzlicher Belastungen nicht gedeckt werden kann, muss nach dem Grundsatz der Halbteilung das insgesamt verfügbare Einkommen unter den Berechtigten verteilt werden (relativer Selbstbehalt). Wird dabei der absolute Ehegattenselbstbehalt unterschritten, dann muss in einer weiteren Berechnung der verfügbare Betrag nach Bedürftigkeit und nach Rangfolge verteilt werden.

VII. Mehrheit von Unterhaltspflichtigen

1. Mögliche Konkurrenzen

Kommen für einen Unterhaltsberechtigten mehrere Unterhaltpflichtige (s. o. II.) in Betracht, dann erhebt sich erst einmal die Frage: Welche Ansprüche sind überhaupt nebeneinander möglich?

– Ansprüche gegen **Verwandte** können natürlich so zahlreich sein, wie Verwandte der aufsteigenden oder absteigenden Linie vorhanden sind. Sie bleiben auch bei Verheiratung oder „Verpartnerung" noch bestehen, werden dann aber nachrangig (§ 1608 BGB).

– **Ehegatten** verlieren aber nach § 1586 Abs. 1 BGB nach Scheidung und Wiederverheiratung und bei Eingehung einer neuen Lebenspartnerschaft, also mit Erwerb des neuen Unterhaltsanspruchs, den Anspruch gegen einen früheren Ehegatten. Bei bestehender Ehe ist also ein weiterer Anspruch auf Ehegattenunterhalt nicht möglich. Doch kann ein erloschener Anspruch auf Kinderbetreuungsunterhalt nach § 1570 BGB nach Auflösung der zweiten Ehe gem. § 1586b BGB als nachrangiger Unterhaltsanspruch wiederaufleben.

– **Lebenspartner** verlieren ebenfalls ihre Unterhaltsansprüche nach Aufhebung der Lebenspartnerschaft und Eingehung einer neuen oder nach Verehelichung. Es gelten dieselben Regeln wie für Ehegatten, § 16 LPartG.

– Ansprüche aus nichtehelicher **gemeinsamer Elternschaft** nach § 1615l Abs. 2 BGB stehen zwischen Ehegatten- oder Partnerunterhalt einerseits und Verwandtenunterhalt andererseits. Nach § 1615l Abs. 1 S. 1 BGB soll nun für Ansprüche auf **gemeinsamer Elternschaft** das Recht des Verwandtenunterhalts entsprechend gelten. Danach müsste der Anspruch nach Eheschließung oder Eingehung einer Lebenspartnerschaft bestehen bleiben. Doch entstünde hier eine Unstimmigkeit: Der Anspruch auf Betreuungsunterhalt für Kinder, die aus einer Ehe stammen, erlischt nach § 1586 BGB bei Neuverheiratung oder Eingehung einer Lebenspartnerschaft, während bei Anwendung des Rechts der Verwandtschaft der Betreuungsunterhalt aus nichtehelicher Elternschaft nicht erlöschen würde. Eltern ehelicher Kinder würden demnach gegenüber denen nichtehelicher benachteiligt. Hier hätte man zugunsten der Kinder helfen können, indem man auch ehelichen Kindern den Fortbestand des Anspruchs auf Ehegattenunterhalt für ihre Betreuer bei Wiederverheiratung zubilligen würde. Doch hat der Gesetzgeber diesen Weg versperrt, indem er genau diesen Fall mit § 1586a BGB im Sinne eines Wiederauflebens des Unterhaltsanspruchs explizit geregelt hat. Im Übrigen hat der BGH auch nachgewiesen, dass durch die allmähliche Annäherung des Unterhalts nach § 1615l Abs. 2 BGB an die Regelung des § 1570 BGB eine unbewusste Regelungslücke entstanden ist. Folglich sind §§ 1586, 1586a BGB auf Unterhaltsansprüche aus gemeinsamer Elternschaft nach § 1615l Abs. 2 BGB entsprechend anzuwenden.[286] Die nachfolgende Eheschließung oder Eingehung einer Lebenspartnerschaft lässt deshalb auch den Betreuungsunterhalt nach § 1615l BGB erlöschen und nach Scheidung der neuen Ehe oder Aufhebung der Lebenspartnerschaft als nachrangigen Anspruch wieder aufleben.[287]

Somit ist ein Nebeneinander von Ansprüchen auf Ehegattenunterhalt und Betreuungsunterhalt nur eingeschränkt möglich: Wenn der Anspruch nach § 1615l BGB erst nach der Eheschließung oder der Eingehung einer Lebenspartnerschaft entstanden ist, dann kann er neben einem Anspruch auf Ehegattenunterhalt oder Lebenspartnerunterhalt bestehen. Ebenso können mehrere Ansprüche aus gemeinsamer Elternschaft nebeneinander bestehen.

Diese besonderen Wirkungen von Eheschließung und Eingehung einer Lebenspartnerschaft lassen sich gut erklären. Sie sind die Wirkung des durch Eingehung der Ehe oder Lebenspartnerschaft dokumentierten Willens, für einander einstehen zu wollen. Dieser dokumentierte Wille fehlt bei nur gemeinsamer Elternschaft. Nach der Scheidung bzw. Aufhebung verliert diese Erklärung etwas an ihrer Verbindlichkeit: Die alte Verpflichtung bleibt dann nicht mehr ausgeschlossen, sondern lebt als nachrangig wieder auf.

2. Rangfolge der Verpflichteten

a) Verwandte

Wenn die Ansprüche sich nicht gegenseitig ausschließen, muss das Verhältnis durch Rangregeln geklärt werden. Das hat der Gesetzgeber auch getan, wobei manche Regelungen überraschend erscheinen: Nach § 1606 Abs. 1 BGB haften Verwandte der absteigenden Linie vor denen der aufsteigenden, also Kinder (und Kindeskinder u.s.w.) haften vor den Eltern (und Großeltern u.s.w.) des Berechtigten. Verständlich ist das aber durch den zeitlichen Zusammenhang: Mit den aufwachsenden Kindern hat man in späterer, also weniger lang zurückliegender, Zeit als Kleinfamilie zusammengelebt als mit den eigenen Eltern, nämlich eine ganze Generation später. Inzwischen ist vieles geschehen. Man fühlt sich ihnen deshalb auch normalerweise enger verbunden. In dieser Zeit des Zusammenlebens mit den Kindern sind die Kinder im Allgemeinen bedürftig und nicht leistungsfähig. Daraus folgt die große Regelungsdichte und Praxis-

---

[286] BGH FamRZ 2005, 347.
[287] BGH FamRZ 2005, 347.

nähe der Düsseldorfer Tabelle. Sind Kinder allerdings ausnahmsweise durch den Ertrag ererbten Vermögens leistungsfähig und ihre Eltern zufällig bedürftig, dann besteht ausnahmsweise auch ein Anspruch der Eltern gegen ihre minderjährigen Kinder (§ 1602 Abs. 2 BGB), der dann gegenüber ihrem Anspruch gegenüber den eigenen Eltern vorrangig ist.

Bei Verwandten der aufsteigenden oder absteigenden Linie gehen die näheren den entfernteren vor (§ 1606 Abs. 2 BGB), also haften Kinder vor den Enkeln, Eltern vor den Großeltern. Der Sinn dieser Regelung leuchtet unmittelbar ein; Mit Großeltern oder Enkeln hat man normalerweise nicht als Kleinfamilie zusammengelebt, daher ist die gefühlte Solidarität geringer.

b) Vorrang von Ehegatten, Lebenspartnern, gemeinsamer Elternschaft

Vorrangig gegenüber dem Verwandtenunterhalt sind aber immer die Ansprüche aus der freiwillig übernommenen ehelichen bzw. lebenspartnerschaftlichen Verantwortung (§ 1608 S. 1 BGB) oder aus derjenigen, die sich in Ermangelung der dafür vorgesehenen Ehe oder Lebenspartnerschaft aus der gemeinsamen Elternschaft ergibt (§ 1615l Abs. 3 S. 2 BGB).

c) Wirkung des Vorrangs

Der Vorrang bewirkt, dass der Nachrangige nur dann und nur insoweit haftet, als der Vorrangige nicht leistungsfähig ist (§ 1607 Abs. 1 BGB), das Einkommen des Vorrangigen (abzüglich vorrangigen Unterhalts) also den für das Unterhaltsrechtsverhältnis maßgebenden Selbstbehalt unterschreitet.

d) Entlastungshaftung

Wegen der zentralen Bedeutung der Kleinfamilie für das Aufwachsen der Kinder gilt für die Unterhaltspflichten der Eltern und der Ehegatten noch eine Besonderheit: Die **Entlastungshaftung**. Die Reichweite der unterhaltsrechtlichen Verantwortung von Ehegatten und von Eltern hängt davon ab, ob leistungsfähige Verwandte vorhanden sind. Sind leistungsfähige Verwandte der Kinder vorhanden, dann brauchen Eltern nur soweit für den Unterhalt minderjähriger oder ihnen nach § 1603 Abs. 2. S. 2 BGB gleichgestellte Volljährige aufzukommen, als es ihnen bei Wahrung ihres angemessenen Selbstbehalts möglich ist. Entsprechendes gilt für den Ehegattenunterhalt: Nach § 1608 S. 2 BGB hängt der Umfang der Unterhaltspflicht von Ehegatten davon ab, ob leistungsfähige Verwandte vorhanden sind: Ist das der Fall, dann entfällt im Mangelfall ihre Unterhaltspflicht, soweit die Verwandten stattdessen leisten können. Gleiches gilt gem. § 1608 S. 4 BGB für den Lebenspartnerunterhalt, während eine entsprechende Regelung beim Unterhalt aus gemeinsamer Elternschaft nach § 1615l Abs. 3 BGB fehlt. Vermutlich liegt aber insoweit eine unbewusste Gesetzeslücke vor, die im Wege der Analogie zu füllen wäre, was ebenfalls zur Entlastungshaftung der Verwandten führen würde.[288] Überhaupt hat diese eingeschränkte Haftung von Eltern, Ehegatten und Lebenspartnern in der Praxis eine merkwürdig geringe Bedeutung, obgleich entsprechende Konstellationen nicht allzu selten sein dürften. Doch gibt es in der Rechtsprechung und Literatur bei der Entlastung der Eltern nach § 1603 Abs. 2 S. 3 BGB eine seltsame Entwicklung: Während ein Teil der Literatur die Regelung einfach berichtet, wie es im Gesetz steht,[289] verweigert ein anderer Teil ihr mit Hilfe einer Auslegung nach einem angeblichen Gesetzeszweck jeglichen Anwendungsbereich[290] – was ja eigentlich nicht Sinn einer teleologischen Auslegung sein kann.[291] Die mögliche Entlastung der Eltern von ihrer verschärften Haftung nach § 1603 Abs. 2 S. 3 BGB bedeutet, dass je nach Vorhandensein oder Nichtvorhandensein leistungsfähiger Verwandter, für sie zwei verschiedene Selbstbehalte gelten und zwei verschiedene Positionen in der Rangordnung. Entsprechendes gilt für Ehegatten und nach § 1615l Abs. 3 BGB Anspruchsberechtigte.

e) Rangfolge

Daraus ergibt sich folgende Rangfolge der Verpflichteten:
(1.) Ehegatte, Lebenspartner und nach § 1615l Abs. 2 BGB Berechtigter (bis zum angemessenen Selbstbehalt),
(2.) Kinder
(3.) Enkel
(4.) Urenkel
(5.) Eltern (bis zum angemessenen Selbstbehalt)
(6.) Großeltern
(7.) Urgroßeltern
(8.) Ehegatte, Lebenspartner und nach § 1615l Abs. 2 BGB Berechtigter (bis zum Ehegattenselbstbehalt)
(9.) Eltern (gegenüber Minderjährigen und ihnen Gleichgestellten bis zum notwendigen Selbstbehalt)
Auf jeder dieser neun Stufen haften mehrere Gleichrangige nebeneinander (s. u. A.VII.3.), während die Leistungsfähigkeit eines Vorrangigen die Unterhaltspflicht des Nachrangigen ausschließt. Ist der vorrangig Haf-

---

[288] BGH FamRZ 2005, 347, Wendl/Bömelburg § 7 Rn. 138.
[289] Hauß, Elternunterhalt Rn. 816, Wendl/Wönne § 2 Rn. 418, Göppinger/Wax/Kodal 9. Aufl. Rn. 1653, FA-FamR/Seiler Kap. 6 Rn. 396.
[290] Wendl/Klinkhammer § 2 Rn. 787, BeckOK BGB/Reinken 42. Edition § 1607 Rn. 4, Palandt/Brudermüller § 1607 Rn. 5.
[291] Näheres bei Gutdeutsch FamRZ 2018, 5.

tende nur teilweise leistungsfähig, dann haftet für den Ausfall der Nachrangige.

Es gilt also

> Nachrangige Unterhaltspflicht = voller Unterhalt – vorrangige Unterhaltspflicht nach Mangelkürzung

Es muss aber beachtet werden, dass in den verschiedenen Rängen auch der *Bedarf* verschieden berechnet wird. Da die Kinder die Lebensverhältnisse der leistungsfähigen Eltern teilen, umfasst die Ersatzhaftung der Großeltern, die ja nur bei Leistungsunfähigkeit der Eltern eintritt, lediglich den Mindestunterhalt. Auch die Ersatzhaftung der Verwandten anstelle der Ehegatten braucht nur das Existenzminimum des Berechtigten zu decken.

Die Rangordnung nimmt anders als das Erbrecht keine Rücksicht auf die Linien und Stämme: gleichnahe Verwandte auch aus verschiedenen Linien haften nach § 1606 Abs. 3 S. 1 BGB[292] anteilig nach ihren Einkommens- und Vermögensverhältnissen (s. u. 2.).[293]

3. Gleichrang

a) Allgemeines

Bei Gleichrang haften die Unterhaltspflichtigen (wie gesagt) im Verhältnis ihrer Leistungsfähigkeit, § 1606 Abs. 1 S. 1 BGB. Das lässt sich bei dem **Barbedarf** einfach bestimmen. Man errechnet die Summe der Leistungsfähigkeiten aller gleichrangig unterhaltspflichtigen, vergleicht diesen Betrag mit dem Barbedarf des Unterhaltsberechtigten und verteilt in diesem Verhältnis:

Wenn die finanzielle Leistungsfähigkeit der gleichrangig Pflichtigen ausreicht, zahlt jeder anteilig nach seiner Leistungsfähigkeit:

> Anteiliger Barunterhalt = Bedürftigkeit × verfügbares Einkommen des Pflichtigen ÷ Summe der verfügbaren Einkommen

Reicht die Summe der verfügbaren Einkommen aber nicht aus, dann beschränkt sich der Beitrag eines jeden auf seine Leistungsfähigkeit:

---

[292] Das ursprüngliche BGB hatte demgegenüber noch für Abkömmlinge (Elternunterhalt und Großelternunterhalt) eine Haftung nach Erbteilen vorgesehen: § 1606 Abs. 1 S. 2 BGB 1900.
[293] Wendl/Wönne § 2 Rn. 917.

A. Grundlagen

Anteiliger Barunterhalt = Leistungsfähigkeit

Allerdings ist Unterhalt nicht nur Barunterhalt, er umfasst den ganzen Lebensbedarf. Kinder bedürfen der **Pflege und Erziehung.** Auch alte Leute sind oft **pflegebedürftig.** Werden die nötigen Pflegeleistungen auf dem Markt eingekauft, dann erhöhen sie den Barbedarf. Die Unterbringung alter Leute in Pflegeheime wird daher über einen erhöhten Barbedarf abgerechnet. Solange aber ein Familienmitglied diese Pflege übernimmt, entlastet es – oft ohne die angemessene Würdigung – die Familie und die Sozialkassen. Auch die Pflege und Erziehung der Kinder wird manchmal ganz oder teilweise Internaten übertragen. Doch gehen der Gesetzgeber und die bisherige Rechtsprechung davon aus, dass sich nach einer Ehescheidung im Regelfall bei einem Elternteil der Schwerpunkt von Erziehung und Betreuung befindet. Dieser Elternteil erfüllt dann im Zweifel seine Unterhaltspflicht schon durch Pflege und Erziehung (§ 1606 Abs. 3 S. 2 BGB), sodass es – wegen der vorausgesetzten Gleichwertigkeit von Betreuung und Barunterhalt – Sache des anderen Elternteils ist, den gesamten Barunterhalt abzudecken. In dem Maße, als auch nach der Scheidung sich die Eltern Pflege und Erziehung der Kinder teilen, verliert dieses Modell zwar an Überzeugungskraft. Ein anderes hat sich aber in Deutschland bisher nicht durchgesetzt.

b) Exkurs: Entwurf einer Unterhaltsverteilung bei Verteilung der Betreuung zwischen 20 % und 50 %

Eine Lösung könnte darin bestehen, den zwischen den Eltern auszugleichenden Barbedarf des Kindes allein mit Hilfe der Beträge zu berechnen, die der jeweilige Elternteil allein nach seinem Einkommen zu zahlen hätte (DTBar und DTBetreuer). Zusätzlich sind nur noch der Umfang der Betreuung durch den Umgangsberechtigten sowie der Umfang der Betreuung bei „normalen Verhältnissen" nötig, also 15 % oder 20 %. Dann gilt:

Ausgleich zu leisten vom Umgangsberechtigten

= (DTBar + DTBetreuer) × (100 %-Normalbetreuung – Betreuung)
÷ (100 % – 2 × Normalbetreuung)

Der **Kindergeldausgleich** erfolgt dann wie bisher durch Abzug des halben Kindergelds;

Ausgleichszahlung = Ausgleich – Kindergeld ÷ 2

VII. Mehrheit von Unterhaltspflichtigen

Man sieht leicht, dass sich der normale Kindesunterhalt ergibt, wenn der Umfang der Betreuung durch den Barunterhaltspflichtigen der normalen Betreuung im Umfang des üblichen Umgangsrechts entspricht. Ist er geringer, dann ergibt sich ein höherer Unterhalt. Weil der Zweck der neuen Berechnung aber darin besteht, den Bereich zwischen normalem Umgangsrecht und Wechselmodell berechenbar zu machen, muss man daraus keine Konsequenzen ziehen.

Einen durchschnittlichen Mehrbedarf kann man ebenfalls proportional berücksichtigen, ausgehend vom Maximalzuschlag, der beim echten Wechselmodell anzunehmen wäre.

Zuschlagprozent = Maximalzuschlag × ((Betreuung − Normalbetreuung) ÷ (50 % − Normalbetreuung)):
Ausgleichszahlung = Ausgleich + Zuschlagprozent % − Kindergeld ÷ 2

Die Frage, ob diese Lösung mit dem Gesetz vereinbar ist, wird man leider nicht bejahen können.

Durch die Regelungen von § 1606 Abs. 3 S. 2, § 2629 Abs. 2 S. 2, § 1687 Abs. 1 S. 1, 4 BGB hat sich der Gesetzgeber auf **das Residenzmodell** als Regel festgelegt, zu der das **Wechselmodell** lediglich eine eng auszulegende Ausnahme bildet. Doch kann das obige Rechenmodell dann nützlich sein, wenn die Beteiligten sich nichts mehr als einen einfachen und fairen Ausgleich wünschen.[294] Ein Sonderfall der Berechnung ist der einfache Mittelwert, der für das Wechselmodell das Ergebnis liefert. Diese Berechnung ist zwar einfacher als die übliche Abrechnung des Wechselmodells nach dem aus dem gemeinsamen Einkommen berechneten Bedarf, belastet den Ärmeren aber stärker als die übliche Abrechnung des Wechselmodells und ist deshalb nur bei großzügiger Bemessung des Mehrbedarfs sinnvoll.

---

[294] Eine Staffelberechnung (mit einer Normalbetreuung von 20 %) könnte (nach einigen Umformungen) so aussehen:.

Unterhalt nach Einkommen des Barunterhaltspflichtigen:	552
Unterhalt nach Einkommen des Betreuenden:	360
Summe	912
Betreuung	40 %
bereits berücksichtigt	−20 %
Mehrbetreuung	20 %
Betreuungsfaktor (60 % − 20 %) ÷ 60 %	80 %
Endsumme: Summe × Betreuungsfaktor	729,60
abz. Unterhalt nach Einkommen des Betreuenden	360,00
Ausgleich	369,60
abz. Kindergeldausgleich	− 96,00
nach Kindergeldausgleich	293,60.

c) Verteilung bei Gleichrang

Bei Mehrheit von gleichrangig Verpflichteten hat der Gesetzgeber – anders als bei Mehrheit von Berechtigten (s. o. VI.3.) – die Verteilung selbst geregelt: Nach § 1606 Abs. 3 S. 1 BGB haften gleichrangige Verwandte im Verhältnis ihrer Erwerbs- und Vermögensverhältnisse. Erwerbsverhältnisse sind die gesamte Einkommensseite einschließlich der damit verbundenen Aufwendungen und Belastungen. Vermögensverhältnisse sind das Aktiv- und Passivvermögen. Es ist offenkundig, dass die Leistungsfähigkeit durch diese beiden Verhältnisse bestimmt wird. Sie wird aber auch bestimmt durch den in § 1603 Abs. 1 BGB definierten Eigenbedarf (Selbstbehalt) und die nach § 1606 Abs. 1, 2 BGB definierten vorrangigen Unterhaltsverpflichtungen, durch welche sich das nach den Erwerbs- und Vermögensverhältnissen verfügbare Einkommen vermindert. Trotz der klaren Systematik sind aber Selbstbehalt und vorrangige Unterhaltsverpflichtungen in der Vorschrift auch nicht andeutungsweise erwähnt. Das leuchtet ein, wenn man berücksichtigt, dass die Auswirkungen von Eigenbedarf und vorrangigen Unterhaltsverpflichtungen ja bereits in den §§ 1603, 1606 Abs. 1 und 2, § 1607 Abs. 1 BGB geregelt sind: Soweit der Eigenbedarf (oder Selbstbehalt) des Vorrangigen gefährdet ist, haften die nachrangig Verpflichteten seiner Stelle. Die Lösung ist eigentlich klar und eindeutig. Es Sie trennt die **unterhaltsrechtliche Verantwortung** von der **Leistungsfähigkeit**. Nach dem Wortsinn bleibt auf der Stufe der Gleichrangverteilung nach § 1606 Abs. 3 S. 1 BGB die **Bedarfsseite** somit gänzlich unberücksichtigt. Diese wird erst in der zweiten Stufe, eben bei der Prüfung der Leistungsfähigkeit erfasst. Es hat wohl von Anfang an Widerstand gegen diese strenge gesetzliche Lösung gegeben, weil es bei aller methodischen Klarheit doch dem Gefühl widerspricht, bei der Unterhaltsverteilung denjenigen, der mit erheblichen Unterhaltspflichten belastet ist, mit demjenigen gleich zu behandeln, der nur diese einzige, zwischen den Parteien aufzuteilende, Verpflichtung hat. Außerdem ist es sinnvoll, bei der Verteilung den Eigenbedarf zu berücksichtigen: Verteilt kann doch nur das werden, was der Pflichtige erübrigen kann. Im Gesetzgebungsverfahren haben diese Erwägungen zwar nicht zu einer Modifizierung des Textes geführt. Jedoch haben sie in den Motiven einen Niederschlag gefunden. Dort wird – abweichend vom Wortsinn – behauptet, es sei nach Maßgabe der Leistungsfähigkeit zu verteilen.[295] Dem hat sich der BGH angeschlossen.[296] So wurde die Prüfung der Leistungsfähigkeit schon in die Unterhaltsverteilung einbezogen und eine anschließende Prüfung derselben erübrigt – eine sehr praktikable Lösung.

---

[295] Amtliche Begründung des Regierungsentwurfs für das NEhelG vom 19.8.1969 (BGBl I 1243), BT-Drs. V/2370 S. 39.
[296] BGH FamRZ 1986, 153.

VII. Mehrheit von Unterhaltspflichtigen

Dieser Aspekt der Verteilung versursacht aber neue Probleme, wenn Pflichtigen-Konkurrenz und Berechtigten-Konkurrenz zusammentreffen, und wird deshalb dort behandelt (s. u. A.VIII.2). Die gemeinsame reine Barunterhaltspflicht löst die Praxis mit der oben (s. o. A.VII.3.a) beschriebenen Verteilungsformel. Bei minderjährigen Kindern besteht gemeinsame Barunterhaltspflicht nur bei Fremdbetreuung oder bei einer Aufteilung des Sorgerechts in Gestalt eines Wechselmodells. Während bei Fremdbetreuung die Verteilungsformel maßgebend ist, verwendet die Praxis beim Wechselmodell eine Mischung von konkreter Bedarfsbestimmung und Tabellenbedarf, (s. u. D.I.1.a).

d) Begrenzung auf die hypothetische Alleinhaftung

Wenn beide Eltern gleichrangig für den Unterhalt eines volljährigen Kindes haften, das noch bei einem der Eltern lebt, dann wird dessen Bedarf nach der Summe der Einkommen beider Eltern bestimmt (s. o. A,III.5.b.aa). Bei sehr ungleichen Elterneinkommen kann es dann geschehen, dass der Anteil des mehr verdienenden Elternteils am Kindesunterhalt höher ist, als der Betrag, den er ohne den ärmeren Elternteil allein als Unterhalt zu zahlen hätte.

> **Beispiel 1:**
> A verdient 2600 €, B verdient 1300 €. Beide sind dem 18-jährigen K gegenüber unterhaltspflichtig, der noch bei B lebt und aus seinem Ausbildungsverhältnis eine Vergütung von 340 € bezieht. Vermindert um 100 € pauschalen Ausbildungsaufwand sind davon 240 € bedarfsdeckend anzurechnen.
> Der Bedarf beträgt nach dem Einkommen des hier allein haftenden A, aufgruppiert, nach DT2018 4/4 607 – 240 – 194 = 173 €. Nur diesen Betrag muss er folglich leisten, denn B ist nicht leistungsfähig
> Nun erhöht sich das Einkommen von B von 1300 € auf 1350 €.
> Der Unterhalt nach dem gemeinschaftlichen Einkommen von 3950 € beträgt jetzt nach DT2018 7/4 717 – 240 – 194 = 283 €, also 110 € mehr, als A allein zahlen müsste.
> Davon entfallen anteilig auf A: 283 × 1300 ÷ (1300 + 50) = 272,52 und auf F: 283 × 50 ÷ (1300 + 50) = 10,48 €.
> Der Anteil von A ist viel höher als der bei alleiniger Unterhaltspflicht geschuldete, denn dieser beträgt wie bisher 163 €. A muss also um 272 – 163 = 109 € mehr zahlen, nur weil B mehr verdient.

Die Leitlinien[297] haben deshalb den Grundsatz aufgestellt, dass der mehr verdienende Elternteil nicht mehr zahlen muss, als er zahlen müsste, wenn er allein barunterhaltspflichtig wäre. Der BGH hat diesen Grund-

---

[297] Leitlinien 13.1.1.

satz gebilligt.[298] Es handelt sich hier um ein allgemeineres Prinzip. Es liegt auch der seit Beginn der Düsseldorfer Tabelle geltenden Regel zugrunde, dass der für ein *minderjähriges Kind* allein barunterhaltspflichtige Elternteil dessen Unterhalt nur nach Maßgabe seines eigenen Einkommens leisten muss, obgleich – wie inzwischen auch der BGH anerkannt hat[299] – die Lebensstellung auch eines minderjährigen Kindes sich nach § 1610 Abs. 1 von den Lebensverhältnissen **beider** Eltern herleitet und deshalb wie das eines Volljährigen – nach dem zusammengerechneten Einkommen beider Elternteile nach der Düsseldorfer Tabelle zu bestimmen ist. Der Anspruch gegen den allein Barunterhaltspflichtigen beschränkt sich aber auf den Betrag, der sich allein auf sein Einkommen gründet, also den Betrag, den er unabhängig vom Einkommen des betreuenden Elternteils zahlen muss.[300] Der darüberhinausgehende Barunterhalt eines Minderjährigen entfällt auf den betreuenden Elternteil, der ihn dadurch erfüllt, dass er das Kind an seinen Lebensverhältnissen teilhaben lässt (s.u. B.I.1.d). Bei *Volljährigen* nun ist dieses Prinzip durch den oben genannten Grundsatz realisiert, dass der Anteil jedes Pflichtigen am Barunterhalt des Volljährigen nicht höher sein kann, als der Betrag, den er bei alleiniger Barunterhaltspflicht leisten müsste. Eine Besonderheit gilt allerdings für die Anrechnung eigenen Einkommens des Kindes: Bei Minderjährigen gilt hier die Halbanrechnung (s.u. B.I.2.b). Allerdings bewirkt die Anrechnung von Kindergeld und Kindeseinkommen auf die Höchstbeträge eine Doppelberücksichtigung dieser Beträge zulasten des Kindesunterhalts (im Einzelnen s.u. D.I.2.c).[301]

e) Nach zwei Selbstbehalten gestufte Verteilung

Ein zusätzliches Problem bei der Verteilung des Barunterhalts auf die beiden gleichrangig haftenden Eltern – wenn also beide nebeneinander barunterhaltspflichtig sind – besteht darin, dass gegenüber demselben minderjährigen oder privilegiert volljährigen Kind zwei verschiedene Selbstbehalte gelten, nämlich nach § 1603 Abs. 2 S. 1 BGB der *notwendige* Selbstbehalt und nach § 1603 Abs. 2 S. 3, § 1603 Abs. 1 BGB der *angemessene* Selbstbehalt, nämlich dann, wenn ein anderer leistungsfähiger Verwandter vorhanden ist. Dann muss nämlich entschieden werden, welcher Selbstbehalt bei der Verteilungsrechnung vorweg abgezogen werden

---

[298] BGH FamRZ 2017, 711; FamRZ 2017, 437; FamRZ 2008, 2104; FamRZ 2006, 99, 100.

[299] BGH FamRZ 2016, 199.

[300] BGH FamRZ 2016, 199.

[301] Umgekehrt ist dieser Grundsatz auch wirksam, wenn ein weiterer Unterhaltsberechtigter hinzutritt: Auch er kann nicht die Erhöhung der Unterhaltpflicht bewirken. Das wird relevant bei der Bemessung des Ehegattenunterhalts, wenn er mit dem Unterhaltsanspruch eines nach § 1609 Nr. 4 BGB nachrangigen volljährigen Kind konkurriert (s.u. C.II.5).

soll, der von 1080 € oder der von 1300 €. An sich gilt gegenüber beiden Elternteilen der Selbstbehalt 1080 €. Jedoch können sie auf jeder Seite auch als *andere leistungsfähige Verwandte* nach § 1603 Abs. 2 S. 3 BGB in Betracht kommen (s. o. A.VII.3.e) und müssen den anderen Elternteil dann entlasten, wenn dem nicht der angemessene Selbstbehalt bleibt, sie ihn aber ohne weiteres entlasten können.

Die rechnerische Lösung ergibt sich aus eben dieser Regelung: Hiernach sind beide Elternteile als unbedingt leistungsfähig anzusehen mit ihrem den angemessenen Selbstbehalt übersteigenden Einkommen. Soweit dem anderen weniger als 1300 bliebe, müssen sie an seiner Stelle haften, wenn aber das 1300 übersteigende Einkommen nicht reicht, muss das Defizit nach dem Verhältnis der 1080 übersteigenden Einkommens verteilt werden.[301a] Demnach sind drei Fälle zu unterscheiden:

Fall 1: Beide Eltern haben Einkommen von mehr als den angemessenen Selbstbehalt und das den ihn übersteigende Einkommen genügt zu Deckung des Kindsunterhalts. Dann ist dieser nach dem Verhältnis der den angemessenen Selbstbehalt übersteigenden Einkommen zu verteilen. Dasselbe gilt, wenn nur ein Elternteil das höhere Einkommen hat, dieses aber für den Kindsunterhalt ausreicht. Der Elternteil mit dem höheren Einkommen ist dann alleinunterhaltspflichtig. Ihm bleibt am Ende aber auch mehr als dem anderen.

Beispiel zu Fall 1:
Kind studiert, Bedarf 735 abz. Kindergeld 194 = Restbedarf 541 €. Vater verdient 2500 €, Mutter verdient 2000 €.

Leistungsfähigkeit nach angemessenem Selbstbehalt:

Vater: 2500 – 1300 = 1200 €

Mutter:2000 – 1300 = 700 €

Anteilige Haftung

Vater: 541 × 1200 ÷ (1200 + 700) = 342 €

Mutter: 541 × 700 ÷ (1200 + 700) = 199 €

Fall 2: Beide Eltern haben Einkommen, welche den angemessenen Selbstbehalt von 1300 übersteigen. Doch genügt dieses auch in seiner Summe nicht, um den Kindsunterhalt zu decken. Wenn nun das Kind nach § 1603 Abs. 3 S. 2 BGB privilegiert ist, geben beide Eltern zuerst das den angemessenen Selbstbehalt von 1300 übersteigende Einkommen ab und teilen den noch fehlenden Teil gleichmäßig, sodass ihnen der gleiche Betrag, mindestens aber der notwendige Selbstbehalt, verbleibt.

Beispiel zu Fall 2:
Kind, 18 Jahre alt, lebt bei der Mutter und geht noch zur Schule, Vater verdient 1600 €, Mutter verdient 1400 €. Bedarf des Kindes nach beiderseitigem Einkommen der Eltern DT18 4/4: 607 – 194 Kindergeld = 413 € Restbedarf.

[301a] Wendl/Klinkhammer § 2 Rn. 595.

Das 1300 übersteigende Einkommen von Vater und Mutter beträgt nur 300 + 100 = 400 €, es bleiben 413 − 400 = 13 € ungedeckt. Nachdem bei beiden das 1300 € übersteigende Einkommen herangezogen wurde, bleiben bei jedem von ihnen 1300 €. Den Restbetrag von 13 € müssen sie sich deshalb hälftig teilen. Dann bleibt beiden 1300 − 7 = 1293 €.

Fall 3: Das Einkommen mindestens eines Elternteils unterschreitet den angemessenen Selbstbehalt und ein etwaiges Einkommen des anderen überschreitet den angemessenen Selbstbehalt nicht soweit, dass er allein den Kindesunterhalt decken könnte. Dann ist der Teil des Kindesunterhalts, der mit dem Einkommen oberhalb des angemessenen Selbstbehalts nicht gedeckt werden konnte, mit dem den notwendigen Selbstbehalt übersteigenden Einkommen zu decken, und zwar im Verhältnis der den notwendigen Selbstbehalt übersteigenden Beträge. Da diese verschieden sind, bleiben den Pflichtigen anders als im Fall 2 unterschiedliche Resteinkommen.

Beispiel zu Fall 3:
Kind, 18 Jahre alt, lebt bei der Mutter und geht noch zur Schule, Vater verdient 1600 €, Mutter verdient 1200 €. Bedarf des Kindes nach beiderseitigem Einkommen der Eltern DT18 4/4: 607 − 194 Kindergeld = 413 € Restbedarf.

Das Einkommen von Mutter erreicht 1300 € nicht. Das 1300 € übersteigende Einkommen von Vater beträgt nur 300 €, es bleiben 413 − 300 = 113 € ungedeckt. Nach Heranziehung des bei ihm 1300 € übersteigenden Einkommens bleiben bei ihm 1300 €, bei Mutter 1200 €. Den offenen Restbetrag von 113 € müssen sich die Eltern im Verhältnis ihres 1080 € übersteigenden Einkommen teilen.

Leistungsfähigkeit nach dem notwendigen Selbstbehalt:
Vater: 1300 − 1080 = 220 €
Mutter: 1200 − 1080 = 120 €

Anteilige Haftung
Vater: 113 × 220 ÷ (220 + 120) = 73 €, insgesamt 300 + 73 = 373 €
Das aber ist mehr als der Höchstbetrag nach DT18 2/4 von 554 − 194 = 360 €
Vater zahlt deshalb nur insgesamt 360 €, bleibt 1600 − 360 = 1240 €
Mutter zahlt: 113 × 120 ÷ (220 + 1120) = 40 €, bleibt 1200 − 40 = 1160 €

f) Verteilung des Mehrbedarfs minderjähriger Kinder

Bei minderjährigen Kindern gilt nach § 1606 Abs. 3 S. 2 der Grundsatz der Gleichwertigkeit von Betreuung und Barunterhalt. Deshalb kompensiert die Betreuung den normalen Barunterhalt, Daran ändert sich auch nichts, wenn zusätzlich zum Elementarunterhalt ein Krankenkassenbeitrag gezahlt werden muss, denn der gehört grundsätzlich zum Elementarbedarf und entfällt nur deshalb in der Regel, weil Kinder in der ges. Krankenversicherung kostenlos mitversichert sind. Wenn aber zusätzliche Kosten, z.B. für den Kindergartenbesuch, entstehen, dann sind diese nach der Rechtsprechung des BGH[302] von der Kompensationsregel des § 1606 Abs. 3 S. 2 BGB nicht erfasst. Sie sind deshalb zwischen den Eltern nach den Regeln des § 1606 Abs. 3 S. 1 BGB, mithin nach Maßgabe ihrer Leistungsfähigkeit aufzuteilen. Für die Verteilung dieses Mehrbedarfs gelten die oben (3.c) erörterten Regeln mit dem Unterschied, dass der Kindergartenbesuch nicht als so dringlich angesehen wird, dass er eine Unterschreitung des angemessenen Selbstbehalts rechtfertigen würde.[303] Bei krankheitsbedingtem Mehrbedarf kann das anders sein. Ist seine Dringlichkeit dem elementaren Lebensbedarf gleich zu achten, dann gelten die Verteilungsregeln einschließlich der Haftung mit bis zum notwendigen Selbstbehalt (3.c) auch für diesen Mehrbedarf.

g) Widerlegung der Vermutung des § 1606 Abs. 3 S. 2 BGB

Der betreuende Elternteil eine Minderjährigen erfüllt in der Regel seine Unterhaltspflicht durch die Betreuung. Besteht jedoch zwischen den Elternteilen ein erhebliches wirtschaftliches Ungleichgewicht, dann ist die Vermutung des § 1606 Abs. 3 S. 2 BGB widerlegt.[304] *Scholz*[305] schlägt vor, dafür einen Selbstbehalt von 150 % des Einkommens des Barunterhaltspflichtigen zugrunde zu legen und die Hälfte des diesen Betrag übersteigenden Einkommens mit dem verfügbaren Einkommen des Barunterhaltspflichtigen in das Verhältnis zu setzen. Wegen der Einzelheiten s.u. D.I.1.e.aa.

h) Verschiedene Bedürftigkeit desselben Berechtigten

Der getrenntlebende oder geschiedene Ehegatte und der Vater eines nichtehelichen Kindes können gleichrangig nebeneinander derselben Frau Betreuungsunterhalt schulden (s.o. A.III.4.d.bb). Der Bedarf kann dabei nicht verschieden sein, denn die ehelichen Lebensverhältnisse der Mutter bestimmen auch den Bedarf nach § 1615l Abs. 2 BGB.[306] Bei unterschiedlicher Betreuungsbedürftigkeit der Kinder kann der Vater des älteren Kindes geltend machen, dass dessen Betreuung einer eingeschränkten Erwerbstätigkeit nicht mehr entgegenstehe. Dann mindert sich dieser Anspruch um dieses fiktive Einkommen: Die Bedürftigkeit ist im Verhältnis zu diesem Vater geringer als im Verhältnis zu dem anderen. Im Einzelnen s.u. D.V.

---

[302] BGH FamRZ 2009, 962.
[303] BGH FamRZ 2011, 453; FamRZ 2009, 962, 965.
[304] BGH BGH FamRZ 2013, 1558; FamRZ 2011, 1041.
[305] Scholz, Die Beteiligung des betreuenden Elternteils am Barunterhalt, FamRZ 2006, 1728.
[306] BGH FamRZ 1998, 541.

4. Zusammentreffen vor- und nachrangig Haftender

Ist ein Unterhaltspflichtiger nachrangig verpflichtet, dann kommt seine Unterhaltsverpflichtung erst zum Tragen, wenn der vorrangig Verpflichtete leistungsunfähig ist oder wenn seine Leistungsfähigkeit nicht ausreicht. Wegen des nicht gedeckten Rests besteht dann die Unterhaltspflicht des nachrangigen Unterhaltspflichtigen. Praktisch bedeutsam ist die Ersatzhaftung

- des ein minderjähriges Kind betreuenden Elternteils für den allein Barunterhaltspflichtigen (s. u. D.I.1.d und e),
- der Großeltern des Kindes für leistungsunfähige Eltern (s. u. D.III.),
- seltener der Eltern des Ehegatten/Partners für einen leistungsunfähigen oder beschränkt leistungsfähigen Ehegatten/Partner (s. u. D.VII.).

Soweit das Verhältnis der Unterhaltspflichtigen durch Vor- und Nachrang geregelt ist, gibt es mithin keine Probleme.

5. Forderungsübergang und Monetarisierung des Betreuungsunterhalts

Die Ersatzhaftung eines nachrangigen Verpflichteten tritt nach § 1607 BGB in zwei Fällen ein: Wenn dem Vorrangigen die Leistungsfähigkeit fehlt (§ 1607 Abs. 1 BGB) und wenn von ihm, trotz Leistungsfähigkeit „nichts zu holen ist" (§ 1607 Abs. 2 BGB). Im ersteren Fall besteht keine Unterhaltspflicht des vorrangigen Unterhaltspflichtigen. Im letzteren aber bleibt seine Unterhaltspflicht trotz Leistung des Nachrangigen bestehen. Der Unterhaltsanspruch geht auf den ersatzweise Leistenden über. Allerdings entsteht hier ein Problem: Wenn ein Großelternteil für ein minderjähriges Kind sowohl Bar- wie Betreuungsunterhalt leistet, kann er mit dem auf ihn übergegangenen Anspruch auf Betreuungsunterhalt nichts anfangen. Dieser verwandelt sich daher in einen Geldanspruch und zwar wegen der Gleichwertigkeit von Betreuungs- und Barunterhalt genau in Höhe des Barbedarfs. Dementsprechend hat der BGH den von einem Großelternteil geleisteten Unterhalt einschließlich Betreuung mit dem **doppelten des Tabellenbetrags** der Düsseldorfer Tabelle bewertet[307] (vgl. B.I.3.e).

6. Gleicher Rang, verschiedene Selbstbehalte

Wenn bei einem Elternteil zwei Kinder leben, von denen eines minderjährig, das andere volljährig ist, aber noch eine allgemeinbildende Schule besucht, dann gilt gegenüber beiden die verschärfte Unterhaltspflicht der Eltern nach § 1603 Abs. 2 S. 1 BGB. Der betreuende Elternteil erfüllt ge-

---

[307] BGH FamRZ 2006, 1597.

genüber dem Minderjährigen jedoch seine Unterhaltspflicht bereits durch Pflege und Erziehung (§ 1606 Abs. 3 S. 2 BGB. Deshalb braucht er den Barunterhaltspflichtigen, dessen angemessener Selbstbehalt gefährdet ist, nur dann zu entlasten, wenn der eigene erhöhte Betreuerselbstbehalt nicht gefährdet ist (s. o. A.III.4.j). Ebenso kann er seinerseits die Entlastung durch einen leistungsfähigen Großelternteil bereits dann erwarten, wenn der erhöhte angemessene Selbstbehalt eines betreuenden Elternteils gefährdet ist (s. u. D.IV.1). Das andere, bereits volljährige Kind betreffend können die gleichen Fragen der Ersatzhaftung – *für* den anderen Elternteil oder *durch* einen leistungsfähigen Großelternteil – auftreten. Welcher Selbstbehalt soll dann gelten?

Ein ähnliches Problem mit zwei Selbstbehalten bei gleichem Rang tritt auf bei der Konkurrenz zwischen volljährigen Kindern in der Ausbildung und solchen, die nach der Verselbständigung bedürftig geworden sind, also verschiedenen **Berechtigten**: Gegenüber ersteren gilt der angemessene Selbstbehalt von 1300 €, gegenüber letzteren der erhöhte angemessene Selbstbehalt von 1800 € zuzüglich halbes Mehreinkommen (s. o. A.VI.11). Dort liefert die zweistufige Berechnung eine brauchbare Lösung, weil sie die Verteilung des Unterhalts auf mehrere Berechtigte modifiziert. Verschiedene Selbstbehalte bei einem **Verpflichteten** sind aber nicht möglich: Es kann sich je nach der Mangellage nur ein Selbstbehalt durchsetzen, und zwar derjenige gegenüber dem Berechtigten des letzten Ranges (s. o. A.VI.2).

Daher besteht in diesen Konfliktfällen nur die Wahl zwischen dem allgemeinen angemessenen Selbstbehalt und dem speziellen Betreuerselbstbehalt. Nach der allgemeinen Spezialitätsregel[308] geht der Betreuerselbstbehalt vor. Diese Lösung hat auch den Vorzug, flexibel zu sein, denn der Betreuerselbstbehalt kann den individuellen Verhältnissen angepasst werden.

a) Ersatzhaftung des betreuenden Elternteils

Beispiel 1:

A verdient 1500 €, B verdient 2000 €. Bei B leben K1, 18 Jahre alt und Schüler, und K2, 15 Jahre alt, für welche A und B unterhaltspflichtig sind. A und B sind einander nicht unterhaltspflichtig.

Barunterhalt von K2 nach Einkommen von A	
1500 DT2018 1/3: 527 – 97 =	370 €
Unterhalt von K1 nach gemeinsamem Einkommen	
3500 DT2018 5/4: 633 – 194 =	439 €
insgesamt (zur Kontrolle)	809 €
Unterhaltsverteilung nach Klinkhammer (s. u. A.VIII.):	
Leistungsfähigkeit von A: 1500 – 1300 =	200 €

---

[308] Lex specialis derogat legi generali.

Leistungsfähigkeit von B: 2000 – 1300 =   700 €.

Anteil von A: 439 × 200 ÷ (200 + 700) =   98 €

Anteil von B: 439 × 700 ÷ (200 + 700) =   341 €

A bleibt: 1500 – 370 – 98 =   1032 €

also um 48 € weniger als den notwendigen Selbstbehalt.

B bleibt: 2000 – 341 =   1659 €

B haftet ersatzweise in Höhe von 48 € nach § 1607 Abs. 1 BGB und zwar anteilig beiden Kindern. Da beide bei ihr leben, mindern sich einfach die Zahlungen von A.

A bleibt aber auch weniger als 1300 €. Das gesamte Defizit beträgt 1300 – 1032 = 268 €. B muss ihn nach § 1603 Abs. 3 S. 3 BGB entlasten, soweit sein angemessener Selbstbehalt das zulässt. Maßgebend ist der Betreuerselbstbehalt, der zwischen 1300 € und 1800 € liegt. Da K2 fast volljährig und deshalb sehr selbständig ist, ist ein Betrag näher an der Untergrenze angemessen. Gewählt werde ein Betreuerselbstbehalt 1400 €. Damit stehen für die Ersatzhaftung insgesamt 1659 – 1400 = 259 € zur Verfügung. Der Gesamtbetrag ist im Verhältnis der Unterhaltsbeträge von 98 + 370 = 468 auf die Unterhaltspflichten von A zu verteilen:

Dann zahlt A für K1: 98 – 259 × 98 ÷ (98 + 370) =   44 €

Dann zahlt A für K2: 370 – 259 × 370 ÷ (98 + 370) =   165 €

Dann zahlt B für K1: 370 – 44 =   326 €

Dann zahlt B für K2: 439 – 165 =   274 €

A bleibt 1500 – 44 – 165 =   1291 €

B bleibt 2000 – 326 – 274 =   1400 €

b) Ersatzhaftung eines Großelternteils

Beispiel 2:

B verdient 2000 €. Bei B leben K1, 18 Jahre alt und Schüler, und K2, 15 Jahre alt, für welche B allein unterhaltspflichtig ist. G ist Großvater von K1 und K2 und verdient 3000 €.

Barunterhalt von K1 nach Einkommen von B:

2000 € DT2018 2/4: 554 – 194 =   360 €

Barunterhalt von K2 nach Einkommen von B:

2000 € DT2018 2/3: 491 – 97 =   394 €

insgesamt   754 €

B bleibt 2000 – 360 – 394 = 1246 €. Der angemessene Selbstbehalt von B muss die Betreuung des Kindes K2 berücksichtigten. Er wird wie in Beispiel 1 auf 1400 € festgesetzt. Folglich muss B entlastet werden in Höhe von: 1400 – 1246 = 154 €.

G ist leistungsfähig in Höhe von (3000 – 1800) ÷ 2 = 600 € und kann deshalb das Defizit von 154 € leicht decken, anteilig:

G zahlt an K1: 154 × 360 ÷ (360 + 394) =   74 €

G zahlt an K2: 154 × 394 ÷ (360 + 394) =   80 €

Dann zahlt B für K1: 360 – 74 =   286 €

Dann zahlt B für K2: 394 − 80 =	314 €
B bleibt 2000 − 286 − 314 =	1400 €

c) Ersatzhaftung des betreuenden Elternteils und eines Großelternteils

---

Beispiel 3:

A verdient 1500 €, B verdient 2000 €. Bei B leben K1, 18 Jahre alt und Schüler, und K2, 15 Jahre alt, für welche A und B unterhaltspflichtig sind. A und B sind einander nicht unterhaltspflichtig. Dein Großelternteil G beider Kinder verdient 3000 €.

Die Unterhaltsberechnung ist im ersten Teil identisch mit Beispiel 1. Am Ende bleibt A im Beispiel 1 nur ein Betrag von 1291 €, also 9 € weniger als sein angemessener Selbstbehalt von 1300 €. Diesen Betrag muss ersatzweise G decken, weil B nicht mehr als den Betreuerselbstbehalt behält.

---

7. Zusammenfassung

Wenn mehrere Unterhaltspflichtige verschiedenen Ranges vorhanden sind, ist die Konkurrenz einfach zu lösen: zuerst wird die Unterhaltspflicht des Vorrangigen berechnet, dann, wenn der Vorrangige nicht hinreichend leistungsfähig ist, der des Nachrangigen. Schwierig sind die Fälle des Gleichrangs, bei denen die Unterhaltslast zu verteilen ist. Das gilt vor allem dann, wenn die Unterhaltsleistungen nicht alle in Geld erfolgen, sondern – bei minderjährigen Kindern – auch in Betreuung und Erziehung. Dann werden diese Leistungen teilweise kompensiert (also gewissermaßen aufgerechnet), teilweise auch monetarisiert, also in Geldleistungen umgerechnet.

VIII. Zusammentreffen von Pflichtigen- und Berechtigten-Konkurrenz

Bei Rangungleichheit gibt es immer einen klaren Weg: Auszugehen ist von dem vorrangig Verpflichteten. Dessen Unterhaltspflichten sind zu ermitteln und nach der Rangfolge der Berechtigten zu erfüllen. Nur soweit dann Ansprüche offen sind, müssen Ansprüche gegen die nachrangig Verpflichteten geprüft werden, wieder in der Reihenfolge des Rangs der Berechtigten. Auch der Gleichrang verursacht keine Probleme, soweit er nur auf Seiten der Berechtigten oder nur auf Seiten der Pflichtigen besteht.

1. Gleichrang auf Seiten der Pflichtigen oder des Berechtigten

Bei Gleichrang nur der Verpflichteten ist zuerst der Anspruch des vorrangig Berechtigten gegen die Pflichtigen zu berechnen (s. o. VII.3.c), und danach, soweit dabei kein Mangel aufgetreten ist, der Anspruch des Nachrangigen, ebenfalls gegen beide Pflichtigen.

Bei Gleichrang nur der Berechtigten ist zuerst der Anspruch der Berechtigten gegen den vorrangig Verpflichteten zu berechnen (s. o. VI.3.c), sodann, falls etwas übrig ist, der Anspruch des Nachrangigen.

2. Gleichrang auf Seiten der Pflichtigen und der Berechtigten

Besteht Gleichrang sowohl bei den Pflichtigen als auch bei den Berechtigten, entsteht ein Dilemma: Einerseits soll nach der Rechtsprechung die Verteilung einer Unterhaltspflicht unter gleichrangig Verpflichteten nach deren Leistungsfähigkeit erfolgen. Es ist auch zweifelsfrei, dass die Unterhaltspflicht gegenüber einem gleichrangig Berechtigten die Leistungsfähigkeit vermindert. Wenn man aber deshalb alle gleichrangigen Unterhaltspflichten vorweg vom Einkommen des Pflichtigen abzieht, werden sie der Sache nach dem anderen Anspruch gegenüber vorrangig und verschieben die Unterhaltslast zulasten des anderen gleichrangig Verpflichteten.

Borth[309] und *Häußermann*[310] haben deshalb vorgeschlagen, die Berechnung davon abhängig zu machen, ob beim Pflichtigen ein Mangelfall möglich ist: Wenn alle gleichrangigen Unterhaltsverpflichtungen die Leistungsfähigkeit nicht ausschöpfen, sollen sie wie vorrangige Unterhaltspflichten vom Einkommen des Pflichtigen vorweg abgezogen werden, sonst aber soll seine Leistungsfähigkeit verhältnismäßig auf die gleichrangig Berechtigten verteilt werden (Vorwegkürzung). Im ersteren Fall kann man sich eine anschließende Mangelfallprüfung tatsächlich sparen, nicht aber im zweiten, denn es geht ja nicht an, den Minderjährigen-Unterhalt zu kürzen und zugleich dem Pflichtigen mehr als seinen Selbstbehalt zu belassen.[311] Dennoch hat sich der BGH in einem obiter dictum dieser Lösung angeschlossen.[312] Dem sind jedoch das OLG Stutt-

---

[309] Schwab/Borth V 168–170.
[310] FamRefK/Häußermann § 1606 BGB Rn. 4.
[311] Die auf den Volljährigen entfallende anteilige Leistungsfähigkeit des Pflichtigen wird ja nur dann ausgeschöpft, wenn beim anderen Elternteil eine vergleichbare Mangellage besteht.
[312] BGH FamRZ 2002, 815, welcher auf die Lösungen von FamRefK/Häußermann § 1606 BGB Rn. 4, Schwab/Borth V 168–170, Göppinger/Wax/Kodal, Unterhaltsrecht, 7. Aufl., Rn. 1655 ff. hinweist.

gart[313] und das OLG Hamm[314] entgegengetreten, weil der Gleichrang der Kinder bereits bei der Bedarfsbemessung berücksichtigt werden müsse und einem Vorabzug beim Einkommen des Verpflichteten entgegenstehe. Man dürfe bei Gleichrang den Kindesbedarf nicht vorweg kürzen. Das allerdings ist wohl ein Missverständnis. Die Methode *Häußermann/Borth* kürzt ja nicht den Bedarf der Kinder, sondern nur das für die Bedarfsdeckung verfügbare Einkommen des Pflichtigen. Richtig ist aber, dass bei der Bestimmung der auf die Eltern entfallenden Bedarfsanteile nach *Häußermann/Borth* der gleichrangige Bedarf anderer gleichrangig Berechtigter schon vorweg berücksichtigt wird, mithin eine Verteilungsrechnung vorweggenommen wird, welche auf der Ebene der Leistungsfähigkeit vorzunehmen wäre, diese aber auch nicht ersetzen kann. Es ist eine unvollkommene Vorwegnahme der Mangelfallprüfung, die auch deshalb problematisch ist, weil sie zirkelschlüssig sein kann:

> **Beispiel:**
> Student1 verlangt Unterhalt von A und B, Student 2 von B und C. Beide sind gleichrangig. Bei der Verteilung nach Leistungsfähigkeit käme es für den Unterhalt von Student 1 darauf an, wieviel B an Student 2 zahlen muss und umgekehrt für den Unterhalt von Student 2, wieviel B an Student 1 zahlen muss.

Außerdem hat das OLG Stuttgart aber auch gezeigt, dass eine Einbeziehung des gleichrangigen Unterhalts in die Verteilungsrechnung unnötig ist, weil das Ziel einer ausgewogenen Belastung in den Fällen der Konkurrenz minderjähriger und volljähriger Kinder mit Hilfe der Bedarfskontrollbeträge auch dort wo sie hingehört, nämlich auf der Bedarfsebene, problemlos erreicht werden kann: Der Pflichtige muss nämlich nach der Düsseldorfer Tabelle nicht mehr an den Volljährigen zahlen, als er zahlen müsste, wenn er allein für ihn unterhaltspflichtig wäre (s.o. A.VII.3.d). Dieser Alternativ-Betrag ist aber solange nach den Stufen der Düsseldorfer Tabelle zu ermäßigen, als das Resteinkommen des Pflichtigen den maßgebenden Bedarfskontrollbetrag unterschreitet. Es wird also davon Gebrauch gemacht, dass der Bedarf des Kindes von den Lebensverhältnissen des Unterhaltspflichtigen abhängt, die sowohl durch die – gewählte – Stufe der Düsseldorfer Tabelle als auch durch die Betragskontrollbeträge repräsentiert werden. Auch wenn die Bedarfskontrollbeträge nicht anerkannt werden, stellt der Betrag, den der Pflichtige schulden würde, wenn er allein für den Unterhalt des Volljährigen einstehen müsste, als – freihändig – ermittelter Bedarf nach seinen persönlichen Le-

---

[313] OLG Stuttgart, FamRZ 2007, 75.
[314] OLG Hamm FamRZ 2010, 1346.

bensverhältnissen den korrekten Anknüpfungspunkt für die Verteilung nach § 1606 Abs. 3 S. 1 BGB dar.

In den anderen Fällen der Verteilung nach § 1606 Abs. 3 S. 1 BGB, nämlich bei mehreren haftenden Kindern oder Enkeln oder mehreren haftenden Großelternteilen bedarf es ohnehin nicht der Berücksichtigung gleichrangiger Verpflichtungen bei der Unterhaltsverteilung. Die Vermischung von Unterhaltsverantwortung und Leistungsfähigkeit sollte vermieden werden. Wenn man gleichrangige Unterhaltsverpflichtung bei der Verteilung nicht berücksichtigt, dann muss sie im Mangelfall berücksichtigt werden. Insbesondere muss dann die entlastende Ersatzhaftung des das minderjährige Kind betreuenden Elternteils eingreifen, wenn dem anderen Elternteil sonst nicht sein angemessener Selbstbehalt bleibt und der Betreuende ihn ohne Gefährdung des eigenen angemessenen Selbstbehalts entlasten kann. Maßgebend ist hier aber nicht der allgemeine angemessene Selbstbehalt von 1300, sondern der davon abweichende angemessene Selbstbehalt des betreuenden Elternteils[315] (s. o. A.III.4.j).

Die stärkeren Argumente sprechen deshalb für die Lösung der Oberlandesgerichte Stuttgart und Hamm und dafür, gleichrangige Unterhaltspflichten bei der Verteilungsrechnung – noch – nicht zu berücksichtigen. Allerdings hat sich der BGH – der ja die Lösung *Borth/Häußermann*, wenn auch unverbindlich, empfohlen hatte[316] – zu dieser neuen Lösung bisher nicht geäußert. Es kann nicht sicher davon ausgegangen werden, dass er dieser Lösung zustimmen wird, obgleich sich eines der Mitglieder des Familiensenats bereits dafür ausgesprochen hat.[317] Deshalb werden hier beide Lösungen an zwei Beispielen, mit und ohne antizipierten Mangelfall dargestellt, sowie einem dritten Beispiel zur Aufteilung von Unterhalt zwischen drei Elternteilen;

Beispiel 1:

Die Kinder K1 und K2 leben bei Mutter und gehen in die Schule, K1 ist inzwischen volljährig geworden. Einkommen von Mutter: 1420, Bisher hatte Vater (Einkommen 2000) alleine den Kindesunterhalt bezahlt, nun muss sich Mutter am Unterhalt von K1 beteiligen.

Summe beide Einkommen: 3420.

Dieses Einkommen fällt in Gruppe 5 der Düsseldorfer Tabelle 2018, nach der 4. Altersstufe beträgt der Bedarf der K1. somit 633 – 194 (Kindergeld)=   439 €,

---

[315] Vgl. Gutdeutsch, Entlastende Ersatzhaftung der Großeltern und angemessener Selbstbehalt des betreuenden Elternteils, FamRZ 2018, 5.

[316] BGH FamRZ 2002, 815, welcher auf die Lösungen von FamRefK/Häußermann § 1606 BGB Rn. 4, Schwab/Borth V168–170, Göppinger/Kodal, Unterhaltsrecht, 7. Aufl., Rn. 1655 ff. hinweist.

[317] Wendl/Klinkhammer § 2 Rn. 598.

Bedarf von K1 allein nach dem Einkommen von Vater, nach BKB
abgruppiert nach Gruppe 1: 527 − 194 =   333 €
Bedarf von K2, nach BKB abgruppiert nach Gruppe 1 Altersstufe 3:
467 − 97 (halbes Kindergeld) =   370 €

Zu berücksichtigen ist aber auch der Barunterhaltsanteil, den Mutter „implizite" für K2 leistet, nämlich die Differenz zwischen dem Bedarf nach beiderseitigem Einkommen nach DT 18 5/3: 561 − 97 = 464 € und dem Bedarf nur nach dem Einkommen des Barunterhaltspflichtgen Vater: 370 €

Barunterhaltsanteil von Mutter: 464 − 370 = 94 €[318]

a) Aufteilung nach *Borth/Häußermann*:

verfügbar bei Vater:	
Einkommen	2000,00 €
abz. Selbstbehalt zur Verteilung	−1300,00 €
bleibt	700,00 €
Verfügbar ist weniger als der gleichrangige Unterhalt von	809,00 €
Nach BGH FamRZ 2002, 815 ist zu quotieren:	
439 × 700 ÷ 809 =	379,85 €
verfügbar bei Mutter:	
Einkommen	1420,00 €
abz. Selbstbehalt zur Verteilung	−1.300,00 €
bleibt	120,00 €
Verfügbar ist weniger als der gleichrangige Unterhalt von	533,00 €
Anteilige Leistungsfähigkeit 439 × 120 ÷ 533 =	98,84 €
Haftungsanteile	
Haftungsanteil von Vater:	
439 × 379,85 ÷ (379,85 + 98,84)	348,36 €
Der Höchstbetrag von 527 − 194	333,00 €
ist überschritten und daher maßgebend.	
Haftungsanteil von Mutter:	
439 × 98,84 ÷ (379,85 + 98,84)	90,64 €
Vater bleibt: 2000 − 300 − 333 =	1297,00 €
Mutter bleibt: 1420 − 94 − 90,64 =	1235,36 €

b) Aufteilung nach OLG Stuttgart, OLG Hamm und *Klinkhammer*

verfügbar bei Vater:	
Einkommen	2000,00 €
abz. Selbstbehalt zur Verteilung	−1.300,00 €
bleibt	700,00 €
verfügbar bei Mutter:	
Einkommen	142,00 €
abz. Selbstbehalt zur Verteilung	−1.300,00 €
bleibt	120,00 €

---

[318] Vgl. BGH FamRZ 2017, 711 und B.I.1.d.

Haftungsanteile
Haftungsanteil von Vater:
439 × 700 ÷ (700 + 120)   374,76 €
Nach Ziff. 13.11 SüdL hat ein Elternteil jedoch höchstens den Unterhalt zu leisten, der sich allein aus seinem Einkommen aus der Düsseldorfer Tabelle ergibt. Bei einem Eigeneinkommen von 1793,76 € würde der Bekl. bei alleiniger Haftung in Gruppe 4 der Düsseldorfer Tabelle einzustufen sein, wobei er wegen lediglich zwei Unterhaltsverpflichtungen um eine Gruppe höher zu stufen wäre, nämlich in Gruppe 5 der Düsseldorfer Tabelle.
Der Höchstbetrag von 527 – 194   333,00 €
ist überschritten und daher maßgebend.

Haftungsanteil von Mutter:
439 × 120 ÷ (700 + 120)   64,24 €
Vater bleibt: 2000 – 370 – 333 =   1297,00 €
Mutter bleibt: 1420 – 64,24 =   1355,76 €

Beispiel 2:
Die Kinder K1 und K2 leben bei Mutter und gehen in die Schule, K1 ist inzwischen volljährig geworden. Einkommen von Mutter: 1700 €, Bisher hatte Vater (Einkommen 2000 €) alleine den Kindesunterhalt bezahlt, nun muss sich Mutter am Unterhalt von K1 beteiligen.
Einkommenssumme: 3700.
Dieses Einkommen fällt in Gruppe 6 der Düsseldorfer Tabelle 2018, nach der 4. Altersstufe beträgt der Bedarf der K1. somit
675 – 194 (Kindergeld)=   481 €,
Bedarf von K1 allein nach dem Einkommen von V nach Gruppe 1:
527 – 194 =   333 €
Bedarf von K2 nach Gruppe 3 Altersstufe 3:
467 – 97 (halbes Kindergeld) =   370 €
Barunterhaltsanteil von Mutter DT18
Nach beiderseitigem Einkommen: 6/3: 598 – 97 =   501 €
Barunterhaltsanteil von Mutter: 501 – 370 =   131 €

a) Aufteilung nach *Borth/Häußermann*
verfügbar bei Vater:
Einkommen   2000,00 €
abz. Selbstbehalt zur Verteilung   −1.300,00 €
bleibt   700,00 €
Verfügbar ist weniger als der gleichrangige Unterhalt von
481 + 370=   851,00 €
Nach BGH (FamRZ 2002, 815) ist zu quotieren:
481 × 700 ÷ 851 =   395,65 €
(Auf gleichrangige Berechtigte entfallen 700 – 395,65 = 304,35 €)

verfügbar bei Mutter:

Einkommen	1700,00 €
abz. Selbstbehalt zur Verteilung	−1.300,00 €
bleibt	400,00 €
Verfügbar ist weniger als der gleichrangige Unterhalt von	612,00 €

Nach BGH (FamRZ 2002, 815) ist zu quotieren:

481 × 400 ÷ 612 =	314,38 €

Haftungsanteile

Haftungsanteil von Vater:	
481 × 395,65 ÷ (395,65 + 314,38)	268,03 €
Haftungsanteil von Mutter:	
481 × 314,38 ÷ (395,65 + 314,38)	212,97 €
Vater bleibt: 2000 − 370 − 268,03 =	1361,97 €
Mutter bleibt: 1700 − 131 − 212,97 =	1356,03 €

b) Aufteilung nach OLG Stuttgart, OLG Hamm und *Klinkhammer*

verfügbar beim Vater:

Einkommen	2000,00 €
abz. Selbstbehalt zur Verteilung	−1.300,00 €
bleibt	700,00 €

verfügbar bei der Mutter:

Einkommen	1700,00 €
abz. Selbstbehalt zur Verteilung	−1.300,00 €
bleibt	400,00 €

Haftungsanteile

Haftungsanteil von V:	
481 × 700 ÷ (700 + 400)	306,09 €

Der Höchstbetrag von 527 − 194 = 333,00 € ist nicht überschritten.

Haftungsanteil von M:	
481 × 400 ÷ (700 + 400)	174,91 €
Dem Vater bleibt: 2000 − 370 − 306,09 =	1323,91 €
Der Mutter bleibt: 1700 − 131 − 174,91 =	1394,09 €

Beispiel 3:

Student1 verlangt Unterhalt von A und B, Student2 von B und C. A verdient 1500 €, B verdient 1800 € und C verdient 2300 €, Bedarf von Student1 und Student2 jeweils 735 − 192 = 543 €

a) Aufteilung nach *Borth/Häußermann*

Verfügbar bei A: 1500 − 1300 =	200 €
Verfügbar bei B gegenüber jedem der beiden	
(1800 − 1300) × 543 ÷ (543 + 543) =	250 €
Verfügbar bei C: 2300 − 1300 =	1000 €

an Student1 zahlt

A: 200 ÷ (200 + 250) × 543 =   241 €

begrenzt durch seinen Selbstbehalt auf 200 €

B: 250 ÷ (200 + 250) × 543 =   302 €

Dazu kommt noch die Ersatzhaftung nach § 1607 Abs. 1 BGB für A: 241 – 200 = 41 €, insgesamt 343 € in Frage

an Student2 zahlt

B; 250 ÷ (1000 + 250) × 543 =   109 €

C: 1000 ÷ (1000 + 250) × 543 =   434 €

b) Aufteilung nach OLG Stuttgart, OLG Hamm und *Klinkhammer*

Bei der Verteilung bleibt eine konkurrierende Unterhaltpflicht außer Betracht:

Leistungsfähigkeit von A: 1500 – 1300 =   200 €

Leistungsfähigkeit von B: 1800 – 1300 =   500 €

Leistungsfähigkeit von C: 2300 – 1300 =   1000 €

An Student1 zahlt

A: 543 × 200 ÷ (200 + 500) =   155 €

B: 543 × 500 ÷ (200 + 500) =   388 €

An Student2 zahlt

B: 543 × 500 ÷ (500 + 1000) =   181 €

C: 543 × 1000 ÷ (500 + 1000) =   362 €

A bleibt 1500 – 155 =   1345 €

B bleibt 1800 – 388 – 181 =   1231 €

C bleibt 2300 – 388 = 1912 €

Mangelfall bei B, weil ihm weniger als 1300 € bleiben.

Anteilige Kürzung (s.o.VI.3)

Unterhaltssumme 388 + 181 =   569 €,

verfügbar nur 1800 – 1300 =   500 €

Kürzung: 500 ÷ 569 =   87,9 %

Student1 erhält von B nun 388 × 87,9 % = 341 €, also um 388 – 341 = 47 € weniger

Student2 erhält von B nun 181 × 87,9 % = 159 €, also um 181 – 159 = 22 € weniger.

Nach § 1607 Abs. 1 müssen A und C das jeweilige Defizit decken, soweit sie dazu in Lage sind.

A bleibt 1500 – 155 – 47 = 1298 €, also weniger als 1300. Er zahlt nur 1500 – 1300 = 200 €. Bei Student1 bleibt ein Defizit von 543 – 200 – 341 = 2 €

C bleibt 2300 – 388 – 22 = 1890 €. Er ist für die Ersatzhaftung nach § 1607 Abs. 1 BGB leistungsfähig.

Bemerkung: Die gleichen Grundsätze müssen auch bei der Haftung mehrerer Kinder oder mehrerer Enkel für einen Elternteil bzw. Großelternteil, also die Verwandten der **aufsteigenden Linie** gelten. Auch in diesem Falle können bei einzelnen Verpflichteten gleichrangige Unterhaltspflichten bestehen, wenn z. b. beide Eltern desselben Kindes bedürftig und zugleich mehrere Kinder mehr oder weniger leistungsfähig sind. Es ist durchaus sinnvoll, hier die Stufe der Bedarfsverteilung von der Leistungsfähigkeit zu trennen, selbst wenn dadurch derjenige, der mehr Unterhaltspflichten hat, stärker belastet wird. Im Mangelfall wird das durch die Ersatzhaftung auch teilweise kompensiert (vgl. Fall 3).

3. Zusammenfassung

Wenn mehrere Berechtigte und mehrere Verpflichtete zu berücksichtigen sind, dann entstehen Probleme dann, wenn mehrere gleichrangige Verpflichtete mehreren gleichrangigen Berechtigen genüberstehen, wie es der Fall ist wenn mehrere gleichrangige Kinder von beiden Eltern Unterhalt verlangen. Hier werden verschiedene Meinungen vertreten, die sich vor allem darin unterscheiden, inwieweit die Leistungsfähigkeit bereits bei der Bedarfsbemessung berücksichtigt werden muss. Entsprechendes gilt auch, wenn Verwandte der aufsteigenden Line unterhaltsberechtigt sind.

IX. Historisches zu Bedarf und Leistungsfähigkeit

Die Entwicklung der Rechtsprechung zum Unterhalt kreist weitgehend um ein Kernproblem: Wenn Einkommen und Vermögen der Unterhaltspflichtigen so gering sind, dass sich der Unterhalt auf eine Verteilung des Einkommens beschränkt, erscheint die Unterscheidung zwischen *Bedarf* und *Leistungsfähigkeit* als gekünstelt. Andererseits ist diese Unterscheidung stark im Gesetz verankert. Das Problem der Einkommensverteilung bereits auf der Bedarfsebene erscheint nur in § 1606 Abs. 3 S. 1 BGB bei der Verteilung des Unterhalts unter mehreren Verpflichteten. Die Bezeichnung des Verteilungsmaßstabs als „die Erwerbs- und Vermögensverhältnisse" vermeidet jeden Bezug auf einen zu deckenden Bedarf. Nicht einmal der Eigenbedarf des Pflichtigen wird erwähnt. Ein Hinweis auf die Leistungsfähigkeit findet sich nur in den Motiven. Deshalb wurden immer wieder neue Versuche unternommen, dieser Unterscheidung gerecht zu werden. Die alten Unterhaltsschlüssel der bis zum Jahr 1977 letztinstanzlich entscheidenden Landgerichte kannten die Unterscheidung nicht und betrachteten wohl alle Unterhaltsfälle, in denen das Einkommen verteilt wurde, als Mangelfolgen. Das konnte nicht befriedigen, weil es letztlich als Vorwurf an die damals regelmäßig unterhaltspflichtigen Männer zu verstehen war, „sie könnten nicht für ihre Kinder sorgen".

Wohl deshalb setzte sich bald mit der Düsseldorfer Tabelle die Unterscheidung zwischen Bedarf und Leistungsfähigkeit für den Kindesunterhalt durch, während es beim Ehegattenunterhalt bei der Einkommensverteilung blieb. Die Tabelle[319] vereinigt einen **Kindesunterhalt**, der zwar vom Einkommen des Pflichtigen abhängt, aber unterproportional mit diesem wächst und (seit 1.1.2008) bereits bei 160% des Mindestbedarfs in der Regel endet, mit einem **Ehegattenunterhalt**, der dem Resteinkommen des Unterhaltspflichtigen proportional ist. Darin drückt sich eine Verschiedenheit der Bedarfsstruktur aus, welche bei Kindern in erster Linie von ihrem **Kind-Sein geprägt** ist und dadurch der Höhe nach beschränkt wird,[320] während sie sich bei Ehegatten in einen **Teilhabeanspruch** ausdrückt.

Nur *Köhler*[321] versuchte schon früh, nach dem Vorbild der Düsseldorfer Tabelle auch beim Ehegattenunterhalt mit Hilfe von einkommensabhängigen Bedarfsstufen die Unterscheidung zwischen *Bedarf, Bedürftigkeit* und *Leistungsfähigkeit* zu erzwingen. Doch erst mit der Einführung der Familiengerichte mit ihrem Instanzenzug zu Oberlandesgericht und Bundesgerichtshof begann sich auch die Rechtsprechung mit dem Unterschied zwischen Bedarf und Leistungsfähigkeit beim Ehegattenunterhalt zu beschäftigen. Zuerst hat der BGH den herkömmlichen Ausgleich der Einkommensunterschiede zwischen den Ehegatten mit Hilfe der Ehegattenquote **(Differenzmethode)** aus dem Bedarf nach den ehelichen Lebensverhältnissen gebilligt.[322] Den Startschuss zu einer echten Unterscheidung von Bedarf und Leistungsfähigkeit lieferte er dann mit der sog. **Anrechnungsmethode:**[323] Wenn der unterhaltsberechtigte geschiedene Ehegatte während der Ehe nicht erwerbstätig war, wurde sein nach der Scheidung erzieltes Einkommen auf die Ehegattenquote angerechnet, welche allein aus dem Einkommen des Unterhaltspflichtigen gebildet wurde und als Bedarf nach den ehelichen Lebensverhältnissen galt. Damit wurde die Ehegattenquote zum Maßstab des Bedarfs. Wenn bereits während der Ehe die Einkommen erzielt wurden, stimmten Bedarf und Leistungsfähigkeit überein. Wenn aber der bedürftige Ehegatte erst nach Trennung und Scheidung erwerbstätig wurde, wurde sein Unterhalt durch einen Bedarf begrenzt, der nur durch die Ehegattenquote aus dem Einkommen des Unterhaltspflichtigen bestimmt war. Weil aber in Einkommensbereichen, in denen vernünftigerweise das vorhandene Einkommen

---

[319] Die Veröffentlichungen der Düsseldorfer Tabelle sind oben in Fn. 137 zusammengestellt.
[320] BGH FamRZ 1983, 473, 474.
[321] Wolfgang Köhler, ehedem Vors. Richter am LG Düsseldorf und Mitautor der Düsseldorfer Tabelle, Begründer des Handbuchs des Unterhaltsrechts, derz. Hrsg. Koch, in 13. Aufl. 2017 beim Verlag C.H.Beck.
[322] BGH FamRZ 1981, 539.
[323] BGH FamRZ 1981, 752.

zu verteilen ist, große Abweichungen von einer „billigen" Einkommensverteilung ungerecht sind, führte diese Lösung bei Alleinverdiener/Haus-
frauen-Ehen zu sehr unbefriedigenden Ergebnissen. Dem Versuch der
Oberlandesgerichte, durch pauschale Anerkennung eines trennungsbe-
dingten Mehrbedarfs den Ergebnissen der Differenzmethode wieder näher zu kommen, hat der BGH dadurch die Spitze genommen, dass er für
diesen Mehrbedarf einen konkreten Sachvortag forderte.[324] Den weiteren
Versuch den Schaden zu begrenzen, indem sie den Anteil des Berechtigten am Bedarf durch strikte Halbteilung bestimmten und den Erwerbstätigenbonus nur als Billigkeitskorrektur im Mangelfall zuwiesen, hat der
BGH sofort zurückgewiesen.[325] Am Ende ist der BGH jedoch selbst zur
Aufteilung des Gatteneinkommens zurückgekehrt, indem er im Wege
der **Surrogat-Rechtsprechung** die eigentliche Anrechnungsmethode
aufgab: Nun wurde das nacheheliche Einkommen der bisherigen Haus-
frau als Surrogat der Haushaltstätigkeit und somit als eheprägend anerkannt[326] und die **Differenzmethode** wieder zum Regelfall der Unterhaltsberechnung. Danach hatte der BGH aber auch immer weniger
Bedenken, beim Ehegattenunterhalt den Unterschied zwischen Bedarf
und Leistungsfähigkeit beim Ehegattenunterhalt zu verringern. Jede –
„normale" – Verringerung des Einkommens hatte nun Einfluss auf die
ehelichen Lebensverhältnisse[327] und konnte deshalb keinen Mangelfall
nach § 1581 BGB mehr zur Folge haben. Dadurch, dass er am Ende auch
später hinzutretenden Unterhaltspflichten Einfluss auf den Bedarf zubilligte,[328] hat er jedoch den Widerspruch des BVerfG[329] geweckt, der diese
Verwischung des (eigentlich künstlichen) Unterschieds zwischen Bedarf
und Leistungsfähigkeit missbilligte. Seither billigt der BGH später entstandenen Unterhaltspflichten keinen Einfluss auf die ehelichen Lebensverhältnisse mehr zu, sodass in solchen Fällen wieder ein Unterschied
zwischen Bedarf und Leistungsfähigkeit besteht und dementsprechend
auch Mangelfälle nach § 1581 BGB eintreten können.[330]

---

[324] BGH FamRZ 1983, 886.
[325] BGH FamRZ 1987, 913.
[326] BGH FamRZ 2001, 986.
[327] BGH FamRZ 2003, 590.
[328] BGH FamRZ 2008, 1911; FamRZ 2008, 968.
[329] BVerfG FamRZ 2011, 437.
[330] BGH FamRZ 2012, 281.

B. Die einzelnen Unterhaltsrechtsverhältnisse

Nach den Prinzipien soll nun deren Anwendung im Zusammenhang mit den einzelnen Rechtsverhältnissen – als andere Perspektive – dargestellt werden.

I. Unterhalt des minderjährigen Kindes

Der Unterhalt minderjähriger Kinder besteht aus dem **Betreuungsunterhalt**, welcher in Natur geleistet wird, und dem **Barunterhalt**. Der Elternteil, bei dem das Kind lebt, erfüllt in der Regel seine Unterhaltspflicht durch Gewährung des Betreuungsunterhalts (§ 1606 Abs. 3 S. 2 BGB), während der andere Elternteil allein den Barunterhalt zu leisten hat. Dieser Regelfall ist bereits ein Fall der konkurrierenden Unterhaltspflicht, die unter D. abgehandelt wird (D.I.). Die Unterhaltsberechnung als solche betrifft aber nur den Barbedarf. Für dessen Bestimmung wurde die Düsseldorfer Tabelle entwickelt.

1. Bedarf

a) Düsseldorfer Tabelle (DT)

Die DT ging bis zum Jahr 2009 von dem Standardmodell einer vierköpfigen Familie aus: einem barunterhaltspflichtigen Elternteil, einen unterhaltsberechtigten Elternteil und zwei minderjährigen Kindern.[331] Für diese regelte die Tabelle den Unterhalt, indem sie abhängig vom Einkommen des Pflichtigen und dem Alter des Kindes den Bedarf der minderjährigen Kinder bestimmte und dem unterhaltsberechtigten Elternteil einen Anteil (anfangs 2/5, dann 3/7) der Einkommensdifferenz zuwies. Ursprünglich überstieg der Unterhalt der höchsten Einkommensgruppe den der niedrigsten um 100 % und später sogar noch darüber hinaus. Dabei war aber anerkannt, dass den niedrigeren Einkommensgruppen zugeordnete Unterhaltsbeträge nicht bedarfsdeckend waren, sondern zugleich die geringe Leistungsfähigkeit des Schuldners berücksichtigten. Ab 1.1.2008 ist nun in § 1612a BGB im Anschluss an das **steuerrechtliche Existenzminimum** des Kindes ein *Mindestunterhalt* für minderjährige Kinder gesetzlich vorgeschrieben. Auf diesem baut die Düsseldorfer Tabelle jetzt auf, wobei die höchste Einkommensgruppe nur noch um

---

[331] Vgl. Hampel, Bemessung des Unterhalts, Bielefeld 1994, S. 24.

60 % höhere Bedarfssätze über dem Mindestbedarf vorsieht, während die Obergrenzen der Einkommensgruppen, welche noch der niedrigeren Einkommensgruppe zugerechnet werden, von 1900 € auf 5500 € anwachsen. Seit 1.1.2010 sind die Tabellenwerte der – von 2007 auf 2008 wesentlich erhöhten – Düsseldorfer Tabelle nur noch auf zwei Unterhaltsberechtigte bezogen.

Die Tabelle in ihrer jetzigen Form ist also ein auf die oben genannten gesetzlichen Mindestbedarfssätze aufbauendes Rechenwerk: Auf eine erste Einkommensgruppe bis zum Einkommen von 1500 € bauen neun weitere Gruppen mit je 400 € Mehreinkommen auf. Ihnen sind Unterhaltsbeträge zugeordnet, welche, auf den Beträgen des Mindestunterhalts aufbauend, bis zur fünften Gruppe um je 5 % ansteigen und ab da bis zur zehnten Gruppe um 8 %. Die so errechneten Werte sind nach § 1612a Abs. 2 S. 2 BGB auf volle € aufgerundet.

Düsseldorfer Tabelle (Stand 1.1.2018) Kindesunterhalt

Nr. Eink.	Lebensjahre					
	0–5	6–11	12–17	ab 18	VHS	BKB
1. bis 1900	348	399	467	527	100 %	1080
2. bis 2300	366	419	491	554	105 %	1300
3. bis 2700	383	439	514	580	110 %	1400
4. bis 3100	401	459	538	607	115 %	1500
5. bis 3500	418	479	561	633	120 %	1600
6. bis 3900	446	511	598	675	128 %	1700
7. bis 4300	474	543	636	717	136 %	1800
8. bis 4700	502	575	673	759	144 %	1900
9. bis 5100	529	607	710	802	152 %	2000
10. bis 5500	557	639	748	844	160 %	2100
VHS = Vomhundertsatz BKB = Bedarfskontrollbetrag[332]						

---

[332] Der Bedarfskontrollbetrag dient der Kontrolle, ob Kindesunterhalt und das die Lebensverhältnisse des Pflichtigen bestimmende Resteinkommen desselben in einem angemessenen Verhältnis stehen, Die Kontrolle ist deshalb nötig, weil das minderjährige Kind seinen Bedarf von den Lebensverhältnissen des Pflichtigen ableitet, Diese werden aber nicht durch sein Bruttoeinkommen, also sein Einkommen vor Abzug des Kindesunterhalts bestimmt, sondern vom Einkommen nach Abzug aller Unterhaltspflichten. Im Einzelnen s.o (A.III,5.b.cc).

I. Unterhalt des minderjährigen Kindes

Die Tabelle gibt den Bedarf eines Kindes in Abhängigkeit vom Einkommen des Barunterhaltspflichtigen an, wenn zwei Unterhaltsberechtigte vorhanden sind, behandelt also bereits als Regel den einfachsten Konkurrenzfall – wobei aber nicht unterschieden wird, ob der zweite Unterhaltsberechtigte ein Kind oder der Ehegatte oder sogar ein bedürftiger Elternteil ist.

Eine Besonderheit sind die Werte für **das Alter ab 18 Jahren:** Gesetzlichen Mindestunterhalt gibt es nur für minderjährige Kinder. Ob ein Kind mit Erreichen der Volljährigkeit einen höheren Bedarf hat, ist streitig. Wahrscheinlich wurde die vierte Stufe eingeführt, weil ab Eintritt der Volljährigkeit sich der betreuende Elternteil am Barunterhalt beteiligen muss, und viele Richter das daraus resultierende Absinken der Unterhaltszahlungen für unbefriedigend hielten. Inzwischen allerdings scheint sich die Meinung durchzusetzen, dass sich die Erhöhung des Bedarfs durch Eintritt der Volljährigkeit nicht rechtfertigen lasse. Die Düsseldorfer Tabelle 2018 erhöht die Bedarfsbeträge der Altersstufe vier nicht im Gleichlauf mit den anderen Unterhaltsbeträgen. Es ist geplant, die Beträge auch an zukünftigen Erhöhungen nicht teilnehmen zu lassen, bis das Niveau der dritten Altersstufe erreicht ist.

Den eigentlichen **Grundfall,** nämlich den Unterhalt eines **Einzelkindes** (der heutzutage doch schon sehr häufig vorkommt!) erhält man dann nur durch Erhöhung um eine Einkommensgruppe!

Beispiel:

M verdient 1950 € und ist barunterhaltspflichtig für das Kind K, 11 Jahre alt, welches bei der Mutter F lebt. Diese ist nicht unterhaltsberechtigt.
Das Einkommen von M entspricht der Einkommensgruppe 2 (von 1901 € bis 2300 €), das Alter von K entspricht der Altersstufe 2 (6 bis 11 Jahre). Die Anzahl der Unterhaltsberechtigten entspricht nicht dem Standardmodell, deshalb erfolgt eine Umgruppierung nach Gruppe 3. Der Bedarf des Kindes beträgt also:

K nach DT 3/2:   439 €
Kindergeldverrechnung nach § 1612b Abs. 1 S. 1 Nr. 1, 2 BGB (s. u. I.1.e):
K Unterhalt: 435 – 194 ÷ 2 =   342 €
Prüfung auf notwendigen Selbstbehalt (s. u. B.I.1.f):
M bleibt 1950 – 342 = 1608 € und damit mehr als der notwendige Selbstbehalt von 1080 €.
Auch der Bedarfskontrollbetrag der Gruppe 4 von 1400 € (s. u. I.1.d) ist nicht unterschritten

---

b) Überschreiten des Höchstbetrags

Überschreitet das maßgebliche Einkommen die Obergrenze der Tabelle, ist die Bedarfsbemessung einer Wertung „nach den Umständen des Falles" vorbehalten. Das bedeutet, dass der Bedarf entweder im Wege der konkreten Bemessung (s. o. A.III.2.) oder der wertenden Schätzung (s. o. A.III.7.) ermittelt wird. Eine Obergrenze des Kindesbedarfs wird nicht anerkannt. Jedoch kann die Abwägung ergeben, dass nur der Höchstbetrag der Tabelle anzusetzen ist. Generell besteht Einigkeit, dass auch bei günstigen wirtschaftlichen Verhältnissen der Kinder ihnen zwar ein erhöhter Bedarf zugebilligt werden kann, dass sie aber keinen Anspruch „auf Teilhabe am Luxus" haben.[333] Der BGH empfiehlt hier, besonders kostenintensive Bedarfsposten als *Mehrbedarf* (s. o. A.III.2.c.aa) neben dem Tabellenbetrag der höchsten Einkommensgruppe geltend zu machen.[334]

Beispiel:

M verdient 10.000 € und ist barunterhaltspflichtig für das Kind K, 15 Jahre alt, welches bei der Mutter F lebt. Diese ist nicht unterhaltsberechtigt. K besitzt ein Reitpferd, zu dem es starke Bindungen hat. Dessen Haltung kostet monatlich 250 €.

Die Obergrenze der höchsten Einkommensgruppe beträgt 5500 €. Diese ist weit überschritten. Deshalb ist der Bedarf des Kindes nach den Umständen des Einzelfalles zu bestimmen.

Die Kosten für das Reitpferd können als Mehrbedarf anerkannt werden, welcher neben dem Höchstbetrag der DT nach DT10/3 von 748 € zu decken ist.

Gesamtbedarf deshalb 748 + 250 =	998 €
Kindgeldverrechnung nach § 1612b Abs. 1 S. 1 Nr. 1, 2 BGB (s. u. I.1.e):	
K1 Unterhalt: 998 − 194 ÷ 2 =	901 €

Auch ohne konkreten Vortrag eines Mehrbedarfs und mit nur allgemeinen Ausführungen zum Aufwand billigt die Praxis bei hohen Einkommen des Pflichtigen pauschale Zuschläge zu.[335]

c) Monetarisierung des Betreuungsunterhalts

Die Düsseldorfer Tabelle erfasst nur den Barunterhalt und nicht den Betreuungsunterhalt, denn dieser verursacht keinen Rechenaufwand. Erfolgt die Betreuung aber nicht durch einen Elternteil (der dann nur seine Verpflichtung erfüllt) und auch nicht auf Grund eines entgeltlichen Vertrags, sondern durch Großeltern, die ja grundsätzlich auch selbst – wenn auch nachrangig – unterhaltspflichtig sind, dann muss u. U. auch die Betreuung bewertet werden. Der BGH hat sie wegen der Gleichwertigkeit von Betreuungs- und Barunterhalt pauschal in gleicher Höhe wie den Barbedarf angesetzt,[336] wenn nicht höhere Betreuungskosten durch

---

[333] Vgl. BGH FamRZ 1987, 58; Wendl/Klinkhammer § 2 Rn. 229.
[334] BGH FamRZ 2000, 358.
[335] Vgl. Wendl/Klinkhammer § 2 Rn. 342.
[336] BGH FamRZ 2006, 1597.

Heim- oder Internatsaufenthalt entstehen, und damit die Beträge der Düsseldorfer Tabelle verdoppelt. Die Mehrkosten sind dann als Mehrbedarf zu behandeln. Für die Inanpruchnahme der Eltern ist dieser Unterschied allerdings ohne Bedeutung. Anders bei der Betreuung durch einen Elternteil müssen in diesem Fall die Eltern für beide Teile des Unterhalts in gleicher Weise einstehen. Diese – eine konkrete Ermittlung des Wertes der Betreuung ersparende – Rechtsprechung soll die Geltendmachung des Betreuungsbedarfs erleichtern, wenn kein Elternteil die Betreuungsleistung erbringt (vgl. auch A.VII.4).[337]

Der Barunterhalt als Ausgangspunkt der Berechnung bemisst sich nach der Summe der beiderseitigen Einkünfte, wenn beide Eltern leistungsfähig sind, sonst nach dem Einkommen des leistungsfähigen Elternteils.

Beispiel:

Vater V verdient 3000 €, Mutter M ist einkommenslos und kann aus Krankheitsgründen das gemeinsame Kind K, 4 Jahre, nicht betreuen. Dieses lebt deshalb bei der Großmutter G.

Barunterhaltspflichtig ist nur V, weil M leistungsunfähig ist. Der Barbedarf von K beläuft sich nach DT 5/1 (aufgruppiert um eins, weil nur eine Unterhaltspflicht vorliegt) auf 418 – 194 ÷ 2 = 321 €. In gleicher Höhe besteht der Betreuungsunterhalt, denn auf diesen ist im Fall der *Monetarisierung* die zweite Hälfte des Kindergelds anzurechnen, Gesamtunterhalt mithin 321 × 2 = 642 €.

Das volle Kindergeld ist bei Betreuung durch einen Großelternteil auch dann anzurechnen, wenn der Betreuende kostenlos betreut und deshalb die Verdoppelung des Unterhalts nicht in Anspruch nimmt, denn er hat – anders als ein Elternteil – keinen Anspruch auf die zweite Kindergeldhälfte, während die andere Kindergeldhälfte dem Kind als Barunterhalt zusteht (§ 1612b Abs. 1 S. 1 Nr. 1 BGB).

d) Barunterhalts-Anteil des Betreuenden (Sowiesoleistung)

Der volle Barbedarf des Kindes nach Maßgabe des Einkommens des Barunterhaltspflichtigen ist eine Fiktion. Wenn sich der betreuende Elternteil in deutlich besseren wirtschaftlichen Verhältnissen befindet, nimmt das Kind natürlicherweise am Familienkonsum teil und verbraucht mehr, als nach den wirtschaftlichen Verhältnissen des Barunterhaltspflichtigen möglich. Dieser Mehrverbrauch steht ihm auch zu, weil es an den Verhältnissen beider Eltern partizipiert. Der Barunterhalt nach Maßgabe des Einkommens des Pflichtigen ist deshalb nur derjenige Teil des Barbedarfs, für den der Barunterhaltspflichtige einzustehen hat, weil er sich aus

---

[337] BGH FamRZ 2006, 1597.

seiner eigenen – möglicherweise ungünstigeren – wirtschaftlichen Lage herleiten lässt. Soweit der Bedarf sich durch das Einkommen des anderen Elternteils erhöht, kann das nicht zur Erhöhung des Unterhaltsanspruchs gegen den allein Barunterhaltspflichtigen führen (vgl. die Begrenzung des anteiligen Unterhalts auf den Unterhalt bei Alleinhaftung A.VII.3.d). Der volle Barbedarf des Kindes ist deshalb nach Maßgabe der **Summe der Einkünfte beider Eltern** anzusetzen.[338] Die Beschränkung des Anspruchs auf den auf das Einkommen des Barunterhaltspflichtigen entfallenen Anteil ist aber nicht – wie Klinkhammer[339] meint – als Folge mangelnder Leistungsfähigkeit anzusehen, sondern als Aufteilung der Barunterhaltspflicht zwischen dem „allein Barunterhaltspflichtigen" und dem Betreuenden, die sich daraus ergibt, dass das Gesetz dem Barunterhaltspflichtigen nicht zumuten kann, einen Bedarf zu decken, der ausschließlich Folge der besseren wirtschaftlichen Lage des anderen Elternteils ist. Den darüber hinaus gehenden Teil des Bedarfs muss der betreuende Elternteil (als Verursacher) decken. Diese „Sowiesoleistung" ist zu berücksichtigen, wenn es darum geht, den allein Barunterhaltspflichtigen durch den mehr verdienenden betreuenden Elternteil finanziell zu entlasten (vgl. D.I.1.d) oder wenn die Leistungsfähigkeit für den Elternunterhalt (also den der Großeltern der Kinder) bestimmt werden soll.[340]

e) Barunterhalts-Pflicht des Betreuenden (Entlastung des Barunterhaltpflichtigen)

Wenn der Betreuende über mehr als das Dreifache des Einkommens des Barunterhaltspflichtigen verfügt, dann nähert sich die Einkommensdifferenz einer Grenze, an der es unter gewöhnlichen Umständen der Billigkeit entsprechen kann, den betreuenden Elternteil auch den Barunterhalt für das Kind in voller Höhe aufbringen zu lassen (s.u. D.I.1.e).[341]

f) Mehrbedarf

aa) Krankenversicherung. Die Bedarfssätze der Düsseldorfer Tabelle gehen von „normalen" Verhältnissen aus. Sie umfassen deshalb nicht Krankenversicherungskosten, weil Kinder meist bei ihren Eltern kostenlos mitversichert sind. Ist das nicht der Fall, dann gehören die Kosten der Krankenversicherung zum Lebensbedarf des Kindes und sind zusätzlich

---

[338] Wendl/Klinkhammer § 2 Rn. 206; Gutdeutsch, Unterhaltsberechnung bei Patchworkfamilien, FamRZ 2006, 1724, 1727; Scholz, Die Beteiligung des betreuenden Elternteils am Barunterhalt FamRZ 2006, 1728; dazu auch Göppinger/Wax/Kodal Rn. 1650; jetzt auch BGH FamRZ 2017, 711.
[339] Wendl/Klinkhammer § 2 Rn. 206 aE.
[340] So jetzt auch BGH FamRZ 2017, 711.
[341] BGH FamRZ 2013, 1558.

zum Tabellenunterhalt vom barunterhaltspflichtigen Elternteil zu zahlen.[342]

bb) Kindergartenkosten und sonstiger Mehrbedarf. Kindergartenkosten dienen nach der Rechtsprechung des BGH in der Regel der Erziehung des Kindes. Sie stellen Mehrbedarf des Kindes dar, für die die Eltern gemeinsam einzustehen haben (s.u. D.I.1.d). Dasselbe gilt für sonstigen Mehrbedarf, etwa Nachhilfeunterhalt oder Musikunterricht s.o. A.III.2.c) während Kinderbetreuungskosten (Kinderkrippe, Tagesstätte, nachmittägliche Schulbetreuung), welche die Berufstätigkeit des betreuenden Elternteils ermöglichen sollen, eher dessen berufsbedingten Aufwendungen zuzurechnen sind (s.o. A.VI.4).[343]

2. Bedürftigkeit

a) Vermögen

Vermögen eines minderjährigen Kindes ist nur mit seinen Erträgnissen zur Bedarfsdeckung heranzuziehen. Der Stamm des Vermögens darf nur im Notfall herangezogen werden, § 1602 Abs. 2, § 1603 Abs. 2 S. 3 BGB. Es gelten dieselben Regeln wie für die Heranziehung der Großeltern zum Unterhalt (s.u. B.X.3), doch muss das Vermögen verbraucht werden, bevor die Großeltern herangezogen werden können.

b) Einkommen des Kindes

Einkommen eines minderjährigen Kindes wird auf den Barunterhalt nur zur Hälfte angerechnet, weil es zur anderen Hälfte den betreuenden Elternteil entlastet.

Häufigster Fall ist neben Vermögenseinkünften (s.o. I.2.a) und Renten die Ausbildungsvergütung. Hier anerkennen die Leitlinien 10.2.3 eine Pauschale für ausbildungsbedingte Aufwendungen von 100 €.

> **Beispiel:**
> Der 17-jährige K lebt bei seiner Mutter M und verlangt von seinem Vater V Barunterhalt. V verdient 1600 € und hat sonst keine Unterhaltspflichten. K bezieht eine Ausbildungsvergütung von 300 €.
>
> Bedarf von K nach DT 2/3
> (aufgruppiert, weil nur 1 Unterhaltsberechtigter):   491 €.
>
> Anzurechnen:
> Eigeneinkommen: (300 − 100) ÷ 2 =   100 €,
> Kindergeld 194 ÷ 2 =   97 €
> Restbedarf 491 − 100 − 97 =   294 €

---

[342] DT A. Anm. 9.
[343] Vgl. Wendl/Gerhardt § 1 Rn. 1053 f.

c) Kindergeld

Das staatliche Kindergeld (s. o. A.II.10) ist gem. § 1612b Abs. 1 S. 1 Nr. 1 Satz 2 BGB zur Hälfte bedarfsdeckend auf den Barunterhalt anzurechnen.

Seit 1.1.2018 beträgt das Kindergeld
- für ein erstes oder zweites Kind: 194 €
- für ein drittes Kind: 200 €
- für ein viertes oder weiteres Kind: 225 €

Zahlbetrag des Kindesunterhalts = Kindesbedarf − Kindergeld ÷ 2

Im Falle der Monetarisierung des Betreuungsunterhalts (s. o. I.1.c) ist auch die **zweite Kindergeldhälfte** auf monetarisierten Betreuungsunterhalt anzurechnen.[344]

3. Selbstbehalte und Mangelfälle

a) Selbstbehalt und Mangelfall

Gegenüber den Unterhaltsansprüchen minderjähriger Kinder kann der Barunterhaltspflichtige den **notwendigen Selbstbehalt** verteidigen. Dieser beträgt 1080 € für Erwerbstätige und 880 € für Nichterwerbstätige (s. o. A.III.4.b).

Der Selbstbehalt kann wegen höherer Wohnkosten heraufzusetzen, wegen Zusammenlebens mit einem Partner und ggf. wegen eines Anspruchs auf Familienunterhalt herabzusetzen sein. (s. o. A.III.4.k).

Wenn − auch nach Wegfall nachrangiger Unterhaltsansprüche − der Pflichtige bei Zahlung des vollen Kindesunterhalts weniger behält als den Selbstbehalt, ist der volle Unterhalt auf den Mangelunterhalt zu kürzen (s. o. A.II.5).

Beispiel 1 (Wohnkosten):
M verdient 1300 und muss für seine Wohnung 440 € Warmmiete zahlen. Er ist dem Kind K, 3 Jahre, gegenüber unterhaltspflichtig.
Nach A.III.4.k.aa) ist im notwendigen Selbstbehalt eine Warmmiete von 380 € enthalten.
Bedarf von K nach DT 1/1 = 348 − 194 ÷ 2 = 251 €.
Selbstbehalt von: 1080 + 440 (unvermeidliche Wohnkosten) − 380 (in Selbstbehalt enthaltene Wohnkosten) = 1140 €, Leistungsfähigkeit also 1300 − 1140 = 160 €. M kann nur 160 € leisten.

---

[344] BGH FamRZ 2006, 1597.

Beispiel2 (Zusammenleben):

M verdient 1100 € und lebt mit L zusammen, die 750 € verdient. M schuldet K, Alter 3, Barunterhalt.

Bedarf von K nach DT 1/1: 348 – 194 ÷ 2 = 251 €.

M macht aber eingeschränkte Leistungsfähigkeit geltend. Der Selbstbehalt beträgt 1080 €. Das würde den Unterhalt auf 1100 – 1080 = 20 € begrenzen. Doch lebt M mit L zusammen und muss sich im Prinzip eine Ersparnis von 1080 × 10 % = 108 € auf den Selbstbehalt anrechnen lassen. Eine Ersparnis kann sich aber nur auswirken, wenn sie nicht bereits durch eine Notlage des Partners verbraucht wird, wenn also der Mindestbedarf des Partners gedeckt ist. Der betrüge rechnerisch 880 – 10 % = 792 €. L hat aber kein Einkommen in dieser Höhe, sondern nur von 750 €. Damit benötigt sie die Ersparnis von M in Höhe von 792 – 750 = 42 €, um ihren dem notwendigen Selbstbehalt entsprechenden Bedarf aufzufüllen. M bleibt von seiner Ersparnis 108 – 42 = 66 €. Sein Selbstbehalt ist wegen des verbleibenden Vorteils aus Zusammenleben auf 1080 – 66 = 1014 € herabzusetzen. Er kann 1100 – 1014 = 86 € Kindesunterhalt leisten.

b) Ersatzhaftung

Sind allerdings leistungsfähige Verwandte vorhanden, dann kann der Pflichtige den **angemessenen Selbstbehalt** (s.o. A.III.4.f) verteidigen, welchen die Oberlandesgerichte derzeit mit 1300 € bemessen. Wegen des darüber hinaus gehenden Unterhalts kann er das Kind an den betreuenden Elternteil bzw. die Großeltern verweisen (s.u. D.I. und II.).

II. Unterhalt privilegierter Volljähriger

Unverheiratete Volljährige unter 21 Jahren, die noch eine allgemeine Schule besuchen und im Haushalt der Eltern oder eines Elternteils leben, sind minderjährigen Kindern insoweit gleichgestellt, als die Eltern auch ihnen gegenüber nur den notwendigen Selbstbehalt verteidigen können (§ 1603 Abs. 2 S. 2 BGB). Anders als bei Minderjährigen gibt es aber keinen Betreuungsunterhalt. Vielmehr müssen sich beide Eltern den Barunterhalt gem. § 1606 Abs. 3 S. 1 BGB nach Maßgabe ihrer Leistungsfähigkeit aufteilen. Das ist bei der Konkurrenz der Unterhaltspflichtigen dargestellt (s.u. D.I.2.)

1. Bedarf

Wenn der Elternteil, bei welchem das Kind lebt, nicht leistungsfähig ist (s.u. B.II.3), richtet sich der Bedarf des Kindes wie der eines Minderjährigen allein nach dem Einkommen des barunterhaltspflichtigen Elternteils. Er wird der vierten Kolonne der Düsseldorfer Tabelle entnommen, welche bis zum 31.12.2017 die Werte der dritten Kolonne um die Differenz zwischen zweiter und dritter erhöht hatte. Inzwischen sind die Familiensenate der Oberlandesgerichte übereingekommen, dass die Erhöhung des Bedarfs unangemessen ist und dass die Bemessung des Bedarfs nach dem zusammengerechneten Einkommen der Eltern eher angemessen ist. Daher sollen die Beträge der vierten Kolonne in Zukunft solange nicht erhöht werden, bis die dritte Kolonne deren Wert erreicht: Die vierte Kolonne soll also „abschmelzen". Im Übrigen gelten aber die gleichen Regeln wie beim Minderjährigen-Unterhalt. Wenn nur ein Unterhaltspflichtiger vorhanden ist, wird auch in gleicher Weise aufgruppiert wie beim Minderjährigen-Unterhalt (s. o. I.1.c). Bei mehr als zwei Berechtigten wird abgruppiert. Auch bei der Kontrollberechnung bei fiktiver Alleinhaftung (s. u. D.I.2.c) wird auf- und abgruppiert.

Sind **beide** Eltern leistungsfähig, dann bemisst sich der Bedarf unter Verwendung der Düsseldorfer Tabelle nach der **Summe der Einkommen beider Eltern**, im Übrigen siehe unten D.I.2.

2. Bedürftigkeit

Ein volljähriges Kind ist nicht bedürftig, wenn es über **Vermögen** verfügt, das über einen „Spargroschen für Notfälle" hinausgeht und nicht ausnahmsweise die Verwertung des Vermögens grob unbillig wäre.[345] Das Minderjährigen-Privileg des § 1602 Abs. 2 BGB (s. o. I.2a) gilt nicht für Volljährige. Für das Schonvermögen werden 150 € für jedes Lebensjahr, mindestens 3100 €, empfohlen.[346]

Im Übrigen ist zur Feststellung der Bedürftigkeit nach A.II. vom Bedarf das Eigeneinkommen abzuziehen. Das ist regelmäßig das **volle** (nicht hälftige) **Kindergeld** nach § 1612b Abs. 1 BGB sowie ggf. das eigene Einkommen, welches ebenfalls – nach Abzug der ggf. pauschalierten ausbildungsbedingten Aufwendungen – voll auf den Bedarf anzurechnen ist.

Beispiel:
M verdient 2000 € und ist dem Kind K, 18 Jahre alt, zu Unterhalt verpflichtet, welches bei F lebt, die nur 700 € verdient. K erhält eine Ausbildungsvergütung von 300 € und Kindergeld von 194 €.
F ist nicht leistungsfähig.

Bedarf von K nach DT 3/4 (aufgruppiert, weil nur ein Berechtigter):	580 €
Einkommen von K: 300 – 100 + 194 =	394 €
Bedürftigkeit (voller Unterhalt): 580 – 394 =	186 €.

---

[345] BGH FamRZ 1998, 367.
[346] Wendl/Klinkhammer § 2 Rn. 134.

3. Leistungsfähigkeit

Nach § 1603 Abs. 2 S. 2 BGB kann der Unterhaltspflichtige gegenüber dem privilegierten Volljährigen nur den notwendigen Selbstbehalt verteidigen (s. o. A.III.3.a), also 1080 € bei Erwerbstätigkeit, sonst 880 €, es sei denn, ein leistungsfähiger Verwandter, etwa der andere Elternteil oder ein Großelternteil, könnte ihn entlasten (§ 1603 Abs. 2 S. 3 BGB). Dann ist der angemessene Selbstbehalt von 1300 € maßgebend (s. u. D.I.3).

III. Unterhalt nicht privilegierter Volljähriger im Haushalt eines Elternteils

1. Bedarf

Lebt das volljährige Kind noch bei einem Elternteil, sind aber die Merkmale der Privilegierung nach § 1603 Abs. 2 S. 2 BGB nicht gegeben, ist das Kind also z. b. älter als 20 Jahre oder besucht es keine allgemeine Schule mehr, so bemisst sich zwar sein Bedarf nach den gleichen Maßstäben wie bei privilegierten Kindern (s. o. B.II.1.) – also grundsätzlich nach der DT – und dem beiderseitigen Einkommen, mit dem einzigen Unterschied, dass die Bemessung des Bedarfs nach dem beiderseitigen Einkommen bereits dann ausscheidet, wenn auch nur ein Elternteil nicht mehr als den **angemessenen** (nicht den notwendigen) Selbstbehalt von 1300 € verdient.

2. Bedürftigkeit

Auch nicht privilegierte Volljährige müssen vorab ihr Vermögen verbrauchen, bevor sie ihre Eltern in Anspruch nehmen können und müssen sich Eigeneinkommen und Kindergeld in gleicher Weise anrechnen lassen wie privilegierte Volljährige (s. o. II.2.).

Behinderte Kinder sind meist nicht erwerbsfähig und deshalb bedürftig (zur Verteilung s. u. D.I.3.a.cc).

3. Leistungsfähigkeit

Die Leistungsfähigkeit bestimmt sich nach dem angemessenen Selbstbehalt von z. Z. 1300 € (s. o. A.III.4.e). Dieser kann sich durch unvermeidliche Wohnkosten erhöhen (s. o. A.III.4.k.aa) oder durch Vorteile des Zusammenlebens (s. o. A.III.4.k.bb) oder durch Verrechnung eines Anspruchs auf Familienunterhalt sich ermäßigen (s. o. A.III.4.k.cc ff.).

IV. Unterhalt eines Volljährigen mit eigenem Hausstand

1. Bedarf während der Ausbildung

Der Bedarf des volljährigen Kindes, welches nicht mehr bei einem Elternteil wohnt, und regelmäßig nur durch die nicht abgeschlossene Ausbildung an eigener Erwerbstätigkeit gehindert ist, wird in der Regel als fester Betrag angenommen, der in den Leitlinien 13.1.2 auf 735 € festgesetzt ist und nur in seltenen Ausnahmefällen wegen **besonders hohen Einkommens der Eltern** nach **Billigkeit heraufgesetzt** wird.[347]

In dem **Festbetrag** sind **Wohnungskosten** von 300 € (Warmmiete) enthalten. Das Kindergeld (s.o. A.II.10.) ist gem. § 1612b Abs. 1 BGB darauf in voller Höhe bedarfsdeckend anzurechnen.

2. Bedürftigkeit

Solange das Kind über hinreichend liquides Vermögen verfügt, welches einen „Notgroschen" übersteigt, ist es nicht bedürftig (vgl. III.2.). Im Übrigen ist jedes Einkommen anzurechnen. Wenn dem Kind – wie in der Regel – neben dem Studium oder einer anderen Ausbildung eine Erwerbstätigkeit nicht zugemutet werden kann, ist der Ertrag eines solchen Erwerbstätigkeit analog § 1577 Abs. 3 BGB nur nach Billigkeit anzurechnen.[348] Das Kindergeld ist in voller Höhe bedarfsdeckend anzurechnen (§ 1612b Abs. 1 BGB).

3. Selbstbehalt

Der **Eigenbedarf der Eltern** ist der **angemessene Selbstbehalt** (Leitlinien 21.3.1) von 1300 €. Darin Warmmiete 480 (Ff), 400 (Schleswig), 450 (die übrigen Oberlandesgerichte).

Vorteile des Zusammenlebens können eine Herabsetzung des Selbstbehalts rechtfertigen: Leitlinien 21.5 (Düsseldorf, Koblenz). Das setzt natürlich ein entsprechendes Einkommen des Partners voraus. Wenn allerdings der Partner mindestens 1170 € verdient, kann der Selbstbehalt auf 1170 € herabgesetzt werden (s.o. A.III.3.c),[349] weil die Ersparnis durch Zusammenleben auf 1300 × 10 % = 130 € zu bemessen ist (vgl. oben B.I.3.a Beispiel 2).

---

[347] Leitlinien 13.1.2.
[348] Wendl/Gerhardt § 1 Rn. 827, Wendl/Klinkhammer § 2 Rn. 491.
[349] Gutdeutsch FamRZ 2008, 2240.

4. Sonderfall: Wieder bedürftig nach Verselbständigung

Kinder, die nach Verselbständigung wieder bedürftig wurden, müssen den erhöhten angemessenen Selbstbehalt gegen sich gelten lassen (s. o. A.III.4.i). Ihr Bedarf richtet sich nach dem allgemeinen Existenzminimum (s. o. A.III.3.b). Bei Konkurrenz mit Kindern in der Ausbildung muss zweistufig gerechnet werden (s. o. A.VI.11).

V. Geschiedenen-Unterhalt

1. Konkurrenz der Tatbestände

Der Geschiedenen-Unterhalt beruht auf verschiedenen Unterhaltstatbeständen, welche jeweils bestimmte Erwerbshindernisse bezeichnen:
- § 1570 BGB die Erwerbsbehinderung wegen Kindesbetreuung,
- § 1571 BGB die Unzumutbarkeit des Erwerbs wegen Alters,
- § 1572 die Erwerbsunfähigkeit wegen Krankheit,
- § 1573 Abs. 1 BGB die Arbeitslosigkeit,
- § 1573 Abs. 2 BGB wegen Unfähigkeit, ein den ehelichen Lebensverhältnissen entsprechendes Einkommen zu erzielen,
- § 1575 BGB die Erwerbsbehinderung wegen einer Ausbildung. Fortbildung oder Umschulung und
- § 1576 BGB aus sonstigen Billigkeitsgründen.

Die **Bemessung** des Unterhalts ist davon gesondert geregelt. Allerdings folgt aus den Erwerbshindernissen der §§ 1570 bis 1572 BGB zumindest theoretisch immer auch ein Betrag, der ohne dieses Hindernis als Einkommen erzielt werden könnte. Der *Aufstockungsunterhalt* nach § 1573 Abs. 2 BGB bildet dann die Brücke zum vollen Bedarf. Aus den verschiedenen Unterhaltstatbeständen ergeben sich keine verschiedenen Rechtsfolgen mehr.[350] Der BGH bleibt aber bei seiner Rechtsprechung, wonach dann, wenn der Verhinderungstatbestand eine Erwerbstätigkeit völlig verhindert, nur ein **einheitlicher Anspruch** bestehe, während dann, wenn eine Teilerwerbstätigkeit möglich bleibt, der Anspruch in den auf der Verhinderung beruhenden Teil und der Aufstockung bis zu dem Bedarf nach den ehelichen Lebensverhältnissen nach § 1573 Abs. 2 BGB zerfällt.[351]

[350] Wendl/Bömelburg § 4 Rn. 109; Gutdeutsch Forum Familienrecht 2008, 493.
[351] BGH FamRZ 2010, 869 = NJW 2010, 2056.

2. Drei Maßstäbe

Auf der Bedarfsebene (s. o. A.III.) kennt der Geschiedenenunterhalt nach §§ 1569 ff. BGB drei Maßstäbe:
- in der Regel bemisst er sich gem. § 1578 Abs. 1 S. 1 BGB nach den *ehelichen Lebensverhältnissen* (s. o. A.III.5.c) und berechnet sich durch Halbteilung (s. o. A.VII) der beiderseitigen Einkommen (s. o. A.II.),
- unter den besonderen Voraussetzungen des § 1578b Abs. 1 S. 1 BGB wird er auf den **angemessenen Unterhalt** begrenzt (A.III.2.a) und orientiert sich dann nach dem früheren Einkommen des Ehegatten und dessen hypothetischer Entwicklung, Das wird bei den besonderen Bedingungen dargestellt.
- das **Existenzminimum** bildet die untere Grenze des angemessenen Unterhalts (A.III.3.b). Der Bedarf nach den ehelichen Lebensverhältnissen konnte früher geringer sein. Nun hat der BGH das Existenzminimum als Mindestbedarf auf für den Ehegattenunterhalt allgemein anerkannt.[352]

3. Unterhalt nach den ehelichen Lebensverhältnissen

Der Unterhalt nach dem Maßstab der ehelichen Lebensverhältnissen (§ 1578 Abs. 1 BGB) ist gewissermaßen eine wirtschaftliche Fortsetzung der Ehe und schützt das alte Vertrauen in deren Fortbestand, eine Art „Investitionsschutz", der seinen Grund wohl in der christlicher Tradition wurzelnden und der vom Gesetz unterstützten[353] Hoffnung auf lebenslange Dauer der Ehe hat. Die Chancen dafür, dass die Ehe in diesem Sinn gelingt, wachsen ja auch durch die „Investitionen" in die Ehe, während vorsichtige Zurückhaltung diese Chancen vermindert. Durch diesen „Investitionsschutz" soll also auch wohl die Bereitschaft, in die Ehe zu investieren, gefördert werden. Im Fall des Scheiterns muss dann zwar auch geprüft werden, wie schutzwürdig im Einzelnen letztlich diese Investitionen sind, und ob die Billigkeit nicht eine Beschränkung auf den entstandenen Schaden und/oder eine zeitliche Begrenzung erfordert (s. u. B.V.7.). Diese Begrenzung erscheint allerdings insgesamt noch wenig ausgereift. Demgegenüber hat die Bestimmung des Unterhalts nach den ehelichen Lebensverhältnissen in den Jahren seit Inkrafttreten des 1. Eherechtsreformgesetzes a. 1.7.1977 eine zwar mehrfach veränderte aber inhaltlich prägnante eingehende Gestaltung erfahren, deren praktische Bedeutung allerdings durch die sich immer stärker durchsetzende zeitliche Begrenzung geringer wird. Zugleich wächst aber durch die wachsende gesellschaftliche Spaltung zwischen Reichen und Armen die Be-

---

[352] BGH FamRZ 2010, 629.
[353] § 1353 Abs. 1 S. 1 BGB: „Die Ehe wird auf Lebenszeit geschlossen."

deutung der zwei verschiedenen Arten der Unterhaltsbestimmung: Im Wege des konkreten Bedarfs oder durch Aufteilung des Einkommens:

a) Abgrenzung zwischen konkreter Bedarfsermittlung und Ehegattenquote

Die Rechtsprechung geht davon aus, dass bei geringeren Einkommen der Konsum und damit auch der Bedarf sich mit dem Einkommen verändert, während bei höheren Einkommen der Bedarf durch den Lebensstil geprägt wird und Einkommensschwankungen sich deshalb nicht auf den Bedarf auswirken, sondern nur auf die Sparquote und das Ausmaß der Freigebigkeit. Die Grenze zwischen den beiden Einkommensbereichen bestimmt sie aus Gründen der Praktikabilität aber nicht individuell, sondern eher schematisch,[354] indem sie – im Sinne eines *objektiven Maßstabs* – übertriebenen Konsum ebenso wie übertriebenen Konsumverzicht für unbeachtlich, somit nicht bedarfsbestimmend, erklärt. Die Praxis geht daher bis zu einer bestimmten Einkommenshöhe davon aus, dass eine Vermögensbildung nur in Höhe einer angemessenen Altersvorsorge erfolgt und im Übrigen das Einkommen verbraucht wird. Hinsichtlich der Grenze, an welcher man von der einen zu der anderen Berechnung wechseln sollte, besteht bei den Gerichten allerdings keine Einigkeit. Als relative Sättigungsgrenze für den Bedarf des Ehegatten gibt OLG Dresden 5000 € an, Braunschweig und Frankfurt 4000 €, Jena 2500 €, als Grenzsumme des gemeinsamen Einkommens das OLG Oldenburg die Obergrenze der Düsseldorfer Tabelle (5500 €) und das OLG Koblenz das Doppelte der Obergrenze der Düsseldorfer Tabelle (11.000 €). Diesem ist inzwischen der BGH gefolgt.[354a]

– Führt die Berechnung der *Ehegattenquote* zu einem *Ehegattenbedarf*, der die Sättigungsgrenze überschreitet oder übersteigt das gemeinsame Einkommen der Ehegatten den vom OLG angegebenen *Grenzwert,* dann muss der Bedarf konkret vorgetragen werden (s.o. A.III.2.a). Der konkret vorgetragene Bedarf darf jedoch nicht die Ehegattenquote übersteigen. Wird ein höherer Bedarf als der Quotenbedarf wird nicht anerkannt.

– Wird ein *konkreter Bedarf* nicht vorgetragen und überschreitet die Ehegattenquote den Grenzwert, so ist der Ehegattenbedarf als *Ehegattenquote nach dem Grenzwert* zuzubilligen. Es beschränkt sich also der Bedarf auf den Betrag der Sättigungsgrenze bzw. auf den Bedarf, der sich nach der Einkommenshöchstsumme errechnet. Das gilt wegen des Grundsatzes der objektiven Bedarfsermittlung (s.o.) auch dann, wenn

---

[354] BGH FamRZ 2007, 1532.
[354a] BGH FamRZ 2018, 260.

die konkrete Bedarfsberechnung einen geringeren Betrag liefert als dem Grenzwert entspricht.

– Macht der Unterhaltspflichtige keine Angaben zu seinem Einkommen und erklärt er sich als (uneingeschränkt) leistungsfähig, dann ist dem Berechtigten ein Unterhalt nach seinem nachvollziehbar geltend gemachten Vortrag zuzubilligen. Trägt er keinen konkreten Bedarf vor, dann ist ihm die Unterhaltsquote aus dem Grenzwert zuzubilligen. Während auf den Vortrag zum Einkommen des Pflichtigen demnach verzichtet werden kann, ist das Einkommen des Berechtigten immer vorzutragen. Allerdings entbindet nach einer neueren Entscheidung des BGH[355] die Erklärung, unbegrenzt leistungsfähig zu sein, den Unterhaltspflichtigen nicht von der Verpflichtung, über das Einkommen Auskunft zu erteilen.

Die konkrete Bedarfsermittlung selbst erfolgt wie A.III.2.a) dargestellt.

b) Ehegattenquote

Die *Ehegattenquote* war ursprünglich ein Relikt aus der Zeit der Unterhaltsschlüssel (s. o. Einleitung). Die Düsseldorfer Tabelle hatte dann für den Kindesunterhalt Bedarfsbeträge geliefert, für den Ehegattenunterhalt aber an der Einkommensteilung festgehalten, wobei dem Unterhaltspflichtigen ein Quotenvorteil zugebilligt wurde. Dieser fiel verschieden aus, je nachdem, ob einer, beide oder keiner erwerbstätig waren. Der BGH billigte die Ehegattenquote und deutete ihn als Bedarfsbestimmung. Er billigte aber den Bonusvorteil nur für Erwerbstätige und missbilligte ihn für Nichterwerbstätige. In der Frage, ob dieser Erwerbsbonus ein Teil des Bedarfs sei, kam es zum Konflikt: Der BGH entschied, der – nun auf Erwerbstätige beschränkte – Bonus sei Teil des Bedarfs, während die OLGs einigermaßen einhellig die Meinung vertraten, diese Abweichung von der Halbteilung lasse sich nur als Billigkeitserwägung im Rahmen eines Mangelfalls nach § 1581 BGB, der nach einer Scheidung regelmäßig anzunehmen sei, rechtfertigen. Bei einer gemeinsamen Tagung in der Richterakademie in Trier im Jahre 1987 trafen die Meinungen heftig aufeinander. Der BGH hat dann durchgesetzt, dass die Ehegattenquote als Bestimmung des Bedarfs des Ehegatten anerkannt wurde. Den OLGs hat er dann aber zugestanden, dass mit der Trennung in der Regel ein **trennungsbedingter Mehrbedarf** entstehen könne, welcher einen Mangelfall zur Folge haben könne. Allerdings stellte er an den dazu nötigen Sachvortrag so hohe Anforderungen, dass dieses Rechtsinstitut nur geringe Bedeutung erlangt hat und inzwischen als obsolet zu betrachten ist.[356]

---

[355] BGH FamRZ 2018, 260.
[356] BGH FamRZ 2010, 111.

Demnach errechnet sich der Bedarf nach den ehelichen Lebensverhältnissen nach dem Grundsatz der Halbteilung (s. o. A.III.5.c) aus den beiderseitigen verfügbaren Einkommen:
Verfügbares Einkommen ist das Einkommen (s. o. A.IV.), das nach Abzug von Kindesunterhalt (s. o. A.VI.10.) und berücksichtigungsfähigen Schulden (s. o. A.IV.8.) verbleibt.

Abweichungen von der mathematischen Halbteilung ergeben sich dadurch, dass

– von Einkommen, die auf Erwerbstätigkeit beruhen, ein Anteil, der sog. **Erwerbstätigenbonus**, dem Bezieher des Einkommens ungekürzt verbleibt (s. o. A.III.c.cc),

– **Einkommensteile**, die auf einem Karrieresprung oder Erträgnissen einer späteren Erbschaft[357] nach der Trennung beruhen, bei der Bedarfsbemessung unberucksichtigt bleiben, weil sie die ehelichen Lebensverhältnisse nicht „geprägt" haben.

– **Belastungen**, die ohne die Scheidung nicht entstanden wären, insbesondere der Unterhalt eines späteren Ehegatten und später geborener Kinder und ihrer (unverheirateten) Mutter(/Vater), sind bei der Bedarfsbemessung nicht vom Einkommen abzuziehen.[358]

aa) Karrieresprung. Einkommensteile, die auf einer unerwarteten Einkommenserhöhung nach der Trennung beruhen, bleiben unberücksichtigt,[359] müssen bei einer Einkommensberechnung, die vom realen Einkommen ausgeht, also abgezogen werden (s. o. A.IV.13):

> Bedarfsbestimmendes Einkommen
> = Gesamteinkommen – Einkommen aus Karrieresprung

Zur Kasuistik sei auf die Literatur verwiesen.

bb) Erwerbstätigenbonus (s. o. A.III.5.c.cc). Dem Erwerbstätigen wird ein Bonus zugebilligt, welcher vom Erwerbseinkommen vorweg abgezogen wird und die nicht konkretisierbaren Zusatzbelastungen eines Erwerbstätigen ausgleichen und einen Anreiz zur Beibehaltung der Erwerbstätigkeit liefern soll (s. o. A.III.5.c.cc). Dieser Bonus darf nur aus dem Erwerbseinkommen berechnet werden, aber auch aus keinem höheren Einkommen als dem Resteinkommen nach Abzug des Kindesunterhalts und sonstiger Belastungen, wie etwa der berücksichtigungsfähigen Schulden.[360] Die Rechtsprechung neigt dazu, sich hier auf die Vorgaben

---

[357] BGH FamRZ 2006, 387.
[358] BVerfG FamRZ 2011, 437.
[359] Im Einzelnen: Wendl/Siebert § 4 Rn. 558 ff.
[360] Vgl. Wendl/Siebert § 2 Rn. 773 ff., Wendl/Gutdeutsch § 4 Rn. 826 ff.

des BGH zu beschränken und nur darauf zu achten, dass der Bonus den aus dem Erwerbseinkommen oder aus dem Resteinkommen resultierenden Wert nicht übersteigt. Praktisch entspricht das einem Vergleich: Wenn das Resteinkommen geringer ist, wird der Bonus aus dem nach Abzug des Kindesunterhalts und der Schulden verbleibenden Restes errechnet, wenn das Erwerbseinkommen aber geringer ist als das Resteinkommen, so wird das Erwerbseinkommen der Berechnung zugrunde gelegt. (im Übrigen s.o. A.III.5.c.cc).

Über die Höhe des Bonus besteht bisher noch keine Einigkeit: Die Süddeutschen Leitlinien (Bamberg, Karlsruhe, München, Nürnberg, Stuttgart und Zweibrücken) sowie der 3. Senat des OLG Brandenburg setzen dafür 10% des Erwerbseinkommens an, die übrigen Oberlandesgerichte 1/7.

Der Bonus ist somit aus dem Minimum (also: dem kleineren Wert) von Erwerbseinkommen (im Folgenden: **EE**) und Resteinkommen (im Folgenden: **RE**) zu berechnen und beträgt Minimum mal Bonusquote (im Folgenden: **BQ**, also 1/7 oder 10%):

Die Bereinigung des Einkommens um den Erwerbstätigenbonus (im Folgenden: **EB**) führt zu dem bonusbereinigten Einkommen (im Folgenden: **BE**), das der weiteren Unterhaltsberechnung zugrunde liegt.

$$\textbf{BE = RE − Minimum(RE, EE) × BQ,}$$

wobei die Bonusquote 10% oder 1/7 sein kann.

cc) Berechnung des bonusbereinigten Bedarfs. Die Berechnung des bonusbereinigten Bedarfs[361] (im Folgenden: **BB**) aus dem bonusbereinigten Einkommen des Berechtigten (im Folgenden: **BEB**) und des Verpflichteten (im Folgenden: **BEP**) folgt der *Additionsmethode*:

$$\textbf{BB = (BEP + BEB) ÷ 2}$$

4. Berechnung des Unterhalts nach den ehelichen Lebensverhältnissen

Vom berechneten bonusbereinigten Bedarf des Ehegatten (**BB**) wird sein bonusbereinigtes Einkommen (**BEB**) abgezogen. In der Regel werden bei der Additionsmethode Bedarfsberechnung und Unterhaltsberechnung in

---

[361] Die Praxis nennt den bonusbereinigten Bedarf einfach „Bedarf". Das ist nicht richtig, weil der Erwerbsbonus nach der Rechtsprechung des BGH Teil des Bedarfs ist. Der volle Bedarf besteht also aus bonusbereinigtem Bedarf zuzüglich Bonus aus dem eheprägenden Eigeneinkommen des Berechtigten.

einem Rechengang vereinigt, und **BB** wird durch dessen Definition ersetzt. Das ergibt dann:

$$\text{Unterhalt} = (\text{BEP} + \text{BEB}) \div 2 - \text{BEB}$$

Eine vereinfachte Lösung ergibt sich dann, wenn nur *Erwerbseinkommen* vorhanden ist, welches nicht aus einem Karrieresprung resultiert. Dann kann der Unterhalt verkürzend nach der *Differenzmethode* berechnet werden, bei der dann statt der Bonusquote (10% oder 1/7) die Ehegattenquote (im Folgenden: **EQ**) verwendet wird. Diese ist historisch älter als die Bonusquote und beträgt:

$$\dots \text{EQ} = (1 - \text{BQ}) \div 2$$

Die Ehegattenquote hat also bei einem Bonus von 1/7 den Wert 3/7 und bei einem Bonus von 10% den Wert 45%. Nach der vereinfachenden Differenzmethode beträgt der Unterhalt, berechnet aus dem Erwerbseinkommen des Pflichtigen (im Folgenden: **EEP**) und des Berechtigten (im Folgenden: **EEB**), dann:

$$\text{Unterhalt} = (\text{EEP} - \text{EEB}) \times \text{EQ}$$

Neben dieser besonders einfachen Konstellation gibt es aber auch besonders komplizierte. Wenn der Unterhaltsberechtigte über Einkommen verfügt, das die ehelichen Lebensverhältnisse nicht geprägt hat, ist auch dieses abzuziehen. Erwerbseinkommen, das der Berechtigte dadurch erzielte, dass er nach der Scheidung eine Erwerbstätigkeit aufnahm, hatte der BGH früher als nicht prägend für die ehelichen Lebensverhältnisse angesehen und deshalb bei der Bedarfsberechnung nicht berücksichtigt (sog. Anrechnungsmethode,[362] s. o. A.IX). Nach der sog. „Surrogat-Theorie" betrachtet aber nunmehr der BGH eine nacheheliche Erwerbstätigkeit als Ersatz („Surrogat") der in der Ehe erbrachten Haushaltsführung und deshalb ebenfalls als eheprägend,[363] sodass Fälle mit nichteheprägenden nachehelichen Einkommen des Berechtigten selten geworden sind. Wenn allerdings der später Berechtigte während der Ehe nicht allein den Haushalt geführt, sondern seine Ausbildung abgeschlossen hat, dann könnte das darauffolgende Erwerbseinkommen nicht prägend sein. Nichtprägendes Einkommen wären jedenfalls die Kapitaleinkünfte aus

---

[362] BGH FamRZ 1986, 783, 785, FamRZ 1984, 149, 151, FamRZ 1981, 539, 541.
[363] BGH FamRZ 2001, 986.

einer später angefallenen Erbschaft. Solch nichtprägendes Einkommen des Unterhaltsberechtigten ist vom bonusbereinigten Bedarf (**BB**)ebenfalls abzuziehen. Da der BGH die Berücksichtigung des Bonus für den Berechtigten mit der Gleichbehandlung mit dem Pflichtigen rechtfertigt, darf man auch bei der Anrechnung auf den bonusbereinigten Bedarf nur das bonusbereinigte nichtprägende Einkommen des Berechtigten (im Folgenden: **BNEB**) berücksichtigen:

$$\text{Unterhalt} = (\text{BEP} + \text{BEB}) \div 2 - \text{BEB} - \text{BNEB}$$

5. Additionsmethode

Die übliche Additionsmethode errechnet dann **in einem Zug** den Unterhalt unter Verwendung des (prägenden) Erwerbseinkommen des Pflichtigen (s.o.: **EEP**), des prägenden Nichterwerbseinkommen des Pflichtigen (im Folgenden: **NEP**), des prägenden Erwerbseinkommens des Berechtigten (s.o.: **EEB**) des prägenden Nichterwerbseinkommens des Berechtigten (im Folgenden: **NEB**) sowie des nichtprägenden Erwerbs- und Nichterwerbseinkommen des Berechtigten, (im Folgenden: **NPEB** und **NPNEB**). Statt der Bonusquote BQ (von 1/7 oder 10%) oder der Ehegattenquote (von 3/7 oder 90%) verwendet sie eine dritte Form, für die sich noch kein Name eingebürgert hat und die man zur Unterscheidung Partnerquote (**PQ**) nennen könnte (6/7 oder 90%). Die Unterscheidung des jeweiligen Erwerbseinkommens vom Nichterwerbseinkommen bei Mischeinkünften erfolgt dann vorweg im Wege der Prüfung, ob Resteinkommen oder Erwerbseinkommen größer sind (s.o. B.III.3.b.cc). Dann lautet die **vollständige** Formel nach der Additionsmethode:

$$\text{Unterhalt} = \frac{(\text{EEP} \times \text{PQ} + \text{NEP} + \text{EEB} \times \text{PQ} + \text{NEB}) \div 2}{- \text{EEB} \times \text{PQ} - \text{NPEB} \times \text{PQ} - \text{NEB} - \text{NPNEB}}$$

Nicht eheprägendes Erwerbseinkommen des unterhaltsberechtigen Ehegatten (NPEB) ist heutzutage praktisch bedeutungslos, weil nach der Surrogat-Rechtsprechung des BGH (s.o. B.III.4) das nach Wiedereintritt in den Beruf erzielte Einkommen als Surrogat der Haushaltsführung betrachtet wird und ein späterer Karrieresprung wegen der zeitlichen Begrenzung nach § 1578b BGB nicht mehr vorkommt.[364]

---

[364] Der Sonderfall, dass späteres Einkommen des Berechtigten deshalb **nicht** eheprägend ist, weil sich der Ehegatte während der Ehe statt der Haushaltsführung der eigenen Ausbildung gewidmet hat – was unter die Surrogat-Rechtsprechung nicht zu subsumieren wäre – hat sich nirgends realisiert oder ist bisher nicht entdeckt worden.

Beispiel:

M verdient nach Abzug von Kindesunterhalt 4000 € (= EEP) und muss sich einen Wohnwert von 1000 € (= NEP) anrechnen lassen (eheprägende Einkünfte). F verdient (eheprägend) 2000 € und hat sich ebenfalls einen eheprägenden Wohnvorteil von 1000 € anrechnen zu lassen, dazu aus einer späteren – nichtprägenden Erbschaft monatliche Kapitaleinkünfte von 500 €.

Nach Additionsmethode mit Bonus 1/7:
Unterhalt = (4000 × 6/7 + 1000 + 2000 × 6/7 + 1000) ÷ 2 − 2000 × 6/7 − 1000 − 500 = 357 €

Bis zur Entscheidung des BVerfG vom 25.1.2011[365] konnte das tatsächlich zu berücksichtigende Einkommen nicht geringer sein als das bedarfsbestimmende. Seither tritt dieser Fall aber in der Regel dann ein, wenn ein Unterhaltspflichtiger sich wiederverheiratet und der neue Ehepartner ebenfalls bedürftig ist. Der Unterhaltsanspruch des späteren Ehegatten kann den Bedarf des früheren nicht beeinflussen, weil er erst nach der Scheidung der ersten Ehe entstehen kann. Er schränkt aber nach § 1581 BGB die Leistungsfähigkeit gegenüber dem früheren Ehegatten ein. Für den Unterhalt des späteren Ehegatten ist der Unterhalt des früheren bedarfsbestimmend, allerdings nicht in Höhe des Bedarfs, sondern in Höhe des nach Kürzung gem. § 1581 BGB tatsächlich zu zahlenden Betrags. Näheres bei der Konkurrenz von berechtigten Ehegatten: s.o. A.VI.8, s.u. C.III.

6. Vorsorgeunterhalt

Während der Ehe dient die Krankheitsvorsorge und (während der Erwerbsphase) auch die Altersvorsorge beiden Ehegatten. Bei der Scheidung wird deshalb die inzwischen aufgebaute Altersvorsorge im Wege des Versorgungsausgleichs zwischen den Eheleuten geteilt.

Nach der Scheidung muss bei Vorliegen eines Unterhaltstatbestands nach den Grundsätzen der Halbteilung das verfügbare Einkommen zwischen den Eheleuten geteilt werden. Bei dieser Aufteilung sind allerdings Krankheits- und Altersvorsorgeaufwendungen des Unterhaltspflichtigen bereits abgezogen (s.o. A.IV.5 und 6.). Es widerspräche deshalb der Halbteilung, wenn der Unterhaltsberechtigte mit der ihm zugewiesenen Hälfte zusätzlich Krankheits- und Altersvorsorge betreiben müsste. Deshalb ist die nötige Vorsorge nach § 1578 Abs. 2, III BGB als ein Teil des Unterhaltsanspruchs ausgestaltet, der gesondert geltend gemacht werden muss, damit er vom Gericht zugesprochen werden kann. Allerdings ist das Gericht an die Aufteilung zwischen Vorsorgeunterhalt und Elementarunter-

---

[365] BVerfG FamRZ 2011, 437.

halt im Antrag nicht gebunden.[366] Nur beim – seltenen – **Ausbildungs-unterhalt** nach § 1575 BGB **entfällt der Altersvorsorgeunterhalt**, weil die Ausbildung als solche bereits eine Zukunftsvorsorge darstellt.

a) Altersvorsorgeunterhalt

Den Altersvorsorgeunterhalt hat die Rechtsprechung[367] nach dem Modell der gesetzlichen Rentenversicherung gestaltet: Der Elementarunterhalt, also der Betrag, der den Bedarf des täglichen Lebens decken soll, entspricht dem Nettolohn. Der wird nun mit Hilfe der regelmäßig veröffentlichten Bremer Tabelle[368] auf eine Bruttobemessungsgrundlage, also gewissermaßen einen Quasi-Bruttolohn hochgerechnet und dann mit Hilfe des Beitragssatzes der gesetzlichen Rentenversicherung in den Altersvorsorgeunterhalt umgerechnet. Dieser Altersvorsorgeunterhalt gestattet es dem Unterhaltsberechtigten also, der gesetzlichen Rentenversicherung in der Höhe freiwillige Beiträge zu entrichten und die Anrechte zu erwerben, wie er sie erwerben würde, wenn er einen Bruttolohn in Höhe der Bruttobemessungsgrundlage aus einem Arbeitsverhältnis bezöge. Für die Hochrechnung des Elementarunterhalts auf ein fiktives Brutto verwendet die Praxis mit Billigung des BGH[369] die vom OLG Bremen entwickelte und von Gutdeutsch fortgeführte sog. „Bremer Tabelle",[370] welche jedem Betrag des Elementarunterhalts einen bestimmten, auf volle Prozent gerundeten Verhältniswert für den Zuschlag zum Elementarunterhalt zuordnet. Bei der Hochrechnung berücksichtigt die Tabelle allerdings nur die Lohnsteuer und die gesetzliche Renten- und Arbeitslosenversicherung, nicht aber die Kranken- und Pflegeversicherung. Das wird mit den Bedürfnissen der Praxis begründet: Einerseits haben Kranken- und Pflegversicherung keine bundeseinheitlichen Beitragssätze, andererseits rechtfertigt eine gewisse Verminderung der Hochrechnungsbeträge die Anwendung der gleichen Tabelle sowohl bei der einstufigen wie bei der zweistufigen Berechnung.[371] Die Tabelle endete früher mit der Beitragsbemessungsgrenze, wird aber bis zu einem Zuschlag von 75 % fortgesetzt, seit der BGH[372] die **Fortsetzung der Bremer Tabelle über die Beitragsbemessungsgrenze hinweg** gebilligt hat. Der Rechenweg ist also Folgender:

Brutto = Elementarunterhalt +% Bremer Tabelle

---

[366] BGH FamRZ 1982, 890, FamRZ 1982, 255.
[367] BGH FamRZ 1983,888.
[368] Zuletzt FamRZ 2017, 270.
[369] BGH FamRZ 2007, 117, FamRZ 1981, 864.
[370] Zuletzt FamRZ 2017, 270.
[371] Zur Rechtfertigung dieses Verfahrens vgl. Gutdeutsch FamRZ 1989, 451.
[372] BGH FamRZ 2018, 323.

Vorsorgeunterhalt = Brutto × Beitragssatz GR

b) Aufstockungsunterhalt und Einkommen ohne Vorsorgewert

Wenn sich der Unterhalt durch die Anrechnung von Eigeneinkommen vermindert, dann ist der Zuschlag nach der Bremer Tabelle im Interesse der einfachen und einheitlichen Handhabung nur aus dem verbleibenden Unterhalt zu errechnen, wenngleich eigentlich ein höherer Steuersatz hätte verwendet werden können. Wenn sich der Unterhalt dadurch vermindert, dass Eigeneinkommen des Berechtigten anzurechnen ist (z.B. Einkünfte aus einem Minijob oder fiktive Einkünfte aus Betreuung eines Partners), dieses Einkommen aber – anders als etwa Kapitaleinkünfte – im Alter nicht mehr fließen wird und auch keine Auswirkung auf die Altersversorgung hat, dann bleibt die Verminderung des Unterhalts durch Anrechnung dieses Einkommens außer Betracht, d.h. das bonusbereinigte angerechnete Einkommen ist der Bruttobemessungsgrundlage hinzuzurechnen, bevor der Altersvorsorgeunterhalt berechnet wird.[373]

Brutto = **(Elementarunterhalt + bonusber.Einkommen ohne VersWert) +%-Bremtab**

Altersvorsorgeunterhalt = Brutto × Beitragssatz der GR

c) Zweistufige und einstufige Berechnung des Altersvorsorgeunterhalts

Der Altersvorsorgeunterhalt berechnet sich mithin aus dem Elementarunterhalt, der seinerseits – auch – aus dem eheprägenden Einkommen des Unterhaltspflichtigen berechnet wurde (s.o. V.4.). Dieses eheprägende Einkommen wird dadurch natürlich vermindert. Da der Elementarunterhalt nach dem Grundsatz der Halbteilung berechnet wird, um beiden geschiedenen Eheleuten einen in etwa gleichen Lebensstandard zu verschaffen, kann nicht unberücksichtigt bleiben, dass sich das Resteinkommen des Pflichtigen durch die Zahlung des Altersvorsorgeunterhalts vermindert. Deshalb muss der Elementarunterhalt aus dem nach Abzug des Altersvorsorgeunterhalts verminderten Resteinkommen des Unterhaltspflichtigen nochmal berechnet werden. Dieser *Elementarunterhalt der zweiten Stufe* ist dann der letztlich Geschuldete (**zweistufige**

---

[373] BGH FamRZ 1987, 36.

Berechnung)![374] Wenn allerdings der Elementarunterhalt nicht aus dem eheprägenden Einkommen des Unterhaltspflichtigen berechnet wurde – etwa bei der konkreten Bedarfsberechnung (s. o. A.III.2.a))[375] – oder wenn der Vorsorgeunterhalt aus nicht eheprägendem Einkommen des Unterhaltspflichtigen oder des Unterhaltsberechtigten[376] gedeckt werden kann, dann unterbleibt die zweite Berechnung (**einstufige Berechnung** des Vorsorgeunterhalts). Bei geringer Höhe des nicht prägenden und deshalb nicht verteilten Einkommens kann der Vorsorgeunterhalt mit diesem verrechnet und nur der überschießende Rest vom Einkommen des Unterhaltspflichtigen vor einer Neuberechnung des Vorsorgeunterhalts abgezogen werden (**Mischfall zwischen einstufiger und zweistufiger Berechnung**).

d) Bemessung des Krankheitsvorsorgeunterhalts

Der Krankheitsvorsorgeunterhalt richtet sich nach dem unvermeidlichen Beitragsaufwand für eine angemessene Krankenversicherung und ist deshalb grundsätzlich **konkret** zu ermitteln. Jedoch besteht für Ehegatten, welche vor der Scheidung in der ges. Krankenversicherung mitversichert waren, nach § 9 Abs. 1 Nr. 2 SGB V die Möglichkeit, binnen 3 Monaten nach Rechtskraft der Scheidung der **ges. Krankenversicherung** beizutreten. Sie haben dann die ges. Beiträge zu leisten aus dem beitragspflichtigen Einkommen, welches im Wesentlichen aus dem Unterhalt besteht, welcher an die Stelle des beitragspflichtigen Entgelts des Unterhaltspflichtigen getreten ist. Der Beitrag ist dann gem. § 240 SGB V nach dem geltenden Beitragssatz (**BS**) aus der Gesamtheit von Eigeneinkommen (**EE**) und allen Teilen des Unterhalts einschließlich Elementarunterhalt (**EU**), Altersvorsorgeunterhalt (**AVU**) und sogar Krankheits- und Pflegevorsorgeunterhalt (**KPVU**) zu berechnen,[377] sodass sich hier wieder „die Katze in den Schwanz beißt".[378]

$$KPVU = (EE + EU + AVU + KPVU) \times BS$$

Man sieht, der KPVU ist auf beiden Seiten der Gleichung. Also muss das zweite KPVU dein früher berechnetes sein, sodass die Formel lautet:

$$KPVU^1 = (EE + EU + AVU + KPVU^0) \times BS$$

---

[374] BGH FamRZ 1983, 888.
[375] BGH FamRZ 2007,117.
[376] BGH FamRZ 1999, 372, 374, FamRZ 2007, 117.
[377] BSG FamRZ 2016, 304.
[378] A.VI.4.

V. Geschiedenen-Unterhalt

Man kann sich an das Ergebnis nur „heranschrauben". Dabei muss man auch jedes Mal den Altersvorsorgeunterhalt – unter Vorabzug des Krankheits- und Pflegeversicherungsvorsorgeunterhalts – zweistufig berechnen.

Beispiel:

M verdient 3000 und ist K (1 Jahr) und der einkommenslosen F, die ges. krankenversichert ist, zu Elementarunterhalt, Krankheits- und Pflege- (KPVU) und Altersvorsorgeunterhalt (AVU) – Beitragssatz Rentenversicherung: 18,7 %, Kranken- und Pflegeversicherung insgesamt 16,975 %, Erwerbstätigenbonus 10 %) – verpflichtet.

Im Folgenden wird gezeigt, wie der Krankheitsvorsorgeunterhalt immer neu berechnet wird unter Zugrundelegung des Gesamteinkommens – einschließlich des PKVU der vorherigen Berechnung:

K: Düsseldorfer Tabelle 2018: 4/1:   401 – 97 (Kindergeld) = 304 €

1. Durchlauf:

Einkommen von M	3000,00 €
prg. Kindesunterhalt	–304,00 €
Erwerbstätigenbonus: (3000 – 304) × 10 %	–269,60 €
Bonusbereinigtes Einkommen von M	2426,40 €
Voller Unterhalt von F: 2426,40 ÷ 2	1213,20 €
Bremer Tabelle 2018, fiktives Brutto: 1213,2 + 18 % =	1431,58 €
Altersvorsorgeunterhalt: 1431,58 × 18,7 % =	267,71 €
Resteinkommen von M: 3000 – 304 – 267,71	2428,29 €
Erwerbstätigenbonus: (3000 – 304 – 267,71) × 10 %	–242,83 €
Bonusbereinigtes Einkommen von M, zweite Stufe:	2185,46 €
Voller Unterhalt von F: (2186,76.) ÷ 2	1093,38 €

M zahlt an

F		**1360,00 €**
davon Altersvorsorgeunterhalt	267,00 €	
K		304,00 €
		1.665,00 €

2. Durchlauf:

Einkommen von M	3000,00 €
prg. Kindesunterhalt	–304,00 €
Krankheitsvorsorgeunterhalt **1360** × 16,975 % =	**–230,86 €**
Erwerbstätigenbonus: (3000 – 304 – 230,86) × 10 %	–246,51 €
Bonusbereinigtes Einkommen von M	2218,63 €
Voller Unterhalt von F: 2218,63 ÷ 2	1109,32 €
Bremer Tabelle 1.1.2018, fiktives Brutto: 1109,32 + 16 % =	1286,81 €
Altersvorsorgeunterhalt: 1286,81 × 18,7 % =	239,35 €
Resteinkommen von M: 3000 – 304 – 239,35 – 230,86	2225,79 €

Erwerbstätigenbonus: (3000 – 304 – 239,35 – 230,86) × 10 %   –222,58 €
Bonusbereinigtes Einkommen von M, zweite Stufe: 2003,21 €

Voller Unterhalt von F: 2003,21 ÷ 2   1001,61 €

M zahlt an
F   **1472,00 €**
davon Altersvorsorgeunterhalt   240,00 €
davon Krankheitsvorsorgeunterhalt   231,00 €
K   304,00 €
      1.776,00 €

3. Durchlauf:
Einkommen von M   3000,00 €
prg. Kindesunterhalt   –304,00 €
Krankheitsvorsorgeunterhalt **1472** × 16,975 % =   –249,87 €
Erwerbstätigenbonus: (3000 – 304 – 249 – 87) × 10 %   –244,61 €
Bonusbereinigtes Einkommen von M   2201,52 €

Voller Unterhalt von F: 2201,52 ÷ 2   1100,76 €

Bremer Tabelle 01. 01. 2017, fiktives Brutto: 1100,76 + 16 % =   1265,87 €
Altersvorsorgeunterhalt: 1265,87 × 18,7 % =   235,45 €

Resteinkommen von M: 3000 – 304 – 235,45 – 249,87   2210,68 €
Erwerbstätigenbonus: (3000 – 304 – 235,45 – 249,87) × 10 %   –221,07 €
Bonusbereinigtes Einkommen von M, zweite Stufe: 1989,61 €

Voller Unterhalt von F: (1989,61) ÷ 2   994,81 €

M zahlt an
F   **1481,00 €**
davon Altersvorsorgeunterhalt   236,00 €
davon Krankheitsvorsorgeunterhalt   250,00 €
K   304,00 €
      1.787,00 €

4. Durchlauf:
Einkommen von M   3000,00 €
prg. Kindesunterhalt   –304,00 €
Krankheitsvorsorgeunterhalt **1481** × 16,975 % =   –251,40 €
Erwerbstätigenbonus: (3000 – 304 – 251,40) × 10 %   –244,46 €
Bonusbereinigtes Einkommen von M   2200,14 €

Voller Unterhalt von F: 2200,14 ÷ 2   1100,07 €

Bremer Tabelle 01. 01. 2018, fiktives Brutto: 1100,07 + 15 % =   1265,08 €
Altersvorsorgeunterhalt: 1265,08 × 18,6 % =   235,30 €

Resteinkommen von M: 3000 – 304 – 235,30 – 251,40   2209,30 €
Erwerbstätigenbonus: (3000 – 304 – 235,30 – 251,40) × 10 %   –220,93 €
Bonusbereinigtes Einkommen von M, zweite Stufe: 1988,37 €

Voller Unterhalt von F: (1988,37) ÷ 2	994,19 €
M zahlt an	
F	**1481,00 €**
davon Altersvorsorgeunterhalt	236,00 €
davon Krankheitsvorsorgeunterhalt	252,00 €
K	1304,00 €
	1.787,00 €

Weil der KPVU bereit aus 1481 € berechnet wurde, und der tatsächliche Unterhalt 1481 € beträgt, ist eine nochmalige Berechnung überflüssig.

7. Angemessener Bedarf

Der Unterhalt kann nach § 1578b Abs. 1 BGB auf den *angemessenen Lebensbedarf* herabgesetzt werden, wenn unter Berücksichtigung aller Umstände die Bemessung des Bedarfs nach den *ehelichen Lebensverhältnissen* unbillig wäre.

Die Untergrenze des *angemessenen Bedarfs* ist identisch mit dem Einkommen, das der bedürftige Ehegatte bezöge, wenn er nicht geheiratet hätte. Ist dieser Betrag höher als der *eheangemessene Bedarf,* so ist der angemessene Bedarf bedeutungslos, da ein „Herabsetzen" auf ihn als den höheren nicht möglich ist. Soweit dieses hypothetische Einkommen das tatsächliche Einkommen aber übersteigt, stellt die Differenz den ehebedingten Nachteil dar, in der Regel auszugleichen ist und insoweit einer Herabsetzung entgegensteht. Das fiktive Einkommen ist nach der Formulierung des Gesetzes allerdings nur die Untergrenze des angemessenen Bedarfs, sodass auch hier je nach dem Ausmaß der geschuldeten nachehelichen Solidarität Abstufungen möglich sind. Die Praxis prüft aber nur den ehebedingten Nachteil und damit das hypothetische Einkommen als *angemessenen Bedarf.*

Bemerkung: Der **angemessene Bedarf** als fiktives Einkommen unter der Voraussetzung, dass keine Ehe geschlossen worden wäre, ist hochgradig spekulativ. Denn es kann sich in den seltensten Fällen an eine Planung, welche durch die Eheschließung gescheitert wäre, anlehnen, sondern Vermutungen müssen darüber anstellen, was der Unterhaltsberechtigte ohne die Eheschließung unternommen hätte. Nur in den Fällen, in denen konkrete Anhaltspunkte für die weitere Entwicklung vorhanden sind, kann ein angemessener Unterhalt als Untergrenze für die Herabsetzung des Unterhalts bestimmt werden. In anderen Fällen lässt sich weder ein angemessener Bedarf noch die Höhe **ehebedingter Nachteile** bestimmen. Diese Unmöglichkeit eines substantiierten Vortrags geht zulasten des Unterhaltsberechtigten, weil der Pflichtige das Fehlen ehebedingter Nachteile nur dann beweisen muss, wenn diese substantiiert vorgetragen werden können.[379] Umso wichtiger ist es, aus Dauer und Qualität der Ehe objektive Maßstäbe für das Ausmaß der nachehelichen Solidarität herzuleiten, welche geeignet sind, die latenten ehebedingten Nachteile auszugleichen. Wenn diese Maßstäbe einen angemessenen Ausgleich gewährleisten, verliert der Nachweis ehebedingter Nachteile prozessual an Bedeutung.

Daher sollten die aufweisbaren ehebedingten Nachteile unterschieden werden von den latenten ehebedingten Nachteilen, die darauf beruhen, dass Möglichkeiten verlorengegangen sind. Letztere können nur beachtlich sein, wenn stattdessen in die Ehe „investiert" wurde, wenn also der andere Partner durch Haushaltsführung, Kinderbetreuung oder Verwandtenpflege entlastet worden ist. Deshalb ist es sinnvoll, ein Maß für den Anspruch auf nacheheliche Solidarität zu finden (s. u. V.10).[380]

Angemessener Bedarf = hypothetisches Einkommen bei hinweggedachter Ehe

Und

Angemessener Unterhalt = Angemessener Bedarf – Eigeneinkommen

Anstelle des gesetzlichen Begriffs des angemessenen Unterhalts hat sich der Begriff des ehebedingten Nachteils eingebürgert, welcher den angemessenen Unterhalt zugrunde liegt, wodurch sich die Begrifflichkeit in das Schadensersatzrecht und das Schadensersatzdenken hineinverschoben hat.

Ehebedingter Nachteil = Angemessener Unterhalt

8. Existenzminimum

Als Mindestbedarf ist nun allgemein das Existenzminimum, also der Betrag des *notwendigen Selbstbehalts* von 880 € anerkannt (s. o. A.III.3.b).

---

[379] BGH FamRZ 2010, 875.
[380] Vgl. dazu Dethloff/Gutdeutsch/Kremer, Die Bemessung des nachehelichen Unterhalts, FamRZ 2010, 1708.

9. Leistungsfähigkeit

a) Absoluter Selbstbehalt

Der Unterhaltspflichtige kann sich gegenüber dem Ehegattenunterhalt auf den Ehegattenselbstbehalt berufen, welcher in den Leitlinien 21.4. mit 1200 € bemessen wird (s.o. A.III.4.c). Zu den Änderungen dieses Selbstbehalts s.o. A.III.4.k. Ist neben dem Elementarunterhalt auch **Vorsorgeunterhalt** geschuldet, so ist zu unterscheiden: Der **Altersvorsorgeunterhalt** ist als zukünftiger Unterhalt gegenüber dem gegenwartsbezogenen **Elementarunterhalt nachrangig** und wird gekürzt oder entfällt, wenn im Mangelfall der Unterhaltspflichtige nicht den vollen Bedarf decken kann.[381] Anders der Krankheitsvorsorgeunterhalt: dieser ist gleichrangig[382] dem Elementarunterhalt und deshalb anteilig zuzusprechen, wenn nicht eine andere Verteilung der Billigkeit mehr entspricht.

b) Relativer Selbstbehalt

Neben der Mangelgrenze des Mindestselbstbehalts ergibt sich aus dem Grundsatz der Halbteilung nach § 1581 BGB auch ein relativer Selbstbehalt, welcher den Bedarf des Unterhaltsberechtigten nach den ehelichen Lebensverhältnissen spiegelt (vgl. A.III.5.c.aa).[383] Dieser wird vor allem dann beeinträchtigt, wenn eine Unterhaltspflicht gegenüber einem späteren Ehegatten entsteht, denn das ist ohne vorherige Scheidung nicht möglich. Da diese Mangelfälle erst durch die Wiederverheiratung entstehen, werden sie als Konkurrenz von zwei Ehepartnern behandelt (s.u. C.III.).

---

[381] BGH FamRZ 1989, 483, FamRZ 1981, 442, 445.
[382] BGH FamRZ 1989, 483.
[383] Der BGH hatte diesen Selbstbehalt mit seiner Entscheidung BGH FamRZ 2006, 683 abgeschafft, weil dafür kein Bedürfnis mehr bestehe, nachdem jede berücksichtigungsfähige Einkommensminderung auch den Bedarf nach den ehelichen Lebensverhältnissen vermindert. Dem ist indessen das BVerfG entgegengetreten, weil die Verminderung des verfügbaren Einkommens durch die Unterhaltpflicht in einer neuen Ehe mit dem Fortbestehen der alten und damit mit deren ehelichen Lebensverhältnissen unvereinbar ist. Dadurch ist gem. § 31 Abs. 1 BVerfGG die Rechtsprechung, soweit sie den Einfluss einer späteren Ehe auf den Bedarf eines früheren Ehegatten bejaht, eliminiert. Damit ist aber der Grund für die Abschaffung des variablen Selbstbehalts nach § 1581 BGB weggefallen. Wenn ein solcher Unterhaltsanspruch vorliegt, muss wieder ein Selbstbehalt als Spiegelbild des Bedarfs nach den ehelichen Lebensverhältnissen nach § 1581 BGB geprüft werden.

10. Herabsetzung und zeitliche Begrenzung

Nach § 1578b BGB ist der nacheheliche Unterhalt **zeitlich zu begrenzen**, wenn die unbegrenzte Dauer nach den Umständen (bei Wahrung der Belange gemeinschaftlicher Kinder) unbillig wäre. Ebenso ist der Unterhalt nach den ehelichen Lebensverhältnissen auf den **angemessenen Unterhalt** (s. o. B. V. 7) herabzusetzen, wenn die weitere Unterhaltsbemessung nach den ehelichen Lebensverhältnissen unbillig wäre. Dabei sind vor allem **ehebedingte Nachteile** (s. o. B. V. 7) zu berücksichtigen.

Es lässt sich zeigen, dass die **ehebedingten Nachteile** sich als **Maßstab** für die Unterhaltsbegrenzung nach Dauer und Höhe **schlecht eignen**. Zum ersten entziehen sich die objektiven ehebedingten Nachteile weitgehend der Feststellung. Sie können prozessual nur dann berücksichtigt werden, wenn zur ehelichen Lebensplanung eine Alternativplanung bestand. Vielfach wird aber nur das Nötigste geplant und Alternativplanungen zur Ehe wie auch Eheverträge sind nach dem heutigen Standard, welcher die Liebe als Grundlage der Ehe betrachtet, oft suspekt. Das bedeutet aber auch, dass unsere Rechtsordnung den Ehegatten, welcher auf die Beständigkeit der Ehe vertraut, angemessen schützt und ihn nicht darauf verweist, er habe auch Alternativen planen sollen. Gegen die ehebedingten Nachteile als wesentlichen Maßstab spricht auch, dass sich daraus rechnerisch nur eine Untergrenze für die Herabsetzung, nämlich der angemessene Bedarf errechnen lässt, jedoch kein Maßstab für die Dauer der Unterhaltspflicht. Nicht einmal das einfache Kriterium, solange ehebedingte Nachteile bestünden, könne der Unterhaltsanspruch nicht zeitlich oder betragsmäßig begrenzt werden, kann absolut gelten, denn der Grundsatz der Verhältnismäßigkeit kann auch in diesen Fällen zur Unterhaltsbegrenzung nötigen. Schließlich ist zu bedenken, dass auch der Unterhaltspflichtige einen ehebedingten Nachteil hat, nämlich die nacheheliche Unterhaltspflicht, welche ohne die Ehe nicht bestünde.

a) Nacheheliche Solidarität[383a]

Einen gerechten Ausgleich im Falle der Scheiterns der Ehe kann daher nur aus der nachehelichen Solidarität folgen: Diese darf allerdings nicht nach dem Modell einer lebenslangen Lebensstandardgarantie das Risiko der Scheiterns allein dem Mehrverdienenden aufbürden, sondern muss das Scheitern der Ehe zur Kenntnis nehmen und die Teilhabe am Einkommen des Mehrverdienenden danach bemessen, welchen Teil ihres Lebens die Eheleute eben dieser Ehe gewidmet haben und ob und inwieweit sich in dieser Zeit die generationsübergreifende Bedeutung der Ehe sich durch Betreuung von gemeinschaftlichen Kindern, Stiefkindern und

---

[383a] Vgl. Fn. 380.

Schwiegereltern realisiert hat, insbesondere, wenn und soweit zu diesem Zweck auf eine Erwerbstätigkeit verzichtet wurde. Diese Merkmale lassen sich im Gegensatz zu den oft spekulativen Tatbeständen der ehebedingten Nachteile **relativ leicht feststellen**! Wenn sich die Praxis auf solche Maßstäbe einigen würde, könnte bei den Fragen der zeitlichen Begrenzung und Herabsetzung des Unterhalts wieder Rechtssicherheit und zurückgewonnen werden, welche bei der Durchsetzung der neuen Unterhaltsbegrenzungsmöglichkeiten verloren gegangen sind.

Die Maßstäbe der Solidarität beeinflussen das Ausmaß, in welchem das Einkommen des mehrverdienenden Ehegatten die Lebensverhältnisse des anderen beeinflusst. Damit geht es darum: Wie weit die Ehegattenquote unter die Halbteilung herabzusetzen? Das kann an den gemeinsam verlebten Ehejahren gemessen werden: für jedes Ehejahr ohne Besonderheiten (schlichte Doppelverdienerehe) wäre 1 % bis 2 % der Einkommensdifferenz erworben, für jedes Jahr mit Kinderbetreuung, an welcher der weniger Verdienende in der Regel stärker beteiligt ist, oder für jedes Jahr einer ehebedingten Einschränkung der Erwerbstätigkeit könnten 2 % bis 4 % angesetzt werden, für eine ehebedingte Erwerbslosigkeit könnten für jedes Jahr 3 % bis 6 % gelten, ebenso auch für eine Einschränkung der Erwerbstätigkeit wegen Betreuung von gemeinschaftlichen Kindern, Stiefkindern und Schwiegereltern. Für eine betreuungsbedingte Erwerbslosigkeit können dann 4 % bis 8 % angesetzt werden. Das bedeutet wiederum, dass bei einer Ehe ohne Erwerbsverzicht oder Kindesbetreuung nach spätestens 50 Ehejahren ein voller Einkommensausgleich (nach der bei Rentnern geltenden Halbteilung) erfolgen müsste, und in einer vollständig arbeitsteiligen Haushaltsführungsehe mit Kinderbetreuung bereits nach ca. ca. spätestens 10 Jahren die volle Ehegattenquote von 3/7 oder 45 % der Einkommensdifferenz „erdient" wäre. Sobald der ermittelte Prozentsatz die jeweilige Ehegattenquote übersteigt, wäre diese maßgebend.

Entsprechendes gälte dann für die Dauer: Ein – geringerer – Einkommensausgleich erscheint bis zu ¼ der Ehedauer in jedem Falle zumutbar. Jedem Ehejahr entspräche dann ein ¼ Unterhaltsjahr. Während für ein Jahr betreuungsbedingten Erwerbsverzichts 2 Unterhaltsjahre (nach Beendigung der Betreuung) durchaus angemessen erscheinen. Bei betreuungsbedingter Teilerwerbstätigkeit oder vollständigem Verzicht auf Erwerbstätigkeit erschiene immer noch für jedes entsprechende Ehejahr ein Unterhaltsjahr angemessen, während bei ehebedingtem Teilerwerb oder Vollerwerb trotz Betreuung für jedes diese Ehejahre ein halbes Unterhaltsjahr in Frage käme. Übersteigt die danach anzusetzende Unterhaltsdauer die gemeinsame Lebenserwartung der Ehegatten, ist eine zeitliche Begrenzung überhaupt unangemessen.

Soweit die Verhältnisse nicht genau diesen Merkmalen entsprechen (z.B. bei ¾- Erwerbstätigkeit) wären im Wege der Schätzung Zwischenwerte anzusetzen.

B. Die einzelnen Unterhaltsrechtsverhältnisse

Eine Begründung für diese Art, die nachehelichen Solidarität zu bemessen, ließe sich darin finden, dass das Leben der Menschen endlich ist und in der Zeit der Ehe sich die Planung der Eheleute auf die Ehe ausrichtet und mit deren Scheitern ebenfalls scheitert. Dem weniger Verdienenden geht hier mehr verloren, zumal er sich in der Regel stärker an den beruflichen Belangen des anderen orientiert. Soweit die Erwerbstätigkeit wegen ehebedingter Betreuungsleistungen eingeschränkt wurde, hat sich darin für den anderen trotzt Scheiterns der Ehe deren Bedeutung zulasten des Anderen weitergehend realisiert, wodurch eine höhere Ehegattenquote und auch größere auf die nacheheliche Solidarität gestützte Unterhaltsdauer bis zum Doppelten der Ehezeit gerechtfertigt werden. Das bedeutet rechnerisch:

aa) Ehegattenquote höchstens:

Jahre ehebedingten Erwerbsverzichts wegen Betreuung von gemeinschaftlichen Kindern, Stiefkindern und Schwiegereltern × 4 %
+ Jahre ehebedingten Teilerwerbsverzichts wegen Betreuung oder ehebedingten Vollerwerbsverzichts ohne Betreuung × 3 %
+ Jahre ehebedingten Teilverzichts auf Erwerbstätigkeit oder Betreuung ohne Verzicht auf Erwerbstätigkeit × 2 %
+ Ehejahre ohne Erwerbsverzicht × 1 %

bb) Gattenunterhaltsdauer:

Jahre ehebedingten Erwerbsverzichts wegen Betreuung von gemeinschaftlichen Kindern, Stiefkindern und Schwiegereltern × 2
+ Jahre ehebedingten Teilerwerbsverzichts wegen Betreuung oder ehebedingten Vollerwerbsverzichts ohne Betreuung × 1
+ Jahre ehebedingten Teilverzichts auf Erwerbstätigkeit oder Betreuung ohne Verzichts auf Erwerbstätigkeit × 1/2
+ Ehejahre ohne Erwerbsverzicht × 1/4.

Beispiel:
M verdient nach Abzug von Kindesunterhalt 2000 €, F nur 1000 €. In der Ehe von 10 Jahren war F anfangs berufstätig, hat nach 1 Jahr wegen Betreuung eines gemeinschaftlichen Kindes die Erwerbstätigkeit für 2 Jahre aufgegeben und anschließend 7 Jahre im Interesse der Familien nur halbtags gearbeitet; nach der Trennung Vollerwerbstätigkeit mit Einkommen 1000 €.
Lösung: Unterhaltshöhe: 1 × 1 % + 7 × 3 % + 2 × 4 % = 30 % der Einkommensdifferenz, mithin (2000 − 1000) × 30 % = 300 €
Unterhaltsdauer: 1 × 1/4 + 7 × 1 + 2 × 2 = 11,25 Jahre.

Dabei muss allerdings beachtet werden, dass hier eine **vollständige Billigkeitsprüfung** stattfinden muss und dass daher auch **weitere Merkmale** gewürdigt und bei der Bemessung berücksichtigt werden müssen, damit eine auf eine solche Berechnung gestützte Entscheidung **im Rechtsmittelzug Bestand** haben kann. Methodisch greift die Kontrolle nach § 1578b BGB auf der Bedarfsebene an. Erst nach der Prüfung der Herabsetzung und zeitlichen Begrenzung nach § 1578b BGB ist nach § 1581 BGB zu prüfen, ob ein Mangelfall vorliegt.

b) Ehebedingte Nachteile

Der Begriff der ehebedingten Nachteile hat demgegenüber in der Praxis der Unterhaltsbegrenzung nach § 1578b BGB zentrale Bedeutung.[384] Man betrachtet damit die Scheidungsfolgen eher unter dem Gesichtspunkt des Schadenersatzes und weniger dem der Solidarität. Damit nähert sie sich den Regelungen des § 1615l Abs. 2 BGB. Der ehebedingte Nachteil hat Ähnlichkeit mit dem betreuungsbedingten Nachteil, der den Bedarf nach § 1615l Abs. 2 BGB bestimmt. Statt der aktuellen Kinderbetreuung ist es die vergangene Ehe einschließlich der damit evtl. verknüpften Kinderbetreuung das Hindernis, das den Erwerb beeinträchtigt. Doch beschränkt sich dieser Ausgleich auf das fiktive Einkommen bis zur Höhe des Bedarfs nach den ehelichen Lebensverhältnissen, vermindert also nur die Absenkung des Bedarfs und kann nicht zu einer Erhöhung führen. Die Richter scheinen derzeit die verlorenen Karrierechancen im Vordergrund zu sehen und diese auf die Bewertung der Persönlichkeit des Bedürftigen nach dem vorliegenden Versicherungsverlauf und dem persönlichen Eindruck zu stützen.

Dem Grundsatz nach erfolgt die Prüfung heute in folgenden Stufen:

(1.) Ermittlung der beiderseitigen Einkommen und des *Bedarfs nach den ehelichen Lebensverhältnissen* sowie des *Unterhalts nach den ehelichen Lebensverhältnissen*

(2.) Für eine Übergangszeit, die am Maßstab der nachehelichen Solidarität gemessen, meist aber auf etwa zwei Jahre beschränkt wird, ist Unterhalt nach den ehelichen Lebensverhältnissen (1.) zu zahlen,

(3.) In wieweit ein nach Maßgabe der nachehelichen Solidarität zu begrenzender Unterhalt weiter zu zahlen ist, richtet sich nach den ehebedingten Nachteilen. Bestehen solche, dann ist der Unterhalt nach der Übergangsfrist auf den angemessenen Bedarf (Bedürftigkeit)herabzusetzen, also den Ausgleich der ehebedingten Nachteile.

(4.) Dieser ist solange zu zahlen, wie die ehebedingten Nachteile bestehen. Dabei wird vermutet, dass sie wegfallen, wenn der Rentenfall eintritt und vorher der Versorgungsausgleich durchgeführt wurde.

---

[384] Büte/Poppen/Menne/Botur § 1578b Rn. 11.

Die Konzentration auf manifesten Schadensersatz überzeugt dann, wenn man die Ehe unter Ausblendung der abendländischen Tradition[385] als disponibel ansieht und deshalb nur die einseitigen Belastungen ausgleichen, nicht aber ein hoffendes Vertrauen auf lebenszeitliche Dauer schützen will.

11. Lebenspartnerschaft

Dieselben Regeln gelten nach § 16 LPartG auch für die eingetragene Lebenspartnerschaft.

VI. Getrenntlebensunterhalt

Der Getrenntlebensunterhalt nach § 1361 BGB unterscheidet sich rechnerisch nicht vom Geschiedenen-Unterhalt (s. o. B.V). Nur der **Altersvorsorgeunterhalt** kann nach § 1361 Abs. 1 S. 2 BGB erst **ab Rechtshängigkeit** des Scheidungsantrags geltend gemacht werden. Allerdings können die Wertungen bei der Zurechnung fiktiven Einkommens oder der Berücksichtigung eines Einkommensteils als unzumutbar (s. o. A.IV.3.c) von der Dauer der Trennung abhängen, was am Rechenweg jedoch nichts ändert.

Dieselben Regeln gelten nach § 13 LPartG auch für die eingetragene Lebenspartnerschaft.

VII. Familienunterhalt

1. Familienunterhalt nach § 1360 BGB als Einkommen

Der Familienunterhalt ist nicht auf Geld gerichtet und hat als solcher keine forensische Relevanz. Er hat rechnerisch Bedeutung **nur für Berechnung der Leistungsfähigkeit beider Ehegatten für andere Unterhaltsverpflichtungen**. In diesen Fällen ist er nach dem Grundsatz der Halbteilung (ohne Erwerbstätigenbonus) zu ermitteln.

Lebt ein Unterhaltspflichtiger mit einem leistungsfähigen Ehegatten zusammen, dann **vermindert sich sein Selbstbehalt** durch seinen Anspruch auf Familienunterhalt, denn der Anspruch auf Familienunterhalt – der ja kein Geldanspruch ist – ist auf den Selbstbehalt anzurechnen.

---

[385] Diese hat die notwendig gerichtliche Scheidung – in Anknüpfung an das kanonische Recht – erst erfunden. Es handelt sich wohl um einen abendländischen Sonderweg. Wenn die lebenslängliche Ehe als solche nicht mehr geschützt wird, dann besteht kein Grund mehr, die einverständliche Scheidung gerichtlich durchzuführen. Sie kann vor dem Standesbeamten oder Notar erklärt werden.

VII. Familienunterhalt

Darauf beruht schon die Hausmannrechtsprechung des BGH,[386] bei welcher Unterhaltsansprüche von Kindern aus mehreren Verbindungen miteinander konkurrieren (s.o. A.III.4.k.cc) Auch unabhängig vom Rollentausch (davon handelt die „Hausmannrechtsprechung") hat der BGH das für Fälle des Minderjährigen-Unterhalts[387] und des Elternunterhalts[388] bestätigt.

Für die Berechnung der Ersparnis beim Selbstbehalt finden sich beim BGH zwei Ansätze: Beim *Elternunterhalt* wird in der Regel erörtert, in welcher Höhe der Pflichtige zum Familienunterhalt beitragen müsse, wobei aus dem höheren Einkommen des Ehegatten eine Verminderung der Beitragspflicht hergeleitet wird, bei Unzumutbarkeit der Erwerbstätigkeit vermindert bis auf 0 €.[389] Beim *Kindesunterhalt* dagegen wird nicht die eigene anteilige *Verpflichtung* zum Familienunterhalt, sondern der *Anspruch* auf Familienunterhalt erörtert, welcher ebenso wie ein Trennungsunterhalt zu berechnen ist.[390]

Diese Unterscheidung wird durch das unterschiedliche Rangverhältnis erzwungen:

- **Minderjährige** Kinder sind immer vorrangig. Deshalb kann die – nachrangige – Verpflichtung zur Leistung von Familienunterhalt nur bei der Eingruppierung Bedeutung haben. Dagegen führt der **Anspruch** auf Familienunterhalt zu einer Bedarfsdeckung, welche den Selbstbehalt senkt (s.u. C.II.4.).
- **Eltern** sind immer nachrangig. Deshalb besteht die vorrangige **Verpflichtung**, das Einkommen für den Familienunterhalt einzusetzen (s.u. C.IV, V.), Ebenso muss bei **nachrangigen** Kindern gerechnet werden.
- Bei Gleichrang kann es sich aber immer um **Ehegattenunterhalt** oder Ansprüche nach § 1615l BGB handeln. In diesen Fällen kommt es nicht auf den Selbstbehalt, sondern auf die angemessene Verteilung nach § 1581 BGB an (s.u. C.III.).
- Gegenüber allen **nachrangigen Berechtigten** hat die Rechtsprechung vorrangige Mindestbedarfssätze des beim Unterhaltspflichtigen lebenden Ehegatten festgelegt (s.o. A.VI.7.a).

2. Taschengeld

Der einkommenslose Partner hat einen Anspruch auf Taschengeld für seine persönlichen Bedürfnisse (s.o. A.IV.15.c). Dieser ist auf Geldleistungen gerichtet und wird in der Praxis mit 5 bis 7% des Familienein-

---

[386] Vgl. Wendl/Klinkhammer § 2 Rn. 172 ff.
[387] BGH FamRZ 2008, 968; FamRZ 2004, 24.
[388] BGH FamRZ 2004, 366, FamRZ 2004, 370, FamRZ 2004, 441.
[389] BGH FamRZ 2004, 795.
[390] BGH FamRZ 2004, 24.

kommens bemessen, im Durchschnitt also auf 6 %.[391] In Höhe der Hälfte dieses Betrags zieht ihn die Rechtsprechung zu Unterhaltsleistungen heran.[392] Ist der Ehegatte nicht einkommenslos, dann ist sein Einkommen auf den Anspruch auf Taschengeld anzurechnen. Nur mit dem Einkommensteil, der das Taschengeld übersteigt, muss sich der weniger verdienende am Familienunterhalt beteiligen.

Ein Taschengeldanspruch scheidet aber aus, wenn das Familieneinkommen nur zur Deckung des notwendigen Bedarfs der Familienmitglieder ausreicht.[393]

Er hat Bedeutung vor allem für den Anspruch auf **Elternunterhalt**, weil bei sehr guten Einkünften des Ehepartners der einkommenslose Ehegatte mit dem halben Taschengeldanspruch seinem bedürftigen Elternteil gegenüber unterhaltspflichtig sein kann. Auch bei der Verpflichtung zur Leistung von **Kindesunterhalt** könnte dieser Anspruch Bedeutung haben. Im Normalfall wird er aber durch die hier viel weitergehende *Erwerbsobliegenheit* des Elternteils verdrängt (s. o. A.IV.12.b), die beim Elternunterhalt nur sehr schwach ausgebildet ist.

3. Familienunterhalt als konkurrierende Unterhaltsverpflichtung

Bei weiteren Unterhaltsverpflichtungen des **mehr verdienenden Ehegatten** bewirkt die Verpflichtung zur Leistung von Familienunterhalt eine Verminderung der Leistungsfähigkeit. Der vorrangige Bedarf des weniger Verdienenden wird in diesen Fällen nach dem jeweils maßgebenden Selbstbehalt bestimmt und um die aus dem Zusammenleben resultierende Ersparnis gemindert. Dem Ehegattenselbstbehalt von 1200 € und dem angemessenen Selbstbehalt gegenüber volljährigen Kindern von 1300 € wird auf diese Weise ein Mindestbedarf des Ehegatten von 960 € bzw. 1040 € zugeordnet, dem erhöhten angemessenen Selbstbehalt gegenüber Enkeln und Eltern ein Mindestbedarf von 1440 €[394] (s. o. A.VI.7.a).

4. Monetarisierung des Familienunterhalts

Solange die Ehe besteht und die Eheleute nicht getrennt leben, haben sie gegeneinander Ansprüche auf Familienunterhalt nach §§ 1360, 1360a BGB, der primär nicht auf Geldleistungen, sondern auf die Bedarfsdeckung als solche gerichtet ist und damit regelmäßig als Naturalunterhalt zu erfüllen ist – mit Ausnahme des Taschengeldanspruchs (s. o. 2), der bei

---

[391] BGH FamRZ 2006, 1827, 1831, FamRZ 2004, 366, 369.
[392] BGH FamRZ 2004, 366, 369, FamRZ 2003, 266, FamRZ 1998, 608.
[393] BGH FamRZ 1998, 608.
[394] Leitlinienstruktur 22.1., 22.3.

ausreichender Leistungsfähigkeit als Barunterhalt geschuldet ist. Bei geringer Leistungsfähigkeit ist der Anspruch auf Familienunterhalt auch nicht durch einen Selbstbehalt beschränkt. Wenn ein Ehepartner **pflegebedürftig** ist und nicht zuhause gepflegt werden kann, aber auch **kein Trennungswille** und damit auch kein Getrenntleben festgestellt werden kann, kann sich der Anspruch auf Naturalunterhalt in einen **Geldunterhaltsanspruch** verwandeln, gegen den der andere Elternteil sich mit dem Ehegattenselbstbehalt wehren kann.[395]

5. Lebenspartnerschaft

Dieselben Regeln gelten nach § 5 LPartG auch für die eingetragene Lebenspartnerschaft.

VIII. Betreuungsunterhalt des nichtehelichen Elternteils

Der Betreuungsunterhalt eines nichtehelichen Elternteils nach § 1615l Abs. 2 BGB hat große Bedeutung, weil in Deutschland ein Drittel aller Kinder nicht in einer Ehe geboren werden. Die forensische Bedeutung ist trotzdem noch einigermaßen gering. Offenbar scheuen sich in vielen Fällen die nichtehelichen Mütter, den Erzeuger ihres Kindes für den eigenen Unterhalt in Anspruch zu nehmen, um dessen Bereitschaft nicht zu gefährden, Kindesunterhalt freiwillig zu bezahlen und das Kind erforderlichenfalls zu betreuen – und vielleicht doch noch zu heiraten. Doch besteht dieser Anspruch und bemisst sich nach der Lebensstellung **des Berechtigten**, das ist regelmäßig das **frühere Einkommen** (s.o. A.III.2.a). Wenn die Mutter verheiratet ist, sind es die **ehelichen Lebensverhältnisse** (s.o. B.V). Nach unten ist der Bedarf begrenzt durch das **Existenzminimum als Mindestbedarf** (s.o. A.III.4.b), nach oben begrenzt durch den **Halbteilungsgrundsatz**.

1. Früheres Einkommen

Das Einkommen, welches der unterhaltsberechtigte Elternteil bezog, bevor er durch Schwangerschaft oder Kinderbetreuung die Erwerbstätigkeit aufgeben musste, bildet in der Regel die Lebensstellung des betreuenden Elternteils ab. Es ist praktisch identisch mit dem angemessenen Bedarf, auf welchen der Ehegattenunterhalt nach der Scheidung herabgesetzt werden kann (s.o. V.6.). Genauer gesagt, handelt es sich nicht um das frühere Einkommen, sondern um das Einkommen, das der Berech-

---

[395] BGH FamRZ 2016, 1142.

tigte bezöge, wenn er nicht das Kind betreuen müsste. Da das fiktive Einkommen den Maßstab bildet, kommt ein Vorsorgeunterhalt nicht in Betracht, weil er aus dem Einkommen zu zahlen wäre. Wenn allerdings als fiktives Einkommen nur das Nettoeinkommen nach Abzug von Steuern und Vorsorgeaufwendungen betrachtet wird, muss auch der sonst gedeckte Vorsorgebedarf berücksichtigt werden. Das ist allerdings in der Rechtsprechung und Literatur umstritten.[396] Nur dass Krankheitsvorsorgeunterhalts verlangt werden kann, dürfte unstreitig sein.

2. Eheliche Lebensverhältnisse/nichteheliche Lebensverhältnisse

Der angemessene Bedarf des nichtehelichen Elternteils kann auch durch die **frühere** oder noch **bestehende Ehe** geprägt sein.[397] Dann berechnet sich der Bedarf wie beim Ehegattenunterhalt (s. o. V.) aus dem Einkommen beider Eheleute s. o. (A.III.2.c) – nicht des Kindesvaters! Die voreheliche Lebensstellung, welche sich aus dem früheren eigenen Einkommen des Berechtigten herleitet, ist dann bedeutungslos, weil sie bei Geburt des Kindes bereits nicht mehr bestand.

Anders als das eheliche Zusammenleben hat das **nichteheliche Zusammenleben** mit dem Vater des Kindes **keinen Einfluss** auf den angemessenen Bedarf des nichtehelichen Elternteils.[398]

3. Mindestbedarf

Dem Begriff des angemessenen Bedarfs widerspräche aber ein Unterhalt, welcher das Existenzminimum unterschritte.[399] Deshalb ist der Bedarf mindestens mit dem notwenigen Selbstbehalt eines Nichterwerbstätigen von 880 € anzusetzen.

4. Bedürftigkeit

Bei der Anrechnung des **Eigeneinkommens** des Unterhaltsberechtigten ist zu berücksichtigen, dass dieses analog § 1577 Abs. 2 BGB nur nach Billigkeit anzurechnen ist, wenn es auf überobligationsmäßigen Erwerbsbemühungen beruht.[400]

---

[396] Zum Meinungsstand vgl. FA-FamR/Maier 10. Aufl., 6. Kapitel Rn. 547.
[397] BGH FamRZ 1998, 541, 544.
[398] BGH FamRZ 2008, 1739.
[399] BGH FamRZ 2010, 357.
[400] BGH FamRZ 2005, 442, 444.

5. Begrenzung durch den Halbteilungsgrundsatz

Der *Bedarf nach dem früheren Einkommen* (s. o. B.VIII.1.) oder den *ehelichen Lebensverhältnissen* (s. o. B.VIII.2.) darf allerdings nicht dazu führen, dass dem Unterhaltsberechtigten mehr bleibt als dem Unterhaltspflichtigen. Deshalb ist der Bedarf des nichtehelichen Elternteils zusätzlich durch den *Grundsatz der Halbteilung* begrenzt.[401] Der BGH hatte das früher als eine Beschränkung des Bedarfs betrachtet.[402] Das war jedoch zu einer Zeit, als er auch für den Ehegattenunterhalt das Prinzip der variablen ehelichen Lebensverhältnisse vertrat, und dürfte nicht mehr gelten, seitdem er diese Rechtsprechung aufgegeben hat (s. o. A.III.4.d.bb). Vielmehr dürfte es auch natürlicher Wertung entsprechen, den Bedarf in dem betreuungsbedingten Einkommensverlust zu sehen und den Anspruch entsprechend der Leistungsfähigkeit analog § 1581 BGB zu begrenzen und auf die Hälfte des gemeinsamen Einkommens zu beschränken – ebenso wie den Gattenunterhalt im relativen Mangelfall nach § 1581 BGB.

Um zu entscheiden, ob man die Halbteilung der Leistungsfähigkeit oder dem Bedarf zuweist, muss man die Konsequenzen bedenken, die doch weiter reichen, als man geneigt ist anzunehmen, wenn man sich diese Frage zuerst stellt: Dieser Unterschied zeigt sich nämlich bei einer Folge mehrerer Ansprüche nach § 1615l Abs. 2 BGB: Handelt sich um bei der Begrenzung auf die Halbteilung um einen Mangelfall, dann kann die Geburt eines neuen Kindes von einem anderen Mann und der Erwerb eines weiteren Anspruchs nach § 1615l Abs. 2 BGB dazu führen, dass der Mangel behoben wird, weil beide Väter zusammen den Bedarf decken können, mindestens aber das Defizit verringern. Sinkt dagegen der Bedarf der Mutter auf das Niveau der Leistungsfähigkeit des ersten Kindsvaters, dann kann der Anspruch gegen den Vater des zweiten Kindes lediglich den Vater des ersten entlasten, weil inzwischen der Bedarf der Mutter auf dessen Einkommensniveau abgesunken ist.

Für diese letztere Lösung (Halbteilung bei der Bedarfsermittlung) spräche allerdings das – angreifbare – Argument, eine nichteheliche Mutter solle nicht besser stehen, als eine eheliche. Bei einer Ehefrau wird man kaum bezweifeln können, dass durch die Ehe mit einem armen Mann und Verlust des Arbeitsplatzes durch die Kinderbetreuung ihr Bedarf auf das eheliche Einkommensniveau absinkt. Der „angemessene Bedarf" nach § 1578b Abs. 1 S. 1 BGB (der sich von der Lebensstellung ohne Eheschließung herleitet) kann nicht höher sein als der eheangemessene nach § 1578 Abs. 1 S. 1 BGB. Wenn demnach eine verheiratete Frau

---

[401] BGH FamRZ 2005, 442, 443.
[402] BGH FamRZ 2005, 442, 443.

nach Trennung und Scheidung einen Anspruch auf Betreuungsunterhalt hat und durch die Geburt eines weiteren – außerehelichen – Kindes einen Anspruch nach § 1615l Abs. 2 BGB hinzuwirbt, kann sie gegenüber dem Vater des zweiten Kindes nicht mehr geltend machen, durch die Geburt und Betreuung des ersten Kindes habe sie einen Einkommensverlust erlitten. Wenn man die Halbteilung nach § 1615l Abs,2 BGB als Mangelfall versteht, behandelt man also eine Ehefrau die in oder nach der Ehe einen Anspruch nach § 1615l Abs. 2 BGB erwirkt schlechter, als eine Mutter, die vor dem ersten Kind gar nicht geheiratet hat, wenn beide durch Betreuung und Pflege der Kinder berufliche Nachteile erlitten haben. Will man aber die Ehe nach Art. 6 Abs. 1 GG dadurch schützen, dass man auch einer nichtehelichen Mutter vorhält, der Vater ihres früheren Kindes sei arm, und daran müsse sie sich festhalten lassen? Die Entscheidung zur Ehe ist in wesentlich höherem Maße auch die Annahme auch eines Schicksals als eine gemeinsame Elternschaft, die ja sehr unterschiedliche Ursachen haben kann. Die stärkeren Argumente sprechen deshalb dafür, die Anspruchsbegrenzung durch Halbteilung bei Ansprüchen nach § 1615l Abs. 2 BGB als Mangelfolge analog § 1581 BGB zu betrachten.

Allerdings hat die Zuordnung zur Leistungsfähigkeit auch zur Folge, dass nachrangige Unterhaltsansprüche, vor allem diejenigen nicht privilegierter erwachsener Kinder, vor der Halbteilung nicht abgezogen werden dürfen. Das ist zwar beim Ehegattenunterhalt nicht anders. Bei der Bestimmung des Bedarfs nach den ehelichen Lebensverhältnissen – ebenfalls nach (bonus-modifizierter) Halbteilung – wären sie aber zu berücksichtigen! Das mag unbefriedigend erscheinen, rechtfertigt sich aber ebenfalls dadurch, dass der Ehegatte durch die Eheschließung gewissermaßen in die Verhältnisse des Ehegatten „eingetreten war", während der nichteheliche Partner mit den Kindern des Partners aus einer anderen Beziehung im Grunde nichts zu tun hat.

Wenn aber der *Bedarf* durch die mangelhafte Leistungsfähigkeit des früheren Partners nicht sinken kann, muss man doch fragen, ob denn dem zweiten Vater wirklich immer der gleiche volle Bedarf wie dem ersten Vater entgegengehalten werden kann. Bei strenger Kausalbetrachtung kann man nämlich nicht außer Acht lassen, dass die Betreuung des ersten Kindes die Erwerbschancen der Mutter – etwa durch Verlust eines für immer verlorenen Arbeitsplatzes – irreversibel beeinträchtigt haben kann und dass dann die Betreuung des zweiten Kindes nur die noch verbliebenen Erwerbschancen beeinträchtigt. In diesen Fällen ist der Bedarf gegenüber beiden Vätern gesondert zu ermitteln. Dann ist auch der Bedarf nicht absolut, sondern nur relativ zum jeweiligen Anspruchsgegner zu bestimmen. Irreversible Beeinträchtigungen der Erwerbsfähigkeit werden beim Ehegattenunterhalt ja als ehebedingten Nachteile – nach § 1578b Abs. 1 S. 1 BGB zu berücksichtigen – gewürdigt! Bereits der *Be-*

darf nach § 1615l Abs. 2 BGB kann also gegenüber verschiedenen Vätern verschieden sein.

Ein weiteres Thema ist dann aber die möglicherweise ebenfalls unterschiedliche *Bedürftigkeit* im Verhältnis zu beiden Vätern: Diese ist verschieden, wenn die Betreuung der einzelnen Kinder in unterschiedlichem Maße die Erwerbsfähigkeit beeinträchtigt (s. u. D.V.). Dann sind die beiden Väter letztlich für eine Bedürftigkeit unterschiedlicher Höhe dem Grunde nach unterhaltspflichtig. In diesen Fällen kann auch die Unterhaltsverteilung nicht mehr analog § 1606 Abs. 3 S. 1 BGB nur von der Leistungsfähigkeit abhängen. Diese Vorschrift gilt dann nur für den Teil der Bedürftigkeit, welche beiden Verpflichteten gegenüber geltend gemacht werden kann. Soweit gegenüber einem der Pflichtigen ein höherer Unterhalt geltend gemacht werden kann, unterliegt dieser überschießende Teil nicht der Verteilung nach § 1606 Abs. 3 S. 1 BGB und muss vom Alleinhaftenden getragen werden. Dieser Teilunterhalt ist aber dennoch Teil der Unterhaltsverteilung und deshalb bei der Verteilung des Rests vom Einkommen vorweg abzuziehen. (Mit dem Problem des Vorwegabzugs gleichrangigen Unterhalts (s. o. A.VIII.2) hat dieser Vorabzug nichts zu tun.) Zu den Einzelheiten dieses Konkurrenzfalls und dem Rechenweg s. u. D.V.

6. Begrenzung durch den Ehegattenselbstbehalt

Der absolute Selbstbehalt des Unterhaltspflichtigen gegenüber dem Unterhaltsanspruch nach § 1615l Abs. 2 BGB muss ebenso wie der gegenüber einem Ehegatten zwischen dem notwendigen und dem angemessenen Selbstbehalt liegen.[403] Die Rechtspraxis setzt diesen Selbstbehalt ebenso wie den gegenüber einem Ehegatten mit 1200 € an (s. o. A.III.4.c und d).

7. Der Quasifamilienunterhalt

Leben Eltern zusammen, ohne verheiratet zu sein, und betreut einer von ihnen die Kinder und hat dafür die Erwerbstätigkeit eingeschränkt, dann besteht zwar kein Anspruch auf *Familienunterhalt*. Jedoch kann nach der neueren Rechtsprechung des BGH auch hier ein auf der vereinbarten Verteilung der Kindesbetreuung beruhender Unterhaltsanspruch des nichtehelichen Elternteils berücksichtigt werden. Vom Familienunterhalt unterscheidet er sich vor allem dadurch, dass die Haushaltsführung nicht als geschuldete Unterhaltsleistung zu berücksichtigen ist.[404]

---

[403] BGH FamRZ 2005, 354, FamRZ 2005, 357.
[404] BGH FamRZ 2016, 887. Was aus diesem Unterschied folgt, ist im Einzelfall nicht leicht zu bestimmen.

IX. Elternunterhalt

1. Bedarf

Der Bedarf der Eltern richtet sich grundsätzlich nach ihrer eigenen Lebensstellung und damit nach ihrem eigenen Einkommen, § 1610 Abs. 1 BGB. Das ändert sich im Prinzip auch nicht im Rentenfall, weil dann die selbst geschaffene Altersversorgung ihre Lebensstellung bestimmt. Wegen des Grundsatzes der Eigenverantwortlichkeit kann von den Abkömmlingen nicht die Aufrechterhaltung eines früheren Lebensstandards gefordert werden.[405] Nur wenn das eigene Einkommen den Mindestbedarf (s. o. A.III.3.b) unterschreitet, ist ein entsprechender Bedarf anzuerkennen. Der BGH hat deshalb einen Anspruch in Höhe des Existenzminimums zuzüglich eines Mehrbedarfs wegen Krankheitsvorsorge anerkannt.[406] Als Existenzminimum kann idR der notwendige Selbstbehalt des Nichterwerbstätigen angesetzt werden, seit dem Jahr 2016 der Betrag von **880 €**.

Im Falle der **Unterbringung in einem Pflegeheim** entsteht ein Mehrbedarf in Höhe der Heimkosten abzüglich ersparter Kosten der Lebenshaltung, sodass sich der Bedarf letztlich auf die **Kosten der Heimunterbringung** erhöht.

Bedarf = 880 €

oder

Bedarf = Kosten der Heimunterbringung

2. Bedürftigkeit

Bedürftigkeit ist nicht gegeben, solange der Berechtigte über Vermögen verfügt, das er verwerten könnte. Allerdings darf die Verwertung nicht unzumutbar sein,[407] wobei der Maßstab der *groben Unbilligkeit* nahe kommt (s. o. A.IV.14). Daneben ist auch ein „Notgroschen" als Schonvermögen zu belassen. Dafür werden mindestens 2600 €, empfohlen.[408]

---

[405] BGH FamRZ 2003, 860.
[406] BGH FamRZ 2003, 860.
[407] BGH FamRZ 2006, 935, FamRZ 1998, 367, 369.
[408] Wendl/Wönne § 2 Rn. 934.

Auf den Bedarf ist auch jedes Einkommen des Berechtigten anzurechnen. Für Sozialleistungen ist § 1610a BGB zu beachten. Danach decken Sozialleistungen, welche für Aufwendungen infolge eines Körper- oder Gesundheitsschadens in Anspruch genommen werden, im Zweifel nur den Mehrbedarf infolge dieser Schädigung, erhöhen also das bedarfsdeckende Einkommen im Ergebnis nicht. Der Beweis des Gegenteils ist aber zulässig.

Die **Grundsicherung wegen Alter oder Erwerbsminderung** nach § 41 ff. SGB XII gilt, wenn sie gewährt wird, als bedarfsdeckend, weil trotz Subsidiarität der Sozialleistung der Unterhaltsanspruch nicht übergeleitet werden kann.[409] Weil nach § 43 Abs. 2 SGB XII bei der Leistungsgewährung Unterhaltsansprüche des Hilfsbedürftigen gegen Eltern und Kinder nur dann berücksichtigt werden, wenn das Jahreseinkommen nur eines Unterhaltspflichtigen über 100.000 € liegt, ist die Bedeutung des Unterhaltsanspruchs in diesen Fällen meist beschränkt auf die Differenz zwischen dem unterhaltsrechtlichen Existenzminimum von 880 € und der geleisteten Grundsicherung wegen Alter oder Erwerbsminderung.[410] Wenn die Grundsicherung nur deshalb ausfällt, weil das Einkommen eines der Kinder 100.000 € übersteigt, scheitert die Überleitung des Anspruchs gegen die anderen Kinder des Bedürftigen – jedenfalls soweit sie auf dem Ausfall dieser Sozialleistung beruht – an der Billigkeitsklausel des § 94 Abs. 3 S. 1 Nr. 2 SGB XII.[411]

3. Leistungsfähigkeit

a) Konkrete Bemessung

Ebenso wie ein besonders hoher Bedarf beim Ehegattenunterhalt – allerdings nur bei genügender Leistungsfähigkeit des Unterhaltsschuldners – konkret bemessen werden kann (s. o. B.V.3.a), kann das in Anspruch genommene Kind seine eingeschränkte Leistungsfähigkeit durch konkreten Vortrag belegen und nötigenfalls unter Beweis stellen. Dann unterliegt die Bedarfsbestimmung der wertenden Beurteilung durch den Richter (s. o. A.III.1.). Mit der Verfestigung der Rechtsprechung zur Höhe des erhöhten angemessenen Selbstbehalts in Höhe von derzeit 1800 €, zuzüglich der Hälfte des Mehreinkommens, hat die Darlegung des konkreten Konsums, die nach der früheren Rechtsprechung den Eigenbedarf prägte und auch heute noch den Maßstab bilden sollte, in der Rechtspraxis an Bedeutung verloren.

---

[409] BGH FamRZ 2007, 1158 m. Anm. Scholz, Wendl/Klinkhammer § 8 Rn. 161.
[410] Wendl/Klinkhammer § 8 Rn. 164.
[411] BGH FamRZ 2015, 1467.

b) Nach Leitlinien

Ohne weiteren Vortrag können die Kinder gegenüber ihren bedürftigen Eltern nach den Leitlinien 21.3.3 den erhöhten angemessenen Selbstbehalt (s.o. A.III.4.g) von 1800 € in Anspruch nehmen. Für den mit dem Pflichtigen zusammenlebenden Ehegatten werden nach Leitlinien 22.3. 1440 € angesetzt (s.u. C.IV.3). Diesem Selbstbehalt sind noch 50% des darüberhinausgehenden Einkommens hinzuzurechnen.

> **Beispiel:**
>
> M verdient 2500 € und ist seinem Vater V, welcher für ein Pflegeheim 2300 € aufbringen muss aber nur eine Rente von 1500 € bezieht, unterhaltpflichtig.
> Bedürftigkeit von V: 2300 – 1500 = 800 €.
> Leistungsfähigkeit von M: (2300 – 1800) ÷ 2 = 350 €.

c) Verheiratetes Kind

Beim Elternunterhalt hat das Einkommen des Ehegatten des Kindes große praktische Bedeutung.

Dieser ist zwar selbst demselben Elternteil nie unterhaltpflichtig. Jedoch kann seine Einkommenslage die Leistungsfähigkeit des Kindes beeinflussen. Der BGH hat hier einen Rechenweg vorgeschrieben. Einzelheiten dazu bei der Konkurrenz von Ehegatten- und Elternunterhalt (s.u. C.VI.)

X. Enkelunterhalt

Nach § 1601, § 1607, § 1609 BGB schulden Großeltern ihren Enkeln Unterhalt, wenn vorrangig haftende Eltern nicht vorhanden sind, nicht leistungsfähig sind oder von ihnen der Unterhalt nicht erlangt werden kann.[412] Dieser Anspruch ist stärker ausgestaltet als der derjenige der Eltern gegen ihre Kinder, sodass die Enkel im Mangelfall den Eltern vorgehen (§ 1609 Nr. 5 und 6 BGB, eine wohl sehr seltene Konstellation!).

1. Bedarf

Der Bedarf von Enkeln bestimmt sich in prinzipiell gleicher Weise wie der von Kindern: Solange sie minderjährig sind oder noch im Haushalt der Eltern leben, bestimmt er sich nach den Lebensverhältnissen der El-

---

[412] Vgl. ausführlich: Günther, Die Inanspruchnahme von Großeltern auf Enkelunterhalt, FPR 2006, 347; Luthin, „Zahlopa", Probleme des Unterhalts für Enkel, FamRB 2005, 19.

tern (s. o. I., II. und III.). Wenn sie einen eigenen Haushalt führen, gelten für sie feste Bedarfsbeträge (IV.). Nach den Lebensverhältnissen der Großeltern kann sich der Anspruch im Allgemeinen nicht richten, weil ein bei den Großeltern lebendes Kind von ihnen keinen Barunterhalt erhält. Allerdings kann es Fälle geben, in denen die Großeltern soweit die Rolle der Eltern übernommen haben, dass für das Kind ein berechtigtes Vertrauen in den Fortbestand der unterhaltsrechtlichen Verantwortung zur Vermeidung schwerer Unbilligkeiten auch dann geschützt werden muss, wenn das Kind nicht mehr im Haushalt der Großeltern lebt. Dann kann ausnahmsweise auch eine Bedarfsbestimmung nach den Lebensverhältnissen, also dem Einkommen des unterhaltspflichtigen Großelternteils erfolgen.[413] Das wird vor allem dann der Fall sein, wenn die leiblichen Eltern früh verstorben sind und das Kind deshalb die Großeltern als seine Eltern betrachten kann. Liegen diese Voraussetzungen vor, dann ist der Bedarf des Kindes der Düsseldorfer Tabelle unter Zugrundelegung des Einkommens des unterhaltspflichtigen Großelternteils zu entnehmen, andernfalls ist bei Leistungsunfähigkeit der Eltern der Mindestunterhalt nach § 1612a Abs. 1 BGB zugrunde zu legen.

2. Bedürftigkeit

Vorhandenes Kindesvermögen beseitigt die Bedürftigkeit, solange es reicht. Ehe Großeltern in Anspruch genommen werden, müssen auch Minderjährige ihr Vermögen verwerten. Nur Eltern müssen nach § 1602 Abs. 2 BGB den Stamm des Kindesvermögens unangetastet lassen. Jedoch ist ein Notgroschen auch hier zu belassen (s. o. B.IV.2).

3. Leistungsfähigkeit

Die Großeltern können ihren Enkeln gegenüber ebenso wie die mittlere Generation gegenüber ihren Eltern einen erhöhten angemessenen Selbstbehalt geltend machen, welcher in den Leitlinien 21.3.3. ebenfalls 1800 € bemessen wird (s. o. A.III.3.d.). Allerdings beschränkte früher nur eine Minderheit der Oberlandesgerichte das danach verfügbare Einkommen auf die Hälfte des diesen Betrag überschießenden Wertes. Nun scheint sich aber die Erhöhung des Selbstbehalts um die Hälfte des Mehreinkommens immer weiter durchzusetzen, und zwar wohl auch deswegen, weil eine gewisse Tendenz besteht, für den Unterhalt von Enkeln und Großeltern den gleichen Selbstbehalt zu wählen, was nur möglich ist, wenn auch für den Elternunterhalt der gleiche Selbstbehalt gilt (s. u. XI.).

---

[413] Koch/Wellenhofer, Handbuch des Unterhaltsrechts, 13. Aufl. § 5 Rn. 78.

XI. Großelternunterhalt

Wenn **alle Kinder vorverstorben oder nicht ausreichend leistungsfähig** sind, können nach § 1606 Abs. 2 BGB im nächsten Rang die Enkel für den Unterhalt ihrer Großeltern unterhaltspflichtig werden. Der Bedarf bestimmt sich ebenso wie der Bedarf beim Elternunterhalt (s.o. IX.1.), ebenso die Bedürftigkeit (s.o. IX.2.). Zur Leistungsfähigkeit äußern sich nur wenige Leitlinien.[414] Alle aber wollen Enkelunterhalt und Großelternunterhalt gleich behandeln. Das setzt voraus, dass für Enkelunterhalt und Elternunterhalt der gleiche Selbstbehalt gilt. Ist der Selbstbehalt gegenüber Enkeln aber geringer als der gegenüber Eltern, dann entsteht ein Widerspruch: Der Selbstbehalt gegenüber Großeltern darf nicht geringer sein als der gegenüber Eltern, weil nach § 1609 Nr. 6 BGB Eltern gegenüber Großeltern vorrangig berechtigt sind.

---

[414] SüdL 21.3.4: Selbstbehalt von 1800 € ohne Erhöhung für Großeltern und Enkel; Frankfurt bzw. Hamm 21.3.4: Selbstbehalt von 1800 € mit Erhöhung um halbes Mehreinkommen für Großeltern und Enkel.

C. Mehrheit von Unterhaltsberechtigten

I. Kindesunterhalt neben Kindesunterhalt

1. Bedarfsbemessung

Die Düsseldorfer Tabelle fordert die Abgruppierung, wenn mehr als zwei Unterhaltsberechtigte vorhanden sind. Dadurch bewirkt auch jedes weitere Kind die Herabsetzung um eine Gruppe (s. u. II. 3)). Diese Abgruppierung muss allerdings wegfallen, wenn sich herausstellt, dass mitgezählte Unterhaltsberechtigte wegen ihres Nachrangs im Mangelfall ausfallen (**Bedarfskorrektur im Mangelfall**), denn eine nur theoretische Unterhaltsverpflichtung kann auf bestehende Ansprüche keinen Einfluss haben. Zur Abgruppierung sollte auch ein Kind führen, für welches nur Betreuungsunterhalt geleistet wird, denn der Barunterhalt, bemessen nach dem Einkommen des allein Barunterhaltspflichtigen, deckt nicht den vollen Barbedarf des minderjährigen Kindes (s. o. B.I.1.e). Außerdem muss beachtet werden, dass die Abgruppierung nach den *Bedarfskontrollbeträgen* bei richtiger Handhabung einen den jeweils nachrangigen Berechtigten zugeordneten **vorrangigen Bedarf** der nach § 1603 Abs. 2 S. 1, 2 BGB privilegierten Kinder liefert (s. o. A.VI.7).

2. Mangelfall

a) Gleichrang

– Gleichrang besteht nach § 1609 Nr. 1 BGB zwischen minderjährigen Kindern und den ihnen nach § 1603 Abs. 2 S. 2 BGB gleichgestellten volljährigen Kindern, welche noch eine allgemeinbildende Schule besuchen und bei (mindestens) einem Elternteil leben (**privilegierte Kinder**).

– Gleichrang besteht nach § 1609 Nr. 4 BGB auch zwischen volljährigen Kindern, welche entweder nicht mehr zuhause wohnen und/oder die nicht mehr eine gemeinbildende Schule besuchen (**nicht privilegierte Kinder**).

Bei Gleichrang und gleichem Selbstbehalt wird der verfügbare Betrag im Verhältnis der jeweiligen ungedeckten Bedarfsbeträge auf die Unterhaltsberechtigten verteilt (Berechnung A.VI.3.a), wobei aus Billigkeitsgründen die proportionale Verteilung ggf. zu korrigieren ist (s. o. A.VI.3.a). und b).

Bei Gleichrang, aber verschiedenem Selbstbehalt – z.B. studierendes Kind einerseits und Kind, dass nach Verselbständigung wieder bedürftig wurde, andererseits – ist zweistufig zu rechnen (s. o. A.VI.11.).

b) Anspruch auf Betreuungsunterhalt neben Anspruch auf Barunterhalt (Hausmannrechtsprechung)

Wenn im Mangelfall ein Elternteil dem einen Kind **Betreuungsunterhalt** schuldet, weil er in der neuen Partnerschaft berechtigt die Kinderpflege übernommen hat und deshalb nicht erwerbstätig sein kann, und er einem anderen Kind, das von seinem früheren Partner betreut wird, Barunterhalt schuldet, dann wird er vom **Barunterhalt** regelmäßig nicht entlastet. Vielmehr muss nach der Hausmannrechtsprechung des BGH der Partner aus der neuen Verbindung ihn soweit von der Betreuung freistellen, dass er mit einem Nebenverdienst den geschuldeten Barunterhalt leisten kann. Im Einzelnen s. o. A.III.4.k.cc.

c) Vorrang/Nachrang-Verhältnis

Die privilegierten Kinder (s. o. B.II) sind gegenüber den nicht privilegierten (s. o. B.III) vorrangig.

(Bei den nichtprivilegierten gibt es noch den Sonderfall der nachträglich wieder bedürftig gewordenen, die aber nicht hier, sondern im folgenden Abschnitt behandelt werden.)

Gegenüber vorrangigen und nachrangigen Kindern gelten auch verschiedene Selbstbehalte, für die Vorrangigen der notwendige von 1080 € bzw. 880 €, für die Nachrangigen der angemessene von 1300 €. Deshalb ist die Leistungsfähigkeit für beide Ebenen getrennt festzustellen. Hierbei kann stufenweise vorgegangen werden, wobei die folgenden Fragen nacheinander zu prüfen sind:

- Verbleibt dem Pflichtigen nach Abzug des Unterhalts privilegierter und nicht privilegierter Kinder der angemessene Selbstbehalt (A.III.3.c) von 1300 €? Wenn ja, so besteht **kein Mangelfall**. Wenn allerdings der Selbstbehalt gegenüber dem nachrangigen Kind erhöht ist (weil es nach Verselbständigung wieder bedürftig geworden ist, s. o. A.III.4.i), dann muss dem Pflichtigen nicht nur mehr als der angemessene Selbstbehalt von 1300, sondern mehr als der erhöhte angemessene Selbstbehalt, also 1800 zuzüglich halbes Mehreinkommen bleiben, damit kein Mangelfall entsteht. Andernfalls ist die Frage zu stellen:
- Verbleibt dem Pflichtigen nach Abzug des Unterhalts allein der privilegierten Kinder der notwendige Selbstbehalt? Ist das der Fall, dann besteht ein **Mangelfall nur für die nicht privilegierten Kinder**. Deren Unterhalt ist zu kürzen – bei mehreren Kindern anteilig (A.VI.3.a), wenn dabei unterschiedliche Selbstbehalte zu berücksichtigen sind, so wie A.VI.11. dargestellt. Der Unterhalt der privilegierten Kinder aber kann vollständig erfüllt werden, soweit er nicht die **Einkommensgruppe 2 der DT** übersteigt (im Einzelnen A.III.7.b).
- Verbleibt dem Pflichtigen nach Abzug des Mindestbedarfs privilegierter Kinder nicht der notwendige Selbstbehalt, dann entfällt der Unter-

halt aller nicht privilegierten Kinder. Der Unterhalt der privilegierten Kinder wird gekürzt, bei mehreren privilegierten Kindern anteilig (A.VI.3.a).

Beispiel:

M schuldet Unterhalt den Kindern K1, 22 Jahre und studiert außer Haus, unvermeidliche Wohnkosten: 380 €, K2, 21 Jahre und studiert außer Haus, unvermeidliche Wohnkosten: 420 €, K3, 18 Jahr und noch in der Schule und K4, 17 Jahre. M ist allein barunterhaltspflichtig, weil der andere Elternteil nicht leistungsfähig ist, und verdient 3150 €.

Bedarf von K1 (vgl. A.III.3.c):
735 + 380 – 300 (im Regelbedarf enthaltene Wohnkosten)
– 194 (Kindergeld) =   621 €.

Bedarf von K2:
735 + 420 – 300 (im Regelbedarf enthaltene Wohnkosten)
– 194 (Kindergeld) =   661 €.

Bedarf von K3 nach DT 3/4: 580 – 200 (Kindergeld) =   380 €

Bedarf von K4 nach DT 3/3: 514 – 112,50 (Kindergeld) =   401,50 €

M bleibt 3150 – 621 – 661 – 380 – 401,50 = 1086,50 € und damit weniger als der Selbstbehalt von 1300 € gegenüber K1. Es fehlen 1300 – 1086,50 = 213,50 €. Die Praxis ist hier nicht einheitlich. Ein Teil wird den nachrangigen Unterhalt hälftig um diesen Betrag kürzen. Jedoch ist auch der Bedarfskontrollbetrag der Gruppe 3 von 1400 € nicht gewahrt. Deshalb sind K3 und K4 gegenüber K1 und K2 vorrangig nur mit dem Bedarf nach Gruppe 2, also statt 580 € bzw. 514 € nur 554 € bzw. 491 €.

Bedarf von K3 nach DT 2/4: 554 – 200 =   354 €

Bedarf von K4 nach DT 2/3: 491 – 112,50 =   398,50 €.

Für K1 und K2 bleibt dann 3100 – 354 – 398,50 – 1300 =   1117,50 €.

Ihr Bedarf beträgt: 596 + 636 = 1232 €. Verfügbar sind 1117,50 €, um die der Unterhalt von K1 und K2 anteilig zu kürzen ist: auf 623 ÷ (623 + 663) × 1117,50 = 541,31 bzw. 663 ÷ (663 + 623) × 1117,50 = 576,18 €.

Bemerkung: Beim OLG Düsseldorf wird die Auffassung vertreten, dass minderjährige Kinder nicht mehr als den Mindestbedarf erhalten dürften, wenn die nachrangigen volljährigen Kinder wegen des angemessenen Selbstbehalts nicht den vollen Unterhalt erhalten. Diese Auffassung lässt sich rational nicht begründen. Warum soll der Bedarf des Volljährigen gerade zulasten des minderjährigen Kindes, aber nicht des Elternteils gehen – dem ja sein angemessener Selbstbehalt bleibt?

d) Nachträglich bedürftig gewordene Kinder

Sind Kinder, die verselbständigt waren, wieder bedürftig geworden, dann ändert sich nicht der Rang ihres Unterhaltsanspruchs (§ 1609 Nr. 4 BGB), aber der Selbstbehalt, der ihrem Anspruch entgegengesetzt werden kann: an die Stelle des angemessenen Selbstbehalts von 1300 € tritt nun der erhöhte angemessene Selbstbehalt von 1800 €, zuzüglich halbes Mehreinkommen (s. o. A.III.4.i und B.IV.4).

Treffen sie mit **vorrangigen** Kindern zusammen, dann ist bei der Unterhaltsberechnung deren Unterhalt vorweg abzuziehen. Anders bei Zusammentreffen mit **nachrangigen** Kindern in der Ausbildung, z. b. Studenten oder erwerbsunfähigen behinderten Kindern: In diesen Fällen ist zweistufig zu rechnen, wie im Beispiel oben A.VI.11. dargestellt.

II. Gattenunterhalt neben Kindesunterhalt

Die Konkurrenz von Gattenunterhalt und Kindesunterhalt bildet den Beginn aller Unterhaltsberechnung: die Düsseldorfer Tabelle hat diesen Zusammenhang als ersten geregelt, und zwar in der Weise, dass bei der Bemessung des Ehegattenunterhalts der Kindesunterhalt vom Einkommen des barunterhaltpflichtigen Elternteils vorweg abzuziehen ist. Allerdings bestand über die Einordnung dieses Rechenwegs in die Dogmatik des Unterhaltsrechts keine Einigkeit. Der wichtigste Unterschied bestand darin, dass der BGH die Ehegattenquote als Bedarfsquote verstand, während die Oberlandesgerichte dazu tendierten, sie als Mangelquote nach § 1581 BGB zu verstehen. Jetzt aber besteht Einigkeit, dass der Vorabzug des Kindesunterhalts – sowohl des vor- als auch des nachrangigen – den Bedarf des Ehegatten bestimmt. (Dabei ist aber auch immer zu prüfen, ob die Verteilung auf Kindesunterhalt und Gattenunterhalt angemessen und billig ist.[415])

1. Vorabzug vom Einkommen des Pflichtigen und dessen Einschränkung

Bereits der **Bedarf des Gatten** hängt von der Belastung des Unterhaltspflichtigen mit weiteren Unterhaltslasten ab, weil er sich auch aus dessen Einkommen berechnet (s. o. A.III.5.c). Daraus resultiert der Vorabzug des Kindesunterhalts vom Einkommen des Unterhaltspflichtigen. Die Entscheidung des BVerfG vom 25.1.2011[416] hat daran nichts geändert, soweit es sich um den Vorabzug des Kindesunterhalts handelt. Jedoch hat der BGH seine Rechtsprechung dahingehend geändert, dass nur Unterhaltsverpflichtungen welche bis zur Rechtskraft der Scheidung entstanden waren, Einfluss auf den Bedarf und damit auf das bedarfsbestimmende Einkommen des Unterhaltspflichtigen haben.[417]

---

[415] BGH FamRZ 2003, 363, BGH FamRZ 1986, 553, 555.
[416] FamRZ 2011, 437.
[417] BGH FamRZ 2012, 281.

II. Gattenunterhalt neben Kindesunterhalt

Soweit allerdings der Kindesunterhalt nach § 1609 Nr. 4 BGB gegenüber dem Gattenunterhalt nachrangig ist, kann der Vorwegabzug zu einem Bedarf des vorrangigen Ehegatten führen, welcher geringer ist als der angemessene Selbstbehalt von 1300 €. Nach der Rechtsprechung des BGH ist der Vorabzug dann nicht gerechtfertigt, wenn die verbleibenden Einkünfte des Verpflichteten nicht ausreichen, um den angemessenen Unterhalt des vorrangig berechtigten Ehegatten zu gewährleisten. Dann aber hat ein Vorwegabzug des Kindesunterhalts in dem Maße zu unterbleiben,[418] wie der angemessene Unterhalt nicht geleistet werden kann. Das heißt, dass der uneingeschränkte Vorabzug an der Mangelgrenze endet. Ein Mangelfall setzt allerdings nicht voraus, dass der Selbstbehalt des Pflichtigen unterschritten wird. Er tritt bereits dann ein, wenn der nach Vorabzug des Kindesunterhalts errechnete Gattenunterhalt den vorrangigen Gattenunterhalt unterschreitet s. u. 5.

2. Vorabzug des Kindesunterhalts vom Einkommen des Berechtigten

Vom Einkommen des Berechtigten kann von ihm geleisteter Kindesunterhalt bei der Unterhaltsberechnung nur dann abgezogen werden, wenn die ehelichen Lebensverhältnisse von dieser Unterhaltspflicht geprägt worden waren. Das ist bei der Unterhaltspflicht für die gemeinsamen Kinder regelmäßig der Fall. Es kann sogar sein, dass nur wegen der Zahlung von Unterhalt an die gemeinsamen Kinder diese Unterhaltsberechtigung überhaupt erst entstanden ist.[419] Bei der Bemessung dieses Ehegattenunterhalts ist allerdings auch der Barunterhalt, den der betreuende Elternteil den Kindern aus eigenem Einkommen leistet (s. o. B.I.1,d), zu berücksichtigen. Aber auch der Unterhalt, den der Unterhaltsberechtigte für ein voreheliches Kind zahlt, prägt regelmäßig die ehelichen Lebensverhältnisse und kann bei der Berechnung des Ehegattenunterhalts (und seines Bedarfs) vorweg abgezogen werden.[420]

3. Umgruppierung und Bedarfskontrollbeträge

Umgekehrt wird auch der Bedarf der Kinder nach der DT durch die Belastung des Pflichtigen mit der Verpflichtung zur Zahlung von Ehegattenunterhalt beeinflusst. Erst einmal muss herabgruppiert werden, wenn mehr als zwei Unterhaltsberechtigte vorhanden sind (s. u. a). Genauer wirken aber die Bedarfskontrollbeträge, die sich allerdings wegen des Rechenaufwands (die ganze Berechnung muss evtl. mehrmals wiederholt werden) nicht allgemein durchgesetzt haben (s. u. II.3.b).

---

[418] BGH FamRZ 1986, 553, 555, FamRZ 1985, 912.
[419] BGH FamRZ 2016, 199.
[420] BGH FamRZ 1991, 1163.

C. Mehrheit von Unterhaltsberechtigten

a) Umgruppierung

Wenn mehr oder weniger Unterhaltsberechtigte als im Standardfall vorhanden sind, ist der Bedarf aus einer niedrigeren bzw. einer höheren Einkommensgruppe zu wählen. Hier geht es also um eine Frage der Konkurrenz von anderen Unterhaltspflichten, die im Übrigen unter C.I. C.II., C.V. und C.VII. abgehandelt wird. Eine Besonderheit des Kindesunterhalts im Verhältnis zu allen anderen Unterhaltsansprüchen ist die Bedarfsanpassung durch Umgruppierung; sie wird deshalb bereits hier behandelt. Während anfangs die Umgruppierung in der Regel auf die nächste Gruppe beschränkt sein sollte,[421] entfiel ab 1.1.1989 diese Einschränkung.[422] Die Umgruppierung konnte früher auch zu zwischen den Einkommensgruppen liegenden Werten führen, wobei auch berücksichtigt wurde, ob das Einkommen im oberen oder im unteren Bereich der Einkommensgruppe lag.[423] Als Teil einer Angemessenheitskontrolle ermöglicht die Umgruppierung dem erfahrenen Richter, die Bedarfsbestimmung so zu steuern, dass sie seinem Gefühl für Billigkeit entspricht. Vergleichbare und bei der derzeitigen Tabellenstruktur auch vernünftige Ergebnisse lassen sich jedoch bereits dann erzielen, wenn für jeden Unterhaltsberechtigten mehr oder weniger die Einkommensgruppe um eins geändert wird.[424]

Im Übrigen wird auf die Ausführungen oben (A.III.5.b.cc) verwiesen.

b) Bedarfskontrollbeträge

Eine Verfeinerung des Ergebnisses erreicht die Düsseldorfer Tabelle durch die Bedarfskontrollbeträge. Auch diese stellen letztlich eine Regelung der Konkurrenz von Unterhaltansprüchen dar, die aber ebenfalls inhaltlich für alle Konkurrenzen mit dem Kindesunterhalt gilt und insoweit hier behandelt werden. Die Bedarfskontrollbeträge dienen der Kontrolle des Endergebnisses. Bleibt nach Abzug etwaiger weiterer Unterhaltsbeträge dem Unterhaltspflichtigen weniger als der Bedarfskontrollbetrag, welcher der verwendeten Einkommensgruppe zugeordnet ist, dann ist der angesetzte Kindesunterhalt zu hoch im Verhältnis zu dem Einkommen, das dem Pflichtigen verbleibt. Damit wäre gewissermaßen der Lebensstandard der Kinder höher als der des Pflichtigen. Dementsprechend muss der Kindesunterhalt einer niedrigeren Einkommensgruppe entnommen und die Unterhaltsberechnung wiederholt werden, bis das Resteinkommen des Pflichtigen den Bedarfskontrollbetrag nicht

---

[421] Düsseldorfer Tabelle zum 1.1.1979, FamRZ 1978, 854, Anmerkung.
[422] FamRZ 1988, 911.
[423] Hier läge eine Glättung analog § 19 Abs. 3 ErbStG nahe, vgl. a), Anmerkung zu Fall 1.
[424] Wendl/Klinkhammer 7. Aufl. § 2 Rn. 229.

mehr unterschreitet. Diese Ergebniskontrolle hat sich allerdings nicht überall durchgesetzt. Im Übrigen s. o. III.5.b.dd).

Beispiel:

M verdient 2800 € und ist für das Kind K, 1 Jahre alt und seiner einkommenslosen geschiedenen Frau F, welche K betreut, unterhaltsverpflichtet.

Das Einkommen von M entspricht der Einkommensgruppe 4 (von 2701 € bis 3100 €), das Alter von K1 entspricht der Altersstufe 1 (0 bis 5 Jahre. Die Anzahl der Unterhaltsberechtigten übersteigt nicht die Zahlt des Standardmodells von 2 Unterhaltspflichtigen, deshalb erfolgt keine Abgruppierung von der Einkommensgruppe 5: Der Bedarf von K1 beträgt also:

K nach DT 4/1:	401 €

Kindergeldverrechnung nach § 1612b Abs. 1 S. 1 Nr. 1, 2 BGB (s. u. e):

K Unterhalt: 401 – 194 ÷ 2 =	304 €
Unterhalt von F (Bonus 10 %): (2800 – 304) × 90 % ÷ 2 =	1123 €.

Prüfung auf Ehegattenselbstbehalt (s. o. A.III.4.c):

M bleibt 2800 – 304 – 1123 = 1373 € (und damit mehr als der Ehegattenselbstbehalt von 1200 €. Jedoch der Bedarfskontrollbetrag der Gruppe 4 von 1500 € ist unterschritten, deshalb wird abgruppiert auf Gruppe 3:

K nach DT 3/1: 393 – 194 ÷ 2 =	286
Unterhalt von F: (2800 – 286) × 90 % ÷ 2 =	1131 €

M bleibt 2800 – 286 – 1131 = 1383 € und damit immer noch weniger als der Bedarfskontrollbetrag der Gruppe 3 von 1400 €.

Erst nochmaliges Abgruppieren ergibt

K nach DT 2/1: 366 – 194 ÷ 2 =	269
Unterhalt von F: (2800 – 269) × 90 % ÷ 2 =	1139 €

M bleibt 2800 – 269 – 1139 = 1392 e und damit mehr als der Bedarfskontrollbetrag der Gruppe 2 von 1300 €.

---

4. Mangelfall mit vorrangigen Kindern

Minderjährige oder ihnen nach § 1603 Abs. 2 S. 2 BGB gleichstehende volljährige Kinder sind allen Ehepartnern gegenüber vorrangig unterhaltsberechtigt (§ 1609 Nr. 1 BGB). Kommt es bei ihnen zu einer Unterhaltskürzung, weil der Ehegattenselbstbehalt unterschritten wurde, dann stellt sich die Frage, **in welcher Höhe** der Unterhalt minderjähriger Kinder dem Ehegatten vorgeht. Das hing bisher vom Rang des Ehegatten ab. Seitdem der Bedarfskontrollbetrag der Gruppe 2 mit der DT 2018 aber auf 1300 € erhöht wurde, kommt es nach den **Bedarfskontrollbeträgen immer** zur Abgruppierung des Kindesunterhalts auf den **Mindestunterhalt**, wenn ein Ehegattenunterhalt wegen Unterschreitung des Ehegattenselbstbehalts von 1200 € gekürzt werden muss (s. o. A.VI.7.c.aa).

5. Mangelfall mit nachrangigen Kindern

Zu einer Kürzung nachrangigen Kindesunterhalts (§ 1609 Nr. 4 BGB) muss es bereits dann kommen, wenn nach Vorabzug dieses Unterhalts für den Ehegatten sich ein Unterhalt errechnet, der den gespiegelten Selbstbehalt des Pflichtigen unterschreitet. Dann bestimmt sich der vorrangige Gattenunterhalt nach dem Ehegattenmindestselbstbehalt (vgl. A.III.7), mit einer Ausnahme: Der Bedarf des Ehegatten kann nicht höher sein als die Ehegattenquote, welche geschuldet wäre, wenn das Kind nicht vorhanden wäre. Die Unterhaltspflicht gegenüber dem Kind kann nämlich nicht die Ursache[425] für eine Erhöhung des Anspruchs auf Ehegattenunterhalt sein.[426] Umgekehrt kann man sagen: der Bonus entfällt nur dann, wenn er für den nachrangigen Kindesunterhalt verbraucht wird. Das ergibt folgende Prüffolge:

(1.) Berechnung des Gattenunterhalts unter Vorabzug des Kindesunterhalts.

(2.) Prüfung, ob der errechnete Gattenunterhalt den angemessenen Selbstbehalt von 1300 € unterschreitet. Wenn nein, bleibt es dabei, sonst folgt

(3.) Berechnung des Ehegattenunterhalts ohne Vorabzug des Kindesunterhalts.

(4.) Ist der Ehegattenunterhalt (3.) geringer als der angemessene Selbstbehalt, so stellt er (3.) den Ehegattenunterhalt dar, sonst hat der Ehegattenunterhalt die Höhe des angemessenen Selbstbehalts von 1300 €.

(5.) Der Volljährige erhält das, was nach Vorabzug des nach 4. ermittelten Gattenunterhalts und des angemessenen Selbstbehalts von 1300 € vom Einkommen des Pflichtigen übrig bleibt.

Fall 1:

Erwerbseinkommen des Pflichtigen M 2600 €, Unterhaltpflicht nur gegenüber dem Ehegatten F und dem Studenten S (Bedarf 735 € – 194 € = 541 €).

1. Der normale Rechenweg liefert einen Ehegattenunterhalt von (2600 € – 541 €) × 90 % ÷ 2 = 927 €.

---

[425] Das ist die gleiche Logik, die auch verhindert, dass das Hinzutreten eines weiteren Unterhaltsverpflichteten zu einer Erhöhung der Unterhaltspflicht führt (s.o. A.VII.3.d). Wie ein **weiterer Unterhaltspflichtiger** die Unterhaltspflicht gegenüber einem Berechtigten nicht erhöhen kann, so kann es auch kein **weiterer Unterhaltsberechtigter**.

[426] Gutdeutsch, Erwerbstätigenbonus und Bedarfskorrektur im Mangelfall, FamRZ 2008,736, die Lösung selbst hat Scholz in einem Gespräch vorgeschlagen. Kritisch dazu Spangenberg FamRZ 2008, 2002.

2. Der Ehegattenunterhalt ist also geringer als der angemessene Selbstbehalt. Deshalb muss es zur Kürzung des Kindesunterhalts kommen, welcher vom Selbstbehalt des Pflichtigen (1300 €) und dem vorrangigen Bedarf des Ehegatten abhängt. Letzterer beträgt erst einmal ebenfalls 1300 €. Doch darf er nicht größer sein als die volle Ehegattenquote.
3. Diese beträgt 2600 € × 90 % ÷ 2 = 1170 €.
4. Dieser Betrag ist geringer und deshalb der maßgebende vorrangige Ehegattenbedarf.
5. Der Kindesunterhalt beträgt 2600 € – 1170 € – 1300 € = 130 €.

Fall 2:

Wie Fall 1, Erwerbseinkommen des Pflichtigen M aber 3000 €.

Lösung:

1. Der normale Rechenweg liefert einen Ehegattenunterhalt von (3000 € – 541 €) × 90 % ÷ 2 = 1107 €.
2. Der Ehegattenunterhalt ist also geringer als der angemessene Selbstbehalt. Deshalb muss es zur Kürzung des Kindesunterhalts kommen, welcher vom Selbstbehalt des Pflichtigen (1300 €) und dem vorrangigen Bedarf des Ehegatten abhängt. Letzterer beträgt erst einmal ebenfalls 1300 €. Doch darf er nicht größer sein als die volle Ehegattenquote.
3. Diese beträgt 3000 € × 90 % ÷ 2 = 1350 €.
4. Somit bleibt es beim vorrangigen Bedarf von 1300 €.
5. Der Kindesunterhalt beträgt 3000 € – 1300 € – 1300 = 400 €.

III. Mehrere Ehegatten, andere Partner oder Mit-Elternteile

Ehegatten und Lebenspartner sind völlig gleich zu behandeln (§§ 5, 13, 16 LPartG.) Für unterhaltsberechtigte Mit-Elternteile (Berechtigte nach § 1615l Abs. 2 BGB) gilt das nur für den Mangelfall nach § 1581 BGB, während die Bedarfsberechnung sich stark unterscheidet.[427]

1. Bedarfsbestimmung

a) Vorbemerkung

Weil in Deutschland Ehen geschieden werden können, ist bei uns eine „sukzessive Polygamie" möglich. Wenn dadurch mehrere Ehepartner bedürftig und demselben gegenüber unterhaltsberechtigt sind, muss der jeweils **spätere Ehegatte** hinnehmen, dass sein Partner schon verheiratet

---

[427] Nur für den nach § 1578b Abs. 1 BGB herabgesetzten Unterhalt finden sich Übereinstimmungen s.o. A.III.5.a).

war und ggf. seinem früheren Ehegatten gegenüber unterhaltspflichtig ist. Deshalb werden seine ehelichen Lebensverhältnisse und damit auch sein Bedarf durch diese Unterhaltspflicht „geprägt". Dagegen haben später entstandene Unterhaltspflichten auf den Bedarf des **früheren Ehegatten** nach dessen *ehelichen Lebensverhältnissen* keinen Einfluss[428] und können nur die Leistungsfähigkeit des Unterhaltspflichtigen beeinträchtigen. Diese „Verschränkung" macht es schwierig, so wie es sich gehört, zuerst den Bedarf und danach die Leistungsfähigkeit zu schildern. Wenn man die Ordnung einhalten, wenn man also zuerst den Bedarf und danach die Leistungsfähigkeit beschreiben will – was wir wohl sollten – dann muss **vor** der Bestimmung des **Bedarfs** des zweiten Ehegatten die **Leistungsfähigkeit** (der strukturelle Mangelfall) gegenüber dem ersten Ehegatten dargestellt werden. Die Leistungsfähigkeit des Unterhaltspflichtigen erscheint also zweimal: zuerst als Vorfrage bei der Bedarfsbestimmung und dann möglicherweise nochmals bei der Verteilung:

b) Bedarf des früheren Ehegatten

Die Rechtsprechung des BGH, wonach auch der Unterhalt des späteren Ehepartners den Bedarf des früheren beeinflusst (Drittelmethode auf Bedarfsebene), hat das BVerfG verworfen,[429] weil der Anspruch des späteren Ehegatten mit dem Fortbestand der früheren Ehe nicht vereinbar ist. Daraufhin hat der BGH seine Rechtsprechung geändert und allen Unterhaltspflichten, die erst nach Scheidung der Ehe entstanden sind, keinen Einfluss auf den Bedarf, sondern nur noch auf die Leistungsfähigkeit zugebilligt. Bei der Bedarfsberechnung (s.o. B.V.1.–5.) werden also spätere Unterhaltspflichten hinweggedacht.

c) Bedarf des späteren Ehegatten

Bei der Bedarfsberechnung für den zweiten Ehegatten muss jedoch die Belastung des Pflichtigen durch die bestehende Unterhaltspflicht gegenüber dem früheren Ehegatten berücksichtigt werden. Ist diese früher entstandene Unterhaltspflicht jedoch nicht vorrangig, sondern gleich- oder nachrangig, dann muss bei der Bemessung des Bedarfs des zweiten Ehegatten auch noch berücksichtigt werden, dass der Unterhalt des ersten ggf. wegen der Wiederverheiratung und der dadurch verursachten Mangellage nach § 1581 BGB zu kürzen ist. Während der zweite auf diese Weise seinen vollen Unterhalt erhält (er muss die „Vorbelastung" hinnehmen), ist der Unterhalt des ersten nach § 1581 BGB gekürzt (**gemischter Mangelfall**, Berechnung s.u. d)). Es folgt die Berechnung des Ehegatten-

---

[428] BVerfG BGH FamRZ 2012, 281; FamRZ 2011, 437.
[429] BVerfG FamRZ 2011, 437.

unterhalts nach den ehelichen Lebensverhältnissen, gegebenenfalls unter Berücksichtigung eines Erwerbstätigenbonus. Im Mangelfall allerdings darf ein Erwerbstätigenbonus nicht zugebilligt werden. Ein Mangelfall liegt vor, wenn Ehegattenunterhalt den „gespiegelten" Mindestbedarf von 1200 € (s. o. A.III.3.e) unterschreitet.

d) Mangel-Kürzung des Unterhalts eines früheren Ehegatten als Vorfrage für den Bedarf des späteren Ehegatten

Als Vorfrage für die Bedarfsberechnung für den zweiten Ehegatten muss im gemischten Mangelfall somit die dafür nötige Kürzung beim Unterhalt des früheren Ehegatten berechnet werden. Ausgangspunkt ist, dass im Verhältnis zu beiden Ehegatten der Pflichtige sich auf den Grundsatz der Halbteilung (s. o. III.5.d.aa. und A.VI.8) berufen kann, dass ihm also nicht weniger bleiben darf als dem Ehegatten. Beiden Ehegatten steht hiernach ebenso viel zu, wie dem Pflichtigen. Sind aber zwei Größen einer dritten gleich, sind sie auch untereinander gleich. Folglich ist die die Summe der verfügbaren Einkommen des Pflichtigen und der beiden Ehegatten durch drei zu teilen. Der im Wege der Gleichteilung verteilte gekürzte Unterhalt des früheren Ehegatten ist dann ein Drittel der gemeinsamen Einkommenssumme abzüglich seines eigenen Einkommens:

Beispiel 1 (Bonus 1/7):
Einkommen von M: 4000, von F1 400, von F2 900.
Voller Unterhalt von F1 (4000 × 6/7 + 400 × 6/7) ÷ 2 − 400 × 6/7 = 1543 €
Gekürzter Unterhalt von F1 (4000 + 400 + 900) ÷ 3 − 400 = 1367 €
Voller Unterhalt von F2: ((4000 − 1367) × 6/7 + 900 × 6/7) ÷ 2 − 900 × 6/7 = 743 €

Die Berechnungsweise wird problematisch, wenn das auf den Unterhaltspflichtigen entfallende Drittel den Ehegattenselbstbehalt unterschreitet. Dann muss dem Pflichtigen grundsätzlich der Ehegattenselbstbehalt bleiben, und nur der ihn übersteigende Einkommensteil kann zwischen den Ehegatten aufgeteilt werden (s. o. A.VI.8 und 9). In diesem Fall steht dem Pflichtigen auch gegenüber F2 kein Erwerbstätigenbonus zu, sodass für diesen der nach den eheprägenden Einkünften berechnete Mangelunterhalt – wenn er den Mindestbedarf von 880 € deckt - zugleich sein voller Unterhalt ist. Allerdings darf der Betrag den fiktiven Unterhalt an der Mangelgrenze – wenn ein Bonus noch abgezogen werden kann, nicht überschreiten, denn eine Verminderung des Einkommens des Pflichtigen darf nicht zu einer Erhöhung der Unterhaltspflicht führen.

Beispiel 2 (Bonus 1/7)

Einkommen von M: 2500, von F1 300, von F2 600.

Voller Unterhalt von F1 nach Additionsmethode (s. o. B.V.7):

(2500 × 6/7 + 300 × 6/7) ÷ 2 − 300 × 6/7 = 943 €

Kürzung des Unterhalts von F1:

Kontrollquote (aus allen Einkommen): (2500 + 300 + 600) ÷ 3 = 1133 €. Das ergäbe eine Unterhaltskürzung für F1 auf 1133 − 300 = 833 € und eine Quote für F2 von 1133 − 600 = 533 €. Doch unterschreitet die Kontrollquote (1133 €) den Ehegattenselbstbehalt von 1200 €.

Deshalb kann nur der Überschuss über den Ehegattenselbstbehalt unter den Berechtigten verteilt werden, der Verpflichtete behält den Selbstbehalt und scheidet aus der Verteilung aus. Der verfügbare Betrag von 2500 − 1200 = 1300 € ist auf die Partner nach Gleichteilung zu verteilen. Insgesamt sind das 2500 − 1200 + 300 + 600 = 2200 €; davon entfällt auf beide die Hälfte, nämlich 1100 €, sodass der gekürzte Unterhalt von F1 auf 1100 − 300 = 800 € zu schätzen ist und auf F2 1100 − 600 = 500 € entfällt. Das ist weniger als der Unterhalt an der Mangelgrenze, denn dieser beträgt: 1200 − 600 − (1200 − 600) × 1/7 = 514 €. Der volle Unterhalt von F2 beträgt mithin 500 €.

Dieser Mischfall – für F1 ein Mangelfall, für F2 voller Unterhalt – hat merkwürdige Eigenschaften. Normalerweise ist ja der volle Unterhalt eine vernünftige Orientierung für die Verteilung der verfügbaren Mittel im Mangelfall. Der Bedarf ist bei der Unterhaltsberechnung gewissermaßen ein klarer Ausgangspunkt. Wird aber M etwa einem neugeborenen Kind zusätzlich unterhaltpflichtig, dann vermindert sich seine Leistungsfähigkeit, der Unterhalt muss neuberechnet und der nachrangige Gattenunterhalt entsprechend gekürzt werden. Diese Kürzung darf sich aber nicht auf einen Vergleich der Bedürftigkeit von F1 und F2 stützen, weil der Bedarf von F2, anders als der von F1, bereits eine Mangellage voraussetzt. Der volle Unterhalt von F2 ist deshalb nicht mit dem vollen Unterhalt von F1 vergleichbar, sondern nur mit dem im gemischten Mangelfall gekürzten Unterhalt. Wenn nun danach die Leistungsfähigkeit von M – vielleicht durch eine Gehaltserhöhung oder eine Erbschaft – wieder ansteigt, dann muss aus der gesteigerten Leistungsfähigkeit zuerst die Unterhaltskürzung rückgängig gemacht werden, welche auch F2 getroffen hat. Erst dann, wenn dieses Defizit gedeckt ist, kann eine weitere Erhöhung der Leistungsfähigkeit von M den Unterhalt von F1 bis zu dessen vollen Unterhalt auffüllen: Der Mangel bei F1 zerfällt also gewissermaßen in zwei Teile, den einen, parallel mit einem Mangel bei F2 und einen zweiten, diesem gegenüber nachrangigen, im Verhältnis zu seinem wirklichen vollen Unterhalt.

e) Mindestbedarf des späteren vorrangigen Ehegatten

Ist der **spätere Ehegatte vorrangig** gegenüber dem früheren, dann wirkt sich das solange nicht aus, als die Halbteilung im Verhältnis zum Unterhaltspflichtigen gewahrt bleibt, also im *relativen Mangelfall*. Wenn aber

III. Mehrere Ehegatten, andere Partner oder Mit-Elternteile

das Durchschnittseinkommen der Beteiligten den Ehegattenselbstbehalt des Pflichtigen unterschreitet wie im obigen Beispiel, somit ein absoluter Mangelfall vorliegt, bei welchem der Anteil des Pflichtigen nicht weiter gekürzt wird, sondern ihm sein Selbstbehalt bleibt und der darüber hinaus verbleibende Betrag zwischen den Unterhaltsberechtigten zu verteilen ist, dann wirkt sich der Vorrang aus: Der vorrangige Ehegatte/Partner kann nämlich die Halbteilung im Verhältnis zum Pflichtigen wahren, solange noch sein Defizit aus dem Anteil des Nachrangigen aufgefüllt werden kann. Sein rechnerischer Bedarf ist dann ebenfalls der Ehegattenselbstbehalt von 1200 € (im Verhältnis zu konkurrierenden nachrangigen Ehegatten), sein Mindestbedarf gegenüber einem nachrangigen Ehegatten[430] (s. o. A.III.3.e und A.VI.7.c.aa). Lebt der Ehegatte mit dem Pflichtigen zusammen, dann beträgt sein Mindestbedarf 80 % des Ehegattenselbstbehalts, z.Z. also 960 €.[431]

Beispiel 3 (Bonus 1/7)

Einkommen von M: (nach Abzug von Kindesunterhalt) 2500, von F1 300, von F2 600, F1 ist gegenüber F2 nachrangig.

Voller Unterhalt von F1 nach Additionsmethode (s. o. B.V.7).

(2500 × 6/7 + 300 × 6/7) ÷ 2 − 300 × 6/7 = 943 €

Die Kontrollquote von (2500 + 300 + 600) ÷ 3 = 1133 € ist geringer als der Ehegattenselbstbehalt von 1200 €. Deshalb ist nur der überschießende Betrag von 2500 − 1200 = 1300 € auf F1 und F2 zu verteilen. F2 ist mit einem Bedarf von 1200 − 600 = 600 € vorrangig. Dieser Betrag kann auch aus der Leistungsfähigkeit von M (1300) gedeckt werden. Der Bedarf von F2 beträgt deshalb nicht 500 € wie im Beispiel 2, sondern 600 €. Allerdings kann der volle Unterhalt nicht höher sein als die Ehegattenquote, wenn der Nachrangige hinweggedacht würde (s. u. C.III.3c). Dann bestünde der Anspruch von F2 in Höhe von (2500 × 6/7 + 600 × 6/7) ÷ 2 − 600 × 6/7 = 814 €. Diese Grenze ist also nicht überschritten.

Gekürzter Unterhalt von F1 folglich: (2500 − 1200 − 600) = 700 €.

---

f) Vorsorgeunterhalt

Die fortwirkende eheliche Solidarität auch nach der Scheidung begründet für geschiedene und „in Scheidung lebende"[432] Ehegatten auch einen An-

---

[430] Für Ansprüche nach § 1615l Abs. 2 BGB gilt dasselbe, wenn der volle Bedarf den Ehegattenselbstbehalt überschreitet. Liegt es darunter, dann ist dieser geringere Betrag maßgebend.

[431] Der Konflikt zwischen ehelichen Lebensverhältnissen, die den Vorabzug fordern, und Vorrang, der sich gegen den nachrangigen durchsetzt, ist hier ebenso zu lösen wie in dem vergleichbaren Fall der eheprägenden nachrangigen Unterhaltspflicht gegenüber einem nachrangigen volljährigen Kind (s. o. C.II.5).

[432] Altersvorsorgeunterhalt kann ab Zustellung des Scheidungsantrags verlangt werden (§ 1578 Abs. 3 BGB, Krankheits- und Pflege-Vorsorgeunterhalt ab Bedürftigkeit, also Fortfall der bisherigen Sicherung, § 1577 Abs. 2 BGB.

spruch auf Alters- und Krankheits- und Pflegevorsorgeunterhalt. Der Altersvorsorgeunterhalt bemisst sich nach dem „Elementarunterhalt" genannten Quotenunterhalt (s. o. B.V.6.a-c). Der Krankheits- und Pflegevorsorgeunterhalt kann – als Beitrag zu gesetzlichen Krankenversicherung – vom Gesamtbetrag des Unterhalts und des Eigeneinkommens abhängen (s. o. B.V.6.d). Deshalb ist bei ihm eine wiederholte Berechnung unvermeidlich: Bei dieser wird der errechnete Vorsorgeunterhalt für eine Neuberechnung des geschuldeten Krankenkassen- und Pflegeversicherungsbeitrags verwendet. Diese Berechnung wird wiederholt, bis das Ergebnis sich nicht mehr wesentlich ändert (s. o. B.V.6.d).

g) Bedarf bei Ansprüchen nach § 1615l Abs. 2 BGB

Der Bedarf eines nichtehelichen Elternteils, der wegen Kindesbetreuung einen Unterhaltsanspruch gegen den anderen Elternteil hat, ist unabhängig von der wirtschaftlichen Lage des anderen Elternteils und richtet sich nach dem Einkommen, das er hätte, wenn er nicht durch die Kindesbetreuung in seiner Erwerbsfähigkeit eingeschränkt wäre, u. U. auch nach den Lebensverhältnissen in einer mit einem anderen Partner noch bestehenden Ehe (s. o. B.VIII.). Da der Anspruch sich deshalb nicht auf Teilhabe richtet, ist ein gesonderter Altersvorsorgeunterhalt nicht vorgesehen. Er soll einen Einkommensverlust ausgleichen. Zwar hat der BGH früher entschieden, dass sein Bedarf nach dem Grundsatz der Halbteilung im Verhältnis zum anderen Elternteil beschränkt sei. Das könnte auf einen Anspruch auf Teilhabe hinweisen. Doch ist nicht anzunehmen, dass der BGH diese Rechtsprechung nach Abkehr von der Drittelmethode auf der Bedarfsebene noch aufrechterhalten wird. Somit ist der volle Unterhalt unabhängig vom Einkommen des Pflichtigen und seinen weiteren Verpflichtungen, wie oben dargestellt (B.VIII) zu bestimmen. Soweit das verlorene Einkommen der Vorsorge diente, ist es auch insofern zu ersetzen. Wenn der Unterhaltspflichtige nicht zur Erfüllung aller Ansprüche in der Lage ist – also im Mangelfall – erfolgt eine Kürzung der Ansprüche, wie im Folgenden dargestellt.

2. Mangelfall

§ 1581 BGB regelt nur den Mangelfall für Ehegatten, ist aber über (§§ 5, 13, 16 LPartG) auch auf Lebenspartner anzuwenden. Bei Mit-Elternteilen, die nach § 1615l Abs. 2 BGB wegen Kindesbetreuung unterhaltsberechtigt sind, ist nur der Gleichrang nach § 1609 Nr. 2 BGB mit kinderbetreuenden Ehegatten und Lebenspartnern geregelt. Sonst besteht ein Regelungsdefizit, weil die Verweisung auf den Verwandtenunterhalt (§ 1615l Abs. 3 BGB) nicht mit der Ranggleichheit mit kinderbetreuenden Ehegatten harmoniert. Deshalb wird in diesen Fällen auch der Grundsatz der Halbteilung und Gleichteilung wie bei Ehegatten vertreten[433] sowie die Beschränkung auf den Ehegattenselbstbehalt, was in der Sache eine Analogie zu § 1581 BGB darstellt.

Der Mangelfall beim Partnerunterhalt (§ 1581 BGB) hat zwei Stufen: den relativen und den absoluten Mangelfall (s.o. A.VI.8. und 9). Im relativen Mangelfall setzt sich im Verhältnis zwischen den Ehegatten und Partnern die Halbteilung (als relativer, gleitender Selbstbehalt) durch, im absoluten Mangelfall ist es der als Festbetrag bestimmte Ehegattenselbstbehalt von z.Z. 1200 € – evtl. erhöht durch Mehrbedarf oder ermäßigt bei Zusammenleben (s.o. A.III.k), der die Verteilung bestimmt. Der Anteil, den ein Partner im weiteren Sinn als Unterhalt erhalten kann, wird im Fall der Konkurrenz aber nicht nur vom Selbstbehalt der Pflichtigen, sondern vom Rang weiterer Berechtigter beeinflusst, wobei sich nicht nur das Rangverhältnis nach § 1609 Nr. 2, und 3 BGB auswirkt, sondern auch die Bedarfsbestimmung nach § 1578 BGB. Dabei kann sich, muss aber nicht die als Vorfrage für den vollen Unterhalt des späteren Gatten geprüfte Mangellage des ersten (s.o. 1.d) die nochmalige Prüfung eines Mangelfalls erübrigen.

a) Kein Einfluss nachrangiger späterer Ehegatten auf den Unterhalt des früheren

Der Unterhaltsanspruch eines späteren **nachrangigen** Ehegatten (s.o. A.VI.2) hat auf den Unterhalt des früheren **keinen Einfluss**, weil dieser nachrangige Unterhaltsanspruch nicht als weitere Belastung nach § 1581 BGB anerkannt werden kann.[434] Das hat zur Folge, dass bereits der Bedarf des nachrangigen späteren Ehegatten den vorrangigen vollen ungekürzten Unterhalt des früheren Ehegatten berücksichtigen muss. Nur was dann bleibt, steht für die ehelichen Lebensverhältnisse zur Verfügung. Jedoch muss der **Unterhaltpflichtige** mit dem nachrangigen Ehegatten teilen, solange ihm dann noch mehr als sein Ehegattenselbstbehalt bleibt. Das führt dazu, dass im Verhältnis zum früheren – vorrangigen – Ehegatten zulasten des Unterhaltspflichtigen die Halbteilung nicht gewahrt wird.

Beispiel:

M verdient 3000 €, F1, von ihm geschieden nach 30-jähriger Ehe, verdient 1000 € und F2 anschließend nach dreijähriger kinderloser Ehe von ihm geschieden verdient 600 €, Bonus 90 %, nach Additionsmethode:

Voller Unterhalt von F1:
$(3000 \times 90\%. + 1000 \times 90\%) \div 2 - 1000 \times 90\%$ 832,50 €

---

[433] Vgl. Wendl/Bömelburg § 7 Rn. 152 ff.
[434] BGH FamRZ 2014, 1183; FamRZ 2012, 281.

Voller Unterhalt von F2:
((3000 − 832,50) × 90% + 600 × 90%) ÷ 2 − 600 × 90%   651,38 €
M bleibt 2850 − 832,5 − 651,38 =   1366,12 €
F1 bleibt aber 1000 + 832,50 =   1832,50 €
und somit deutlich mehr.

b) Grundsatz der Gleichteilung

Ist der frühere Ehegatte nach- oder gleichrangig, dann gilt im relativen Mangelfall für beide Ehegatten im Verhältnis zum Pflichtigen der Grundsatz der Halbteilung. Unter Berücksichtigung des Eigeneinkommens stehen deshalb jedem der Ehegatten dieselben Mittel zu wie dem Pflichtigen. Das führt zur Dreiteilung der Summe der Einkommen. Die Kürzung des Unterhalts des früheren Ehegatten genügt der Forderung nach Halbteilung gegenüber beiden Ehegatten nämlich nur dann, wenn sie im Hinblick auf den Anspruch des späteren Ehegatten eine **Dreiteilung (Gleichteilung) der für beide Ehegatten/Partner verfügbaren Mittel** anstrebt, wobei der Erwerbstätigenbonus wegfällt (s.o. III.5.ff, VI.8):[435]

c) Einkommen des beim Pflichtigen lebenden Ehegatten

Bei der Einbeziehung des beim Pflichtigen lebenden Ehegatten in die Gleichteilung entstehen zwei Probleme: die Ersparnis durch Zusammenleben (s.o. A.III.7.a und s.u. bb) und die fehlende Erwerbsobliegenheit des Ehegatten bei intakter Ehe (s.u. aa):

aa) Fiktives Gatteneinkommen bei intakter Ehe. Während bei Unterhaltspflichtigen und Unterhaltsberechtigten für jedes Unterhaltsrechtsverhältnis eine Erwerbsobliegenheit besteht, welche zu einer Einkommenszurechnung führt, wenn sie nicht erfüllt wird, entscheiden in intakter Ehe die Eheleute, wie die Rollen verteilt werden. Somit besteht auch keine Erwerbsobliegenheit des unterhaltsberechtigten Ehegatten. Doch darf der Unterhaltsanspruch eines früheren Ehegatten (oder auch eines Mit-Elternteils nach § 1615l BGB) durch die eheinterne Rollenwahl nicht übermäßig beeinträchtigt werden. Deshalb wird dem bei dem Pflichtigen lebenden Ehegatten fiktiv das Einkommen zugerechnet, welches er erzielen müsste, wenn er nach Trennung oder Scheidung selbsterhaltungspflichtig wäre (**fiktives Einkommen**).[436] Durch diese hypothetische Prüfung werden die Einkommen in intakter Ehe mit denen anderer nach § 1609 Nr. 2 BGB Berechtigter vergleichbar gemacht.

---

[435] BGH FamRZ 2014, 1183; FamRZ 2013, 1366.
[436] BGH FamRZ 2010, 111; Wendl/Gutdeutsch 7. Aufl. § 4 Rn. 399.

bb) Vorteile aus Zusammenleben. Wenn die Eheleute zusammenleben, erzielen sie Ersparnisse, die berücksichtigt werden müssen, wenn man den Bedarf im Sinne der einer Gleichteilung der vorhandenen Mittel vergleichbar machen will. Als Maßstab für diese Ersparnis haben sich 10 % durchgesetzt (s. o. A.III.4.k.bb), und s.u f). Weil man es vermeiden will, den Selbstbehalt des Pflichtigen wegen des Zusammenlebens herabzusetzen, setzt die Praxis die gemeinsame Ersparnis, also 20 %, einseitig nur bei dem Ehegatten, der bei dem Pflichtigen lebt, an. Am Ergebnis ändert sich dadurch nichts.

d) Anteilsrechnung

Zur Berechnung der Bedarfskürzung werden alle Einkommen addiert (Einkommen1, Einkommen2 ...) und durch die Zahl der Berechtigten und des Pflichtigen (Anzahl + 1) geteilt:

Gekürzter Bedarf = (Einkommen1 + Einkommen2 + Einkommen3 + ...) ÷ (Anzahl + 1)

e) Korrektur bei Zusammenleben

Wenn der Unterhaltspflichtige mit einem der Unterhaltsberechtigten zusammenlebt, dann schätzt die Rechtsprechung ihren Bedarf als geringer ein als denjenigen der allein lebenden Partner.[437] Hierzu wird im Fall der Dreiteilung der Anteil des bei dem Pflichtigen lebenden Ehegatten um 20 % gekürzt (s. o. A.III.4.k.bb).[438]

Gekürzter Bedarf = (Einkommen1 + Einkommen2 + Einkommen3 + ...) × Mindestbedarf/Summe aller Mindestbedarfsbeträge

f) Vorsorgeunterhalt

Wenn auch Vorsorgeunterhalt (s. o. 2.f) geschuldet ist, der aus dem Elementarunterhalt berechnet wird, dann muss bei Kürzung des Elementarunterhalts auch der Vorsorgeunterhalt gekürzt werden. Dann führt nicht nur der Kranken- und Pflegeversicherungs-Vorsorgeunterhalt, sondern auch der Altersvorsorgeunterhalt zur wiederholten Neuberechnung, weil dann die die Regeln der zweistufigen Berechnung zur Anpassung nicht genügen.[439]

---

437 BGH FamRZ 2008, 594 für den Selbstbehalt.
438 entsprechend nach dem verminderten Mindestbedarf nach Südd.Leitlinien 22.
439 Gutdeutsch, Vorsorgeunterhalt und Drittelmethode, FamRZ 2016, 184.

Beispiel:[440]

M verdient nach Abzug seiner Vorsorgeaufwendungen 6300 € und schuldet der arbeitsunfähigen F1 nach langer Ehe Geschiedenen-Unterhalt. F1 fordert Kranken- und Pflegevorsorgeunterhalt mit Beitragssatz 16,8 % sowie den gesetzlichen Altersvorsorgeunterhalt.

Am Ende ergibt sich ein Kranken- und Pflegevorsorgeunterhalt von 570 €. Es berechnet sich (mit Bonus 1/7 nach der Düsseldorfer Tabelle) ein Elementarunterhalt der ersten Stufe von (6300 − 570) × 3/7 = 2455 €. Dieser, erhöht um 40 % nach der Bremer Tabelle, ergibt eine Bemessungsgrundlage für den Altersvorsorgeunterhalt von 3437 €. Mit dem Beitragssatz der gesetzlichen Rentenversicherung von 18,7 % ergibt sich ein Altersvorsorgeunterhalt von 3437 × 18,7 % = 643 €. Als Elementarunterhalt errechnet sich in der zweiten Stufe (6300 − 570 − 643) × 3/7 = 2180 €. M bleiben 6300 − 570 − 643 − 2180 = 2907 €. Der Krankenkassenbeitrag von F1 beträgt (570 + 643 + 2.180) × 16,8 % = 570 €, wie durch wiederholte Berechnung ermittelt worden war.

Nun heiratet M erneut. Sein Einkommen erhöht sich um den Splittingvorteil von 700 € auf 7000 €. F2 betreut das neugeborene Kind K. Im Hinblick auf die lange Ehe von F1 sind beide Ehegatten gleichrangig. Da M das verbleibende Einkommen von 2907 + 700 = 3607 € mit Frau und Kind teilen muss, entsteht ein relativer Mangelfall nach § 1581 BGB: K steht nach dem höchsten Satz der Düsseldorfer Tabelle 2016 ein Unterhalt von 536 − 95 = 441 € zu. Nachdem M mit F2 geteilt hat, bleibt ihm nur (2907 − 441) ÷ 2 = 1233 € und somit wesentlich weniger als F1. Es liegt ein **gemischter Mangelfall** vor, weil F2 an der Lebensstellung von M partizipiert und jede Verminderung des Unterhalts von F1 somit ihre ehelichen Lebensverhältnisse verbessert. Die Deckung des Elementarbedarfs von F1 kann nicht höher sein als die von M mit F2, wobei noch der Vorteil des Zusammenlebens von M und F2 zu berücksichtigen ist. Der nach Abzug von Kindesunterhalt, Vorsorgeaufwendungen und Vorsorgeunterhalt verfügbare Betrag von 7000 − 441 − 570 − 643 = 5346 € ist neu zu verteilen. Dabei steht F1 eine Quote von 1200 ÷ (1200 + 1200 + 960) = 35,7 %, also 5346 × 35,7 % = 1909 € als Elementarunterhalt zu statt bisher 2180 €. Dadurch vermindern sich allerdings der Krankenkassenbeitrag und der Altersvorsorgeunterhalt, weil beide (auch) aus dem Elementarunterhalt berechnet werden. Deshalb muss das Ergebnis durch Mehrfachrechnen angenähert werden:

1. Berechnungsstufe:

Krankenkassen-Beitrag (643 + 570 + 1.909) × 16,8 % =	525 €;
Altersvorsorgeunterhalt aus 1909 €:	475 €;
Elementarunterhalt nun (7000 − 441 − 525 − 475) × 35,7 % =	1985 €.

2. Berechnungsstufe:

Krankenkassen-Beitrag (525 + 475 + 1.985) × 16,8 % =	501 €;
Altersvorsorgeunterhalt aus 1985 €:	497 €;
Elementarunterhalt (7000 − 441 − 501 − 497) × 35,7 % =	1985 €.

---

[440] Nach Gutdeutsch aaO.

Eine Wiederholung der Berechnung würde keine Verbesserung des Ergebnisses bringen. Hier haben die gegenläufigen Entwicklungen schon in der zweiten Berechnungsstufe ein Endergebnis gebracht.

g) Weitere Billigkeitskorrektur

Der nach dem Maßstab der Gleichteilung gekürzte Bedarf kann verändert werden, wenn es stichhaltige Gründe gibt, eine der Ehen zu bevorzugen. Es gibt aber wohl eine Tendenz, dass sich die schematischen Berechnungen verfestigen und dass mit der Zeit immer weniger Abweichungen davon bekannt werden.

3. Absoluter Mangelfall

Der Ehegattenmindestselbstbehalt wird nach Leitlinien 21.4 generell mit 1200 € bemessen, im Fall des nichtehelichen Zusammenlebens mit einem ausreichend verdienenden Partner evtl. herabgesetzt bis 1080 € (s. o. A.III.4.k.bb) oder wegen unvermeidlicher Wohnkosten oder aus anderen Gründen erhöht (s. o. A.III.4.k). Wenn dem Pflichtigen nach Abzug der oben nach (2.) errechneten Unterhaltsbeträge weniger als der Ehegattenselbstbehalt bleibt, sind die auf die Berechtigten bzw. die nachrangig Berechtigten entfallenden Unterhaltsbeträge zu kürzen (s. o. A.VI.9.).

a) Gleichrang

Besteht zwischen den Unterhaltsberechtigten Gleichrang, sei es, dass für alle § 1609 Nr. 2 BGB oder dass für alle § 1609 Nr. 3 BGB zutrifft, dann ist das den Ehegattenselbstbehalt übersteigende Einkommen des Pflichtigen auf die Ehegatten im Verhältnis ihrer sich bei der vorangehenden Gleichteilung ergebenden Restbedarfsbeträge (Bedürftigkeit) zu verteilen (s. o. A.VI.9.). (Es kann auch eine abweichende Verteilung der Billigkeit entsprechen, s. o. A.VI.3.c).

b) Absoluter Vorrang des früheren Ehegatten

Sind Ehegatten nach § 1609 Nr. 2 BGB und nach § 1609 Nr. 3 BGB zu berücksichtigen, so bleibt der Unterhalt des späteren nachrangigen Ehegatten auch bei der Mangelfallberechnung im Verhältnis zum vorrangigen Gatten außer Betracht[441] (s. o. 2.a). Deshalb bleibt auch der absolute Mangelfall unberücksichtigt, soweit er darauf beruht, dass ein nachrangiger späterer Ehegatte unterhaltsberechtigt ist. Andererseits kann auch das Unterschreiten des Ehegattenselbstbehalts des Unterhaltspflichtigen nicht berücksichtigt werden, wenn es darauf beruht, das der Unterhaltspflichtige gegenüber dem nachrangigen späteren Ehegatten unterhalts-

---

[441] BGH FamRZ 2014, 1183; FamRZ 2012, 281 (Nr. 49).

pflichtig geworden ist. Die Halbteilung im Verhältnis zum früheren Ehegatten ist dann nicht mehr gewahrt, weil der Unterhaltspflichtige nach
erfolgter Halbteilung gegenüber dem ersten Ehegatten den Rest noch mit
dem zweiten Ehegatten teilen muss.[442]

c) Vorrang des späteren Ehegatten

aa) Bedarf. Ist der neue Ehegatte vorrangig, dann muss sich dieser Vorrang im Mangelfall schon bei der **Bedarfsbemessung** durchsetzen
(s. o. C.III.1.e). Das bedeutet, dass bei Nachrang des früheren Ehegatten
nach dem Prinzip der Halbteilung der Bedarf des späteren Ehegatten
nicht niedriger anzusetzen ist als der vorrangige Bedarf (A.III.6.c: 1200 €
bei Alleinleben, 960 € bei Zusammenleben mit dem Pflichtigen). Damit
stehen dem vorrangigen späteren Ehegatten nach Trennung ebenso wie
dem Unterhaltspflichtigen 1200 € zu und ein Bonus entfällt. Das gilt aber
nur insoweit, als der Bonus für den Unterhalt des früheren nachrangigen
Ehegatten verbraucht wird. Hier gilt (vergleichbar bei der Konkurrenz
mit dem volljährigen Kind s. o. C.II.5) der Grundsatz, dass der vorrangige Ehegatte nicht mehr erhalten kann, als er erhielte, wenn der nachrangig Berechtigten nicht vorhanden wäre.

bb) Eingeschränkter Vorrang. Umgekehrt aber setzt sich dann,
wenn der rechnerische Bedarf höher ist als der Ehegattenselbstbehalt, der
vorrangige (spätere) Ehegatte im Mangelfall nicht mit seinem vollen Bedarf durch, sondern nur mit einem Bedarf in Höhe des Ehegattenselbstbehalts. Andernfalls bliebe ihm mehr als dem Unterhaltspflichtigen, und
das verstieße gegen den Grundsatz der Halbteilung. Nur bei einem Vorrang des früheren Ehegatten wird dieser Verstoß vom BGH akzeptiert,
weil der – nachrangige – Unterhalt der späteren nicht als sonstige Verpflichtung gem. § 1581 BGB anerkannt wird.

d) Vorrang eines Betreuungsunterhalts nach § 1615l Abs. 2 BGB)

Einen dem früheren Ehegatten vergleichbaren absoluten Vorrang gegenüber einem nachrangigen Ehegatten genießt ein nach § 1615l Abs. 2
BGB Anspruchsberechtigter nicht. Zwar wird man die Begrenzung seines Anspruchs auf die Halbteilung nach der Änderung der Rechtsprechung des BGH zur Drittelmethode nicht mehr als eine Beschränkung
des Bedarfs verstehen dürfen. Jedoch wird man den Vorrang gegenüber

---

[442] Sind z.B. beide Ehegatten einkommenslos und hat der Pflichtige z.B. ein Einkommen von 6000 EUR, so erhält der erste Ehegatte 3000, sodass dem Pflichtigen ebenfalls 3000 bleibt, die er aber mit dem zweiten teilen muss, sodass ihm
am Ende nur 1500 bleiben – also die Hälfte dessen, was der erste Ehegatte erhält.

einem nachrangigen Ehegatten auf den Ehegattenselbstbehalt zu beschränken haben, weil nur so die Halbteilung auch ihm gegenüber gewahrt werden kann. Er wird damit einem späteren vorrangigen Ehegatten (s. o. 3.c.bb) gleichgestellt. Der Verstoß gegen die Halbteilung bei Ansprüchen des früheren vorrangigen Ehegatten (s. o. b) muss die Ausnahme bleiben.

4. Prüffolge und Beispiele:

Es ergibt sich folgende Prüffolge:

(1.) Berechnung aller vollen – nicht nach Halbteilung gekürzten – Ansprüche auf Betreuungsunterhalt nach § 1615l Abs. 2 BGB.

(2.) Berechnung des vollen Unterhalts des ersten Ehegatten unter Berücksichtigung etwaiger – gegebenenfalls analog § 1581 zu kürzender – bis zur Scheidung entstandener Ansprüche auf Betreuungsunterhalt nach § 1615l BGB.

(3a.) Bei Vor- oder Gleichrang des nachfolgenden Ehegatten: Berechnung des vollen Unterhalts des nachfolgenden Ehegatten unter Berücksichtigung des nach Maßstäben der Gleichteilung gekürzten Bedarfs des ersten Ehegatten und der vor einer etwaigen Scheidung entstandenen Ansprüche auf Betreuungsunterhalt nach § 1615l BGB. Bei Nachrang eines früheren Ehegatten steht dem späteren ein Mindestbedarf von 1200 € als Bedarf zu, soweit der Erwerbstätigenbonus des Unterhaltpflichtigen für den Unterhalt des nachrangigen früheren Ehegatten verbraucht wurde.

(3b.) Führt im relativen Mangelfall die Gleichteilung nach § 1581 BGB mit dem Unterhalt des früheren Ehegatten – und etwa vor der Scheidung der Ehe entstandener Ansprüche nach § 1615l Abs. 2 BGB – zu einem den Ehegattenselbstbehalt unterschreitenden Kontrollquote, dann kann nur das den Selbstbehalt übersteigende Einkommen des Unterhaltspflichtigen bei der Verteilung berücksichtigt werden, und die Verteilung dieses Überschusses erfolgt dann unter Ausschluss des Unterhaltspflichtigen nur zwischen den Unterhaltsberechtigten. Ist dabei ein früherer Ehegatte nachrangig gegenüber einem späteren, dann ist für letzteren ein Mindestunterhalt von 1200 € bei Getrenntleben, 960 € bei Zusammenleben, anzusetzen.

(3c.) Bei Nachrang des nachfolgenden Ehegatten: Berechnung des vollen Unterhalts des nachfolgenden Ehegatten nach Vorabzug des vollen Unterhalts der früheren und der ggf. zu kürzenden – bis zur Scheidung entstandenen – Ansprüche auf Betreuungsunterhalt nach § 1615l BGB.

(4.) Berechnung des vollen Unterhalts aller folgenden Ehegatten wie 3a, 3b

(5.) Berechnung des Durchschnittseinkommens des Unterhaltspflichtigen und aller Berechtigten (wobei bei der Verteilung der beim Pflichtigen lebende Ehegatte 80% gewichtet wird).

(6.) Kürzung der Unterhaltsbeträge, die – zusammen mit dem Eigeneinkommen – den Durchschnitt übersteigen, auf den Durchschnitt.

(7.) Wenn durch die Kürzung Unterhaltsansprüche wegfallen – weil das **Eigeneinkommen gleich oder größer** als der Durchschnitt ist – oder wenn ein Unterhaltsanspruch nicht gekürzt wird, weil er **geringer ist als der Durchschnitt**, muss nochmal gerechnet werden, dabei muss der unterdurchschnittliche volle Unterhalt vorweg abgezogen werden, während ein Unterhaltsberechtigter, dessen Einkommen den Durchschnitt übersteigt, aus der Berechnung vollständig ausscheidet.

(8.) Prüfung, ob der Durchschnitt geringer ist als der Ehegattenselbstbehalt des Unterhaltspflichtigen. Ist das der Fall, dann liegt ein absoluter Mangelfall vor. Der nach Abzugs des Selbstbehalts verbleibende Teil des Einkommens des Unterhaltspflichtigen, also seine Leistungsfähigkeit, ist auf die Unterhaltsberechtigten zu verteilen nach dem Maß ihrer Bedürftigkeit, also dem Unterschied zwischen Bedarf und Eigeneinkommen. Als Bedarf ist dabei aber nur das (den Selbstbehalt ja unterschreitende) Durchschnitteinkommen anzusetzen, nicht der volle Bedarf.[443]

(9.) Prüfung, ob ein unterhaltsberechtigter Ehegatte gegenüber einem späteren Ehegatten vorrangig ist. Trifft das zu, dann ist nur dessen Unterhalt zu kürzen und der volle Unterhalt des vorrangigen damit aufzufüllen.

Beispiel 1, Gleichrang mit Zusammenleben mit dem zweiten Ehegatten:
M verdient nach Abzug von Kindesunterhalt 3000 € (nach LSt-Klasse 1 wären es 2800 €) und ist nach Scheidung die ein gemeinsames Kind betreuenden F1 mit einem Einkommen von 600 € unterhaltspflichtig. Er lebt in neuer Ehe zusammen mit F2, welche ein gemeinsames kleines Kind betreut und nichts verdient, Bonus 10%.

1. Bedarf von F1 gleich Eigenbedarf von M ihr gegenüber:
   (2800 × 90% + 600 × 90%) ÷ 2 = 1530 €,

2. voller Unterhalt von F1 (Bonus 10%)1530 – 600 × 90% = 990 €.
   Unterhalt von F2, wenn F1 den vollen Unterhalt erhielte:
   (3000 × 90% – 990) ÷ 2 = 855 €,
   M bliebe dann 3000 – 990 – 855 = 1155 €
   und damit weniger als 1530 + 300 (Bonus) = 1830 €.

3. Bei Dreiteilung des verfügbaren Einkommens (modifiziert wegen Berücksichtigung des Zusammenlebens) ergibt sich
   Anteil von F1 (3000 + 600) × 1200 ÷ (1200 + 1200 + 960) = 1286 €.

---

[443] Dadurch wird ein Verstoß gegen den Grundsatz der Halbteilung vermieden.

4. Der gekürzte Unterhalt von F1 beträgt dann: 1286 – 600 = 686 €.
5. Auf F2 entfällt (3000 – 686) ÷ 2 = 1157 € (Kein Erwerbstätigenbonus beim Familienunterhalt, s. o. B.VII).

Obgleich hiernach auch auf M nur 1157 € entfallen, liegt kein absoluter Mangelfall vor, weil der Eigenbedarf von M wegen der Vorteile aus dem Zusammenleben um 10 % auf 1200 – 120 = 1080 € vermindert.

Beispiel 2, Vorrang der früheren Ehe, Bonus 10 %:

M verdient nach Abzug von Kindesunterhalt 3000 € (nach LSt-Klasse 1 wären es 2800 €) und ist der ein gemeinsames Kind betreuenden von ihm geschiedenen F1 mit einem Einkommen von 600 € unterhaltspflichtig. Er lebt zusammen mit F2, welche 1000 € verdient. F2 ist nach § 1609 Nr. 2,3 BGB nachrangig, daher der volle Unterhalt von F1 vom Einkommen des M vorweg ab zu ziehen:

1. Bedarf von F1 gleich Eigenbedarf von M ihr gegenüber: (2800 × 90 % + 600 × 90 %) ÷ 2 = 1530 €,
2. voller Unterhalt von F11530 – 600 × 90 % = 990 €.
3. Familienunterhalt von F2: (3000 – 990 + 1000) ÷ 2 – 1000 = 530 €,

---

Beispiel 3, Vorrang des zweiten Ehegatten und absoluter Mangelfall:

M verdient nach Vorabzug von Kindesunterhalt 2600 € und ist der geschiedenen F1 unterhaltspflichtig, welche nur 600 € verdienen kann, sowie seiner neuen Ehefrau, welche das gemeinsame Kind K, 1 Jahr alt, betreut, sich aber von ihm getrennt hat. F1 ist daher gegenüber F2 nachrangig (§ 1609 Nr. 2,3 BGB).

1. Bedarf von F1 (Bonus10 %): (2600 × 90 % + 600 × 90 %) ÷ 2 = 1440 €
2. voller Unterhalt von F1: 1440 – 600 × 90 % = 900 €.
3. Kontrollquote: (2600 + 900) ÷ 3 = 1167 €.
4. Die Kontrollquote unterschreitet den Ehegattenselbstbehalt von 1200 €. Deshalb liegt ein absoluter Mangelfall vor. Der 1200 € übersteigende Betrag von 1400 € ist zwischen den Partnern zu verteilen, F2 ist vorrangig und erhält 1200 € (s. o. A.III.3.e).
5. Das hat Folgen für F1: Sie erhält 2600 – 1200 – 1200 = 200 € statt 299 €.

5. Lebenspartnerschaft

Dieselben Regeln gelten nach §§ 5, 13, 16 LPartG auch für die eingetragene Lebenspartnerschaft.

6. Angemessener Geschiedenen-Unterhalt nach § 1578b Abs. 1 BGB

Der angemessene Unterhalt nach § 1578b Abs. 1 BGB ist Grundlage der in dieser Vorschrift vorgesehenen Kürzung auf der Bedarfsebene. Nach der Berechnung des Bedarfs nach den ehelichen Lebensverhältnissen (s.o. 1. und 4.) ist deshalb zu prüfen, ob der Bedarf herabzusetzen ist oder/und der Anspruch als solcher zeitlich zu begrenzen ist. Bedingung für den Fortbestand des Unterhaltsanspruchs sind etwaige ehebedingte Nachteile und die nacheheliche Solidarität, die ein Unterhaltsbedürftiger sich „verdient" haben kann. Die nacheheliche Solidarität stellt auch einen Ausgleich ehebedingter Nachteile dar, die aber nicht konkret dargelegt werden müssen, sondern im Hinblick auf den ehebezogenen Aufwand (z.b. Erwerbsverzicht in Interesse der Kinderbetreuung oder Betreuung der Schwiegereltern) zu vermuten sind. Nach den Qualitäten der einzelnen Ehezeiten lassen sich Maßstäbe der nachehelichen Solidarität gewinnen.[444] Die Praxis ist diesem Weg bisher allerdings – noch – nicht gefolgt. Weitere Voraussetzung für die Unterhaltskürzung ist aber die Zumutbarkeit der weiteren – unveränderten – Unterhaltsleistung für den Verpflichteten. Für diese Frage ist das Vorhandensein weiterer Unterhaltpflichten ggf. bedeutsam. Für die Kürzung spricht natürlich, wenn nach Wiederverheiratung die neue Familie nicht ausreichend versorgt ist. Die Herabsetzung des Unterhalts des früheren Ehegatten vom ehelichen auf den angemessenen Bedarf (s.o. B.V.7) kann dabei helfen.

7. Betreuungsunterhalt nach § 1615l Abs. 2 BGB

Auch der Anspruch nach § 1615l BGB ist der Höhe nach durch die **Grundsätze der Halbteilung bzw. Gleichteilung** (s.o. C.III.1.c, d) nach oben begrenzt, bemisst sich im Übrigen nach dem **hypothetischen Einkommen**, welches bezogen würde, wenn die Kindesbetreuung nicht erfolgt wären, und ist **nach unten** durch das **Existenzminimum** begrenzt. Inhaltlich stimmt er daher mit einem Anspruch auf nachehelichen Unterhalt weitgehend überein und ist mit einem auf Kindesbetreuung gründenden Anspruch auf Ehegattenunterhalt nach § 1609 Nr. 2 BGB gleichrangig.[445] Deshalb ist er auch bei Unterhaltsverteilung im Wege der Mangelverteilung, im Wege der Gleichteilung (s.o. 2) und im absoluten Mangelfall im Wege der Verteilung nach Bedürftigkeit (s.o. 3) zu berücksichtigen. Für die Bestimmung des Bedarfs eines Ehegatten nach den ehelichen Lebensverhältnissen nach § 1578 Abs,1 BGB ist er nur dann zu berücksichtigen, wenn der Anspruch vor der Scheidung der Ehe entstanden ist.[446]

---

[444] Vgl. Dethloff/Gutdeutsch/Kremer FamRZ 2010, 1708.
[445] Das hatte das BVerfG gefordert: BVerfG FamRZ 2007, 965.
[446] BGH FamRZ 2012, 281. Auf das frühere Datum des Unterhaltsbeginns nach § 1615l Abs. 2 S. 3 BGB sollte nicht abgestellt werden. Eine gewisse Verfestigung der Verhältnisse sollte Voraussetzung für die „eheprägende" Wirkung sein.

IV. Gatten- neben Elternunterhalt

Nach der Rechtsprechung des BGH ist auch der Anspruch nach § 1615l Abs. 2 BGB durch den Grundsatz der Halbteilung begrenzt, der damals dem Bedarf zugeordnet wurde, jetzt aber eher als Frage der Leistungsfähigkeit zu betrachten ist und sich damit in die Kürzung des Unterhalts von Ehegatten nach § 1581 BGB einfügt.

Beispiel 1:

M verdient 3000 und ist seiner nach langer Ehe geschiedenen Frau F und N, der Mutter seines 2-jährigen Kindes K, das noch vor der Scheidung geboren wurde, zum Unterhalt verpflichtet. Beide Frauen waren vorher nicht erwerbstätig.

Bedarf von K (abgruppiert) nach DT2018 3/1: 383 – 97 = 286 €

Da N nicht erwerbstätig war, wird ihr nach DT D. II. ein Bedarf von 880 zugeordnet. Der Gattenunterhalt wird unter Vorabzug des eheprägenden Unterhalts nach § 1615 l BGB errechnet. Dieser ist allerdings zu kürzen, weil ein Mangelfall vorliegt. Die Summe aller Einkommen beträgt 3000 – 286 = 2714 €, das Durchschnittseinkommen aller drei ist also bei 2714 ÷ 3 = 902 und damit unter dem Ehegattenselbstbehalt von 1200. Deshalb liegt ein absoluter Mangelfall vor. Der den Selbstbehalt übersteigende Einkommensbetrag von 2714 – 1200 = 1514 ist hälftig auf die gleichrangigen Bedürftigen zu verteilen.

F und M erhalten deshalb jeweils 1514 ÷ 2 = 757 €.

Beispiel 2:

M verdient 4000 und ist seiner nach langer Ehe geschiedenen Frau F und N, der Mutter seines 2-jährigen Kindes K zum Unterhalt verpflichtet, welche vorher 1000 € verdient hatte.

Lösung:

Bedarf von K (abgruppiert) nach DT2018 6/1: 446 – 97 = 349 €

Unterhalt von N: 1000

Voller Unterhalt von F: (4000 – 349 – 1000) ÷ 2 × 90 % = 1192 €.

IV. Gatten- neben Elternunterhalt

1. Bedarfsebene

Auf der Bedarfsebene wird der **Elternunterhalt** autonom bestimmt – es sind fast immer die Kosten eines Pflegeheims. Doch ist umgekehrt der **Ehegattenunterhalt** abhängig vom Elternunterhalt, weil über die ehelichen Lebensverhältnisse und die Halbteilung sich die Belastung mit der Verpflichtung zur Zahlung von Elternunterhalt auch auf den Partner auswirkt. Das verursacht im normalen Praxisfall des Elternunterhalts beim Unterhaltspflichtigen in intakter Ehe kein Berechnungsproblem, weil Ansprüche auf Familienunterhalt als solche die Gerichte nicht beschäftigen.

C. Mehrheit von Unterhaltsberechtigten

Wird aber neben dem Elternunterhalt auch **Trennungsunterhalt oder Geschiedenen-Unterhalt** geschuldet, dann ist auch die Belastung durch die Elternunterhaltsverpflichtungen zu berücksichtigen, obgleich die nachrangig sind. Denn der Nachrang wirkt sich erst im Mangelfall aus. Da sich der Ehegattenunterhalt aber vom bereinigten eheprägenden Einkommen beider Eheleute abhängt, kann der Abzug des Elternunterhalts im Wege der Bedarfsbestimmung den Gattenunterhalt beeinflussen, wobei vorab die Frage zu klären wäre, ob die Verpflichtung zur Zahlung des Elternunterhalts eheprägend ist. Unter den derzeitigen Verhältnissen wird man das wohl immer bejahen müssen, weil die Verwandtschaft schon bei Beginn der Ehe bestand und nach der Lebenserfahrung mit der Möglichkeit gerechnet werden muss, dass ein Pflegefall eintritt, bei welchem die Alterseinkünfte nicht mehr ausreichen. Wegen der berechtigten Kritik des BVerfG[447] an Vereinfachungen, welche zu Lasten nur eines Ehegatten gehen, wird man zwischen Elternunterhaltsverpflichtungen des Pflichtigen und des Berechtigten nicht unterscheiden dürfen. Die Höhe des tatsächlich zu zahlenden Elternunterhalts hängt indessen regelmäßig von der Leistungsfähigkeit ab, die wieder von der Höhe des Ehegattenunterhalts abhängt. Damit besteht ein zirkulärer Zusammenhang, der praxisgerecht aufgelöst werden muss.

2. Allgemeines zur Leistungsfähigkeit

Gattenunterhalt ist dem Elternunterhalt gem. § 1609 Nr. 2 BGB gegenüber vorrangig. Daraus folgt für den Familienunterhalt, dass Elternunterhalt nur gezahlt werden kann, soweit nach Erfüllung der Verpflichtung zum Familienunterhalt beizutragen, weitere Mittel verfügbar sind. Daraus hat der BGH eine Berechnung entwickelt, welche die gesamte Leistungsfähigkeit des Ehepaars auf die Partner im Verhältnis ihrer Einkommen verteilt. Diese Verteilung orientiert sich an dem Geldeinkommen der Eheleute, weil der weniger Verdienende keinen Anspruch auf Unterhalt in Geld hat. Nach der Trennung besteht indessen ein Anspruch auf Unterhalt in Geld. Es gibt deshalb gute Gründe, die Leistungsfähigkeit eines unterhaltsberechtigten Ehegatten nach Trennung oder Scheidung nach der Summe von Eigeneinkommen und Unterhalt zu bestimmen. Die Leistungsfähigkeit des zur Zahlung von Gattenunterhalt verpflichteten Ehegatten kann dann nur nach dem nach Zahlung des Gattenunterhalts verbleibenden Resteinkommen bemessen werden.[448]

---

[447] BVerfG FamRZ 2011, 437.

[448] An der Auffassung, auch bei Getrenntleben sei wie beim Familienunterhalt auf den Einkommensteil abzustellen (Gutdeutsch FamRZ 2011, 77) halte ich nicht mehr fest.

IV. Gatten- neben Elternunterhalt

Praktisch liegt der Fall wohl auch immer so, dass der Unterhaltsbedarf bei Ehegatten und Eltern nie gleichzeitig entsteht: entweder ist der Ehegattenunterhalt bereits festgesetzt, wenn der Elternteil bedürftig wird, oder ein Elternunterhalt ist bereits geschuldet, wenn es zu Trennung und Scheidung kommt. Daher wird man die bereits bestehenden Regelungen etwa so modifizieren:

– Im Fall eines vor Trennung entstandener Anspruchs auf Elternunterhalt wird dieser bei der Berechnung des Gattenunterhalts berücksichtigt werden, die Leistungsfähigkeit wäre dann ebenso wie vor der Trennung (nur ohne die Ersparnis des Zusammenlebens) zu beurteilen.

– Ein nach Trennung entstandenen Anspruch auf Elternunterhalt wird sich an der Regelung des Ehegattenunterhalts orientieren. Bei Unterhaltspflichtigen würde der Ehegattenunterhalt vorweg vom Einkommen abgezogen und aus dem Rest die Leistungsfähigkeit für den Elternunterhalt ermittelt. Wird der Unterhaltsberechtigte in Anspruch genommen, muss man zur Ermittlung seiner Leistungsfähigkeit den Ehegattenunterhalt mitberücksichtigen. Inwieweit dann ein so bestimmter Elternunterhalt zu einer Korrektur des Gattenunterhalts führen würde, lässt sich nicht vorhersehen.

3. Familienunterhalt

Die wichtigste Form des mit dem Elternunterhalt konkurrierenden Gattenunterhalts ist der Familienunterhalt. Bei dessen Berechnung braucht ein Erwerbstätigenbonus nicht berücksichtigt zu werden, weil es bei intakter Ehe eines besonderen Erwerbsanreizes nicht bedarf.[449]

In seiner neueren Entscheidung[450] rechnet der BGH nun wie folgt:

Einkommen Unterhaltspflichtiger (E)	3000,00
Einkommen Ehegatte (EE)	1000,00
Familieneinkommen	4000,00
Abz. Familienselbstbehalt (FS)[451]	2450,00
bleibt:	1.550,00
Abzüglich 10 % Haushaltsersparnis	155,00
	1.395,00
Davon ½	697,50

---

[449] Wendl/Pauling 7. Aufl. 2008 § 2 Rn. 645a. Das hindert nicht, dass ein solcher rechentechnisch dann angesetzt wird, wenn Familienunterhalt und Geschiedenen-Unterhalt miteinander konkurrieren (BGH FamRZ 2008, 1911, 1914).

[450] BGH FamRZ 2010, 1535, dazu Gutdeutsch FamRZ 2011, 77.

[451] nach der bis 31.12.2010 gültigen Düsseldorfer Tabelle.

+ Familienselbstbehalt (FS)	2450,50
Individuelle Familienbedarf (2450 + 775)	3147,50
Anteil des Unterhaltspflichtigen (3147,50 × 3000 ÷ 4000)	2360,63
Einkommen des Unterhaltspflichtigen	3000,00
Anteil des Unterhaltspflichtigen am Familienbedarf (3225 × 3000 ÷ 4000)	2360,63
für den Elternunterhalt einsetzbar	639,37

Als Formel bedeutet das Rechenwerk:

$$L = E - (E + EE - FS) \times 45\,\% + FS) \times E \div (E + EE)$$

Dabei bedeutet
L = Leistungsfähigkeit
E = Einkommen des Pflichtigen
EE = Einkommen seines Ehegatten
FS = Familienselbstbehalt (jetzt = 1800 + 1440 = 3240 €)

Die Formel lässt sich (für die Verwendung eines Taschenrechners) vereinfachen zu:

$$L = (GE - FS) \times E/GE \times 55\,\%$$

Der Ausdruck GE = E + EE − FS ist **der** Teil des Gesamteinkommens, welcher den Sockelbetrag des Familienunterhalts von damals 1400 + 1050 = 2450 € übersteigt. Davon entfällt ein Anteil von E ÷ (EE + E) auf den Pflichtigen, und statt 50 % kann der Pflichtige wegen der Vorteile des Zusammenlebens 55 %, also um 10 % mehr, an den Elternteil abgeben.

Nach den Leitlinien 21.3.3 beträgt seit 1.1.2017 der Familienselbstbehalt (Sockelbetrag) 1800 + 1440 = **3240 €.**

Wenn zusätzlich Kindesunterhalt (s.u. V) zu leisten ist, so ist dieser als gegenüber dem Elternunterhalt immer vorrangig (§ 1609 Nr. 1, 4, 6 BGB) vom Einkommen des jeweiligen Ehegatten vorweg abzuziehen. Der Kindesunterhalt in intakter Familie ist aus dem zusammengerechneten Einkommen ihrer Eltern zu berechnen.[452]

Ist das Einkommen des unterhaltspflichtigen Ehegatten sehr gering oder fehlt es ganz, dann kann eine gewisse Leistungsfähigkeit auch durch

---

[452] BGH FamRZ 2017, 711.

den Taschengeldanspruch (s.o. B.VII.2) begründet werden (s.u. E.II) –
wenn der andere Ehegatte genug verdient.[453]

4. Sonstiger Ehegattenunterhalt

Anders als bei intakter Ehe ist die Auswirkung des Elternunterhalts auf
den Ehegattenunterhalt und umgekehrt bei Trennung und Scheidung un-
geklärt. Das beginnt mit der Frage, ob eine Verpflichtung zur Zahlung
von Elternunterhalt die ehelichen Lebensverhältnisse prägt. Die Antwort
ist ja, wenn bereits vor der Scheidung Elternunterhalt zu bezahlen war.
Schwierig wird es, wenn der Anspruch erst später entsteht. Dann mag es
darauf ankommen, ob die Eheleute schon während der Ehe mit dem Be-
dürftig-Werden des Elternteils gerechnet haben.

Ist der Elternunterhalt nicht prägend, ist die Lösung einfach: Sie folgt
der Rangordnung. Zuerst wird der Ehegattenunterhalt ohne Rücksicht
auf den Elternunterhalt berechnet und dann die Leistungsfähigkeit für
den Elternunterhalt nach Vorabzug des Ehegattenunterhalts.

Auch wenn der Elternunterhalt die ehelichen Lebensverhältnisse geprägt hat, hängt der Elternunterhalt (weil er in der Regel durch die Leistungsfähigkeit begrenzt wird) von der Höhe des ihm vorgehenden Ehegattenunterhalts ab. Aber die Höhe des Gattenunterhalts hängt
umgekehrt auch von der Höhe des Elternunterhalts ab, wodurch ein Zir-
kel entsteht. Eine Wiederholungsrechnung macht den Zusammenhang
transparent:

Beispiel:

M verdient 3000 und ist F, welche 1000 verdient, zu Trennungsunterhalt
verpflichtet. V hat eine Rente von 1500 €, aber Heimkosten von 2500 €, ist
also in Höhe von 1000 € bedürftig und verlangt von M Elternunterhalt, Bonus 10 %. Berechnung von Gattenunterhalt und Elternunterhalt müssen
sich abwechseln:

1. Unterhalt für F: (3000 × 90 % + 1000 × 90 %) ÷ 2 – 1000 × 90 % = 900 €
2. Unterhalt für V: (3000 – 900 – 1800) ÷ 2 = 150 €

   Weil die Unterhaltsschuld zu 2. eheprägend ist, mindert sie auf der Bedarfsebene das verteilungsfähige Einkommen von M und damit den
   Unterhalt für F

3. F: ((3000 – 150) × 90 % + 1000 × 90 %) ÷ 2 – 1000 × 90 % = 832,50 €

   Das erhöht das Einkommen von M, sodass V etwas mehr bekommen kann:

4. V: (3000 – 832,50 – 1800) ÷ 2 = 184,50 €

   Das vermindert wiederum das prägende Einkommen von M:

5. F: ((3000 – 184,50) × 90 % + 1000 × 90 %) ÷ 2 – 1000 × 90 % = 817 €

---

[453] BGH FamRZ 2004, 366; Gutdeutsch FamRZ 2011, 77, 81.

Und erhöht wieder den Elternunterhalt:
6. V: (3000 – 817 – 1800) ÷ 2 = 192 €
7. F: ((3000 – 192) × 90 % + 1000 × 90 %) ÷ 2 – 1000 × 90 % = 814 €
8. V: (3000 – 814 – 1800) ÷ 2 = 193 €

Eine einfache Unterhaltsberechnung wie oben kann auch ohne Iteration in einem Zug erfolgen:[454]

Bei Bonus 1/7: L = (E × 3/7 + F × 3/14 – 900) × 7/11
Bei Bonus 10 %: = L = (E × 22,5 % – F × 22,5 % – 900) ÷ 77,5 %[455]

Im Beispiel:
(3000 × 27,5 % + 1000 × 22,5 % – 900) ÷ 77,5 % = 194

Die Berechnung ließe sich stark vereinfachen, wenn man **keinen Bonus** verwendet. Dann gilt nämlich: L = (E + F – 3600) ÷ 3

Das Beispiel liefert dann L = (3000 + 1000 – 3600) ÷ 3 = 133 €

Die Beteiligung am Erwerbstätigenbonus erhöht den Anspruch des Elternteils in diesem Fall also um die Hälfte!

Die Berechnung ohne den Bonus ist wegen ihrer Einfachheit zu bevorzugen. Die Erhöhung des Elternunterhalts um einen Anteil am Bonus dürfte auch nicht dem Zweck des Erwerbstätigenbonus entsprechen.

Einem Ausgleich der Interessen im Sinne der Halbteilung beim nachehelichen Unterhalt dient also eine Bemessung der Leistungsfähigkeit gegenüber dem Elternteil von

L = (E + EE – FS) ÷ 3[456]

---

[454] Für den Bonus 1/7 errechnet sich die Formel wie folgt:
L = (E – U – 1800) ÷ 2
U = (E – L – F) × 3/7
L = (E – (E – L – F) × 3/7 – 1800) ÷ 2
L = (E – E × 3/7 + L × 3/7 + –F × 3/7–1800) ÷ 2
L = (E – E × 3/7) ÷ 2 + L × 3/7/2 + –F × 3/7/2–900
L = E × 2/7 + L × 3/14 + –F × 3/14–900
L × 11/7 = E × 2/7 + F × 3/14 – 900
L = (E × 2/7 + F × 3/12 – 900) × 7/11.

[455] Für den Bonus 10 % errechnet sich die Formel wie folgt:
L = (E – U – 1800) ÷ 2
U = (E – L – F) × 45 %
L = (E – (E – L – F) × 45 % – 1800) ÷ 2
L = (E – E × 45 % + L × 45 % – F × 45 % – 1800) ÷ 2
L = (E – E × 45 %) ÷ 2 + L × 45 % ÷ 2 – F × 45 % ÷ 2 – 900
L = E × 22,5 % + L × 22,5 % + –F × 22,5 % – 900
L × 77,5 % = E × 22,5 % – F × 22,5 % – 900
L = (E × 22,5 % – F × 22,5 % – 900) ÷ 77,5 %.

[456] Man kann allerdings auch fragen, ob die Iteration mit der Folge einer Verminderung des Ehegattenunterhalts und Erhöhung des Elternunterhalts überhaupt nötig ist und ob nicht die Rückwirkung des Elternunterhalts auf den Ehegatten-

5. Mehrere Ehegatten

Wenn mehrere Ehegatten neben einem Elternteil unterhaltsberechtigt sind, wird man bei erstmaliger Berechnung des Elternunterhalts Ansprüche auf Geschiedenen-Unterhalt vom Einkommen vorweg abziehen und, soweit eine intakte Ehe besteht, nach der BGH – Formel (s.o. 3.), und sonst allein aus dem Resteinkommen des Pflichtigen den Elternunterhalt ermitteln.

V. Elternunterhalt neben Kindesunterhalt

1. Bedarf

Auch der Kindesunterhalt hat auf den Bedarf der unterhaltsberechtigen Eltern (ihrer Eltern) keinen Einfluss. Anders liegt es umgekehrt beim Bedarf der Kinder: wenn ihre Eltern den eigenen Eltern Elternunterhalt schulden, führt das beim Unterhalt ihrer **minderjährigen Kinder** zur **Abgruppierung** in der DT um eine Einkommensgruppe (s.o. A.III.5.b.cc). Soweit Bedarfskontrollbeträge angewandt werden (s.o. A.III.5.b.dd), wird auch die evtl. durch den Elternunterhalt verursachte Unterschreitung des Bedarfskontrollbetrags zu einer Abgruppierung in der DT führen und damit den Bedarf des Kindes beeinflussen.

Bei der Bemessung des Unterhalts eines **Volljährigen** nach dem gemeinsamen Einkommen beider Elternteile gibt es bisher keine allgemein anerkannten Regeln der Abgruppierung. Da aber die Kinder ihren Bedarf von den Eltern ableiten und die Lebensverhältnisse der Eltern durch weitere Unterhaltspflichten beeinflusst werden, wäre es konsequent, auch deren Bedarf nach dem gemeinsamen Einkommen abzugruppieren (A.III.5.b.cc). Die Verpflichtung eines der Kindseltern zur Leistung von Elternunterhalt an einen eigenen Elternteil würde dann für den Unterhalt des volljährigen Kindes nach gemeinsamen Einkommen seiner Eltern zur Abgruppierung um eine Einkommensstufe führen. Falls die Abgruppierung ungerechtfertigt war, weil der Elternteil wegen Mangels ausfällt, muss der Kindesunterhalt neu berechnet werden, denn eine nicht realisierte Unterhaltspflicht kann nicht den Unterhalt anderer Berechtigter beeinflussen.

---

tenunterhalt wegen der geringeren Nähe zumindest der geschiedenen, vielleicht auch der getrenntlebenden Ehegatten unbeachtet zu bleiben hat. Ebenso kann grundsätzlich gefragt werden, ob bei einer stärkeren Unterscheidung von Bedarfsbestimmung und Berechnung der Leistungsfähigkeit derartige Rückkoppelungen überhaupt als unbeachtlich auszuscheiden haben. Letztlich geht es damit um die um die Genauigkeit der Unterhaltsberechnung.

C. Mehrheit von Unterhaltsberechtigten

Falls allerdings der Kindesunterhalt nicht nach der DT, sondern nach festen Sätzen bestimmt wird (B.IV.), hat der Elternunterhalt auf die Bemessung des Bedarfs der Kinder keinen Einfluss.

2. Leistungsfähigkeit

Kinder sind gegenüber Eltern (ihrer Eltern) nach § 1609 Nr. 1, 4, 6 BGB immer vorrangig, auch dann, wenn ausnahmsweise gegenüber Eltern und Kind der gleiche Selbstbehalt gilt (s. o. B.IV.4). Daher ist bei der Berechnung des Elternunterhalts der Kindesunterhalt vom Einkommen des Pflichtigen vorweg abzuziehen. Die Hälfte des den erhöhten angemessenen Selbstbehalts von 1800 € übersteigenden Einkommens (A.III.3.d) stellt die Leistungsfähigkeit dar. Wenn sich dabei keine Leistungsfähigkeit ergibt, muss, wenn bei der Anwendung der DT diese Unterhaltspflicht berücksichtigt wurde, die Unterhaltsberechnung ohne den Elternunterhalt wiederholt werden.

Leben die Kinder in intakter Familie mit ihren Eltern zusammen, dann errechnet sich ihr Bedarf nach der Düsseldorfer Tabelle, wobei die Einkommensstufe des zusammengerechneten Einkommens beider Elternteile gewählt wird.[457] Die weitere Erhöhung um 10 % wegen Zusammenlebens ist aber wohl nicht gerechtfertigt.[458]

Beispiel:

M verdient 3000 und lebt mit seiner Ehefrau F, Einkommen 1000, und dem Kind K, Alter 15 Jahre, zusammen. Er ist unterhaltspflichtig für seinen Vater V, dessen Einkommen von 1300 für die Heimkosten von 2200 nicht ausreicht.

Kindesunterhalt von K nach beiderseitigem Einkommen 4000 €	
DT18 7/3 636 – 97 =	539,00 €
Haftungsanteil von M: 539 × 3000 ÷ (3000 + 1000)	404,25 €
Haftungsanteil von F: 539 × 1000 ÷ (3000 + 1000)	134,75 €
bereinigtes Einkommen von M: 3000 – 404,25	2595,75 €
bereinigtes Einkommen von F: 1000 – 134,75	865,25 €

M ist leistungsfähig in Höhe von:
$(2595,75) \times 0.55 \times (1 - (1800 + 1440) \div (2595,75 + 865,25)) = 91,00$ €

---

[457] BGH FamRZ 2017, 711.

[458] Zwar ist die Düsseldorfer Tabelle konstruiert für getrennte Eltern und dem entsprechend höheren Aufwand für die gesamte Bedarfsdeckung. Eine intakte Familie hat bei gleichem Einkommen deshalb eine höhere Bedarfsdeckung. Der Aufwand dafür ist aber – genau wegen der Ersparnis – nicht höher, sodass BGH FamRZ 1985, 466, 468, OLG Oldenburg FamRZ 1991, 1347, Hußmann in Heiß/Born 13.65, Gutdeutsch FamRZ 2014, 1969, 1971, Hauß FamRB 2017, 167, 168, wohl nicht gefolgt werden kann.

VI. Enkelunterhalt neben Gattenunterhalt

Die Unterhaltspflicht gegenüber einem Enkel kann nach dem Halbteilungsgrundsatz indirekt den **Bedarf des Ehegatten** beeinflussen – soweit die ehelichen Lebensverhältnisse davon geprägt sind. Seitdem die ehelichen Lebensverhältnisse nicht mehr als variabel angesehen werden können, hängt es nach der Scheidung von der Wertung ab, ob noch ein Zusammenhang anzuerkennen ist. Zutreffendenfalls und wenn die Ehe noch nicht geschieden wurde entsteht wieder eine zirkuläre Abhängigkeit, welche die Berücksichtigung des Enkelunterhalts bei der Bemessung des Gattenunterhalts erfordert. Die Lösung muss dieselbe sein wie beim Unterhalt des nicht privilegierten volljährigen Kindes (s. o. C.II.5.). In Beispiele wäre lediglich der höhere Selbstbehalt von M einzusetzen.

Dasselbe gilt dann, wenn – wie meist – **beide Ehegatten** dem Enkel gegenüber unterhaltspflichtig sind. Dann teilt sich ihre gemeinsame Leistungsfähigkeit nach den unter C.II. dargestellten Regeln auf.

VII. Enkelunterhalt neben Kindesunterhalt

Enkelunterhalt ist nach § 1609 BGB gegenüber jeder Art des Kindesunterhalts nachrangig. Grundsätzlich führt die weitere Unterhaltspflicht zu einer Abgruppierung nach der Düsseldorfer Tabelle (s. o. A.III.5.b.cc) und gegebenenfalls auch zu einer Abgruppierung nach den Bedarfskontrollbeträgen (s. o. A.III.5.b.dd).

VIII. Elternunterhalt neben Elternunterhalt

Sind beide Eltern bedürftig, so hat das auf ihren Bedarf keinen Einfluss. Ihre Ansprüche sind nebeneinander zu befriedigen. Bei – wie die Regel – eingeschränkter Leistungsfähigkeit sind ihre Ansprüche anteilig nach der Bedürftigkeit zu kürzen (s. o. A.VI.3.b).

IX. Andere Konkurrenzen des Betreuungsunterhalts nach § 1615l BGB

Betreuungsunterhalt nach § 1615l BGB ist nach § 1609 Nr. 1, 2 BGB nur dem Unterhalt minderjähriger oder privilegiert volljähriger Kinder gegenüber nachrangig. Er **gleicht in vollem Umfang dem nach § 1609 Nr. 2 BGB vorrangigen Ehegattenunterhalt** mit dem Unterschied, dass der Bedarf nicht durch den Halbteilungsgrundsatz, sondern durch den **angemessenen Bedarf** begrenzt wird, welcher sich in der Regel aus dem früheren Einkommen herleitet (B.VIII.1), während die Leistungsfähigkeit analog § 1581 BGB durch die Halbteilung bestimmt wird. Wie beim Ehegattenunterhalt führt die Begrenzung durch die Halbteilung zu einer zweistufigen Berechnung, bei welcher sich der – durch die Halbteilung, bei mehreren Partnern: Gleichteilung – bestimmte **relative** Mangelfall vom **absoluten** Mangelfall unterscheidet, welcher eintritt, wenn der bei der Gleichteilung der Ehegattenselbstbehalt nicht gewahrt werden kann (s. o. A.IV.8 und 9 und C.III).

X. Enkelunterhalt neben Enkelunterhalt

Schuldet ein Großelternteil mehreren Enkeln Unterhalt, so hat das auf deren Bedarf keinen Einfluss. Wenn keine Ausnahmesituation vorliegt, kommt nur der Mindestbedarf in Betracht (s. o. B.X.1.). Die Verteilung erfolgt dann im Grundsatz proportional (s. o. A.VI.3). Da das Alter des Enkels auf den Selbstbehalt des Großvaters keinen Einfluss mehr hat, wird man bei unterschiedlichem Alter zu prüfen haben, ob im Einzelfall nach Billigkeit eine von der proportionalen Verteilung abweichende Regelung zu treffen ist – zumal die proportionale Verteilung nicht gesetzlich vorgeschrieben ist.

XI. Großelternunterhalt

Für den **Großelternunterhalt** gelten keine anderen Regeln als für den **Elternunterhalt** (s. o. C.IV, V.). Nur wenn Elternunterhalt und Großelternunterhalt zusammentreffen, kommt die vorhandene Leistungsfähigkeit vorweg den Eltern – weil sie näher verwandt sind – zugute (§ 1609 Nr. 6, 7 BGB).

D. Mehrheit von Unterhaltspflichtigen

I. Beide Eltern

Leben beide Eltern und sind sie leistungsfähig, so schulden beide gleichrangig Unterhalt.

1. Minderjährige

Ist das Kind minderjährig, dann erfüllt der betreuende Elternteil seine Unterhaltspflicht nach § 1606 Abs. 3 S. 2 BGB im Zweifel durch Pflege und Erziehung, sodass der Barunterhalt allein vom anderen Elternteil zu leisten ist, wie unter B.I. dargestellt.

a) Gemeinsame Betreuung und Wechselmodell nach Trennung

Der Barunterhalt eines Kindes kann nicht nur bei Zahlungsansprüchen, sondern auch als Vorfrage bei anderen Unterhaltspflichten von Bedeutung sein. Deshalb ist die Verteilung des Barunterhalts auch bei zusammenlebenden und gemeinsam das Kind betreuenden Eltern von Bedeutung. Eine gemeinsame Betreuung liegt auch nach der Trennung der Eltern vor, wenn ein sog. „Wechselmodell" realisiert ist. Nach der Rechtsprechung des BGH ist das dann der Fall, wenn sich ein Schwerpunkt der Betreuung bei einem Elternteil nicht feststellen lässt.[459] Das Fehlen eines Übergewichtes der Betreuung ist nicht erforderlich.

Bei gemeinsamer Betreuung ist der Barbedarf des Kindes nach der Summe beider Einkommen zu bestimmen.[460] Der **jeweilige Anteil am Unterhalt** bestimmt sich dann nach A.VII.3. aus dem Verhältnis der verteilungsfähigen Einkommen.

Das Hauptproblem der Praxis besteht in diesen Fällen in der Verwaltung des gemeinsam geschuldeten Unterhalts, also in der Verwendung des Geldes für das jeweilige Kind und der Ausgleich von Mehr- und Weniger-Leistungen durch Ausgleichszahlungen. Das Wechselmodell setzt hohe Kooperationsbereitschaft und Kompromissfähigkeit voraus,[461] wird aber inzwischen auch rechtlich aufgearbeitet. Die üblichen Berechnungsweisen für den Ausgleich zwischen den Eltern verwenden eine Mi-

---

[459] Wendl/Klinkhammer § 2 Rn. 433, 450.
[460] Wendl/Klinkhammer § 2 Rn. 447 ff.
[461] FamVerf/Schael § 2 Rn. 86.

schung von konkreter Bedarfsbestimmung und Tabellenunterhalt: Die vorgeschlagenen Berechnungsmodelle verbinden somit pauschale Bewertungen mit konkreten Einzeltatsachen:

– Grundlage ist die pauschale Bemessung des monetären Kindesbedarfs nach dem Betrag, den die Düsseldorfer Tabelle liefert, wenn man die Summe der elterlichen Einkommen zugrunde legt (DTbeide).

– Dieser Bedarf wird erhöht durch den im Einzelfall konkret bestimmten Mehrbedarf (M), der durch die geteilte Betreuung entsteht und vermindert um die auf den Barunterhalt entfallende Kindergeldhälfte (hK).

– Der so bestimmte Gesamtbedarf (G) wird dann nach dem Verhältnis der Leistungsfähigkeit (L1 und L2) auf die Eltern verteilt (A1 und A2), s. o. A.VII.3.c.

– Dabei wird – wieder pauschal – vermutet, dass jeder Bedarf des Kindes von beiden Eltern je zur Hälfte gedeckt wurde.

– Wenn aber m Einzelfall ein Bedarf nur von einem Elternteil gedeckt wurde (L1 und L2), dann wird ihm der entsprechende Betrag bei seinem Anteil (A1 bzw. A2), gutgeschrieben (im Wege des Vorabzugs), bzw. belastet. Liegt nur eine Mehrleistung vor, so ist diese gutzuschreiben.

– Das Kindergeld wird wieder pauschal zur Hälfte mit dem Barunterhalt nach Leistungsfähigkeit verteilt, zur anderen – auf die Betreuung entfallende – Hälfte, beiden Eheleuten in gleiche Höhe zugeteilt.

Der Rechenweg durchläuft dann folgende Stufen:

- Bestimmung des **Pauschalbedarfs nach der Düsseldorfer Tabelle** nach der Summe der beiderseitigen Einkünfte. Eine Umgruppierung ist unüblich, sollte aber erfolgen in der Form, dass für jede über zwei Berechtigte hinausgehende Unterhaltsverpflichtung eines Elternteils der Unterhalt nach gemeinsamem Einkommen um eine Gruppe herabzustufen ist.
- Bestimmung des durch das Wechselmodell verursachten Mehrbedarfs an Wohnung und Reisekosten sowie des **zu verteilenden Barbedarfs** aus Tabellenbedarf und Mehrbedarf abzüglich halbes Kindergeld.
- Bestimmung der **Leistungsfähigkeit** beider Eltern nach Maßgabe des angemessenen Selbstbehalts (zu konkurrierenden Unterhaltspflichten vgl. A.VIII.2).
- Bestimmung der **Anteile jeden Elternteils** an den Gesamtkosten nach Maßgabe ihrer Leistungsfähigkeit
- **Kontrollrechnung:** Ist der Anteil bei Alleinhaftung überschritten? Wenn ja, ist der Anteil auf diesen Betrag herabzusetzen.
- Bestimmung der Bedarfsteile, die von einem Elternteil **allein oder nicht hälftig** gedeckt werden.
- Bestimmung des **Ausgleichs** zwischen den Eltern:

Ausgehend von dem Anteil am Gesamtbarbedarf wird dieser

I. Beide Eltern

– um die vom Pflichtigen allein oder nicht hälftig gedeckten Bedarfsteile und das Kindergeld (wenn es dem anderen Elternteil gezahlt wurde) vermindert,[462]

– um die vom anderen Elternteil allein oder nicht hälftig gedeckten Bedarfsteile und das Kindergeld (wenn es dem Pflichtigen gezahlt wurde) vermehrt

– und das Ergebnis halbiert.

Ist das Ergebnis positiv, dann ist der Pflichtige in dieser Höhe ausgleichspflichtig, andernfalls ausgleichsberechtigt.

Beispiel:

M verdient 3000, F verdient 1500. Beide betreuen im Wechselmodell das fünfjährige Kind K. Der Mehrbedarf für Fahrtkosten beträgt 100 € und wird von M allein getragen. Die Wohnkosten übersteigen den Anteil im Tabellenbedarf um 150 € und werden von M in Höhe von 50 € und von F in Höhe von 100 € getragen. F erhält das Kindergeld in Höhe von 194 €.

(1)	Bedarf von K nach dem gemeinsamen Einkommen der Eltern von 4500 €	
	nach DT 2018 8/1 und Kindergeld 194 €:	502 – 97 = 405 €
(2)	Gesamtbedarf incl. Mehrbedarf: 405 + 100 + 150 =	655 €
(3a)	Leistungsfähigkeit von M: 3000 – 1300 =	1700 €
(3b)	Leistungsfähigkeit von F: 1500 – 1300 =	200 €
(4a)	Haftungsanteil von M: 655 × 1700 ÷ (1700 + 200)	586 €
(4b)	Haftungsanteil von F: 655 × 200 ÷ (1700 + 200)	69 €
(5)	Der Höchstbetrag bei M ist geringer als (4a):	668 – 97 = 571 €
	(bei nur anteiliger Verrechnung: 668 – 97 × 1700 ÷ (1700 + 200) = 581)	
(6a)	M: Alleinige oder nicht hälftige Bedarfsdeckung 100 + 50	150,00 €
(6b)	F: Alleinige oder nicht hälftige Bedarfsdeckung	100,00 €
(7)	Ausgleich M an F (571 – 150 – 194 – 68,95 + 100) ÷ 2 =	129,03 €

---

b) Beiderseitige Barunterhaltspflicht bei Fremdunterbringung

Lebt das Kind bei keinem der Elternteile, so erfolgt die Betreuung des Kindes meist in einem Internat – dann sind die entsprechenden Kosten der allein geschuldete Barunterhalt – der aber auf vertraglicher Grundlage an die betreuende Institution geleistet oder auf öffentlich-rechtlicher Grundlage nach den Regeln des SGB VIII geleistet wird. Die Verteilung

---

[462] Die einfache Saldierung könnte überraschen. Dass sie zutrifft, zeigt ein ganz einfaches Beispiel: Der Anteil des Pflichtigen an der Barunterhaltspflicht von insgesamt 500 € betrage 300 €. Er deckt allein einen Bedarf in gleicher Höhe, also 300 €. Dann ist der Pflichtige an dem Rest von 500 – 300 = 200 immer noch zur Hälfte beteiligt, sodass der andere Elternteil die Hälfte dieses Restbetrags an ihn ausgleichen muss, also 200 ÷ 2 = 100 €.

des Barunterhalts folgt dann den Verteilungsregeln bei Gleichrang (s.o. A.VII.3.c und d).

Wird der Betreuungsbedarf auf andere Weise, etwa durch Leistung der Großeltern, gedeckt, dann ist er beim Barunterhalt zu berücksichtigen (B.I.1.c), beide Elternteile sind barunterhaltspflichtig. Der Bedarf richtet sich nach dem zusammengerechneten Einkommen beider Elternteile, wobei die nach Abzug des Selbstbehalts verfügbaren Einkommensteile vorweg abgezogen werden. Der Sachverhalt ist vergleichbar dem häufigeren Fall, dass ein privilegierter Volljähriger Unterhalt von beiden Eltern fordert (II.1.b) mit dem Unterschied, dass keine vierte Bedarfsstufe herangezogen wird, sondern durch die Monetarisierung des Betreuungsunterhalts der **Barbetrag verdoppelt** wird (s.o. B.I.1.c).

Auch hier ist nicht endgültig geklärt, ob bei der Verteilung der notwendige oder der angemessene Selbstbehalt vorweg abzuziehen ist. Die Lösung kann nur dieselbe sein wie **beim privilegierten Volljährigen** (s.u. 2.), für den der BGH nun die Verteilung nach dem angemessenen Selbstbehalt und die Absenkung des Selbstbehalts bis zum notwendigen, wenn es sonst nicht reicht, vorgeschrieben hat,[463] vgl. A.VII.3.c und d). Wegen des Rechenwegs sei auf die Darstellung für privilegierte Volljährige (D.I.2.f.) verwiesen.

Beispiel:

M verdient 2700 € und F verdient 2000 €. Beide haften für den Unterhalt des 13-jährigen K, welcher bei der Großmutter G lebt.
Der Bedarf nach beiderseitigem Einkommen (2700 + 2000 = 4700 €) beträgt nach DT18 8/3 673 €. Hinzu kommt der Betreuungsunterhalt in gleicher Höhe. Die Eltern schulden also gemeinsam 1346 €. Anzurechnen ist das volle Kindergeld von 194 €, sodass 1152 € zwischen den Eltern zu verteilen sind. Das verfügbare Einkommen nach Abzug des angemessenen Selbstbehalts beträgt bei M 2700 – 1300 = 1400 €, bei F 2000 – 1300 = 700 €, insgesamt 1400 + 700 = 2100 € und reicht für den Kindesunterhalt. Deshalb entfallen auf M 1152 × 1400 ÷ (1400 + 700) = 768 €, auf F 1152 × 70 ÷ (1400 + 700) = 384 €€.
M bleibt 2700 – 768 = 1932 €, F bleibt 2000 – 384 = 1616 €.

---

c) Erfüllung der Unterhaltspflicht durch Betreuung

Sonst geht das Gesetz davon aus, dass einer der beiden Elternteile das minderjährige Kind in seiner Obhut hat und seine Unterhaltspflicht bereits durch Pflege und Erziehung des Kindes erfüllt und dass der andere Elternteil allein barunterhaltspflichtig ist (§ 1606 Abs. 2 S. 3 BGB). Dieser Unterhaltsteil scheidet damit auch aus der Unterhaltsberechnung aus

---

[463] BGH FamRZ 2011, 453; FamRZ 2009, 962, 965.

und wird nur relevant, wenn die Vermutung widerlegt ist (s. u. D.I.1.e.aa und D.I.1.e.bb).

d) Mithaftung des Betreuenden für Mehrbedarf (z. B. Kindergartenkosten)

An Mehrbedarf des Kindes (soweit er nicht zum Lebensbedarf des Kindes gehört wie die Krankenversicherungskosten s. o. B.I.1.f.aa) muss sich der betreuende Elternteil nach dem Maß seiner Leistungsfähigkeit beteiligen. Mehrbedarf sind Krankenkassenbeiträge, wenn keine Mitversicherung möglich ist, Kindergartenkosten, Ausbildungskosten, etc. Mehrbedarf ist im Tabellenunterhalt nicht enthalten und deshalb zusätzlich zu leisten. Die Aufteilung des Mehrbedarfs zwischen den Eltern erfolgt nach A.VII.3., (s. auch B.I.1.f), wobei der BGH auf den angemessenen Selbstbehalt abgestellt hat.[464] Demgemäß ist der Mehrbedarf im Verhältnis der Leistungsfähigkeit beider Elternteile zu verteilen. Da der vom Barunterhaltspflichtigen geleistete Barunterhalt seine Leistungsfähigkeit vermindert, ist bei der Verteilung dieser Barunterhalt von seinem Einkommen vorweg abzuziehen. Es ist aber auch zu berücksichtigen, dass der verdienende betreuende Elternteil (trotz voller Unterhaltsleistung des Barunterhaltspflichtigen) sich am Barunterhalt beteiligt[465] (Sowieso-Unterhalt, s. o. B.I.1.e)

Beispiel:

M verdient 1800 € und ist dem Kind K, 4 Jahre, gegenüber barunterhaltspflichtig. K lebt bei seiner Mutter F, welche 1500 € verdient und für die Unterbringung des Kindes im Kindergarten 80 € zahlen muss.

Bedarf von K nach DT 2/1 (aufgruppiert, weil nur 1 Unterhaltsberechtigter):		366 €.
Zuzüglich Mehrbedarf		80
Kindergeldverrechnung s. u.(f)	194 ÷ 2	–97 €
Barunterhalt ohne Entlastung		349 €
Bedarf nach beiderseitigem DT 5/1:		418 €.
Kindergeldverrechnung s. u.(f)	194 ÷ 2	–97 €
Bleibt		401 €
Sowieso-Unterhalt, geleistet von F: 401 – 349		52 €
Leistungsfähigkeit von F für Mehrbedarf: 1500 – 1300 – 52 =		148 €
Leistungsfähigkeit von M für Mehrbedarf: 1800 – 1300 – 349 + 80		231 €
Aufteilung des Mehrbedarfs von 80 € nach A.VI.2, (Entlastung von M):		
F entlastet M mit 80 × 148 ÷ (148 + 231)		31,24 €
M zahlt nur 349 – 31,24 =		317,76 €

---

[464] BGH FamRZ 2009, 962.
[465] BGH FamRZ 2017, 711.

D. Mehrheit von Unterhaltspflichtigen

Wenn das Kind aus kindbezogenen Gründen[466] in einem **Internat** unter-
gebracht ist, stellen die dadurch verursachten Mehrkosten ebenfalls einen
Mehrbedarf dar, welcher in gleicher Weise zu verteilen ist. Die Mehrkosten sind die eigentlichen Internatskosten abzüglich häuslicher Ersparnis.[467]

Die Kosten der Krankheitsvorsorge werden indessen zum allgemeinen
Lebensbedarf gerechnet, für welchen allein der Barunterhaltspflichtige
ggf. zusätzlich aufzukommen hat (s. o. B.I.1.f.aa).[468]

e) Barunterhaltspflicht des betreuenden Elternteils

aa) Widerlegung der Vermutung des § 1606 Abs. 3 S. 2 BGB. Das Gesetz vermutet, dass der Elternteil, der ein minderjähriges Kind betreut,
seine Unterhaltpflicht bereits durch Pflege und Erziehung dieses Kindes erfülle. Die Vermutung ist aber widerlegt, wenn der Betreuende in
wesentlich besseren wirtschaftlichen Verhältnissen lebt als der barunterhaltspflichtige Elternteil, und wenn die Unterhaltszahlung des Barunterhaltspflichtigen deshalb zu einem erheblichen finanziellen Ungleichgewicht der beiderseitigen Belastungen führt.[469] Nach Auffassung des
BGH kann eine alleinige Barunterhaltspflicht des betreuenden Elternteils dann angenommen werden, wenn sein unterhaltsrelevantes Einkommen etwa dreimal so hoch ist wie das des eigentlich Barunterhaltspflichtigen.[470] Im Vorfeld dieses extremen Einkommensabstands sollte
aber auch eine teilweise Entlastung bei geringeren Einkommensabstän-
den erwogen werden. *Scholz*[471] hat vorgeschlagen, den „Entlastungs-
selbstbehalt" des betreuenden Elternteils mit 150 % des unterhaltsrelevanten Einkommens des Barunterhaltspflichtigen zu bestimmen und die
Hälfte des darüber hinausgehenden Einkommens in eine Verteilung des
Barunterhalts einzubringen, bei der für den Barunterhaltspflichtigen das
den angemessenen Selbstbehalt übersteigende Einkommen angesetzt
wird. *Gutdeutsch*[472] empfahl anstelle des 1,5-fachen des Einkommens
den erhöhten angemessenen Selbstbehalt von 1800 € zuzüglich halben
Mehreinkommens. Diese Lösung hat den Vorteil, an das System der
Selbstbehalte anzuschließen. Beide Lösungen[473] haben aber den Nachteil, dass sie nicht zu gänzlichen Entlastung des Barunterhaltspflichtigen

---

[466] Vgl. Wendl/Klinkhammer § 2 Rn. 233, 451 ff.
[467] Wendl/Klinkhammer § 2 Rn. 458.
[468] OLG Naumburg NJW-RR 2007, 728, OLG Koblenz NJW-Spezial 2010, 134,
OLG Brandenburg FamRZ 2008, 789.
[469] Wendl/Klinkhammer § 2 Rn. 434.
[470] BGH FamRZ 2013, 1558.
[471] Scholz FamRZ 2006, 1728.
[472] Gutdeutsch FamRZ 2006, 1724.
[473] Vgl. dazu Botur in: Büte/Poppen/Menne, Unterhaltsrecht, 3. Aufl., § 1603
BGB Rn. 99.

bei einem Einkommen des Betreuenden in Höhe des dreifachen Einkommens des Barzahlers führen, wie es der Leitentscheidung des BGH entspräche.[474] Dazu führt nur eine lineare Entlastung nach Maßgabe des Einkommens, also letztlich eine konsequente Weiterführung des Ansatzes von *Scholz*. Für diese Entlastung muss allerdings noch ein Ausgangspunkt gewählt werden. Eine wesentliche bessere wirtschaftliche Lage wird man erst bei einem um 50% höheren unterhaltsrelevanten Einkommen annehmen können und – mit *Scholz* – bei Erreichen dieser Grenze die Entlastung beginnen und bei dem dreifachen Einkommen die Entlastung abschließen. Daher errechnet sich der Entlastungsbetrag (E) aus dem Nettokindesunterhalt abzüglich Kindergeld (NKU), dem unterthaltsrelevanten Einkommen des Barunterhaltspflichtigen (EBar) und dem unterhaltsrelevanten Einkommen des betreuenden Elternteils (EBetr) zu:[475]

(1) $E = NKU \times (2/3 \times EBtr/EBar - 1)$[475]

Die Lösung Scholz FamRZ 2006. 1728 wäre komplizierter:
(2) $E = NKU \times (EBetr-EBar \times 150\%) \times 50\% \div (EBar - 1300 + (EBetr - EBar \times 150\%) \times 50\%)$

Die konventionelle Lösung mit erhöhtem Selbstbehalt nach Gutdeutsch FamRZ 2006, 1724:
(3) $E = NKU \times (EBetr - 1800) \times 50\% \div ((EBetr - 1800 + EBar - 1800) \times 50\%)$

Als unterhaltsrelevantes Einkommen (EBetr) sollte dann das Nettoeinkommen nach Abzug weiterer Unterhaltspflichten gelten. Beim betreuenden Elternteil wäre auch der **Differenzunterhalt** zwischen dem vollen Kindesunterhalt nach dem gemeinsamen Einkommen beider Eltern und dem vom Barunterhaltspflichtigen geschuldeten Unterhalt vorweg vom Einkommen abzuziehen (s.o. B.I.1.d).[476]

---

[474] BGH FamRZ 2013, 1558.
[475] Herleitung
$1 = E/NKU = 1$ wenn $x1 = EBtr/EBar = 4$ (p)
$y2 = E/NKU = 0$ wenn $x2 = EBtr/EBar = 1,5$
$(x - x2) \div (y - y2) = (x1 - x2) \div (y1 - y2)$
$(x - 1,5) \div (y - 0) = (p - 1,5) \div (1 - 0)$
$(x - 1,5) = (p - 1,5) \times y$
$y = (x - 1,5) \div (p - 1,5)$
aus $P = 3$ folgt: $y = (x - 1,5) \div 1,5 = x \div 1,5 - 1$
$E/NKU = 2/3 \times EBtr \div EBar - 1$
$E = NKU \times (2/3 \times EBtr \div EBar - 1)$.
[476] Vgl. BGH FamRZ 2017, 711.

Beispiel 1:

Vater V verdient 1700 und ist gegenüber Kind K, 16 Jahre, barunterhaltspflichtig, welches bei Mutter M, lebt welche 3000 € verdient.

Kindesunterhalt nach DT 2018 2/1 (aufgruppiert): 366 − 194 ÷ 2 = 269 €

Unterhalt nach gemeinsamem Einkommen

(4700) DT 2018 8/1   502 − 194 ÷ 2 = 405 €

Barunterhaltsanteil von M: 405 − 269 = 136 €

Einkommen von F ohne Barunterhaltsanteil 3000 − 136 = 2864 €

Entlastung durch M:

Lösung (1)

Entlastung proportional: (2/3 × 2864 ÷ 1700 − 1) 12,31372549 %

Entlastungsbetrag 269 × 12,31372549 % 33,12 €

M schuldet nun 269 − 33,12 235,88 €

Anteil von F nun 33,12 + 136 169,12 €

F bleibt: 2864 − 33,12 = 2830,88 €

M bleibt: 1431 + 33,12 = 1464,12 €

Lösung (2)

Entlastungquote nach Scholz:

(2864 − 1700 × 150 %) ÷ (1700 − 1300 + 2864 − 1700 × 150 %) 43,97759104 %

Entlastungsbetrag 269 × 43,97759104 % 118,30 €

M schuldet nun 269 − 118,3 150,70 €

Anteil von F nun118,3 + 136 254,30 €

F bleibt: 2864 − 118,3 = 2745,70 €

M bleibt: 1431 + 118,3 = 1549,30 €

Lösung (3)

Entlastung (Gutdeutsch FamRZ 2006, 1724):

(2864 − 1800) ÷ (2864 − 1800 + 1700 − 1300) = 57,08154506 %

Entlastungsbetrag 269 × 57,08154506 % 153,55 €

M schuldet nun 269 − 153,55 115,45 €

Anteil von F nun 153,55 €

F bleibt: 2864 − 153,55 = 2710,45 €

M bleibt: 1431 + 153,55 = 1584,55 €

Beispiel 2:

Vater V verdient 1700 und ist gegenüber Kind K, 16 Jahre, barunterhaltspflichtig, welches bei Mutter M, lebt welche 6000 € verdient.

Kindesunterhalt nach DT 2018 2/1 (aufgruppiert): 366 − 194 ÷ 2 = 269 €

Unterhalt nach gemeinsamem Einkommen

(7700) DT 2018 10/1   557 − 194 ÷ 2 = 460 €

Barunterhaltsanteil von M: 460 − 269 = 191 €

Einkommen von F ohne Barunterhaltsanteil 6000 − 191 = 5809 €

Entlastung durch M:

Lösung (1)

Vollständige Entlastung: (5809 ÷ 1700 >3)	100 %
Anteil von F nun 269 + 191	460,00 €
F bleibt: 5809 – 269 =	5540,00 €
M bleibt: 1431 + 269 =	1700,00 €

Lösung (2)

Entlastungquote nach Scholz:	
(5809 – 1700 × 150 %) ÷ (1700 – 1300 + 5809 – 1700 × 150 %)	89,06805138 %
Entlastungsbetrag 269 × 89,06805138 %	239,59 €
M schuldet nun 269 – 239,59	29,41 €
Anteil von F nun 239,59 + 191	430,59 €
F bleibt: 5809 – 239,59 =	5569,41 €
M bleibt: 1431 + 239,59 =	1670,59 €

Lösung (3)

Entlastung (Gutdeutsch FamRZ 2006, 1724):	
(5809 – 1800) ÷ (5809 – 1800 + 1700 – 1300)	83,36452485 %
Entlastungsbetrag 269 × 83,36452485 %	224,25 €
M schuldet nun 269 – 224,25	44,75 €
Anteil von F nun 224,25 + 191	415,25 €
F bleibt: 5809 – 224,25 =	5584,75 €
M bleibt: 1431 + 224,25 =	1655,25 €

bb) Ersatzhaftung nach § 1603 Abs. 2 S. 2 BGB. Der *barunterhaltspflichtige Elternteil* haftet nach § 1603 Abs. 2 S. 2 BGB nur dann bis zum *notwendigen Selbstbehalt*, wenn kein anderer Verwandter vorhanden ist, welcher ohne Gefährdung des angemessenen Selbstbehalts den Unterhalt leisten kann. Es ist allgemein anerkannt, dass auch der *betreuende Elternteil* ein anderer Verwandter in diesem Sinne sein kann.

Hier besteht Streit: *Scholz*[477] hat eine solche nur anerkannt, soweit die Inanspruchnahme nur des nicht betreuenden Elternteils zu einem finanziellen Ungleichgewicht zwischen den Eltern führen würde, während das OLG Hamm HL 12.3 die Ersatzhaftung des Betreuenden bereits bei einem Einkommen einsetzen lässt, das den angemessenen Selbstbehalt überschreitet.[478] *Kodal*[479] hatte nun einen vermittelnden Vorschlag gemacht: Da der angemessene Selbstbehalt von 1150 € nicht der Vorstellung des Gesetzgebers entspreche für den Fall, dass ein Elternteil seine wesentliche Pflicht bereits durch Pflege und Erziehung erfüllt, sei ein gegen-

---

[477] Wendl/Staudigl/Scholz 6. Aufl. 2004 § 2 Rn. 274; Schwab/Hahne/Scholz, Familienrecht im Brennpunkt S. 99, 110; Scholz FamRZ 2006, 1728.

[478] Ebenso Göppinger/Wax/Kodal 8. Aufl. Rn. 1557; Köhler/Luthin, 8. Aufl. 1993, Rn. 28.

[479] Göppinger/Wax/Kodal 9. Aufl. Rn. 1653.

über 1150 € erhöhter angemessener Selbstbehalt angebracht. Dieser dürfe jedoch nicht den Selbstbehalt gegenüber den Großeltern überschreiten, weil dies mit der Rangfolge der Haftung nicht vereinbar sei.

Dem ist zu folgen. Die Auffassung harmoniert mit der letzten Stellungnahme des BGH zu diesem Problem, bei der er darauf abstellte, dass auch nach Abzug des Kindesunterhalts das Einkommen des betreuenden Elternteils den angemessenen Selbstbehalt nicht unerheblich übersteige.[480] Für den betreuenden Elternteil ist ein angemessener Selbstbehalt zwischen dem des Barunterhaltspflichtigen von z.Z. 1300 € und eines etwaigen Großelternteils von z.Z 1800 € zuzüglich des halbem Mehreinkommens – abhängig vom Umfang der Betreuungsleistung – festzulegen. Bei der Festlegung dieses Selbstbehalts muss darauf abgestellt werden, welchen Selbstbehalt der betreuende Elternteil einem etwa vorhandenen Großelternteil würde entgegenhalten können. (im Einzelnen s.u. D.IV.1).[481]

Wenn man den angemessenen Selbstbehalt des betreuenden Elternteils bestimmen will, muss man auch dazu Stellung beziehen, wie der Teil des Barunterhalts des Kindes zu behandeln ist, den Betreuende ohnehin leistet, nämlich den Unterschied zwischen dem Bedarf des Kindes nach der Summe der elterlichen Einkommen der und dem Bedarf allein nach dem Einkommen des Barunterhaltspflichtigen, den der Barunterhaltspflichtige leisten muss (s.o. B.I.1.e).

Dieser Sowieso-Unterhalt, den der Betreuende leistet[482] ist ein realer Beitrag, den er aus seinem Einkommen leistet. Deshalb mindert dieser von ihm geleistete Unterhalt seine Leistungsfähigkeit, die er zur Entlastung des Barunterhaltspflichtigen nach § 1603 Abs. 2 S. 3 BGB einsetzen kann. Diese Leistung stellt aber keine Entlastung des Barunterhaltspflichtigen dar, denn dieser haftet von Anfang an nur für den Teil des Unterhaltsbedarfs, der sich auf sein Einkommen zurückführen lässt.

f) Internatsfälle

Wenn Kinder in einem Internat erzogen werden, befinden sie sich überwiegend nicht zu Hause und beide Eltern sind barunterhaltspflichtig.[483] Der tabellarische Barunterhalt nach beiderseitigem Einkommen, erhöht um die Zusatzkosten der Internatsunterbringung, sind dann zwischen den Eltern im Verhältnis ihrer Leistungsfähigkeit aufzuteilen. Die Berechnung ist dieselbe wie beim Wechselmodell (s.o. I.1.a). Wenn die Restbetreuung unterschiedlich verteilt ist – wenn das Kind etwa die Ferien überwiegend bei einem Elternteil verbringt – kann das durch eine an-

---

[480] BGH FamRZ 2013, 1558.
[481] Siehe auch Gutdeutsch, FamRZ 2018, 5.
[482] Vgl. BGH FamRZ 2017, 711.
[483] Wendl/Klinkhammer § 2 Rn. 458.

schließende „wertende Veränderung" des Verteilungsschlüssels[484] berücksichtigt werden (s. o. A.I.1).

2. Privilegierte Volljährige

a) Bedarfsbemessung mit oder ohne Umgruppierung

Der Bedarf der nach § 1603 Abs. 2 S. 2 BGB der bei einem Elternteil lebenden und noch die Schule besuchenden privilegierten volljährigen Kinder richtet sich ebenfalls nach der Düsseldorfer Tabelle, wobei die Summe der Einkommen beider Eltern zugrunde gelegt wird. Für die Eingruppierung in die Tabelle wird eine Standardfamilie nicht vorausgesetzt. Auch eine analoge Anwendung der Umgruppierungsregeln ist problematisch, weil die Unterhaltpflichten beider Eltern zu berücksichtigen wären. Daher kommt es meist nicht zu einer Umgruppierung.[485] Sonst wird die Anpassung, welche durch Auf- und Abgruppierung erfolgt, bei der **Kontrollberechnung** bei jedem der beiden Elternteile (s. u. A.VIII.2 und D.I.2.c) durchgeführt.

Den Grundsätzen der Düsseldorfer Tabelle entspräche es allerdings mehr, auch bei volljährigen Kindern weitere Unterhaltpflichten durch Umgruppierung zu berücksichtigen. Bei **ein oder zwei Kindern** muss von einer Umgruppierung abgesehen werden. **Für jede weitere Unterhaltpflicht eines Elternteils sollte aber die Abgruppierung um eine Einkommensgruppe erfolgen**, bei insgesamt 3 gemeinsamen Kindern also eine Abgruppierung um 2 Einkommensgruppen, weil bei jedem Ehegatten eine weitere Unterhaltpflicht zu berücksichtigen wäre. Die Bedarfskontrollbeträge lassen sich auf den Bedarf nach dem gemeinsamen Einkommen allerdings nicht anwenden. Nur in der Kontrollrechnung können sie angewandt werden.

Der Bedarf volljähriger Kinder, die noch mit mindestens einem Elternteil zusammenleben, wird der 4. Altersstufe entnommen, die allerdings seit dem Jahr 2017 nicht mehr an der Erhöhung der Bedarfsbeträge teilnimmt (s. o. B.II.1).

b) Verteilung nach Leistungsfähigkeit und Ersatzhaftung

Sind beide Eltern wenigstens teilweise leistungsfähig, dann wird der nach Abzug von Kindergeld und Einkommen ermittelte volle Unterhalt im Verhältnis ihrer Leistungsfähigkeit auf diese verteilt (s. o. A.VII.3.c und d).

aa) Angemessener oder notwendiger Selbstbehalt. Streitig war, welche Leistungsfähigkeit bei der Verteilung zugrunde zu legen sei, die nach dem angemessenen Selbstbehalt, welcher maßgebend ist (s. o.

---

[484] Wertende Veränderung des Verteilungsschlüssels, vgl. BGH FamRZ 1985, 917.
[485] Z.B. Braunschweig, Bremen, KG, Hamburg, Köln, Naumburg, Oldenburg, SüdL 13.1.1., Frankfurt, Koblenz und Rostock schließen dagegen nur eine Erhöhung aus.

A.III.4.f), wenn noch ein leistungsfähiger Verwandter vorhanden ist, oder nach dem notwendigen Selbstbehalt, der bei Fehlen eines solchen Verwandten gilt (s.o. A.III.4.b). Der BGH hat sich für die Verteilung nach dem angemessenen Selbstbehalt entschieden und für eine Herabsetzung dieses Selbstbehalts bis zum notwendigen, wenn sonst das verfügbare Einkommen nicht ausreicht[486] (s.o. A.VII.3.d).

Beispiel:

F verdient 3000, M verdient 2000. Beide schulden K, Alter 18 Jahre, das noch zur Schule geht, Unterhalt. F erhält das Kindergeld von 194 €.

Bedarf von K nach der Einkommenssumme 3000 + 2000 = 5000
DT18 9/4: 802 − 97 = 608 €

Leistungsfähigkeit der Eltern nach dem angemessenen Selbstbehalt von 1300 €:
F: 3000 − 1300 = 1700 €
M: 2000 − 1300 = 700 €

F schuldet K: 608 × 1700 ÷ (1700 + 700) = 431 €
M schuldet K: 608 × 700 ÷ (1700 + 700) = 177 €.

---

bb) Nach zwei Selbstbehalten gestufte Verteilung. Hiernach muss die Verteilung nach beiden Selbstbehalten erfolgen. Bei beiderseitiger Barunterhaltspflicht müssen sich die Partner jeweils entlasten, wenn einem von ihnen der angemessene Selbstbehalt nicht bleibt (§ 1603 Abs. 2 S. 3 BGB). Anders als bei Minderjährigen, bei deren Unterhalt auch die Betreuungsleistung zu berücksichtigen ist (s.o. I.1.d.bb) findet bei der Verteilung des Unterhalts eines Volljährigen, auch wenn er nach § 1603 Abs. 2 S. 2 BGB privilegiert ist, eine Nivellierung in Richtung auf den angemessenen Selbstbehalt statt. Nur wenn das den angemessenen Selbstbehalt beider Eltern übersteigende Einkommen nicht ausreicht, tritt die verschärfte Haftung nach § 1603 Abs. 2 S. 1,2 BGB ein (zu den Einzelheiten s.o. A.VII.3.e).

c) Kontrollberechnung

Der BGH verlangt die weitere Kontrolle, ob der Haftungsanteil höher ist als der Betrag, welcher bei alleiniger Unterhaltspflicht nur aus dem Einkommen des Pflichtigen zu zahlen wäre[487] (s.o. A.VII.3.d). Diese Kontrolle verhindert, dass ein geringer Beitrag des anderen Elternteils statt einer Entlastung eine Mehrbelastung des mehr Verdienenden bringt. Nur bei dieser Kontrolle erfolgt in der Praxis dann auch das Auf- und Abgruppieren (s.o. B.I.1).

---

[486] BGH FamRZ 2011, 453, FamRZ 2009, 962, 965.
[487] BGH FamRZ 2017, 711; FamRZ 2017, 437; FamRZ 2008, 2104; FamRZ 2006, 99, 100; Leitlinien 13.1.1.

d) Berücksichtigung gleichrangigen Unterhalts

Wenn außerdem gemeinsame minderjährige Kinder gegenüber beiden Eltern unterhaltsberechtigt sind, entstehen besondere Probleme bei der Unterhaltsverteilung (s. o. ausführlich A.VIII.2).

3. Nicht privilegierte Volljährige

a) Kind lebt bei einem Elternteil

aa) Bedarfsbemessung. Solange das Kind noch in der Wohnung eines Elternteils lebt, wendet die Praxis die Düsseldorfer Tabelle auch dann an, wenn das Kind nicht mehr eine allgemeinbildende Schule besucht oder wenn es das 21. Lebensjahr vollendet hat. Die Summe der Einkommen beider Eltern wird zugrunde gelegt. Im Übrigen gilt dasselbe wie bei privilegierten volljährigen Kindern (1.a). Der Bedarf wird wiederum der 4. Altersstufe entnommen (s. o. a). Kindergeld und eigenes Einkommen des Kindes wird darauf in voller Höhe angerechnet (s. o. 2.a).

bb) Kontrollberechnung.[487a] Wenn die Düsseldorfer Tabelle verwendet wird (das Kind also noch bei einem Elternteil lebt s. o. D.I.3.a.aa), dann muss auch die Kontrollberechnung auf der Bedarfsebene erfolgen (s. o. D.I.2.c), bei welcher Kindergeld und Eigeneinkommen nur anteilig zu berücksichtigen sind (s. o. D.I.2.c).

Befinden sich Kinder noch zu Hause, zugleich aber schon in der Ausbildung, dann beziehen sie häufig eine Ausbildungsvergütung, die bei der Kontrollberechnung dann zu Schwierigkeiten führen kann.

Der einfache Vergleich mit dem Unterhalt, der bei alleinige Unterhaltpflicht zu bezahlen wäre, kann nämlich auch dazu führen, dass der Unterhaltsbeitrag beider Eltern auf den hypothetischen Unterhalt bei alleiniger Unterhaltspflicht herabzusetzen wäre. In diesem Fall kommt neben dem Vergleich mit der Unterhaltspflicht bei nur einem Pflichtigen ein weiterer Vergleich ins Spiel: der Vergleich mit einem Kind, das weniger verdient. Weil die Vergleichsrechnung bei jedem Elternteil das volle Kindeseinkommen anrechnet, führt in solchen Ausnahmefällen eine Steigerung des Kindeseinkommens zu einer Minderung des Unterhalts um den doppelten Betrag.

> **Beispiel:**
> V verdient 2000 € und M verdient auch 2000 €. Beide sind dem 18-jährigen K gegenüber unterhaltspflichtig, der noch bei M lebt und aus seinem Ausbildungsverhältnis eine Vergütung von 350 € bezieht. Vermindert um 100 € pauschalen Ausbildungsaufwand sind davon 250 € bedarfsdeckend anzurechnen.

[487a] Vgl. Gutdeutsch FamRZ 2008, 323.

D. Mehrheit von Unterhaltspflichtigen

> Der Tabellenunterhalt allein nach dem Einkommen jedes der Elternteile beträgt nach DT2018 3/4 (einfach aufgruppiert) 588 – 250 – 194 = 136 €
> Der Tabellenunterhalt nach dem beiderseitigen Einkommen von 4000 € beträgt nach DT2018 7/4 (nicht umgruppiert) 717 – 250 – 194 = 273 €. Davon entfällt- bei gleichem Einkommen – auf beide je die Hälfte von 136,50 €. Das ist mehr als der bei alleiniger Haftung geschuldete Unterhalt und wird deshalb auf jeweils 136 € gekürzt. V zahlt somit 136 € und M ebenfalls.
> Nun erhöht sich das Einkommen von K um 100 € auf 450 €. Dadurch vermindert sich der ungedeckte Bedarf von 273 auf 173 €. Weil beide Eltern gleich viel verdienen, müsste jeder davon die Hälfte, also 173 ÷ 2 = 86,50 € bezahlen. Die Einkommenserhöhung wird aber auch in der Kontrollrechnung auf beide Barunterhaltsverpflichtungen für den Fall der alleinigen Unterhaltsverpflichtung angerechnet, und zwar in voller Höhe, denn es ist ja offenkundig, dass V, müsste er allein den Barunterhalt zahlen, die Anrechnung des vollen Einkommens auf den dann verminderten Bedarf verlangen könnte. Er müsste dann nur 588 – 350 – 194 = 36 € zahlen (statt bisher 136 €). Die Lohnerhöhung käme also ausschließlich V zugute. Die anteilige Unterhaltspflicht von M würde sich zwar ebenfalls um 100 € vermindern, denn sie hat – weil sie dasselbe verdient – den gleichen Kindesunterhalt zu leisten wie V. Das führt dann aber dazu, dass K nach seiner Lohnerhöhung um 100 € nicht mehr 250 + 136 + 136 + 194 = 716 €, sondern nur noch 350 + 36 + 36 + 194 = 616 € zur Verfügung hat. Die Erhöhung des Einkommens um 100 € führt also zu nicht zu einer Erhöhung, sondern zu einer Verminderung der ihm verfügbaren Mittel um 100 €!

Hier widersprechen sich offenbar zwei Prinzipien: Der Pflichtige soll nicht deshalb mehr zahlen müssen, weil der andere Elternteil ebenfalls leistungsfähig ist, und: Das Kind sollte aus der Erhöhung seines Lohnes möglichst einen Vorteil, aber jedenfalls keinen Nachteil haben. Um die beiden Grundsätze miteinander zu vergleichen, muss man die zugrunde liegenden Wertungen betrachten: Die hypothetische Berechnung für den Fall der Alleinhaftung soll vor allem das angemessene Verhältnis zwischen Eigeneinkommen und Unterhaltspflicht sichern. Die Einkommensanrechnung soll vermeiden, dass der Berechtigte mehr erhält, als er wirklich braucht, wobei im Allgemeinen eine Neigung besteht, den Erwerb zu begünstigen, ein Erwerbseinkommen also nicht unbedingt voll anzurechnen. Wägt man diese Gründe gegeneinander ab, dann fällt auf, dass das angemessene Verhältnis zwischen Eigeneinkommen und Unterhalt keineswegs die volle Anrechnung des Kindeseinkommens – sogar bei beiden Eltern – fordert. Dies Einkommen entlastet den Pflichtigen von seiner normalen Unterhaltspflicht, stellt ihn also besser. Dieser einseitige Vorteil muss nur angemessen verteilt werden. Deshalb muss man es jedenfalls vermeiden, dass die Erhöhung des Kindeseinkommens zu einer Verminderung des verfügbaren Einkommens führt. Die Doppelanrechnung muss korrigiert werden. Das Einkommen des Kindes kann den beiden Eltern nur im Verhältnis ihrer Unterhaltspflichten, mithin anteilig, gutgeschrieben werden. Das führt zwar in einzelnen Fällen dazu, dass der

Pflichtige mehr zahlen muss, als er zahlen müsste, wenn er allein für den Unterhalt haftete. Die Vermeidung der Doppelanrechnung ist aber wichtiger. Die Kontrollrechnung betrifft nämlich nur die Unterhaltsersparnis durch Eigeneinkommen des Kindes. Diese Ersparnis ist ein einseitiger Vorteil, der lediglich angemessen zu verteilen ist und nicht – wie der Unterhalt selbst – einer besonderen Rechtfertigung bedarf. Die Ersparnis muss nur angemessen verteilt werden. Wenn beide Eltern unterhaltspflichtig sind, dann müssen sie sich diese Ersparnis teilen und dürfen das Kind nicht doppelt belasten. Deshalb darf, wenn beide Eltern leistungsfähig sind, bei der Vergleichsrechnung das Kindeseinkommen inclusive Kindergeld nur anteilig berücksichtigt werden.[488]

Korrigiertes Beispiel (s.o.)
Die alternative Verpflichtung im Falle der Alleinhaftung darf Einkommen und Kindergeld nur anteilig berücksichtigen. Das ergibt bei gleich hohem Einkommen der Eltern: 588 − (250 + 194) ÷ 2 = 316 € als Kontrollbetrag und damit wesentlich mehr als den Anteil am Unterhalt nach gemeinsamem Einkommen. Daher braucht der anteilige Unterhalt **nicht** herabgesetzt zu werden. Es bleibt bei den Unterhaltsbeträgen von 86,50 €.

---

cc) Behinderte Kinder. Wenn behinderte Kinder von einem Elternteil gepflegt werden, dann wird des Bedarf ebenfalls nach dem zusammengerechneten Einkommen der Eltern aus der Düsseldorfer Tabelle entnommen, erhöht um behinderungsbedingten Mehrbedarf,[489] vermindert um die nicht subsidiären öffentlichen Hilfen.[490] Für Mehrbedarf und Hilfen ist § 1610a BGB zu berücksichtigen, wonach vermutet wird, dass der Mehrbedarf nicht geringer ist, als die zu dessen Deckung bestimmten öffentlichen Hilfen. Die Verteilung des ungedeckten Bedarfs auf die Eltern erfolgt dann wieder im Verhältnis der jeweiligen Leistungsfähigkeit. Von ihrem Einkommen sind also vorrangige Unterhaltspflichten und der angemessene Selbstbehalt von 1300 € abzuziehen und nach dem Verhältnis der Restbeträge die Quote zu ermitteln, nach welcher der Barbedarf aufzuteilen ist. Diese Quote wiederum soll „wertend verändert" werden, um den unterschiedlichen persönlichen Aufwand der Eltern zur Betreuung des behinderten Kindes zu berücksichtigen[491] (s.o. A.I.1).

Beispiel:
M verdient 2000 €, F verdient 3000 € und betreut das behinderte Kind K, 25 Jahre alt, das bei ihr wohnt und einen ungedeckten Mehrbedarf von 200 € hat.

---

[488] Vgl. SKF (DIJuF) FamRZ 2006, 757, Gutdeutsch FamRZ 2006, 1502.
[489] Wendl/Klinkhammer § 2 Rn. 233.
[490] Wendl/Klinkhammer § 2 Rn. 466.

Bedarf von K nach beiderseitigem Einkommen (5000 €)
nach DT18 9/4: 802 + 200 – 97 = 1102 €
Leistungsfähigkeit von M: 2000 – 1300 = 700 €
Leistungsfähigkeit von F: 3000 – 1300 = 1700 €
Anteil von M: 1102 × 700 ÷ (700 + 1700) = 321 €
Anteil von F: 1102 × 1700 ÷ (700 + 1700) = 781 €
Wegen der Betreuungsleistungen vom F kann der Anteil von M im Rahmen seiner Leistungsfähigkeit von 700 € wertend hinaufgesetzt werden, z.B. auf 600 € und der Anteil von F entsprechend herabgesetzt werden, nämlich auf 1102 – 700 = 402 €.

b) Kind lebt nicht mehr zu Haus

Wenn das Kind nicht mehr zu Haus lebt, hat das Einkommen der Eltern keinen Einfluss auf seinen Bedarf. Diesen bestimmt die Rechtsprechung in Höhe des Festbetrags von derzeit 735 €,[492] wenn kein höherer Bedarf begründet werden kann (s.o. A.III.3.c).

aa) Bedürftigkeit. Die Bedürftigkeit kennt keine Besonderheiten. Kindergeld und eigenes Einkommen sind auf den Unterhalt anzurechnen. Wenn das Kind über ein Vermögen verfügt, das in Geld umgesetzt werden kann (s.o. A.IV.14.b und c), ist es nicht bedürftig, bis das Vermögen aufgebraucht ist. Nur ein „Notgroschen" kann bleiben[493] – sofern der Verpflichtete auch einen solchen hat (s.o. B.IV.2).

bb) Verteilung. Ist **nur ein Elternteil leistungsfähig**, so schuldet er allein den Unterhalt in Höhe des nach Abzug des Kindergelds und etwaigen Eigeneinkommens verbleibenden Restbedarfs.

Sind **beide Eltern leistungsfähig**, so haften sie für den Unterhalt nach dem Verhältnis ihres den angemessenen Selbstbehalt übersteigenden Einkommens (Leitlinien 13.3.vgl. Mehrheit der Verpflichteten; D.I.3.).

cc) Stufen der Berechnung

1. Bedarf: Festbetrag 735 + (notwendige Warmmiete – 300), evtl. bei besonders guter wirtschaftlicher Lage der Eltern auch mehr.
2. Restbedarf: Bedarf – Kindergeld
3. verfügbarer Betrag: Einkommen des Verpflichteten – angemessener Selbstbehalt
4. Haftungsanteil: Restbedarf × verfügbarer Betrag ÷ (verfügbarer Betrag + verfügbarer Betrag des anderen Elternteils, wenn vorhanden)

---

[491] Wendl/Klinkhammer § 2 Rn. 577.
[492] Leitlinien 13.1.2.
[493] Wendl/Klinkhammer § 2 Rn. 134.

I. Beide Eltern

Beispiel 1:

M verdient 2000, F verdient 1500, beide schulden S, welcher in Greifswald studiert und ein Zimmer für 200 € bewohnt, Unterhalt.

Bedarf nach Leitlinien 13.1.2:	735 €
Kindergeld ist bedarfsdeckend anzurechnen:	
Restbedarf: 735 – 194 =	541 €
Verfügbar bei M: 2000 – 1300 =	700 €
Verfügbar bei F: 1500 – 1300 =	200 €
Anteil von M:541 × 700 ÷ (700 + 200) =	421 €
Anteil von F:541 × 200 ÷ (700 + 200) =	120 €

Beispiel 2:

M verdient 5000, F verdient 1500, beide schulden S, welcher in München studiert (Warmmiete 350 €), Unterhalt.

Bedarf nach Leitlinien 13.1.2: 735 + 350 – 300 =	785 €
Kindergeld ist bedarfsdeckend anzurechnen	
Restbedarf: 785 – 194 =	591 €
Verfügbar bei M: 5000 – 1300 =	3700 €
Verfügbar bei F: 1500 – 1300 =	200 €
Anteil von M:591 ×700 ÷ (700 + 200) =	460 €
Anteil von F:591 ×200 ÷ (700 + 200) =	131 €

Beispiel 3:

M verdient 5000, F verdient 6000, beide schulden S, welcher in München studiert (Warmmiete 350 €), Unterhalt.

Bedarf nach Leitlinien 13.1.2:	735 €

wegen der guten wirtschaftlichen Verhältnisse werden S jedoch 1000 € zugebilligt. Darin sind auch die erhöhten Wohnkosten enthalten. Kindergeld ist bedarfsdeckend anzurechnen:

Restbedarf: 1000 – 194 =	806 €
Verfügbar bei M: 5000 – 1300 =	3700 €
Verfügbar bei F: 6000 – 1300 =	4700 €
Anteil von M:806 × 3700 ÷ (3700 + 4700) =	355 €
Anteil von F:806 × 4700 ÷ (3700 + 4700) =	451 €

Beispiel 4:

M verdient 2000, F verdient 1000, beide schulden S, welcher in Marburg studiert und ein Zimmer für 200 € bewohnt, Unterhalt.

Bedarf nach Leitlinien 13.1.2:	735 €
Kindergeld ist bedarfsdeckend anzurechnen:	
Restbedarf: 735 – 194 =	541 €
Verfügbar bei M: 2000 – 1300 =	700 €

> Verfügbar bei F: 1000 – 1300 =   –300 €
> F ist nicht leistungsfähig.
> M muss den Unterhalt allein leisten.

II. Patchworkfamilien

Es geschieht immer häufiger, dass Partner zusammenleben, die zwischen „meinen Kindern", „deinen Kindern" und „unseren Kindern" unterscheiden müssen. Zu diesen Familien gehören dann auch die jeweiligen ehemaligen Partner, mit denen man den Unterhalt für „deine Kinder" und „meine Kinder" zu teilen hat.

Soweit in diesen Fällen beide Eltern barunterhaltspflichtig sind, stellt sich die Frage, ob bereits bei der Verteilung des Unterhalts zwischen den Eltern gleichrangige Verpflichtungen für nicht gemeinschaftliche Kinder zu berücksichtigen sind (s. o. A.VIII.2). Aus Sicht der Kinder geht es hier um Halbgeschwister, zwischen denen der Unterhalt angemessen zu verteilen ist; aus Sicht des anderen Elternteils sind es Kinder des Partners aus einer anderen Verbindung, für die er nicht verantwortlich ist. Deshalb spricht in diesen Fällen alles dafür, auf der Ebene des Bedarfs konkurrierende gleichrangige Unterhaltspflichten unberücksichtigt zu lassen (s. o. A.VIII.2, Lösung Klinkhammer).[494] Erst auf der Ebene der Leistungsfähigkeit haben sie Bedeutung, denn bei Ausfall des stärker belasteten Elternteils muss der andere „für ihn einspringen" (§ 1607 Abs. 1 BGB). S. o. A.VIII.3 Beispiel 3.

III. Mehrere leistungsfähige Großelternteile

Wenn mehr als ein Großelternteil leistungsfähig ist, haften sie gem. § 1606 Abs. 1, S. 2 BGB gleichrangig nach § 1606 Abs. 3 S. 1 BGB im Verhältnis ihrer Leistungsfähigkeit (Berechnung: A.VII.3.c). Eine Unterscheidung nach Linien, wie das Erbrecht des BGB, kennt das Unterhaltsrecht nicht. Deshalb werden die Eltern des betreuenden Elternteils **nicht** dadurch entlastet, dass ihr Kind seine Unterhaltspflicht durch Pflege und Betreuung erfüllt.[495]

---

[494] aA noch Gutdeutsch FamRZ 2006, 1724, 1725. Der Aufsatz ist aber überholt durch die Abkehr des BGH von den „variablen ehelichen Lebensverhältnissen".

[495] Im Einzelnen Wendl/Staudigl/Pauling 7. Aufl. § 2 Rn. 647.

IV. Eltern neben Großeltern

1. Ersatzhaftung der Großeltern für Minderjährige

Nach § 1603 Abs. 2 S. 3 BGB haften Eltern dann nicht bis zum notwendigen, sondern nur bis zum angemessenen Selbstbehalt, wenn andere leistungsfähige Verwandte vorhanden sind (s. o. A.III.4.f). Das sind in der Regel die Großeltern – eine Situation, die in der Praxis oft übersehen wird. Großeltern sind leistungsfähig in Höhe der Hälfte des Betrags, um den ihr Einkommen den erhöhten angemessenen Selbstbehalt von derzeit 1800 € übersteigt (s. o. B.X.3).

Wichtiger ist jedoch der Zusammenhang mit dem angemessenen Selbstbehalt des **betreuenden Elternteils**, weil dieser als näher verwandt vor den Großeltern für den Kindesunterhalt haftet. Nur wenn auch dessen *angemessener Selbstbehalt* gefährdet ist, kann er das Kind an den Großvater zu verweisen bzw. als Vertreter des Kindes den Kindesunterhalt vom Großvater zu verlangen. Dieser angemessene Selbstbehalt des betreuenden Elternteils ist höher als 1300 € und ebenso hoch wie die Einkommensgrenze, die ihn gegenüber dem Barunterhaltspflichtigen zur ggf. (wenn nämlich dessen angemessener Selbstbehalt unterschritten wird) entlastenden Ersatzhaftung verpflichtet (s. o. ausführlich A.III.4.j, dazu auch D.I.1.e.bb).

Die durch § 1603 Abs. 2 S. 3 BGB geregelte Ersatzhaftung der Großeltern für Eltern wird von einem Teil der Literatur und der Rechtsprechung in Abrede gestellt. Sie meint, aus der Gesetzessystematik schließen zu können, dass Großeltern nur dann haften, wenn die Eltern auch bei verschärfter Haftung nach § 1603 Abs. 2 S. 1 BGB nicht leistungsfähig seien. Diese Auffassung widerspricht dem Gesetz.[496]

2. Ersatzhaftung der Großeltern für privilegierte Volljährige

Bei (nicht behinderten) volljährigen Kindern gibt es keine Betreuung. Solange sie noch bei einem Elternteil leben und eine allgemeinbildende Schule besuchen, haften aber die Eltern bis zum notwendigen Selbstbehalt (§ 1603 Abs. 2 S. 2 BGB). Diese verschärfte Haftung ist jedoch bedingt. Sie tritt nicht ein, wenn ein leistungsfähiger Großelternteil – gleich welcher Linie – vorhanden ist, der den Unterhalt ohne Beeinträchtigung seines – erhöhten angemessenen Selbstbehalts (s. o. A.III.4.h) leisten kann (§ 1603 Abs. 2 S. 3 BGB). Ist das der Fall, dann greift die Ersatzhaftung ein, wenn der angemessene Selbstbehalt von 1300 € des Elternteils ge-

---

[496] Im Einzelnen vgl. Gutdeutsch FamRZ 2018, 5.

fährdet ist. Wenn der Elternteil allerdings zugleich ein minderjähriges Kind betreut, dem der Großelternteil ebenfalls Unterhalt schuldet, dann gilt insgesamt der erhöhte Betreuungsselbstbehalt (s. o. A.VII.6).

3. Ersatzhaftung der Großeltern für nicht privilegierte Volljährige

Lebt ein Kind nicht mehr zu Haus oder besucht er keine allgemeinbildende Schule mehr, dann gibt es keine bedingte Ersatzhaftung: Die Eltern haften nach § 1603 Abs. 1 BGB bis zu ihrem angemessenen Selbstbehalt (s. o. B.III.3). Wenn dieser Betrag für die Deckung des Bedarfs des Kindes nicht ausreicht und ein Großelternteil leistungsfähig ist (s. o. B.X.3), haftet er ersatzweise nach § 1607 Abs. 1 BGB.

V. Nach §§ 1361, 1569 und 1615l BGB gemeinsam Unterhaltsverpflichtete

Betreut eine Mutter (oder Vater) zugleich ein eheliches und ein nichteheliches Kind oder mehrere nichteheliche Kinder, so können mehrere Unterhaltspflichtige nebeneinander für den Betreuungsunterhalt der Mutter (oder des Vaters) haften (s. o. A.VII.3.h, A.III.4.d.cc, vor allem B,VIII.5).

Die Möglichkeit einer solchen Konkurrenz ist relativ neu. Mehrere Ehegatten auf Unterhalt in Anspruch zu nehmen, ist – bis auf die Ausnahme des § 1586a BGB – ausgeschlossen. Der Unterhaltsanspruch der nichtehelichen Mutter hatte aber lange nur geringe Bedeutung. Das BGB beschränkte ihn ursprünglich auf sechs Wochen (§ 1715 BGB), das NEhelG vom 19.8.1969[497] begrenzte ihn auf ein Jahr (§ 1615l BGB). Das Schwangeren- und Familienhilfeänderungsgesetz vom 21.8.1995[498] erhöhte die Grenze auf drei Jahre und erst das Kindschaftsrechtsreformgesetz vom 16.12.1997 ermöglichte ab 1.7.1998 unter besonderen Voraussetzungen eine weitere zeitliche Ausdehnung dieses Anspruchs, Der BGH hatte erstmals am 21.1.1998 sich mit dem Konkurrenzproblem befasst.[499] Seither hat der Gesetzgeber auf Druck des BVerfG den Anspruch der nichtehelichen Mutter an den Anspruch eines Ehegatten auf Betreuungsunterhalt nach der Scheidung gem. § 1573 BGB stufenweise angeglichen, wobei allerdings kein zusammenhängendes Konzept verfolgt wurde und Lücken offenblieben, die der BGH durch lückenfüllende Interpretation ausfüllen musste.[500] Dementsprechend hat der BGH das **Er-**

---

[497] In Kraft seit 1.7.1970, BGBl. I S. 1050.
[498] BGBl. I S. 2942.
[499] BGH FamRZ 1998, 541.
[500] BGH FamRZ 2005, 347.

löschen des Anspruchs bei Eheschließung mit einem anderen aus dem Eherecht übernommen.[501]

1. Mögliche und unmögliche Konstellationen

Nicht alle diese Konstellationen sind hiernach möglich: Ein Berechtigter kann nicht gegen mehrere Partner einen Anspruch auf **Ehegattenunterhalt** haben – mit der seltenen Ausnahme des § 1586a BGB, dem Wiederaufleben des Anspruchs auf Betreuungsunterhalt nach Auflösung der späteren Ehe. Auch Ansprüche nach § 1615l Abs. 2 BGB erlöschen durch eine Eheschließung.[502] Jedoch können Ansprüche auf Betreuungsunterhalt nach § 1615l Abs. 2 BGB gegen mehrere Väter (oder Mütter) bestehen und auch neben einem Anspruch auf Ehegattenunterhalt, sofern die Ehe vor der Entstehung dieses Anspruchs geschlossen wurde.

2. Entsprechende Anwendung von § 1606 Abs. 3 S. 1 BGB

Wenn aber die Ansprüche zugleich bestehen, muss deren Verhältnis geklärt werden. Der BGH betrachtet für diesen Fall den § 1606 Abs. 3 S. 1 BGB für nur entsprechend anwendbar, weil § 1615l Abs. 3 S. 1 BGB nur eine „entsprechende" Anwendung der Regelungen des Verwandtschaftsrechts fordert und damit auch Abweichungen erlaubt. Dem entsprechend sei anders als nach § 1606 Abs. 3 S. 1 BGB nicht nur die wirtschaftliche Lage der Unterhaltspflichtigen, sondern zusätzlich auch die Ursächlichkeit bei der Bedürftigkeitslage zu berücksichtigen.[503]

Sucht man nach irgendwie ähnlichen Sachverhalten, dann liegt tatsächlich die gemeinsame Haftung der Eltern für ein minderjähriges Kind (s. o. D.I.1) am nächsten. In beiden Sachverhalten bestehen gleichrangige Unterhaltspflichten, bei denen Gesichtspunkte der Kindesbetreuung die Verteilung beeinflussen.

3. Unterschiede: Begrenzung durch den Verursachungsanteil

Die Unterschiede liegen darin, dass beim Kindesunterhalt beide Eltern den vollen Unterhalt schulden und vom anderen Elternteil nur soweit entlastet werden müssen, dass eine gleichmäßige Belastung entsteht, während bei der hier gemeinten Pflichtigen-Konkurrenz im Grundsatz jeder nur für den von ihm verursachten Unterhaltnachteil haftet, und nur bei **gemeinsamer Ursächlichkeit** eine anteilige Haftung in Betracht kommt. Gemeinsame Ursächlichkeit liegt insoweit vor, als von der Mut-

---

[501] BGH FamRZ 2005, 347.
[502] BGH FamRZ 2005, 347.
[503] BGH FamRZ 1998, 541.

ter (dem Vater) wegen der Kindesbetreuung eine Erwerbstätigkeit nicht erwartet werden kann (§ 1615l Abs. 2 S. 2 BGB). Aber auch mehrere Kinder können je für sich die Erwerbstätigkeit in unterschiedlichem Maße verhindern. Da bei gemeinsamer Unterhaltspflicht niemand mehr Unterhalt schuldet, als er bei alleiniger Unterhaltspflicht schulden würde (s. o. A.VII.3.d), bildet die Summe dieser hypothetischen Unterhaltsbeträge die Obergrenze der Unterhaltsverpflichtungen (zur Berechnung dieser Ansprüche s. o. B.VIII). Diese Summe der Unterhaltsansprüche ist aber auch begrenzt durch die Bedürftigkeit, also den Bedarf abzüglich Eigeneinkommen (s. o. A.II.2).

4. Gleicher oder unterschiedlicher Bedarf

Zweifelhaft ist, ob der Bedarf im Verhältnis zu allen Unterhaltspflichtigen in gleicher Höhe anzuerkennen ist. Im Grundsatz ist anerkannt, dass der Bedarf durch das Einkommen bestimmt ist, das die Mutter (der Vater) bezöge, wenn sie (er) nicht durch Kinderbetreuung in der Erwerbstätigkeit behindert wäre. Anders während einer Ehe: Da wird der Bedarf durch die eheliche Lebensverhältnisse bestimmt.[504] Das gilt auch nach der Scheidung, solange ein Anspruch auf Ehegattenunterhalt besteht. In anderen Fällen können Unterschiede auftreten: Wenn etwa die Betreuung des nichtehelichen ersten Kindes zum unwiederbringlichen Verlust einer Verdienstmöglichkeit geführt hat, die den Lebensstandard bestimmte, dann wird der Bedarf im Verhältnis zum früheren Vater (Mutter) von diesem verlorenen Einkommen bestimmt, während der Bedarf im Verhältnis zu einem späteren Vater (Mutter) nur der Verdienst sein kann, den die Mutter (der Vater) erzielen könnte (nicht „erzielen würde"![505]), wenn sie (er) nicht die Kinder betreuen würde.

5. Einsparung durch gemeinsame Haftung

Wenn der Bedarf gegenüber den einzelnen Verpflichteten verschieden hoch ist, begrenzt der höhere Bedarf die Summe der Unterhaltsansprüche: Wenn der frühere Vater die aus dem höheren Bedarf resultierende Bedürftigkeit und den entsprechenden vollen Unterhalt nicht decken kann oder wegen fiktiven Erwerbseinkommens der Mutter nicht decken muss, dann kann die zusätzliche Unterhaltspflicht eines zweiten Vaters (Mutter) diese Mangellage beseitigen. Denn die fiktive Bedürftigkeit bestimmt nur die Höhe des jeweiligen fiktiven Unterhaltsanspruchs bei Alleinhaftung als Grenze der Inanspruchnahme (s. o. A.VII.3.d). Wenn die Summe der fiktiven Unterhaltsansprüche höher ist, als die reale Bedürf-

---

[504] BGH FamRZ 1998,541.
[505] Vgl. arg. BGH FamRZ 1998, 541, 542.

tigkeit, die sich nach dem höchsten Bedarf ergibt, dann kommt es zu einer Entlastung der Väter (Mütter) in Höhe der Differenz, welche auf beide Väter (Mütter) zu verteilen ist, wobei der weniger Leistungsfähige stärker zu entlasten wäre.

Die Lösung ist nach BGH[506] klar: Der ersparte Teil ist genauso groß, wie der Teil des vollen Unterhalts, für den beide Väter (Mütter) gemeinsam haften. Dieser Teil ist also im Verhältnis der jeweiligen Leistungsfähigkeit aufzuteilen. Als Leistungsfähigkeit ist das den Ehegattenselbstbehalt[507] übersteigende Einkommen abzüglich vorrangigen Unterhalts und abzüglich des Unterhaltsteils, für den der Pflichtige allein haftet, anzusetzen.

6. Mindestbedarf

Allerdings könnte die Berücksichtigung des fiktiven Einkommens dazu führen, dass die Mutter trotz ihrer Bedürftigkeit keinen Unterhalt erhält, dann nämlich, wenn der andere Kindsvater leistungsunfähig ist. Das würde dem Gesetzeszweck widersprechen, **nichtehelichen Kindern gleiche Bedingungen wie ehelichen** zu verschaffen. Deshalb werden – soweit überhaupt die Betreuung des Kindes die Erwerbsmöglichkeiten einschränkt – beide Väter zumindest der Mutter das Existenzminimum sicherstellen müssen. Insoweit müssten sie dann auch für den Ausfall des anderen haften. Wenn der eine sich der Unterhaltspflicht entzieht, muss der andere der Mutter das Existenzminimum sicherstellen. Soweit eigentlich der andere Vater den Unterhalt hätte leisten müssen, erwirbt der ersatzweise leistende Vater dann den Unterhaltsanspruch gegen den anderen und kann ihn selbst gerichtlich geltend machen: § 1607 Abs. 2 BGB.

7. Bedarfserhöhung durch fiktives Einkommen

Ein weiteres Problem besteht darin, dass ein fiktives Einkommen des kinderbetreuenden Elternteils auch eheprägend sein kann und in diesem Fall auch den Bedarf erhöht. Soweit dies fiktive Einkommen vor der Geburt des zweiten Kindes tatsächlich bezogen wurde, wird man die Frage in jedem Fall bejahen müssen. Aber die **Surrogat**-Idee (s. o. B.III.4), angewandt auf die Kindesbetreuung, muss dazu führen, dass die – wegen Minderung des Betreuungsaufwands – wachsende Erwerbsfähigkeit ebenfalls eheprägend ist. Das ist allerdings, soweit mir bekannt, nicht entschieden und wohl auch zweifelhaft, weil die Surrogat-Rechtsprechung vor allem zum Ziel hat, die Ungerechtigkeit zu beheben, die die Anrechnungsmethode bei der Scheidung von Hausfrauenehen verursachte.

---

[506] BGH FamRZ 1998, 541.
[507] BGH FamRZ 2005, 354.

D. Mehrheit von Unterhaltspflichtigen

Wenn das fiktive Einkommen eheprägend ist, dann hat das Auswirkungen auf die Anrechnung des fiktiven Einkommens. Nach der Additionsmethode erhöht sich der Bedarf des/der Berechtigten um die Ehegattenquote, nämlich 3/7 bzw. 45% des fiktiven Einkommens, sondern dies ist nach Abzug des Bonus' nur zu 6/7 bzw. 90% darauf anzurechnen, sodass nur noch eine Anrechnung von 6/7 − 3/7 = 3/7 bzw. 90% − 45% = 45% verbleibt. Demnach ist **eheprägendes fiktives Einkommen** nur mit der Ehegattenquote, nämlich **3/7 oder 45%** auf den Bedarf − welcher ohne das fiktive Einkommen berechnet wurde − **anzurechnen**.

8. Rechenweg

• Für jeden Unterhaltspflichtigen ist der für ihn maßgebende volle Bedarf des Berechtigten zu bestimmen. Bei bestehender Ehe ist das für alle Beteiligten der Bedarf nach den ehelichen Lebensverhältnissen. Sonst ist es das Einkommen, das der Berechtigte hätte, wenn er nicht die Kinder betreuen müsste. Dieser Betrag kann für das erste Kind höher sein als für die übrigen, wenn nämlich dessen Betreuung zu einem irreversiblen Einkommensverlust geführt hat.

• Davon ist etwaiges reales Einkommen aus zumutbarer Erwerbstätigkeit abzuziehen.

• Dazu ist von dem Bedarf für jeden Pflichtigen der Betrag abzuziehen, den die Mutter (Vater) verdienen könnte, wenn sie (er) das andere Kind (die anderen Kinder) nicht betreuen müsste. Ergibt sich dabei ein Unterhalt, der den vorher errechneten (Mangel-)Unterhalt übersteigt, so bleibt es bei dem errechneten Unterhalt.

• Sodann ist zu ermitteln, welcher Bedarf aus den verschiedenen Unterhaltsrechtsverhältnissen der höchste ist. Hier kann sich aus der Zubilligung eines fiktiven Einkommens noch eine Bedarfserhöhung ergeben, wenn dieser für das fiktive Einkommen eheprägend ist. Außerdem ist die Höhe des Bedarfs nach unten begrenzt durch den Mindestbedarf nach dem Existenzminimum (s. o. A.III.3).

• Wenn die Summe der Unterhaltsbeträge den höchsten Bedarf übersteigt, dann ist der Mehrbetrag der Unterhaltsteil, den die Unterhaltspflichtigen gemeinschaftlich tragen.

• Dieser Teil des ungedeckten Bedarfs ist auf die Unterhaltspflichtigen nach Maßgabe ihrer Leistungsfähigkeit zu verteilen. Dabei sind vorrangige Unterhaltsansprüche vom Einkommen vorweg abzuziehen, ebenso der Unterhaltsteil, den der Pflichtige allein tragen muss.

9. Beispiele

Beispiel 1:

Dem getrenntlebenden Ehemann E bleibt nach Abzug des Kindesunterhalts ein Einkommen 2314 €, dem Vater des nichtehelichen Kindes V – ebenfalls nach Abzug des Kindesunterhalts – ein Einkommen von 1549 €. Die Mutter beider Kinder M könnte, wenn sie nur das Kind von E betreute, 500 € verdienen. Wegen der Betreuung auch des Kindes von V ist ihr aber keine Erwerbstätigkeit möglich.

Bedarf von M nach den ehelichen Lebensverhältnissen: 2314 × 45 % = 1041 €. Diesen Bedarf kann M auch gegenüber V geltend machen.[508] Dieser kann aber wegen Unterschreiten seines Selbstbehalts nur 1549 – 1200 = 349 € leisten. Wenn M nur das Kind von E betreuen würde, wäre ein Einkommen von 500 € anzurechnen. Da es eheprägend wäre beschränkt sich aber die Anrechnung auf den Nettobetrag von 225 €. Beide Unterhaltsbeträge zusammen – 816 + 349 = 1165 € erreichen nicht den wegen des fiktiven Einkommens erhöhten Bedarf von 1041 + 500 × 45 % = 1266 €. Daher hat E 816 und V 349 € zu zahlen.

Ob hier allerdings mit der fiktiven Bedarfserhöhung gerechnet werden muss, hängt von den Umständen ab (s.o. D.V.7). Ohne die Bedarfserhöhung übersteigt die Unterhaltssumme von 816 + 349 = 1165 € den Bedarf von 1041 €. Die beiden Väter dürfen dann 1165 – 1041 = 124 € gemeinsam leisten, d.h. unter sich aufteilen. Wegen dieses Betrags besteht nämlich eine konkurrierende Unterhaltspflicht; wegen des Restes von 816 – 124 = 692 € haftet E allein und für 349 – 124 = 226 € haftet V allein. Die Verteilung des gemeinsam zu tragenden Betrags von 124 € erfolgt analog § 1606 Abs. 3 S. 1 BGB nach Leistungsfähigkeit unter Vorabzug vorrangiges Unterhalts und des allein zu tragenden Teils.

Die Leistungsfähigkeit von E beträgt 2314 – 1200 – 692 = 422 €, diejenige von V 1549 – 22 – 1200 = 124 €.

Dementsprechend tragen vom gesamten Unterhalt von 1041 €

E: 692 + 124 × 422 ÷ (422 + 124) =   788 €
V: 225 + 124 × 124 ÷ (422 + 124) =   253 €
Summe   1041 €

Beispiel 2:

F betreut das Kind K1, das sie gemeinsam mit M1 hat. Dafür hat sie ihre Stellung aufgeben müssen, welche ihr 1900 € monatlich gebracht hat. M1 verdient nach Abzug des Kindesunterhalts 2979 €. Außerdem betreut F das Kind K2, das sie von M2 hat. Wenn sie nur K1 betreuen würde, könnte sie 500 € verdienen; wenn sie kein Kind betreuen müsste, würde sie 1700 € verdienen. M2 verdient nach Abzug des Kindesunterhalts 2031 €.

Der Bedarf von F relativ zu M1 beträgt 1900 €,
relativ zu M2 nur 1700 €.

---

[508] BGH FamRZ 1998, 541.

M1 müsste, wenn F das Kind K2 nicht betreuen würde, an F 1900 – 500 = 1400 € zahlen. Das könnte er auch, weil ihm mehr als der Ehegattenselbstbehalt von 1200 € bleibt und auch nicht weniger als die Hälfte seines Einkommens von 2979 €.

M2 könnte an F nicht 1700 € zahlen, weil ihm nur 2031 – 1200 = 831 € für den Partnerunterhalt zur Verfügung stehen.

Die Summe der beiden Unterhaltsbeträge beträgt aber 1400 + 831 = 2231 € und damit um 331 € mehr als der höchste Bedarf. Deshalb brauchen die beiden Unterhaltspflichtigen nicht so viel zu zahlen, wie sie bei alleiniger Haftung zahlen müssten.

Die Ersparnis von 331 € kann demnach zwischen M1 und M2 verteilt werden. Ebenso kann man sagen, dass sie einen Teil des von ihnen zu tragenden Unterhalts mit dem anderen gemeinsam tragen und deshalb nach Maßgabe ihrer Leistungsfähigkeit (unter Vorabzug des allein zu tragenden Teils) mit dem anderen teilen müssen. **Allein** tragen muss:

M1: 1400 – 331 = 1069 €.

M2: 831 – 331 = 500 €

Die **Leistungsfähigkeit** für den gemeinsam zu tragenden Unterhalt:

Leistungsfähigkeit von M1: 2979 – 1069 – 1200 = 710 €

Leistungsfähigkeit von M2: 2031 – 500 – 1200 = 331 € (zufällig ebenso viel wie die Ersparnis)

Anteil von M1: 331 × 710 ÷ (710 + 331) + 1069 = 1295 €

Anteil von M2: 331 × 331 ÷ (710 + 331) + 500 = 605 €

Beispiel 3:

F betreut das Kind K1, das sie gemeinsam mit M1 hat. Dafür hat sie ihre Stellung aufgeben müssen, welche ihr 1900 € monatlich gebracht hat. M1 verdient nach Abzug des Kindesunterhalts 2979 €. Außerdem betreut F das Kind K2, das sie von M2 hat. Wenn sie nur K1 betreuen würde, könnte sie 1500 € verdienen, wenn sie kein Kind betreuen müsste, würde sie 1700 € verdienen. M2 verdient nach Abzug des Kindesunterhalts 1449 €. Der Bedarf von F relativ zu M1 beträgt 1900 €, relativ zu M2 nur 1700 €. Deshalb beschränkt sich nach Halbteilung analog § 1581 BGB der Anspruch von F gegenüber M1 auf 2979 ÷ 2 = 1498,50 €, die er ohne Gefährdung des Ehegattenselbstbehalts von 1200 € zahlen kann. M2 kann aus seinem Resteinkommen nur 1449 – 1200 = 249 € bezahlen. Wenn man die anteilige Haftung der beiden Väter prüft, kann nicht unberücksichtigt bleiben, dass F ohne die Betreuung von K2 1500 € verdienen würde. M1 müsste daher, wenn das Kind K2 nicht betreuen würde, an F nur 1900 – 1500 = 400 € zahlen. Die Summe der beiden Unterhaltsbeträge beträgt aber nur 400 + 249 = 649 € und damit weniger als der Mindestbedarf von 880 € (s.o. B.VIII.3, A.III.3). Soweit der Mindestbedarf von 880 € nicht gedeckt ist, kann aber eine Anrechnung fiktiven Einkommens nicht erfolgen, weil dadurch der Zweck des § 1615l BGB, die Betreuung des Kindes zu sichern, vereitelt würde. Eine Teilanrechnung ist aber möglich. Weil M2 249 € schuldet, braucht M1 nur 880 – 249 = 631 € zu bezahlen.

VI. Mehrere unterhaltspflichtige Kinder

Sind mehrere Kinder einem Elternteil gegenüber unterhaltspflichtig, dann haften sie für den Unterhalt ihrer Eltern gem. § 1606 Abs. 3 S. 1 BGB nach dem Verhältnis ihrer Leistungsfähigkeit (s. im Einzelnen: A.VI.2.). Für jeden ist die Leistungsfähigkeit nach 3. zu berechnen und der volle Unterhalt ist entsprechend auf die Kinder zu verteilen.

Nur wenn die Kinder nicht voll leistungsfähig sind, können die nachrangig haftenden Enkel (s.u. D.VII.) in Anspruch genommen werden, § 1609 BGB.

Rechenweg

1. **Ermittlung des Bedarfs** (Mindestbedarf 880 oder Heimkosten)

2. **Vermögen des Berechtigten > Schonvermögen,**

   dann ist dieses Vermögen zu verwerten, solange es reicht (soweit das nicht grob unbillig ist):

   kein Unterhalt

sonst

3. **Eigeneinkommen >Bedarf:**

   kein Unterhalt

sonst

   voller Unterhalt = Bedarf – Einkommen (A.II.5)

4. **Ermittlung des Einkommens und des Eigenbedarfs jedes Pflichtigen:**

   Leistungsfähigkeit = Einkommen – Eigenbedarf – vorrangiger Unterhalt

5. **Gesamtleistungsfähigkeit = Leistungsfähigkeit1 + Leistungsfähigkeit2 ...**

6. **Gesamtleistungsfähigkeit < voller Unterhalt**

   Unterhalt1 = Leistungsfähigkeit1
   Unterhalt2 = Leistungsfähigkeit2
   u.s.w

sonst

7. **Belastungsquote = voller Unterhalt/Gesamtleistungsfähigkeit**
   Unterhalt1 = Leistungsfähigkeit1 × Belastungsquote
   Unterhalt2 = Leistungsfähigkeit2 × Belastungsquote
   u.s.w.

VII. Unterhaltspflichtige Kinder neben Enkeln

Nach § 1606 Abs. 2 BGB haften Kinder (ihren Eltern) vor den Enkeln (ihren Großeltern). Zuerst ist also die Unterhaltspflicht der Kinder zu berechnen. Nur wenn nach Inanspruchnahme der Kinder noch ein ungedeckter Bedarf bleibt, können die Enkel nach § 1607 Abs. 1 BGB zum Unterhalt herangezogen werden.

VIII. Unterhaltspflichtige Verwandte neben Ehegatten oder nach § 1615l BGB verpflichteten Elternteilen

Die Verwandten, also Eltern, Großeltern, Kinder oder Enkel können nur in Anspruch genommen werden, wenn ein **leistungsfähiger Ehegatte** oder ein nach § 1615l BGB **verpflichteter Elternteil nicht vorhanden** oder nicht leistungsfähig ist (§ 1608 Abs. 1 S. 1, § 1615l Abs. 3 S. 2 BGB.)

Der **Ehegatte** ist etwas **besser geschützt** als der nichtbetreuende Elternteil eines nichtehelichen Kindes: Wenn ein **leistungsfähiger Verwandter** vorhanden ist, dann haftet der Ehegatte nur insoweit, als er damit seinen **angemessenen Selbstbehalt nicht gefährdet** (§ 1608 Abs. 1 S. 2 BGB). Das bedeutet rechnerisch, dass sich sein Selbstbehalt vom Ehegattenselbstbehalt von 1200 € auf den angemessenen Selbstbehalt von 1300 € erhöht, während der nichteheliche Mitelternteil nur den Ehegattenselbstbehalt von 1200 € verteidigen kann. Das gilt auch für eine etwaige Erhöhung des Selbstbehalts: Falls besonders hohe Miete oder andere Gründe eine Erhöhung des Selbstbehalts erfordern, sind beim Ehegatten nicht die Regeln über den Ehegattenselbstbehalt[509] (s. o. A.III.4.c), sondern diejenigen über den angemessenen Selbstbehalt[510] (A.III.4.e) zugrunde zu legen.

Die Ersatzhaftung ändert nichts am Bedarf: Dieser wird beim Ehegatten nach den ehelichen Lebensverhältnissen (§ 1578 BGB) bestimmt (A.III.5.c), beim nichtehelichen Mitelternteil nach dem angemessenen Bedarf (§ 1615l BGB).

---

[509] Nach SüdL 21.3.2: 430 €.
[510] Nach SüdL 21.3.2: 450 €.

Beispiel:

M schuldet F **Trennungsunterhalt**, weil sie das gemeinsame Kind K betreut. Er verdient (nach Abzug des Kindesunterhalts) 1600 €. Sein verwitweter Schwiegervater S verdient 3000 €.

Bedarf von F nach den **ehelichen Lebensverhältnissen**: 1600 × 90 % ÷ 2 = 720 €. Dem Zweck des Betreuungsunterhalts widerspräche jedoch ein Bedarf unterhalb des unterhaltsrechtlichen **Existenzminimums** von 880 € (B.V.8.). Deshalb beträgt der Bedarf von F 880 €. M ist bis zum Ehegattenselbstbehalt von 1200 € leistungsfähig in Höhe von 1500 – 1200 = 300 €. Wenn ein leistungsfähiger Verwandter von F vorhanden ist, dann kann er sich sogar auf den angemessenen Selbstbehalt von 1300 € berufen. Das ist der Fall, weil S leistungsfähig ist mit einem Betrag von (3000 – 1800) ÷ 2 = 600 €. M zahlt an F nur 1600 – 1300 = 300 €. S zahlt den Rest von 880 – 300 = 580 €. Ihm bleibt 3000 – 580 = 2420 € und damit mehr als sein Selbstbehalt von 1800 + (3000 – 1800) ÷ 2 = 2400 €.

Wären M und F **nicht verheiratet** gewesen, dann könnte sich M nur auf den Selbstbehalt von 1200 € berufen und müsste 1600 – 1200 = 400 € an F zahlen und S nur 880 – 400 = 480 €.

E. Unterhaltsverpflichtung von ihrerseits Unterhaltsberechtigten

Unterhaltszahlungen sollen zwar nur den vorhandenen Bedarf decken, jedoch kann der *Selbstbehalt* (Eigenbedarf) im Verhältnis einem seinerseits gegenüber dem Empfänger Unterhaltsberechtigten geringer sein, als der *Bedarf*, dessen Deckung vom Unterhaltspflichtigen verlangt werden kann.[511] Insbesondere können ein **Ehegattenunterhalt** und auch ein **Anspruch nach § 1615l Abs. 2 BGB** so auskömmlich sein, dass sie die Leistungsfähigkeit für Unterhaltszahlungen zu begründen.

I. Leistungsfähigkeit für Kindesunterhalt und Kindesbedarf

Der Ehegattenunterhalt, welcher **nach** Vorabzug des auf jeden Ehegatten entfallenden Kindesunterhalts berechnet wurde, ist allerdings ein angemessener Ausgleich zwischen den Ehegatten, der auch für die gemeinsamen Kinder maßgebend ist. Deshalb findet nach Berechnung des Ehegattenunterhalts keine nochmalige Berechnung des Unterhalts gemeinsamer Kinder statt.[512] Anders bei nicht gemeinsamen Kindern: Deren Unterhalt ist nach der Bestimmung des Ehegattenunterhalts **neu zu berechnen**, wobei das Ergebnis der Berechnung des Ehegattenunterhalts im Rahmen der Leistungsfähigkeit – nicht des Bedarfs – berücksichtigt werden muss (s. o. A.IV.15).

Wenn andrerseits ein Kind Barunterhalt von einem Elternteil verlangen kann, der seinerseits – wegen eines weiteren Kindes – auf einen **Anspruch nach § 1615l Abs. 2 BGB** angewiesen ist, dann muss auch der Bedarf des Kindes an das durch Unterhaltszahlungen erzielte Einkommen angepasst werden. Dieser Unterhalt entspricht nämlich der Lebensstellung des Berechtigten und muss auch dem Kind zugutekommen, das diese Lebensverhältnisse teilt, anders als der Ehegattenunterhalt, der mit dem Bedarf eines außerehelichen Kindes nichts zu tun hat.

---

[511] Vgl. Göppinger/Wax/Macco 9. Aufl. Rn. 418.
[512] Gutdeutsch NJW 2009, 945, Gutdeutsch FamRZ 2009, 1022.

II. Leistungsfähigkeit für Elternunterhalt

Ehegattenunterhalt nach Maßgabe der ehelichen Lebensverhältnisse (s.o. B.V und VI) kann sogar so auskömmlich sein, dass er auch die **Leistungsfähigkeit zur Zahlung von Elternunterhalt** begründen kann. Problemlos ist das bis zur relativen Sättigungsgrenze, die sich inzwischen auf die Obergrenze der Düsseldorfer Tabelle einpendelt, also einen Betrag zwischen 5000 € und 6000 €. Bei Bareinnahmen aus Quotenunterhalt in Höhe von 5000 € besteht Leistungsfähigkeit für den Elternunterhalt in Höhe von (5000 − 1800) ÷ 2 = 1600 €. Was aber, wenn dieser Betrag überschritten ist? Dann muss der unterhaltsberechtigte Ehegatte seinen *konkreten Bedarf* (s.o. B.V.3.a) vortragen, und der Unterhalt deckt dann aber genau diesen Bedarf. Kann dieser Unterhaltsberechtigte dann noch Elternunterhalt zahlen, wenn er auf diesen Unterhalt doch zur Deckung seines eigenen Bedarfs angewiesen ist? Er muss diesen seinen „Luxusbedarf" **einschränken**, um aus seinen Einnahmen den Elternunterhalt zahlen zu können, denn es geht nicht an, dass besonders Wohlhabende vom Elternunterhalt freigestellt werden. Diese Einschränkung der Bedarfsdeckung würde den Unterhaltpflichtigen nicht berechtigen, seine Zahlungen zu kürzen, weil diese Einschränkung an dem Bedarf nichts ändert. Bei einem Unterhalt von 7000 € bestünde dann beispielsweise eine Leistungsfähigkeit in Höhe von (7000 − 1800) ÷ 2 = 2600 €. In dieser Höhe müsste der Unterhaltsberechtigte auf seinen Konsum verzichten. Einen höheren Bedarf kann er deshakb aber auch nicht anmelden, weil der zum Ehegattenunterhalt Verpflichtete nicht den Unterhalt der Schwiegereltern bezahlen muss. Das muss deren Kind tun.

F. Zum Berechnungsablauf

1. Das Ziel eines Ablaufschemas für die Unterhaltsberechnung muss es sein, soweit möglich **Wiederholung von Berechnungen zu vermeiden** und im ersten Durchlauf zumindest brauchbare Werte zu erzielen. Der Ablauf kann sich auch nur auf den **laufenden Unterhalt** beziehen. Soweit **Sonderbedarf** geschuldet ist, kann derselbe immer nur **nach** dem laufenden Unterhalt berechnet werden (A.III.8.). Hier sollen zuerst die Grundlagen erörtert werden, nämlich die zweckmäßige Reihenfolge zwischen je zwei Unterhaltsarten, um dann am Ende soweit möglich einen zusammenhangenden Ablauf darzustellen.

2. Gegenüber der **einheitlichen Darstellung** in einem Rechengang weicht die Praxis vielfach in die **historische Dimension** aus: Wurde ein Unterhalt bereits – meist einvernehmlich[513] – bestimmt, dann geht die weitere Unterhaltsbestimmung in der Praxis gerne von diesem Unterhalt oder zumindest von dessen Berechnungsweise als Datum aus, welches nicht mehr neu zu bestimmen ist. Dem steht allerdings der Grundsatz gegenüber (jedenfalls dann, wenn eine Abänderung eines solchen vorgegebenen Unterhalts möglich und zumutbar ist) den Unterhalt bei der Neuberechnung eines anderen Unterhalts neu zu bestimmen.[514] Die unten vorgeschlagene Berechnungsfolge unterstellt somit die **gemeinsame Bestimmung aller Unterhaltsbeträge**.

3. Vom System her muss ein **vorrangiger** Anspruch immer vor dem **nachrangigen** berechnet werden. (Bei Gleichrang orientiert sich die Reihenfolge an untergeordneten Merkmalen, z.B. der Zeitfolge). Das entspricht der Definition des Rangs (s.o. A.V.). Bei Mehrzahl von Verpflichteten **und** Berechtigten ist mit den **vorrangig Verpflichteten** zu beginnen, weil deren Eigenbedarf gegenüber dem Bedarf aller Berechtigten Vorrang hat.

4. Dieses System wird durchkreuzt von der **einkommensbezogenen Bedarfsbestimmung** (s.o. A.III.5), welche auch nachrangige Unterhaltspflichten auf der Bedarfsebene berücksichtigt, soweit sie die Lebensverhältnisse bestimmen. Weil bei jedem Anspruch zuerst der Bedarf und dann die Leistungsfähigkeit zu prüfen ist, müssen dann die **bedarfsbeeinflussenden** nachrangigen Unterhaltspflichten **vor** denen, dessen Bedarf sie bestimmen, berechnet werden. Da gerade der nachrangige Unterhalt älterer Kinder regelmäßig den Bedarf nach den ehelichen Lebensverhältnissen beeinflusst, muss er vorweg berechnet und erst da-

---

513 BGH FamRZ 2009, 1300, 1304.
514 BGH FamRZ 2003, 363, 367, FamRZ 1992, 797, 798, FamRZ 1990, 1091, 1094.

nach möglicherweise mangels Leistungsfähigkeit korrigiert werden. Deshalb ist auch bei Nachrang der unterberechtigten Kinder ihr Unterhalt vorweg zu berechnen.

5. Schließlich ist in allen einzelnen Unterhaltsrechtsverhältnissen nacheinander **Bedarf**, **Bedürftigkeit** und **Leistungsfähigkeit** zu berechnen, also: zuerst der volle Unterhalt, danach eine etwaige Mangelkorrektur. Dabei ist das **tatsächliche Einkommen** besonders wichtig und steht deshalb einheitlich an der Spitze aller Berechnungen, während die Hinzurechnung **fiktiven** Einkommens und der Abzug (durch unzumutbaren Erwerb erzielten) **wegfingierten** Einkommens im Prinzip nur für die jeweiligen Unterhaltsrechtsverhältnisse bestimmt werden kann und deshalb grundsätzlich erst in deren Zusammenhang zu erfassen sind.

6. Den **Kern** bilden die Unterhaltsansprüche der Kinder gegen ihre Eltern und danach die der Eltern oder kinderlosen Partner untereinander. Allerdings stehen bereits diese **Kernfamilien** heute oft nicht mehr isoliert nebeneinander. Vielmehr häufen sich die Fälle, in denen sich diese Ansprüche **überkreuzen**, weil Halbgeschwister Ansprüche gegen verschiedene Eltern haben, in denen ein Unterhaltspflichtiger mehreren Ehepartnern oder Miteltern teilen gegenüber unterhaltspflichtig oder ein Unterhaltsberechtigter mehreren Miteltern teilen und/oder einem Ehegatten gegenüber unterhaltsberechtigt ist (**Patchwork-Familien**).

Neben diese Generation der **Eltern** und **Kinder** tritt ergänzend die **Großelterngeneration**, die, wenn sie leistungsfähig ist, die Elterngeneration durch den **Enkelunterhalt** entlasten kann, wenn sie bedürftig ist, aber dieselbe Elterngeneration auf **Elternunterhalt** in Anspruch nimmt, weil die Großeltern eben Eltern dieser Eltern, nämlich ihrer Kinder, sind.

7. Daraus ergibt sich als natürliche Folge:
Kindesunterhalt – Partnerunterhalt – Enkelunterhalt – Elternunterhalt
Auch in Patchwork-Konstellationen sind diese Ebenen nacheinander abzuarbeiten.

8. Wegen der möglichen Überkreuzungen ist es sinnvoll, auf jeder Ebene (Kinder, Eltern, Großeltern) zuerst alle Beteiligten zu erfassen.

9. Anschließend müssen die **Unterhaltsrechts-Beziehungen**[515] erfasst werden, welche die Beteiligten miteinander verknüpfen. Auf der Ebene der **Großeltern** kann von Anfang an klar zwischen den Bedürftigen (den bedürftigen Eltern der Elterngeneration) und den Leistungsfähigen (Großeltern der Kindergeneration) unterschieden werden. Das kann bereits bei der Erfassung der Beteiligten geschehen, die dann sogleich als zwei verschiedene Gruppen erfasst werden. Anders bei der mittleren, nämlich der **Eltern/Partner-Generation**: Hier kann unklar sein, in welche Richtung der Unterhalt zu fließen hat, denn in Einzelfäl-

---

[515] Im Winfam-Programm „Bezüge" genannt.

len bestimmt erst die Höhe des zu zahlenden Kindesunterhalts, ob der Elternteil unterhaltsberechtigt oder unterhaltspflichtig ist.[516] Trotzdem müssen diese Rollen (verpflichtet oder berechtigt) klar unterschieden werden. Wer Ehegattenunterhalt oder Unterhalt nach § 1615l Abs. 2 BGB erhält, kann nicht zugleich einen Unterhalt dieser Art schulden. Daher ist die Rolle zu unterscheiden, auch wenn damit gerechnet werden muss, dass sich erst bei der Unterhaltsberechnung herausstellt, dass die Richtung des Unterhaltsanspruchs zunächst falsch eingeschätzt worden war und deshalb korrigiert werden muss.

10. Nach Erfassung der Rechtsbeziehungen ist es sinnvoll, **Bedarf** und **Einkommen** für jeden Beteiligten zu erfassen, soweit das ohne den Bezug auf fremde Einkommen möglich ist. Der Bedarf kann als **Selbstbehalt** oder **konkreter Bedarf** unabhängig bestimmt werden, ebenso das reale Einkommen. **Fiktive Einkommen** dagegen hängen vom Unterhaltsverhältnis ab und können deshalb erst bei der jeweiligen Unterhaltsberechnung erfasst werden.

11. Anschließend wären die Unterhaltsverhältnisse in der Folge (s. o. 7) abzuarbeiten, wobei zuerst für jeden der volle Unterhalt zu bestimmen ist.

a) Zuerst ist der volle Kindesunterhalt zu berechnen.[517]

b) Soweit beide Eltern unterhaltspflichtig sind, müssen ihre Anteile bestimmt werden.

c) Vor Bestimmung des Partnerunterhalts muss dann geprüft werden, ob der Kindesunterhalt auch bezahlt werden kann, weil er sonst bei der Berechnung des Partnerunterhalts (insbesondere des Ehegattenunterhalts) nicht im Wege des Vorabzugs vom Einkommen berücksichtigt werden kann. Bei Leistungsunfähigkeit ist die Ersatzhaftung durch den anderen Elternteil zu berechnen.

d) Hier kann bereits relevant werden, ob der Partner durch den anderen Elternteil oder einen Großelternteil entlastet werden kann. Dann ist auch diese Korrektur auf dieser Stufe durchzuführen.

e) Erst danach wird der Partnerunterhalt (Ehegattenunterhalt/Unterhalt nach § 1615l Abs. 2 BGB) – unter Vorabzug des – evtl. korrigierten – Kindesunterhalts berechnet. Dabei können Elternunterhaltszahlungen, welche schon die ehelichen Lebensverhältnisse *geprägt* hatten, berücksichtigt werden.

f) Der Partnerunterhalt kann die Leistungsfähigkeit für nicht gemeinsame Kinder begründen. Deshalb ist für solche Kinder die Unterhaltskürzung nach c) ggf. zu korrigieren.[518]

---

[516] BGH FamRZ 2016, 199.
[517] Gutdeutsch NJW 2009, 945, Gutdeutsch FamRZ 2009, 1022.
[518] Gutdeutsch NJW 2009, 945, Gutdeutsch FamRZ 2009, 1022.

g) Wenn kein Einkommen ausgleichender Partnerunterhalt geschuldet wird, kann sich herausstellen, dass bei der Unterhaltsleistung für gemeinsame minderjährige Kinder ein Ungleichgewicht entsteht und deshalb der betreuende Elternteil den barunterhaltspflichtigen Elternteil entlasten oder sogar freistellen muss.

h) Erst am Ende sind die nachrangigen aktuellen Ansprüche auf Elternunterhalt zu prüfen.

Anhang: Wie wirkt sich Gleichteilung oder Verteilung nach Bedürftigkeit auf die Verteilung im Mangelfall aus? (math. Ableitungen)

Bei der Konkurrenz von zwei gleichrangig **unterhaltsberechtigten** Ehegatten im absoluten Mangelfall (s. o. A.II.4) ist der Unterhalt der Berechtigten (U) abhängig von der Leistungsfähigkeit des Pflichtigen (L), dem Einkommen des Berechtigten (E) und Einkommen des anderen Gatten (A).

Die math. Ableitungen beschreiben, wie sich die Verteilung der Mittel verändert, wenn sich das Einkommen jedes der Beteiligten ändert:

1. Bei Gleichteilung wird der verfügbare Betrag L + E + A gleichmäßig, also im Wege der Halbteilung, auf beide Ehegatten verteilt.

Dann erhält jeder Berechtigte: $U = (L + E + A) \div 2 - E$

Die Abhängigkeit des Unterhalts von seinem eigenen Einkommen wird durch die Ableitung dU/dE beschrieben:

$dU/dE = 1/2 - 1 = -1/2$

D. h., der Unterhalt vermindert sich immer um die Hälfte des Mehreinkommens des Berechtigten, (sodass die andere Hälfte des Mehreinkommens des Berechtigten bleibt). Soweit der absolute Mangelfall bestehen bleibt, ändert sich nichts am Anteil des Pflichtigen, dem dann immer sein Selbstbehalt bleibt. Die andere Hälfte des Mehreinkommens des Berechtigten erhöht den Unterhalt des anderen Ehegatten.

Von Interesse ist allerdings vor allem das Maß der Bedarfsdeckung, also die Summe von Einkommen und Unterhalt, die verfügbaren Mittel (M):

$dM = dU + dE$

$dM/dE = dU/dE + dE/dE = -1/2 + 1 = 1/2$

Die Hälfte seines eigenen Mehreinkommens kommt dem Berechtigten zugute – weil die andere Hälfte dem anderen Berechtigten zugutekommt.

2. Wird stattdessen nach Bedürftigkeit verteilt, dann muss nicht nur das Einkommen, sondern auch der Bedarf der Ehegatten berücksichtigt werden, denn die Bedürftigkeit ist Bedarf minus Eigeneinkommen. Mit dem Bedarf des Pflichtigen (B) und dem Bedarf des anderen (C) errechnet sich dann der Unterhalt zu:

$U = (B - E) \times L \div (B - E + C - A)$

Die lokale Abhängigkeit des Unterhalts vom Eigeneinkommen des Berechtigten wird durch die Ableitung dU/dE beschrieben:

dU/dE = –L ÷ (B – E + C – A) + (B – E) ÷ ((B – E + C – A) ×
(B – E + C – A))

und der Bedarfsdeckung M durch die Ableitung dM/dE:

dM/dE = 1 – L ÷ (B – E + C – A) + (B – E) ÷ ((B – E + C – A) ×
(B – E + C – A))

dM/dE = 1 – (L – (B – E) ÷ (B – E + C – A) ÷ (B – E + C – A)

Versuch einer Interpretation:

Nennt man B – E + C – A = Bedürftigkeitssumme, B – E = Bedürftigkeit, dann ist

dM/dE = 1 – verfügbar ÷Bedürftigkeitssumme + Bedürftigkeit
÷ Bedürftigkeitssumme

Nennt man Leistungsfähigkeit ÷ Bedürftigkeitssumme = Deckungsquote, dann ergibt sich

dM/dE = 1 – Deckungsquote + Bedürftigkeit ÷ Bedürftigkeitssumme

Die Formel lässt sich wie folgt erläutern: Der erste Term „-verfügbar/Gesamtbedarf" ist negativ. Er bedeutet: Wenn sich das Eigeneinkommen erhöht, dann vermindert sich der Unterhalt genau in dem Verhältnis, wie der Bedarf durch den Unterhalt gedeckt wurde: Wurde der Bedarf durch den Unterhalt voll gedeckt, dann entfällt mit steigendem Einkommen der Unterhalt in gleicher Höhe, sonst nur in der Höhe, wie er vorher den Bedarf gedeckt hatte. Den ersten Term kann man deshalb auch die „Deckungsquote" nennen.

Der zweite Term „Defizit × (Gesamtbedarf + Verfügbar) ÷ Gesamtbedarf" ist positiv. Er erhöht also den Unterhalt bzw. vermindert also dessen Herabsetzung durch den ersten Term. Dieser zweite Term korreliert positiv mit der Höhe der Bedürftigkeit und negativ mit der gesamten Bedürftigkeit.

Ergebnis: Bei Gleichteilung wird ein Mehreinkommen eines Partners auf alle gleichmäßig verteilt. Bei Teilung nach Bedürftigkeit kommt dem mehrverdienenden Berechtigten der Teil des Mehreinkommens zusätzlich zugute, der die Deckung der eigenen Bedürftigkeit übersteigt. Deshalb verdient die (übliche) Teilung nach Bedürftigkeit den Vorzug.

Sachverzeichnis